DUMONT

Spätsommer 1929, der letzte Sommer der Goldenen Zwanziger. Niemand erkennt die Vorzeichen der Weltwirtschaftskrise. Noch bestimmen Luxus und Frivolität, Jazz und Kokain den Rhythmus des Lebens – auch auf dem Ozeanliner *Champollion*, der von Marseille aus Richtung Orient in See sticht. Zu den illustren Passagieren gehören eine skandalumwitterte Nackttänzerin aus Berlin und ein mysteriöser römischer Anwalt, eine adelige englische Lady, ein Schläger aus der Unterwelt – und Theodor Jung, Kriegsveteran und Fotoreporter der *Berliner Illustrirten*. Er soll eine Reportage über die Reise machen. Seine Frau Dora begleitet ihn. Sie entstammt der Hamburger Kaufmannsfamilie Rosterg, die nach Maskat reist, um mit den sagenhaften Gewürzen Arabiens zu handeln. Theodor hofft, dass die abenteuerliche Passage die Leidenschaft in ihrer Ehe neu entfacht. Doch Doras Familie verachtet ihn, und Bertold Lüttgen, der intrigante Prokurist der Firma, hat selbst ein Auge auf die Tochter seines Chefs geworfen. Als Dora nach wenigen Tagen spurlos verschwindet, wird die Reise für Theodor zum Albtraum – denn nicht nur die Rostergs, auch die anderen Passagiere und Besatzungsmitglieder behaupten, Dora nie an Bord gesehen zu haben.

Cay Rademacher

DIE PASSAGE NACH MASKAT

Kriminalroman

DUMONT

Für Françoise, Leo, Julie, Anouk,
die auf der Passage nach Maskat dabei waren –
und noch auf manchen anderen Reisen.

You can start this very evening if you choose,
And take the Western Ocean in the stride
Of seventy thousand horses and some screws!

Rudyard Kipling: ›The Secret of the Machines‹

MARSEILLE

Theodor Jung stand auf dem Promenadendeck der *Champollion* und strich gedankenverloren mit dem Zeigefinger über die lange Narbe auf der Innenseite seines linken Handgelenks. Der Schatten eines Schornsteins lag über ihm. Der Mann, der sich neben ihm gegen die Reling lehnte, stand bereits im Sonnenlicht. Sein Monokel reflektierte die Strahlen so stark, dass Jung ihm kaum ins Gesicht sehen konnte. Der Mann deutete mit seiner Zigarette auf die Narbe und sagte kühl: »Wenn Sie das noch mal versuchen, dann hätten wir beide ein Problem weniger.«

Jung schwieg und zog den Ärmel seines hellen Leinenjacketts über das Handgelenk.

»Sie sind erledigt, wenn Sie an Bord bleiben«, fuhr der Monokelträger fort und inhalierte den Rauch der Zigarette. Er hielt ihn außergewöhnlich lange in der Lunge, bis der bläuliche Qualm endlich aus seiner schmalen aristokratischen Nase entwich.

Wie ein Dämon, der aus ihm fährt, dachte Jung, wie ein Dschinn aus einem orientalischen Märchen. Er würdigte ihn noch immer keiner Antwort; welche sollte das auch sein? Denn er *war* erledigt, und er hatte Angst. Aber nicht vor diesem Mann – sondern vor dem Schiff. Wenn ich sterbe, werde ich auf dem Meer sterben.

Dabei war die *Champollion* ein eleganter Dampfer der Messageries Maritimes, 1925 gebaut, erst vier Jahre alt. Der Rumpf war mehr als hundertfünfzig Meter lang, schlank und schwarz, der Bug scharf wie eine Messerklinge. Die Aufbauten leuchteten weiß in der Mittagssonne. Auf dem Promenadendeck waren Rettungsboote in ihren Davits verzurrt, das nächste war nur ein paar Schritte von ihm entfernt. Drei schwarze Schornsteine ragten über ihn in den azurblauen Himmel. Aus den beiden vorderen kräuselten sich dünne, bitter nach Kohle riechende Rauchspiralen in die warme Luft, aus dem dritten, in dessen Schatten er stand, qualmte nichts – er war eine Attrappe, um das Schiff noch imposanter erscheinen zu lassen. Wie alles an Bord Illusion und Hybris war, dachte Jung: dieser unzerstörbare Stahlrumpf. Diese soliden Rettungsboote. Diese weite Kommandobrücke. Alles falsche Sicherheiten. Jung wusste, wie gnadenlos das Meer sein konnte. Wie Spanten unter dem Aufprall von Brechern stöhnten. Wie salzig die Luft schmeckte, wenn der Sturm den Schaum von den Kämmen blies. Und wie leer der Ozean war, wie unglaublich leer. Er war schon viele Seemeilen gefahren, nicht nur auf den Wellen, sondern sogar tief unter ihnen … Er wusste, wie kalt es dort unten war.

»Wir legen in ein paar Stunden ab. Noch ist Zeit. Überlegen Sie es sich noch einmal«, fuhr der Mann neben ihm fort, das linke Auge glitzerte dunkel durch den Qualm seiner Zigarette, vielleicht vor Gier oder Spott. Oder Mordlust. Das rechte Auge blieb hinter dem Monokel verborgen. Er sah aus wie ein Automatenmensch aus einem Film von Fritz Lang, schnippte die Kippe achtlos über Bord, zog ein silbernes Etui aus der Jackettasche und steckte sich eine neue Zigarette an. Er machte sich nicht die Mühe, Jung eine anzubieten.

»Sie promenieren die Gangway hinunter und nehmen ein Taxi«, schlug er vor. »Heute Abend geht noch ein Schnellzug vom Gare Saint Charles nach Paris, morgen könnten Sie schon wieder in Berlin sein. Sie lassen sich von Dora scheiden, Sie verzichten auf Ihre Anteile an der Firma. Dann sind Sie ein freier Mann. Wenn Sie jedoch an Bord bleiben, werden Sie es bereuen.«

Jung musterte ihn. Berthold Lüttgen war achtundzwanzig, nur

zwei Jahre jünger als er, aber irgendwo in diesen zwei Jahren verlief die Grenze zwischen alten Menschen und neuen Menschen. Jung war noch im Krieg gewesen, Lüttgen nicht. Die alten Menschen schreckten nachts aus ihren Träumen auf. Die neuen Menschen schliefen traumlos. Lüttgen war schlank, und die Eleganz seiner Kleidung ließ ihn größer wirken, als er in Wirklichkeit war: weißer Sommeranzug, weißer Borsalino, weiße Sommerhandschuhe, auf die Kappen seiner braun-weißen ledernen Sommerschuhe war das Monogramm »BL« gestickt.

»Ich bleibe an Bord. Und ich werde mich nicht von Dora scheiden lassen«, erklärte Jung schließlich ruhig, obwohl er diesen Kerl am liebsten am Kragen gepackt und über die Reling zehn Meter hinunter auf den Pier geschleudert hätte.

Lüttgen deutete auf die Leica, die an einem Lederriemen von Jungs Schulter baumelte. »Fotografie ist doch bloß Schneegestöber. Mit den Bildern, die Sie für dieses Revolverblatt knipsen, werden Sie niemals gutes Geld verdienen. Deshalb klammern Sie sich an diese Ehe. Sie lieben nicht Ihre Gattin, sondern deren Vermögen. Dabei müssen Sie sich nur einen Ruck geben, Mann! Heutzutage liegt doch das Geld auf der Straße. Packen Sie Ihre Siebensachen, solange noch Zeit dafür ist, das ist Ihre Chance auf ein neues Leben. Gehen Sie nach Babelsberg zum Film, wenn Sie unbedingt durch eine Linse gucken wollen. Oder machen Sie Reklame. Oder suchen Sie Ihr Glück an der Börse. Mit Aktien kann man heute gar nicht mehr verlieren.«

»Ich habe Dora geheiratet, weil ich sie liebe – und nicht, weil ihr ein Teil der Firma gehört, die Sie nur zu gerne übernehmen wollen«, erwiderte Jung kalt. Er spürte aber, dass er sich nicht mehr lange würde beherrschen können. Vielleicht war das Lüttgens Ziel? Ihn so zu provozieren, dass er sich noch im Hafen zu einer Schlägerei hinreißen ließ? Damit ihn die Gendarmen festnahmen und er in einem französischen Gefängnis schmorte?

Während Lüttgen auf der *Champollion* in See stach, zusammen mit Dora … »Ich werde bis Maskat an Bord bleiben«, wiederholte er entschlossen, »und Ihre Pläne durchkreuzen.«

Lüttgen warf die erst halb gerauchte Zigarette mit einer heftigen Bewegung über die Reling. »Zwei Wochen können sehr lang sein«, sagte er leise und ging grußlos fort.

Jung blickte über den Hafen. Die *Champollion* hatte am Môle de la Pinède festgemacht. Die Häuser von Marseille türmten sich dahinter wie Klippen auf: ockergelb, grau oder blassrot verputzt, rußig vom Kohlenqualm unzähliger Dampfer. Auf dem Asphalt des Kais standen Ballen und Kisten vor den weit geöffneten Toren der Lagerhallen. Arbeiter dirigierten mit heiseren Kommandos den Kranführer des Schiffes, der einen bordeauxfarbenen Hispano-Suiza H6 vorsichtig anhob, in einem eleganten Bogen durch die Luft schwenkte und schließlich langsam in den hinteren Frachtraum absenkte. Jung fragte sich flüchtig, für wen und wo diese Limousine wohl wieder ausgeladen werden würde. Für einen Potentaten am Hof zu Kairo oder für einen der Direktoren der Suezkanal-Gesellschaft in Port Said? Für einen Scheich in Aden oder für den Sultan in Maskat? Oder würde der Wagen den langen Weg bis Indochina zurücklegen, um zukünftig vom Prinzen von Siam durch die Straßen Saigons gesteuert zu werden? Die Arbeiter riefen und gestikulierten selbst dann noch, als der Hispano-Suiza längst unter den Stahlplatten der *Champollion* verschwunden war. In Marseille schienen alle Leute ständig mit Ausrufezeichen zu sprechen. Jung betrachtete die Docker und versuchte zu erraten, woher sie wohl kamen: Italiener, Kabylen, Kambodschaner, Armenier, Senegalesen.

Die aus schwarzen und weißen Steinen gemauerte Kathedrale La Major glänzte im Mittagslicht, eine Festung Gottes in Schachbrettfarben vor dem verruchten Hafenviertel Panier. Panier, das waren verkommene alte Häuser, drei, vier, fünf Stockwerke hoch, dazwischen Gassen wie Risse im Erdboden, geschmückt mit den zahllosen bunten Fahnen der Wäsche, die an kreuz und quer gespannten Leinen in der Glut dörrte. Zur Rechten blickte Jung bis auf das Fort Saint-Jean, eine von der Zeit zernagte Festung. Dahinter der Vieux Port, in dem schon die alten Griechen geankert hatten. Quer über den Alten Hafen spannte sich die Schwebebrücke, ein stählernes Ungetüm, zwei Eiffeltürme, zwischen die Ingenieure eine Art Himmelsbrücke gebaut hatten: eine eckige Gondel, die an einem Turm in die Höhe fuhr wie ein Aufzug, dann unter einem Stahlrahmen wie eine Schwebebahn in etlichen Metern Höhe das Wasser querte, um am anderen Turm wieder in die Tiefe zu sinken. Genialität und Größenwahn. Sie hätten ja auch einfach eine Fähre einsetzen können, um Menschen und Fracht von einer Seite des Hafens zur anderen zu bringen, doch das hätte nicht zu Marseille gepasst.

Jung nahm seine Leica, schraubte das 3,5-Zentimeter-Objektiv ab, steckte es in seine Jacketttasche und holte von dort das 9-Zentimeter-Elmar hervor. Mit dem Teleobjektiv schoss er in dem Moment ein Foto, als die Gondel mitten über dem Vieux Port schwebte, während eine wettergegerbte Dreimastbark in den Hafen glitt: Das zwanzigste Jahrhundert schwebte über dem neunzehnten, das Versprechen der Zukunft über dem Veteranen der Vergangenheit – genau solche symbolträchtigen Bilder liebte sein Schriftleiter Kurt Korff.

Korff hatte »TJ« zum Markenzeichen gemacht – Jung war einer der wenigen Lichtbildner der *Berliner Illustrirten*, unter dessen Fotos der Chef Initialen druckte, in winziger Schrift, aber immerhin: Wer die Hauptstadtpresse kannte, der kannte Jung.

Dabei hatte Jung eigentlich nichts, das ihn zum Darling der Berliner Salons machte. Seit er aus der Gefangenschaft zurückgekehrt war, schnitt er seine hellblonden Haare so kurz, dass die

Kopfhaut hindurchschimmerte. Er war hager, seine blauen Augen hinter der runden Nickelbrille schienen seit dem Krieg zu groß für sein Gesicht zu sein. Durch Zufall war er an eine Leica und an die erste Reportage für die *Berliner Illustrirte* gekommen, 1,8 Millionen verkaufte Hefte jede Woche, Hektik, Ruhm, Reisen in die Welt – es war wie eine Droge, die ihn davon abhielt, noch einmal das Rasiermesser an den Unterarm zu legen. Er war für seine Redaktion in den Alpen geklettert, hatte den Testflug einer neuen Junkers mitgemacht, war mit dem Fallschirm abgesprungen und mit Dr. Hugo Eckeners Zeppelin über dem Bodensee geschwebt. Er hatte heimlich im Gericht von Moabit fotografiert, obwohl das streng verboten war, und dabei Frauenschänder, Fememörder und falsche Adelige abgelichtet. Er war in Rapallo und Locarno und bei all den anderen Konferenzen gewesen, auf denen müde Staatsmänner Europas Zukunft verhandelten. Gustav Stresemann hatte Jung neulich sogar einmal auf die Schulter geklopft und ihn begrüßt wie einen alten Bekannten, und hätte Jung da geahnt, dass der Außenminister ein paar Wochen später sterben würde, er hätte mit mehr als einer Floskel geantwortet. Korff zahlte Jung für jede Fotostrecke neunzig Reichsmark, das Dreifache dessen, was ein Arbeiter bei Borsig nach Hause brachte – aber nur die Hälfte dessen, was ein Paar monogrammbestickter Sommerschuhe kostete. Lüttgen gab einen Dreck auf winzige Initialen unter einem Foto. Und auch für Doras Familie würde Jung immer der »Fotoprolet« bleiben, Spitzwegs armer Poet als Nachkriegsversion.

Für die Familie … Jung umklammerte die Reling so fest, dass seine Knöchel weiß wurden. Hugo Rosterg, der Patriarch. Marthe Rosterg, die Gattin. Ernst Rosterg, der Junior. Und Dora Jung, geborene Rosterg. H. Rostergs Spezereien & Cie., Import von Gewürzen aller Art, Kontorhaus in der Speicherstadt, eine Kogge mit einem »R« auf den geblähten Segeln als Wappenzeichen.

Der Senior wollte bis nach Oman reisen, wollte sich im Sultanat vielleicht Muscatnüsse sichern oder Weihrauchharz oder Nelken oder Pfeffer oder Kaffee, egal – wenn er es nur ja ballen-, kisten-, säckeweise kaufen konnte. Halb Europa hatte sich zerfleischt, war noch gar nicht so lange her, doch jetzt fraß die überlebende Hälfte den Erdball leer und machte Männer wie Hugo Rosterg dabei reich. Der Patriarch nahm Gattin, Sohn und Tochter auf die lange Reise nach Arabien mit, und selbstverständlich seinen unentbehrlichen Prokuristen Lüttgen. Für Jung allerdings war kein Platz an Bord vorgesehen gewesen.

Doch Jung wollte Dora nicht allein in die Ferne ziehen lassen, weil er spürte, dass er sie für immer verlieren würde; um ihre Ehe stand es schon lange schlecht. Also hatte er Schriftleiter Korff überzeugt, es war gar nicht schwer gewesen: eine Reise nach Arabien, die Mysterien des Orients, der Suezkanal, das Tal der Könige, wo Howard Carter noch immer Tutanchamuns Schätze barg. Und Maskat – der duftende Suk, in dem die Gewürze der Welt gehandelt wurden. Es war das Jahr 1929, verdammt, der Krieg war bereits halb vergessen, an der Börse regnete es Geld, der Jazz regierte die Welt, und die *Berliner Illustrirte* brachte die besten Fotoreportagen, also hatte Jung den Auftrag bekommen.

So stand er nun als Reporter auf der *Champollion*, und Lüttgen hatte keine Möglichkeit, das zu verhindern. Die Sache hatte bloß einen Haken: Jung litt Todesängste auf jedem Schiff. Eine Fahrt im Zeppelin, ein Fallschirmsprung über Tempelhof oder eine Saalschlacht zwischen Rotfront und Hakenkreuzlern, das machte ihm nicht viel aus. Er fotografierte alles, als sei er unverwundbar. Denn seit dem Weltkrieg wusste Jung: Wenn ich sterbe, werde ich auf dem Meer sterben.

Um die Last zu mildern, die sich auf seine Seele legte, schoss er Fotos, legte schon die nächste Filmrolle ein. Ein gutes Bild, das war die Harmonie von Gehirn, Augen und Händen, das forderte den ganzen Geist, da blieb kein Platz mehr für Ängste und Erinnerungen. Inzwischen war der Schornsteinschatten unter der Sonne verdampft. Es war der 14. Oktober, aber Marseille fühlte sich an wie August. Wo kam bloß diese Hitze her? Keine Böe, obwohl er bei früheren Reisen nach Marseille den Mistral erlebt hatte, der gnadenlos eisig die Canebière hinunterfegte und Blätter, Staub, Zeitungen und Papiertüten weit hinaus aufs Meer blies. Jetzt stank die Stadt nach fauligem Fisch und überreifem Gemüse und nach den Kloaken von Panier, wo sie noch nicht einmal fließendes Wasser und Kanalisation hatten. Die Glocken von Notre-Dame-de-la-Garde schlugen die Stunde, ihr Klang verlor sich über den Dächern, als sei selbst der Lärm in dieser Hitze erschöpft.

Jung ging langsam über das Promenadendeck nach vorn, wo die Kommandobrücke wenigstens noch einen schmalen Streifen Schatten spendete. Er blickte auf das Vordeck hinunter. Die Luken zu den Frachträumen standen offen, der Kran schwenkte pausenlos hin und her, Docker und Matrosen liefen in einer Ordnung, die er nicht durchschaute, mal hierhin, mal dorthin, und überboten sich mit Gesten und Geschrei. Jung sprach ganz passabel Französisch, doch die Hälfte der Wörter, mit denen sich die Männer bedachten, hatte er noch nie gehört, sie standen vermutlich nicht einmal im Wörterbuch, und wahrscheinlich waren es keine Komplimente.

Auf der Jagd nach dem nächsten Motiv hob er die Leica vor die Augen – und hatte plötzlich Dora im Sucher. Sie stand auf dem Vordeck, warum war sie dorthin gegangen? Sie hatte sich doch in der Kabine erholen wollen, eine Siesta, bis die schlimmste Hitze aufs Meer geweht war. Seine Frau war so alt wie er, sie hatte schwarze Locken, ihre Augen waren dunkel wie Kohlen. Dora führte seit Jahren einen stummen Kampf mit Diäten und Wundermitteln gegen ihre Üppigkeit und wollte nicht auf Jung hören, der ihr immer wieder sagte, dass er sie genau so begehrte, wie sie war. Sie waren sich als Unterprimaner in Hamburg begegnet, während jener gar nicht so fernen und doch hoffnungslos untergegangenen Epoche, als noch ein Kaiser über Deutschland geherrscht hatte. Sie wäre beinahe über seine Füße gestolpert, er war so linkisch.

Ein später Nachmittag, der erste warme Tag des Frühlings, das Licht war wie Honig, die Luft duftete nach Flieder, er kam allein vom Gymnasium, sie hatte sich mit zwei Freundinnen von der Höheren Mädchenschule untergehakt und ihn angelächelt, und in der folgenden Nacht und noch in vielen weiteren Nächten konnte er gar nicht schlafen, oder wenn doch, dann träumte er von diesem Lächeln. Jetzt sah er nicht ihr Gesicht durch den Sucher, sondern den Hinterkopf, sie stand am Bug und hatte ihm den Rücken zugekehrt. Dora hatte vor einiger Zeit ihre Locken glätten und zum Bubikopf schneiden lassen. Sie trug einen Glockenhut und ein modisches Pailettenkleid, es funkelte in der Sonne, als sei sie in Diamanten gehüllt. Sie war die perfekte Reisende, eine elegante Frau an der Reling, dahinter Marseille, Sinnbild für Aufbruch, Abenteuer, Fernweh. Jung drückte auf den Auslöser; der Verschluss der Leica war so leise, dass die Möwe, die sich dicht über ihm auf einem Stahlträger der Kommandobrücke niedergelassen hatte, nicht einmal den Kopf in seine Richtung drehte.

Ein eleganter Mann schlenderte nun über das Vordeck, ein Mann mit pomadisierten Haaren und Monokel. Lüttgen begrüßte Dora mit Verbeugung und angedeutetem Handkuss – der Prokurist und die Tochter des Patriarchen, sie gäben ein gutes Paar ab, dachte Jung bitter. Worüber sich die beiden wohl unterhielten? Dora warf den Kopf in den Nacken und lachte laut auf, sie sah wunderschön aus. Jung ließ die Leica sinken, er würde dieses Tête-à-tête nicht auch noch im Bild verewigen.

Vor zwei Tagen hatten sie dem Hausmeister den Schlüssel gegeben, damit er in ihrer Abwesenheit die Zimmerpflanzen goss. Berlin-Westend, Hölderlinstraße 11, 287 Reichsmark Jahresmiete, vier Zimmer, hell, reichlich Platz, auch für Kinder, aber Kinder wollten sich einfach nicht einstellen. Sie hatten ein Taxi zum Bahnhof Zoo genommen, der Chauffeur war Exil-Russe, ob allerdings ein Weißer oder Anarchist oder Trotzkist, das wurde Jung während der ganzen langen Fahrt nicht klar. Sie hatten einen riesigen Umweg bis zum Wertheim am Leipziger Platz genommen, wo Dora unbedingt noch ihr neues Paillettenkleid abholen musste. Sie waren hupend durch die Großbaustelle am Alex gerast, vorbei an einer Litfaßsäule, auf der für den neuesten Film von Charlie Chaplin geworben wurde, daneben ein Reklameplakat für Tempo-Taschentücher. Tempo, Tempo, Tempo. Die Hochbahn ratterte über ihren Köpfen, ein brummender Doppeldecker zerteilte den Himmel mit einem Banner, das wie eine monströse Flagge dicht unter den Wolken flatterte. Das Taxi schwankte so stark in den Kurven, dass Jung nicht einmal lesen konnte, für was der Flieger warb, vielleicht für eine Seife oder eine Revue im Friedrichstadtpalast oder für die Hitlerpartei. Auf dem Potsdamer Platz tanzten Autos, Lastwagen und Droschken einen wilden Reigen zum Licht der Verkehrsampel. Über die Friedrichstraße zogen die Kokain-Schieber ruhelos hin und her, »Zsssigaretten, Zsssigaretten«. Mitten zwischen den Kokainisten stand ein Leierkastenmann, ehemaliger Landsturm mit Bauchschuss, wie ein Pappschild auf seinem Instrument kundtat, Melodienfetzen, »Ich hab mein Herz in Heidelberg verloren«. Neben einem Pfeiler der Hochbahn warteten Frauen und Männer vor einer Suppenküche der Heilsarmee. Und als sie am Bahnhof angekommen waren und den Chauffeur bezahlten, kreuzten Holzsammler das Trottoir, Mann, Frau, Kind, die zersplitterte Obstkisten und Reste von Bauholz aus dem Rinnstein klaubten und in ihre Rucksäcke stopften. Jung hätte das alles fotografieren mögen, wenn er Zeit gehabt hätte, aber der Schnellzug nach Paris stand schon am Gleis. Tempo, Tempo, Tempo.

Sie hatten zwei Plätze in einem Erste-Klasse-Coupé reserviert, eine Rosterg würde niemals Zweiter Klasse fahren. Das Coupé war außen rußschwarz, aber innen ruhig und sauber, und die Polster waren so weich wie Hotelbetten. Der Schaffner lochte ihre Billetts, Stunden später kontrollierten Zollbeamte Pässe und Visa, zuerst auf deutscher Seite, dann auf französischer. Dazwischen betrat niemand ihr Coupé, es wurde eine sehr lange, sehr stille Reise. Paris, die Lichterstadt. Doch für sie war es nur eine Taxifahrt vom Gare du Nord zum Gare du Lyon, ein anderes Coupé, andere Billetts, und wieder langes Schweigen.

Sie waren gestern Nachmittag in Marseille angekommen. Jung hatte auf eine leicht absurde Art Lokalpatriotismus empfunden, obwohl er doch bloß ein paar Mal in dieser Stadt gewesen war und stets nur für wenige Tage. Eine Fotoreportage hatte er vor zwei Jahren für die *Berliner Illustrirte* gemacht, Korff fand die Bilder gelungen, doch die Überschrift, die Jung sich ausgedacht hatte, viel zu seriös. Der Schriftleiter hatte einen anderen Titel darüber gesetzt: »Das Chicago des Mittelmeers«. Stolz hatte Jung seiner Dora an diesem Nachmittag die Schönheit dieser Stadt vorführen wollen, nicht die Gassen der Schieber und käuflichen Mädchen; er hatte ein Taxi gerufen, den Chauffeur zum Vieux Port fahren lassen.

Benzinpfützen glänzten auf dem Asphalt. Am Straßenrand standen zwei Männer in Hemdsärmeln und wuschen einen Ford-Wagen, oder sie reparierten ihn, die Motorhaube war jedenfalls angehoben. Kriegsversehrte querten die Straßen, Einbeinige, Einarmige, Einäugige. Aus einem großen Gebäude strömten junge, übermütige Frauen, die Stenotypistinnen oder Telefonistinnen waren und um die Kriegsversehrten herumtanzten, als wären sie Gespenster. Das Taxi war auf die Canebière eingebogen: Kopfsteinpflaster, Tramwayschienen, Trottoirs, sechsstöckige Häuser mit Säulen, Stuck, schmiedeeisernen Balkongittern, mannshohen Fenstern – ein Boulevard wie in Berlin, nur dass in Berlin kein Boulevard bis zum Mittelmeer führte. Eine Prachtstraße zum Großen Blau. Cremeweiße Straßenbahnen ruckelten über die Schienen, hinter einem Wagen trat ein syrischer Straßenhändler auf den Boulevard, ein Junge von höchstens fünfzehn Jahren, sein Kopf unter einem schwarzen Fez halb verborgen, ein viel zu großer Bauchladen mit gerösteten Mandeln vor seinem Leib. Das Taxi hätte ihn beinahe erfasst, der Fahrer fluchte. Sie rollten an der Börse vorbei. Jung stellte seine Armbanduhr nach der Uhr in der prunkvollen Fassade des Gebäudes, wie es jedermann in Marseille tat. Die Börse gab die Zeit vor, und das konnte man in dieser Hafenstadt in mehr als einem Sinne wörtlich nehmen. Jung ließ den Chauffeur vor einem Café im orientalischen Stil anhalten, der alte Rosterg hatte wie immer den richtigen Riecher, der Orient war Mode in ganz Europa, der Patriarch würde in Maskat ein Vermögen machen. Sie promenierten die letzten Meter bis zum Quai de la Canebière, wo der Boulevard sich zum Vieux Port hin öffnete. Fischhändlerinnen und Muschelverkäufer hatten längs der Molen Stände aufgebaut, andere verkauften direkt von Bord der angeleinten Fischerboote aus. Ein junger Mann kreuzte ihren Weg, grauer Borsalino, sein schwarz und dunkelgrau gestreifter Anzug und das malvenfarbene Hemd maßgeschneidert, nur die gezackte Narbe auf seiner rechten Wange wollte nicht zur Eleganz passen. Chicago des Mittelmeers, dachte Jung und wollte lieber nicht wissen, womit dieser Monsieur sein Geld verdiente. Dora bemerkte ihn nicht. Sie hatte sich bei Jung untergehakt, etwas, was sie schon sehr lange nicht mehr getan hatte. Sie spazierten am Kai entlang, es stank nach Fisch, doch das Licht war golden. Hoch über ihnen stand Notre-Dame-de-la-Garde, die leuchtende Jungfrau schwebte im Himmel, *la Bonne Mère*, die Gute Mutter, die über Marseille und seine Seeleute wachte und, warum nicht?, vielleicht auch über zwei Reisende aus Deutschland. Doch als Jung darüber einen Scherz machte, drehte sich eine vor ihnen flanierende Frau um, Bourgeoisie, streng gekleidet, schon älter. »*Boche*«, zischte sie, starrte sie an, spuckte dann sogar auf das Straßenpflaster, bevor sie sich abrupt umdrehte.

Dora schüttelte sich, das Schimpfwort hatte sie wie eine Ohrfeige getroffen, plötzlich war ihr bei dreißig Grad kalt. Sie eilten die Canebière wieder hinauf, Nummer 49, Grand Hôtel du Louvre et de la Paix. Ein livrierter Diener öffnete ihnen, der Eingang war ein Portal zwischen vier strengen steinernen Frauenstatuen, Karyatiden eines Tempels, der dem Luxus geweiht war. Die monumentalen Figuren symbolisierten vier Kontinente, Europa und Amerika züchtig verhüllt, Asien und Afrika mit nackten Brüsten, und vielleicht bedeutete das, dass sich die Seeleute und Händler dort holen konnten, was sie wollten.

Ihr Zimmer ging auf den Innenhof, wo sich einige Gäste auf Korbstühlen unter den gefächerten Schatten von Topfpalmen ausruhten. Still war es hier, zu still. Jung hätte lieber einen Raum gehabt, dessen Fenster sich zur Canebière hin öffnete, dann wäre der Straßenlärm zu ihnen hinaufgeflutet und hätte die Stille zwischen Dora und ihm übertönt. Doch alle zweihundertfünfzig Zimmer waren reserviert, Reeder, Kaufleute, Adelige, Offiziere, Touristen aus Wien oder Philadelphia oder Manchester, ganz Marseille, ganz Frankreich, die ganze Welt schien Geld zu haben.

Jung hatte ein Seufzen unterdrückt. Er hatte am Fenster gestanden, einen letzten Blick hinunter auf den Hof geworfen, sich dann Dora zugewandt. Sie hatte auf dem Bett gelegen und die Augen geschlossen.

Ihm hatte eine lange Nacht bevorgestanden.

Am nächsten Morgen hatten sie im Salon des Hotels gefrühstückt und auf die Rostergs gewartet, um gemeinsam zum Schiff zu fahren. Der Patriarch war von Hamburg aus in einer Junkers der Luft-Hansa angereist und hatte vor dem Abflug telegraphiert: *Gutes Flugwetter – stopp – erwarte keine Verspätung – stopp – unnötig, uns abzuholen – stopp – Wagen sind schon gemietet.*

Tatsächlich hatten schon kurz darauf zwei Berliets vor den Karyatiden geparkt, gelbe Karosserien, schwarze Dächer. Der Fahrer, ein älterer Mann, dessen mageren Leib ein weißer Staubmantel umflatterte, hatte geflissentlich die Tür geöffnet. Hugo Rosterg war herausgetreten wie ein General, der eine eroberte Stadt inspizierte. Er war sechsundfünfzig, glatzköpfig, der Stiernacken quoll über den Hemdkragen, sein Gesicht war gerötet, vielleicht von der Hitze, vielleicht hatte er während des Fluges auch schon einen Cognac getrunken. Quer über sein linkes Jochbein verlief ein Schmiss. »Schmiss und Zweites Juristisches Staatsexamen sind meine Erinnerungen an Heidelberg«, pflegte er zu sagen, »aber das Staatsexamen hat mir mehr Qualen verursacht.«

Seine Frau war ihm gefolgt, wenige Jahre jünger, doch das genaue Gegenteil ihres Mannes: schmal, blass, verschlossen, und sie trug keine Erinnerungen an Heidelberg mit sich herum, an gar keine Universität, denn als sie jung gewesen war, da hatte ein Fräulein aus gutem Hause noch nicht studiert; obwohl Marthe viel intelligenter war als Hugo, und vielleicht war das der Grund, warum sie immer missmutig zu sein schien. Zumindest einer von vielen Gründen.

Der Fahrer des zweiten Berliets hatte sich nicht die Mühe gemacht, den Verschlag zu öffnen. Das hatte daran liegen mögen, dass dieser Chauffeur jünger war und womöglich vor ein paar Jahren noch in Verdun gegen die *Boches* gekämpft hatte. Oder er hatte einfach verstanden, wer von seinen Kunden der Boss war, die beiden Gäste auf der Rückbank waren es jedenfalls nicht.

Ernst Rosterg hatte schließlich die Wagentür selbst aufgedrückt. Er war siebenundzwanzig, sah aber älter aus. So massig wie der Vater, so blond wie die Mutter, ein Arier mit Bierbauch, furchterregenden Oberarmen und wasserblauen Augen. Jung hatte erleichtert aufgeatmet: Der Junior war Sturmbannführer, und er hatte befürchtet, dass er mit seiner braunen Uniform in Frankreich aufkreuzen würde, aber das hatte er dann doch nicht gewagt. Ernst Rosterg hatte sich in einen weißen Leinenanzug gezwängt, und man sah ihm an, wie unwohl er sich darin fühlte. Ein Schwergewichtsboxer, der sich in Frack geworfen hatte.

Lüttgen war als Letzter ausgestiegen. Er hatte die Bezahlung der Fahrer geregelt, während die Rostergs bereits in die Hotellobby getreten waren. Als die Türen mit ihren Rauchglasscheiben aufgeschwungen waren, hatte Lüttgen den Kopf gehoben und über die Schulter des Patriarchen hinweg zu Jung geblickt. Er hatte kalt gelächelt und sich an die Kehle gefasst, als würde er seine Krawatte richten.

Doch Jung hatte genau gewusst, was damit tatsächlich gemeint war.

Jung beobachtete Dora auf dem Vordeck der *Champollion*. Sie unterhielt sich noch immer angeregt mit Lüttgen, sie schien ihren Mann im Schatten der Brücke nicht bemerkt zu haben. Sie deutete mit ausgestrecktem Arm auf den Pier und sagte etwas, Lüttgen nickte dazu. Jung folgte der Geste seiner Frau mit dem Blick und sah einen Lieferwagen, der offenbar die Grandhotels von Marseille abgefahren hatte und auf seiner Pritsche einen Turm aus Schrankkoffern trug. Die meisten Gepäckstücke waren wuchtige braune Ungetüme aus dunklem Leder, Holz und eisernen Schlössern. Nur ein Schrankkoffer war mit hellbeigem Leder bespannt, er fiel schon von Weitem auf. Es war ihrer. Jung atmete tief durch, er wusste, was ihm jetzt bevorstand. Jeder

Erste-Klasse-Reisende der Messageries Maritimes durfte einhundert Kilogramm Gepäck an Bord bringen. Stewards brachten die kleineren Koffer mit Schmuck, Necessaires und der Kleidung fürs Mittelmeer auf die gebuchten Kabinen. Der große Rest – die Wüstenkleidung, die Tropenkleidung, Abendgarderoben, was auch immer – verschwand in Schrankkoffern. Und diese Schrankkoffer verschwanden im vorderen Frachtraum der *Champollion*. Der vordere Frachtraum wiederum lag tief im Schiffsbauch, unter der Wasserlinie …

Der Zahlmeister hatte ihnen, als sie an Bord gingen, geraten, beim Verstauen des großen Gepäcks dabei zu sein, damit man sich merkte, wo der eigene Koffer stand. So kam man später während der Reise schneller an das Gepäck, um etwa die Kleidung zu tauschen. Die meisten Erste-Klasse-Passagiere ignorierten diesen Ratschlag und begaben sich niemals freiwillig dort hinunter, lieber würden sie die Stewards stundenlang suchen lassen, denn wozu bezahlte man diese Leute? Dora jedoch fürchtete, dass ihr sündhaft teurer neuer Koffer von den rauen Händen der Schauerleute und Matrosen beim Stapeln beschädigt werden würde, also hatte sich Jung auf ihr Drängen hin bereit erklärt, das Verladen zu beobachten, obwohl er wusste, was ihm bevorstand. Aber er hatte mit seiner Frau niemals über das Meer und die Furcht, die es in ihm auslöste, geredet, und er würde jetzt nicht damit anfangen.

Er stieg über stählerne Treppen die Decks hinunter, mit jedem Schritt wurden seine Beine schwerer: vom Deck E, dem Promenadendeck, hinunter zu Deck D, zu Deck C, Erste Klasse, hier lag ihre Kabine; dann hinunter zu Deck B, Zweite Klasse, das unterste Deck in den Aufbauten; schließlich Deck A im Schiffsrumpf, vorne Zweite, hinten Dritte Klasse. Das Licht fiel nur noch durch schmale Bullaugen in den Gang, aber immerhin: Sonnenlicht. Noch war er über der Wasserlinie. Die nächste Treppe, ein schweres eisernes Schott, dann wieder einen Gang hinunter zum Frachtraum, tiefer und immer tiefer. Keine Bullaugen mehr, bloß noch elektrisches Licht, und wenn er genau hinhörte, vernahm er das leise seufzende Geräusch der Wellen, die um den Rumpf spülten. Nur zwei Zentimeter Stahl trennten ihn jetzt noch vom Meer. Die Luft fühlte sich an wie zäher Schleim, er musste Kraft aufwenden für jeden Atemzug.

Nimm dich gefälligst zusammen, sagte er sich. Bloß noch eine Luke vor ihm, zum Frachtraum hin. Er drückte den massiven Griff nach unten und schwenkte sie auf, sie fühlte sich an, als würde sie eine Tonne wiegen.

Im Frachtraum war es besser als im Gang, zumindest ein wenig besser. Der Raum war wie eine stählerne Halle, schon zur Hälfte gefüllt mit Ballen und Kisten, viel größer, als man das erwarten würde, wenn man die *Champollion* vom Kai aus sah. Zehn Meter über ihm war die Luke weit geöffnet, ein Rechteck aus blauem Himmel, der Kran ein großer schwarzer Galgen, die Fracht, die an seinem Seil hing, sah oben winzig aus und wurde immer größer, je tiefer sie in den Raum sank. Matrosen packten die hölzernen Paletten, hievten die Schrankkoffer auf ihre Schultern und stapelten sie längs zu beiden Seiten der stählernen Halle. Sie fluchten oder scherzten, das klang alles gleich, und niemand achtete auf ihn und die wenigen anderen Passagiere, die sich eingefunden hatten.

Jung sah auf seine Armbanduhr. Er war jetzt seit zwei Minuten unten, sein Herz hämmerte. Er spürte, wie ihm der Schweiß das Rückgrat hinunterlief, ein ekelhaft kalter Finger, der über jeden Wirbel strich. Er wollte keinem Mitreisenden ins Gesicht sehen. Drei Minuten. Irgendwann mussten sie doch den hellen Koffer verladen, verdammt.

Er starrte auf ein stählernes Schott, zählte die Nieten, betrachtete die Spur aus Schmierfett im unteren Bereich der Metallplatte – und plötzlich war er nicht länger auf der *Champollion*. Plötzlich war er wieder Fähnrich Theodor Jung auf UB 68, wo eine ähnliche Fettspur ein Schott beschmutzt hatte. Oktober 1918, irgendwo östlich von Malta. Oberleutnant Dönitz griff einen britischen Geleitzug an, doch irgendetwas funktionierte auf einmal nicht mehr, ein Ventil, ein Tiefenruder, was auch immer. Das U-Boot sackte ab, zehn Meter, zwanzig Meter, es war wie ein Fahrstuhl in den Abgrund. Dreißig Meter, vierzig, fünfzig. Fünfzig Meter, das wusste jeder an Bord, war die magische Grenze. Dafür war ihr Boot gebaut, das konnte es aushalten, ohne vom Wasserdruck zerquetscht zu werden. Sechzig Meter. Dönitz schrie Befehle. Siebzig Meter. Der stählerne Rumpf seufzte unter dem Druck. Achtzig Meter. Neunzig. Irgendwo platzte eine Leitung, Wasser schoss hinein, Männer riefen durcheinander. Hundert Meter. UB 68 stöhnte wie ein gequältes Tier, zitterte, stampfte. Aber es sank nicht weiter. Und dann ging es auf einmal hoch. Neunzig Meter. Achtzig. Jung hätte jubeln mögen. Doch Dönitz brüllte wieder Befehle, er sah das Gesicht des Oberleutnants und begriff, dass sie nicht gerettet waren, im Gegenteil. So unkontrolliert, wie sie in die Tiefe gesackt waren, so hilflos schossen sie nun nach oben, was die Männer auch taten, das Boot gehorchte nicht mehr. Fünfzig Meter, vierzig, dreißig. Jung hörte das Wasser draußen rauschen und blubbern, so schnell stiegen sie auf. Zwanzig Meter, zehn, dann krängte und schwankte UB 68, sie schwammen wie ein Korken auf der Oberfläche, wurden steuerlos von den Wellen hin und her geworfen. »Raus, raus, raus!« Jung taumelte mit den anderen zur Leiter. Endlose Sekunden wartete er im Gedränge. Stufe um Stufe hoch durch den Turm. Draußen klare Luft, Nacht, Sternenhimmel – und Schiffe überall und Mündungsfeuer von Geschützen, Maschinengewehren. Sie waren mitten im englischen Geleitzug hochgekommen. Die Matrosen eines Zerstörers hatten sie bereits entdeckt, sie schossen mit allem, was sie hatten. Ein anderer raste auf sie zu, um sie zu rammen, der Bug wie eine Guillotine, die durchs Wasser rauschte. Jung sprang vom Turm, Mittelmeer im Oktober, das Wasser war wie ein Schlag mit einer eisigen Faust, Salz verklebte die Augen, Salz in den Haaren, er hustete und würgte Salz aus den Lungen und …

»*Ça va, Monsieur?*« Ein Matrose vor Jung, ein Senegalese, schwarzes Gesicht im dunklen Raum, riesige helle Augen. »*Vous cherchez votre valise?*«

Jung starrte ihn an, atmete durch, sein Hemd war tatsächlich so nass, als wäre er ins Meer gesprungen. Er starrte auf seine Uhr. Dreizehn Minuten, mein Gott. »*Ça va, merci*«, stammelte er. Nimm dich zusammen. Er ließ sich von dem Matrosen die Galerie der Schrankkoffer zeigen, an Backbord und Steuerbord ordentlich gestapelt, mittendrin der hellbeige Lederkoffer, nicht einmal eine Schramme.

»*Voilà*«, keuchte Jung, nickte bestätigend, »*encore merci.*« Er taumelte vor den anderen Passagieren zur Luke, zum Gang, zur Treppe, zum Licht, er musste sich mit unfassbarer Gewalt zwingen, nicht panisch davonzustolpern.

»*Bon voyage!*«, rief ihm der Senegalese nach. Es klang nicht so, als meinte er das spöttisch, sondern aufrichtig und freundlich und vielleicht auch mitleidig.

Jung stieg diesmal über die Haupttreppe nach oben. Sobald er wieder Sonnenlicht sah, verlangsamte er seine Schritte, atmete durch, warf einen verstohlenen Blick auf einen der zahllosen Spiegel, um sicherzugehen, dass er präsentabel aussah. Er wischte sich mit einem Taschentuch den Schweiß vom Gesicht. Sein weißes Hemd war nass, daran war nichts zu ändern, doch das fiel unter dem Jackett kaum auf. Also weiter. Die *Champollion* war im ägyptischen Stil eingerichtet, eine Anspielung auf die Reiseziele entlang ihrer Route, aber auch eine Verbeugung vor der aktuellen

Mode, denn seit der Entdeckung von Tutanchamun war die Welt verrückt nach Ägyptica. Das schmiedeeiserne Geländer war mit stilisierten Lotosblüten geschmückt, ein gemalter Fries aus Papyruspflanzen schien die Decke zu stützen, an der Stirnwand am oberen Treppenausgang leuchtete ein Fresko, das eine pharaonische Barke mit geblähtem Segel auf dem Nil verherrlichte. Links und rechts davon standen lebensgroße ägyptisch anmutende Statuen, eine Frau, ein Mann, ihre Gesichter starr gen Unendlichkeit gerichtet, Pharaonen vielleicht oder Priester. Jung schüttelte sich unwillkürlich. Mode hin oder her: Wusste denn niemand, dass diese antike Kunst in Grabkammern gefunden worden war? War denn niemandem klar, dass die *Champollion* dekoriert war wie eine Pharaonengruft?

Er gelangte zum Deck C, ging Steuerbord nur wenige Schritte den Korridor entlang bis zu einer weiß lackierten stählernen Tür mit der Nummer »66«, einer Erste-Klasse-Kabine ungefähr in der Mitte des Schiffs – sein Zuhause für die nächsten zwei Wochen. Seufzend öffnete er die Tür. Der Raum war nicht sehr groß, die Handkoffer standen auf dem Teppich, jemand hatte das einzige Bullauge geöffnet, sodass Licht und Luft hereinströmten, aber auch Hitze und Hafengestank. Jung sah sich um: ein Sofa rechts, ein Schrank mit einem geschwungenen, irgendwie orientalisch wirkenden Spiegel links, ein schmaler Schreibtisch mit Stuhl, das Bett an der Außenwand, direkt unter dem Bullauge. Die Wände waren mit weiß lackierten Holzpaneelen verkleidet, doch die Decke war nackter, vernieteter Stahl, kaum anders als im Innern von UB 68. Nicht daran denken, sagte er sich, bloß nicht an das verdammte U-Boot denken, das seit elf Jahren auf dem Meeresgrund vor Malta ruhte, das Grab für einen Kameraden, für den einen Seemann, der nicht mehr rechtzeitig herausgekommen war, der eine Seemann, der auch er hätte sein können.

Jung räumte seine Kleidung in den Schrank, wechselte das

Hemd, lauschte den Geräuschen, die von draußen hereingeweht wurden, Möwenkreischen, Flüche, Motorenlärm – normale Welt, alltägliches Leben, langsam beruhigte sich sein Puls.

Trotzdem riss er erschrocken den Kopf herum, als die Tür aufging.

»Ich bin es nur. Warum starrst du mich an, als wäre ich der Klabautermann?« Dora lachte unbeschwert und gab ihm einen flüchtigen Kuss. »Alles in Ordnung mit dem Schrankkoffer?«

Jung nickte und bemühte sich, so gelassen zu wirken, wie es ein Mann von Welt tun sollte. »Der ist so sicher aufgehoben wie in Abrahams Schoß. Was hast du währenddessen gemacht?«

»Oh«, sie vollführte mit der linken Hand eine vage Geste, während sie mit der rechten ihre kleine Handtasche aufs Bett warf. »Ich habe mich auf dem Schiff umgesehen. Du weißt, wie das ist: Wenn man neu an Bord ist, dann verläuft man sich ständig. Alle diese Treppen und Gänge sehen doch gleich aus. Ich bin schon froh, dass ich unsere Kabine wiedergefunden habe.«

»Hast du schon Mitreisende kennengelernt?«

»Ich habe mit niemandem gesprochen.«

»Mit niemandem?«

»Mit niemandem. Heute Abend beim Dinner werden wir ja sehen, wer alles an Bord ist. Ich habe da Gerüchte gehört …« Sie schnalzte mit der Zunge, verriet aber nicht mehr. Dora kramte in ihrer Handtasche und fischte eine Pappschachtel heraus: Königin von Saba, die Packung zeigte eine orientalische Oase. Wie passend, fiel Jung auf, als hätte sie die extra für diese Reise gekauft. Doch das war nicht so, Dora rauchte diese Marke schon seit Jahren, sogar schon vor dem Krieg, als es noch unschicklich gewesen war, dass eine Dame in der Öffentlichkeit rauchte, und schon gar nicht eine so junge Dame. Sie holte eine Zigarette heraus, steckte sie in eine Spitze, ließ sich von ihm Feuer geben und inhalierte genüsslich.

Jung musterte sie verstohlen. Dora hatte eine wundervolle Altstimme, früher hatte sie gesungen, Schubert oder Offenbach, wenn ihr danach gewesen war. Doch mit der Qualmerei ruinierte sie sie langsam, was vielleicht auch gleichgültig war, denn Dora sang schon lange nicht mehr, zumindest nicht für ihn. Jung machte sich keine Illusionen, er wusste, dass es an ihm lag. Ihre Affäre hatte vor dem Krieg begonnen, eine Schülerliebe, und da Dora einen starken Willen hatte, hatte sie sich ihm ganz hingegeben, mochten ihre Eltern sie auch für noch so unmoralisch halten. Nicht, dass die Rostergs damals allzu großen Widerstand geleistet hätten, im Gegenteil, sie hatten in ihm eine gute Partie erkannt: Jungs Vater war Abteilungsleiter bei Ballin, und Ballin wiederum war ein Ratgeber Seiner Majestät des Kaisers. Jungs Mutter stammte gar aus einer holsteinischen Adelsfamilie, sodass einem Sprössling seiner Herkunft im Kaiserreich alle Türen offenstanden. Wenn denn das Kaiserreich überdauert hätte.

Nach dem Krieg war der Monarch ins holländische Exil geflohen, Ballin hatte seinem Leben aus Verzweiflung über die Niederlage ein Ende gesetzt, das Vermögen von Jungs Vater war verbrannt, der Adelstitel seiner Mutter zählte in der neuen Republik nichts mehr. Als Jung aus englischer Gefangenschaft zurückgekehrt war, hatte er Dora geheiratet, weil er ein Ehrenmann war, der das Mädchen, das er entjungfert hatte, auch zum Traualtar führte. Und sie hatte ihn geheiratet, weil sie eine ehrenhafte Dame war, die einem heimgekehrten Kriegshelden nicht den Laufpass gab. Dora hatte sich in den drei Jahren zwischen ihrer ersten Begegnung Anfang 1917 und der Hochzeit Ende 1919 kaum verändert, drei Jahre, mein Gott, das war nichts, Jung hielt noch immer die Frau in Armen, in die er sich verliebt hatte. Doch drei Jahre, das war auch eine Ewigkeit, denn Dora hielt nicht länger den Mann in den Armen, den sie als Schülerin das erste Mal geküsst hatte. Jung war als anderer Mensch zurückgekehrt, ernster, verschlossener, schroffer gar, nicht länger interessiert an einem respektablen Leben, an manchen Tagen nicht einmal mehr interessiert am Leben an sich. Jung hatte Dora aus Liebe geheiratet, Dora ihn aus Pflichtgefühl. Kein Wunder, dass sie nicht mehr sang. Kein Wunder, dass sie in all den Jahren nie ein Kind bekommen hatten. Kein Wunder, dass sie mit anderen Männern sprach und ihn darüber anlog.

Dora holte einen roten Baedeker aus einem Koffer und legte ihn auf den Nachttisch an ihrer Seite des Betts. Jung las den Titel: *Ägypten.*

»Wann fährt man schon mal durch den Suezkanal?«, sagte sie heiter. »Ich habe gehört, dass man unterwegs sogar die Gelegenheit hat, einen Ausflug ins Tal der Könige zu machen. Wir werden am Grab des Tutanchamun stehen! Vielleicht ist sogar Howard Carter selbst da!«

»Das ist durchaus möglich«, gab Jung zu.

Ihr Lächeln erlosch. »Das klingt ja nicht gerade begeistert. Dabei bist du derjenige, der hier die Fotos macht, mit denen wir unsere Miete bezahlen. Interessiert dich das denn gar nicht?«

»Doch«, erwiderte Jung hastig. Er war zu erschöpft für einen Streit, lieber zwang er sich zum Optimismus. »Wer weiß, vielleicht entdecken wir sogar noch einen antiken Schatz? In Ägypten ist längst noch nicht alles ausgegraben worden.«

Dora nickte, nur halb versöhnt. »Welches Buch hast du für die Reise mitgenommen?«

»Einen Roman«, antwortete er bloß. Er hatte plötzlich das Gefühl, dass es keine gute Idee wäre, ihr das Werk zu zeigen, zumindest nicht jetzt schon.

Seine Frau hielt inzwischen eine kleine Gürteltasche in der Hand: Das Leder war hart wie Blech und poliert von der Zeit, eine Soldatentasche, das obskure Erbstück von irgendeinem Rosterg, der in Sedan gekämpft hatte. Dora hatte diese Tasche nach dem Blutsonntag vor gut sechs Monaten aus einem vergessenen Winkel ihres Kleiderschranks geholt. An jenem 1. Mai hatten in Berlin zehntausend Rotfrontler gegen mindestens ebenso viele Polizisten gekämpft, Tote, Verletzte, Verhaftete, und manche Straßen hatten danach ausgesehen wie im Bürgerkrieg. Dora hatte noch in der Nacht der Schießereien ein Bündel Reichsmarkscheine, Wertsachen und irgendwelche Papiere in die Tasche gestopft und sie unter der Matratze versteckt. »Falls die Kommunisten kommen und das Haus plündern«, hatte sie Jung erklärt. Seither hatte sie diese Angewohnheit beibehalten, doch er war überrascht, dass seine Gattin selbst auf dem Schiff nicht davon lassen wollte.

»Wir sind doch nicht in Berlin. Hier werden dich garantiert keine Roten überfallen«, sagte er, während er ihr dabei zusah, wie sie die kleine Ledertasche unter die Matratze des Bettes schob.

In diesem Moment klopfte es an der Tür, und noch bevor Jung »Herein!« rufen konnte, schwang sie bereits auf.

Eine Stewardess in der Uniform der Messageries Maritimes trat ein. Jung schätzte, dass sie etwa so alt war wie er, sie war zierlich, hatte ihre schwarzen Haare zum Bubikopf geschnitten, ihre Augen waren sehr dunkel, beinahe schwarz, ihre Nase war lang und gerade, etwas zu groß für ihr fein geschnittenes Gesicht, trotzdem fand er sie schön.

Zumindest eine Sekunde lang – dann fing er den Blick aus ihren Augen auf: Verachtung lag darin, oder Hass, oder beides.

»Madame, Monsieur, ich bin Fanny Philip, Ihre Kabinenstewardess auf dieser Reise.« Sie sprach, soweit Jung das mit seinen mittelprächtigen Französischkenntnissen beurteilen konnte, mit südfranzösischem Akzent, wahrscheinlich kam sie aus Marseille, vielleicht hatte sie schon als kleines Mädchen die Schiffe am Horizont verschwinden sehen und wollte schon immer hinaus … Manchmal begegnete er Menschen, zu denen ihm sofort Geschichten einfielen, kleine Romane ihres Lebens, obwohl er doch von diesen Leben noch gar nichts wusste.

»Wenn Sie etwas benötigen oder eine Frage haben«, fuhr sie fort, »so zögern Sie nicht, mich anzusprechen.« Dann jedoch drehte sie sich so rasch um, dass sie nicht einmal dazu kamen, ihr zu danken, geschweige denn, ihr eine Frage zu stellen.

Dora hatte sich hastig aufgerichtet und das Bettzeug über der Stelle, an der sie die Ledertasche versteckt hatte, glattgestrichen. Nun schüttelte sie verwundert den Kopf. »Wir leben in hektischen Zeiten«, meinte sie spöttisch, »aber man kann es mit der Hektik auch übertreiben.«

Jung dachte an die »*Boche*«-Schmähungen in den Straßen von Marseille und an die bürgerliche Dame, die vor ihnen aufs Trottoir gespuckt hatte. Er war sich ziemlich sicher, dass nicht die moderne Hektik Fanny Philip aus ihrer Kabine getrieben hatte, sondern ein elf Jahre alter Hass. Und vielleicht war es doch nicht so dumm, unter der Matratze eine Notreserve für alle Fälle zu verstecken, als Deutsche auf einem französischen Schiff.

»Lass uns an Deck gehen und frische Luft schnappen«, schlug er vor. Er sah auf seine Uhr. »Wir sollten bald ablegen.«

Es war inzwischen Nachmittag geworden, und jetzt täuschte der Oktober niemanden mehr. Es war nicht gerade kalt, es gab kühlere Hochsommertage in Berlin, doch die drückende Hitze war verdampft. Vom Meer her wehte eine Brise wie eine Verheißung auf ihre Reise, die Luft schmeckte nach Salz, Marseille badete in einem Licht, als würde die ganze Stadt von einem Kaminfeuer illuminiert werden. Die Muttergottes auf Notre-Dame-de-la-Garde glänzte heidnisch golden, der Maske des Tutanchamun näher als irgendeinem christlichen Bildwerk. Jung hielt seine Leica in den Händen und wünschte, dass es Farbfilme gäbe. Er konnte die Welt in tausend Grautönen zeigen, aber es gab Momente, da reichte das nicht.

Jung hatte Dora auf dem Promenadendeck nach achtern geführt. Sie blickten auf das Deck der Dritten Klasse hinunter. Dort stand eine Frau an der Reling, einfach gekleidet, vielleicht eine Syrerin oder Armenierin, sie trug ein Baby in den Armen, drei Jungen, vielleicht sechs, vier und drei Jahre alt, schätzte Jung, hielten ihren Rocksaum umklammert. Dora betrachtete die Passagierin und ihre Kinder. Mein Gott, dachte Jung, vier Kinder, und diese Frau ist jünger als Dora. Es war so ungerecht, wieso hatten manche Menschen so früh so viele Kinder und anderen war kein einziges vergönnt? Er deutete auf Notre-Dame-de-la-Garde und schwatzte einfach drauflos, erzählte mit übertriebener Heiterkeit die erste Geschichte, die ihm dazu einfallen wollte. Dora durchschaute den Trick wahrscheinlich, trotzdem war Schwadronieren besser, als schweigend auf eine Mutter mit vier Kindern zu blicken.

Matrosen verschlossen die Frachtluken mit unterarmlangen Eisenbolzen, als wollten sie den Schiffsrumpf nie wieder öffnen. Die Kräne auf dem Môle de la Pinède und auf der *Champollion* standen nun bewegungslos wie riesige Kreuze. Docker zogen die Tore der Frachthallen zu.

»Sieh mal, eine *Chanteuse des Rues!*«, rief Jung und deutete nach unten. Eine Straßenmusikerin schleppte ihr Akkordeon über den Kai. Sie war klein, hager, die langen Haare pechschwarz, die Haut sonnengebräunt, unmöglich zu sagen, ob sie dreißig oder sechzig war. Sie setzte sich auf einen eisernen Poller und spielte eine melancholische Melodie, die er noch nie zuvor gehört hatte, den Text verstand er nicht. Über die Decks der *Champollion* wehte der Klang der Bordglocke: das Zeichen für die Begleiter der Passagiere, das Schiff nun zu verlassen. Frauen und Männer strömten über eine steile Laufplanke vom Heck hinunter auf den Kai, verteilten sich längs des Dampfers, suchten ihre Angehörigen und Freunde, riefen sich über fünf Stockwerke hinweg Abschiedsworte zu. Ein älterer Herr mit einem Strohhut warf der Musikerin eine Handvoll Scheine in den Korb, beugte sich zu ihr, sagte etwas. Sie spielte daraufhin ein anderes Lied, doch auch das kannte Jung nicht.

Vier Nonnen standen auf dem Môle de la Pinède, ihre Hauben leuchteten wie weiße Schwäne. Sie winkten heftig, was ihnen eine ganz unreligiöse, jungmädchenhafte Aura verlieh. Dora beugte sich weit über die Reling, um zu sehen, wen sie wohl verabschiedeten – es waren sechs Nonnen auf dem Vordeck, wo sich die Passagiere der Zweiten Klasse versammelt hatten.

»Was machen die Nonnen an Bord?«, fragte sie einen vorbeikommenden Matrosen.

Der Seemann spuckte eine Prise Kautabak in das schmutzige Wasser zwischen Kai und Bordwand und zuckte mit den Achseln. »Vielleicht fahren sie zu einer Mission nach Siam. Oder zu einem Leprahospital auf den Philippinen.«

Dora sah die Nonnen ehrfürchtig an. »Wie lange werden sie dort bleiben?«

»Für immer«, antwortete der Matrose lachend und ging davon.

Rumpelnd wurde die Gangway eingezogen. Seeleute rannten über Vor- und Achterdeck, Kommandos wurden gebrüllt, mit schrillen Pfiffen aus den Bootsmannspfeifen trieben Maate ihre Männer an. Arbeiter lösten die Trossen von den Pollern, sie klatschten ins schmutzige Wasser, bevor sie von den Matrosen hochgezogen und auf dem Deck zu riesigen Schnecken zusammengerollt wurden. Mit einem metallischen Rasseln verschwand die Kette Glied für Glied im Rumpf, bis der schlammüberzogene, tropfende Anker an der Klüse hing. Am Heck schäumte das Wasser auf, als die Schraube anfing, sich zu drehen. Ein Zittern lief durch die *Champollion*, als würden durch die Tausenden Tonnen Stahl unablässig Stromstöße gejagt. Zentimeter für Zentimeter löste sich der Koloss vom Kai. An Land und auf den Decks hatten sie Taschentücher gezogen und winkten, schwenkten Hüte, riefen sich letzte und allerletzte und allerallerletzte Grüße, Schwüre, Abschiedsworte zu. Die Musikerin spielte jetzt die *Marseillaise*, aber das hörte Jung im allgemeinen Lärm kaum und dann gar nicht mehr, als das Schiffshorn mit einem lang gezogenen dumpfen Tuten Marseille Adieu sagte.

Die *Champollion* glitt langsam durch den Hafen. Die Luft schmeckte nach Salz und Rauch. Möwen segelten neben den Schornsteinen und der Funkantenne. Sie wirkten auf Jung wie entschlossene Krieger, die knapp unterhalb der Rußwolken, die aus den vorderen beiden Schornsteinen quollen, einem fernen Ziel unbeirrbar entgegenstrebten. Der Himmel war zu dunkel, um noch blau zu sein, aber noch nicht nachtschwarz. Am Ufer flammten die Bogenlampen auf, ihr Leuchten spiegelte sich grün im Hafenwasser. An einem Kai lag ein Dampfer, die Bullaugen waren hundert Lichtpunkte in seinem dunklen stählernen Panzer. Ein Boot, vielleicht ein Fischerkahn, tuckerte der *Champollion* entgegen, umkurvte sie in weitem Bogen; Jung sah einen Schatten, ein rotes und ein grünes Positionslicht, das weiße »V« der Hecksee, das sich im schwarzen Meer verlor. Zwischen den Streben der Hochbrücke funkelte der Abendstern. Ein Leuchtturm, weit draußen auf dem Meer, schickte alle paar Sekunden seinen Strahl zu ihnen. Und voraus lag das Château d'If, eine winzige Insel, eine Bergkuppe aus Felsen und Festung im Meer, wo einst Edmond Dantès geschmachtet hatte. Jung hatte *Der Graf von Monte Christo* in unbeschwerten Tagen verschlungen, er erinnerte sich kaum noch an die verworrene Handlung. Und doch gab ihm das Château d'If plötzlich einen Stich ins Herz, es war ein Ruf aus seiner Kindheit, und irgendwie wusste er in diesem Augenblick, dass er nicht bloß von Marseille und von Europa Abschied nahm, sondern auch von seiner Jugend.

Unauffällig musterte er die Passagiere. Wie viele Menschen

mochten an Bord sein? Zweihundert? Dreihundert? Vierhundert? Ob es irgendeinen anderen gab, der sich so pathetisch fühlte wie er? Die meisten Reisenden standen an der Reling, blickten auf die Stadt oder auf das Meer oder zu den Sternen hoch, manche hielten noch ihre Taschentücher in den Händen, nutzlose kleine Gespenster, aus denen das magische Leben gewichen war. Vier rotgesichtige Männer, alle in hellen Leinenanzügen und weißen Schuhen, hatten sich unter einem Rettungsboot versammelt und unterhielten sich laut, sie hatten schon keinen Blick mehr für die Welt. Die bis zu ihm hinüberwehenden Wortfetzen ließen Jung vermuten, dass es Kolonialbeamte waren, jedenfalls Männer, die schon viel zu oft auf Dampfern gestanden hatten. Ein junges Mädchen hielt sich krampfhaft am glatten Holzlauf der Reling fest, sie war sehr blass; Jung wusste nicht recht, ob sie sich aus Verzweiflung über Bord stürzen wollte oder ob sie bereits von den harmlosen Wellen zwischen Vieux Port und Château d'If in die Qualen der Seekrankheit getrieben wurde. Zwei Wochen würde er mit allen diesen Menschen zusammenleben, würde sich eine kleine Ewigkeit lang ein paar Quadratmeter Deck, Restaurant, Rauchsalon mit ihnen teilen. Er suchte nach sympathischen und unsympathischen Gesichtern, nach Mitreisenden, mit denen er gern ins Gespräch kommen würde, und anderen, denen er lieber aus dem Weg gehen wollte. Er war nicht der Einzige, der mit forschenden Augen die Menge musterte.

Dora stand schweigend neben ihm. Er folgte ihrem Blick: Sie beobachtete wieder die junge Orientalin mit den vier Kindern, bis diese ihren Söhnen etwas sagte und sie gehorsam hinter ihr her unter Deck trotteten.

»Wo ist deine Familie?«, fragte Jung, um sie abzulenken.

Sie zuckte mit den Achseln. »Papa und Mama sind garantiert in der Kabine und takeln sich für das Dinner auf. Du weißt, wie lange das bei ihnen dauert, vor allem bei Mama. Mit jedem

Jahr, das sie älter wird, steht sie zehn Minuten länger vor dem Spiegel.«

»Sei nicht so gehässig. Sie ist eine elegante Dame, und wir werden nun mal alle älter.«

»Ja«, pflichtete sie ihm seufzend bei, »wir rasen alle auf den Abgrund zu.« Sie steckte sich eine Zigarette in die Spitze und ließ sich Feuer geben. »Mein lieber Bruder guckt wahrscheinlich irgendeinem jungen Steward hinterher. « Sie stieß den Qualm so kraftvoll aus, als wollte sie ihre Seele aufs Meer hinausblasen. »Und Berthold«, sie schnippte Asche über die Reling, »hockt vermutlich in seiner Kabine und kalkuliert zum hundertsten Male, wie viele Penunsen uns diese Reise einbringen wird.«

Vielleicht sollte das abschätzig klingen, doch Jung war nicht entgangen, dass Dora den Prokuristen bei seinem Vornamen genannt hatte. Er sah sich noch einmal gründlich auf Deck um. In der Tat war Lüttgen nirgendwo zu sehen. Er fragte sich, was der Kerl wirklich in diesem Augenblick machte und wo er sich wohl herumtrieb.

»Wir sollten uns ebenfalls in Schale werfen«, schlug Dora vor.

»Beim ersten Abendessen der Reise erscheint man traditionell nicht in Abendkleid und Smoking«, erinnerte sie Jung. »Straßenanzug reicht.«

»Für dich vielleicht. Aber mir werden ein wenig Kajal und Lippenstift guttun.«

Etwa eine Stunde später betraten sie das Restaurant der Ersten Klasse auf dem B-Deck. Dora hatte es sich nicht nehmen lassen, schwarze Glacés anzuziehen, und nun ihre behandschuhte Rechte auf seinen Unterarm gelegt, ein Lächeln umspielte ihre Lippen, als Stewards die Flügeltüren vor ihnen öffneten, sie genoss es, wie eine Fürstin aufzutreten.

Oder eine Pharaonin, dachte Jung.

Denn auch das Restaurant sah aus, als hätte man es aus dem Palast des großen Ramses auf den Ozean verlegt. Es war so hoch und weit wie eine Thronhalle, über die sich eine Decke aus Milchglas wölbte, in das ägyptische Muster eingeritzt waren. Lotosblüten und Papyrusstengel schmückten die fünf Meter hohen Säulen, die das Glasdach trugen. Über die Wände verliefen Fresken, die Fellachen bei der Ernte zeigten, Lastenträger, Nilfischer und einen Pharao, der mit Pfeil und Bogen Löwen und Krokodilen nachstellte.

Die Tische waren opulent mit weißem Porzellan, Kristallgläsern, Spitzenservietten und Gestecken frischer Blumen gedeckt. Lichter funkelten, es duftete nach Blüten, Wein und Bratensoßen. Jung hätte sich in einem schicken Pariser Restaurant wähnen können, wenn sich der mit Teppich ausgelegte Boden unter seinen Füßen nicht ganz leicht im Rhythmus der Wellen gewiegt hätte. Hinter dieser Pracht waren Stahlplatten verborgen, und hinter diesen Stahlplatten wiederum lauerte das dunkle Meer.

Dora blieb mitten im Restaurant stehen für einen bewundernden Blick. Er nutzte dies, um sich unauffällig mögliche Fluchtwege einzuprägen.

Viele Gäste waren schon da, niemand achtete auf sie. Die vier Kolonialbeamten saßen mit drei Priestern in langen schwarzen Soutanen, wahrscheinlich jesuitische Missionare, an einem Tisch und unterhielten sich dröhnend, sie waren offenbar bereits bei der zweiten Weinflasche. Viele Männer an den anderen Tischen trugen, wie Jung, leichte dunkle Anzüge, einige von den jüngeren hatten sogar noch ihre modischen Jockeymützen auf dem Kopf. Die Frauen hatten die Haare onduliert oder sie zu Bubikopf und Eton geschnitten, sie hatten sich in Charlestonkleider geworfen, als würden sie gleich noch auf ein Tanzfest gehen. Viele trugen Glockenhüte, doch einige hatten sich, der Mode und ihrem Reiseziel huldigend, feder- und perlengeschmückte Turbane aufgesetzt. Sie fanden den Tisch, an dem die Rostergs und Lüttgen bereits saßen, am anderen Ende des Restaurants.

»Da kommt ja unser Dichter der Neuzeit«, rief Lüttgen und hob zum spöttischen Gruß sein Whiskeyglas. Der alte Rosterg war dem Cognac treu geblieben, Ernst hatte sich ein Bier geholt und musterte das Glas aus irgendeinem Grund finster.

»Der Geist denkt, das Geld lenkt«, sagte Hugo Rosterg unvermittelt. Jung fragte sich, was er mit diesem Spengler-Zitat andeuten wollte und wie viele Cognacs er wohl schon getrunken haben mochte.

»Meine Dame, meine Herren«, begrüßte Jung die Runde und verbeugte sich formell. Gute Manieren waren auch ein guter Schutzschild. Er rückte Dora den Stuhl zurecht, setzte sich danach selbst. Dora bestellte sich beim lautlos hinzugeeilten Steward einen Chablis wie ihre Mutter, Jung blieb lieber erst einmal beim Selters. Er deutete auf den einzigen noch freien Platz an ihrem Tisch. »Wir werden in Begleitung speisen?«

»An jedem größeren Tisch der Ersten Klasse diniert ein Offizier der Besatzung«, belehrte ihn der Patriarch gönnerhaft. »Wir werden die Ehre haben, den Ersten Offizier der *Champollion* in unserer Mitte begrüßen zu dürfen, Roland Dorgelès, gewissermaßen ein alter Freund von mir.«

Jung sah ihn überrascht an. Er hatte diesen Namen noch nie gehört. »Ich wusste nicht, dass Sie mit einem französischen Offizier befreundet sind.« Der alte Rosterg hatte vor dem Krieg mit den Alldeutschen sympathisiert und zu denen gehört, die Frankreich demütigen und die halbe Welt in deutsche Kolonien verwandeln wollten.

»Du weißt doch, dass ich seit mehr als zwanzig Jahren in die Levante und den Orient reise«, erwiderte sein Schwiegervater, als würde das alles erklären.

Jung zuckte mit den Achseln und vertiefte sich in die Speisekarte, deren Titelblatt ein Aquarell zierte, das die *Champollion* in voller Fahrt zeigte, dahinter, groß wie die aufgehende Sonne, der Sphinx und die Pyramiden. Er las die Menuvorschläge des Abends:

Consommé aux cheveux d'ange
Crème Lison
Œufs au choix

Filet de sole au Chablis
Baron d'Agneau à la Judée
Croustade de grives aux senteurs de Provence
Poulet de printemps rôti

Pommes Chatouillard
Salade Romaine
Haricots verts sautés au beurre

Suprême au Moka
Puits d'amour
Brie – Gruyère
Corbeille de fruits

Er würde auf dieser Fahrt nicht verhungern – vorausgesetzt, er schaffte es, seine Angst vor dem Meer so weit zu bezwingen, dass er einen Happen hinunterbekam. Er blickte auf, als ein Offizier an ihren Tisch trat und sie mit einer knappen, militärisch aussehenden Verbeugung begrüßte.

Roland Dorgelès war, schätzte Jung, wohl schon sechzig Jahre alt, aber sein Körper war so bullig, dass er jünger wirkte und noch größer, als er sowieso schon war. Sein Haupt war kahl, die Haut glänzte wie poliert, sein grauer Bart war im Empire einmal Mode gewesen. Er musterte sie der Reihe nach aus seinen dunklen Augen. »*Mesdames, Messieurs*, gestatten Sie, dass ich mich zu Ihnen setze?« Als er Platz nahm, atmete Jung den Hauch einer kalten Zigarre ein. Dorgelès sprach Deutsch mit einem starken französischen Akzent, Jung fragte sich, wo er es gelernt hatte. Der Offizier sah nicht so aus, als stamme er aus dem Elsass, sondern als komme er direkt aus den Gassen von Marseille. Ernst starrte Dorgelès finster an, er war, wie die meisten Sturmtruppler, seit dem Ruhrkampf nicht gut auf Franzosen zu sprechen. Jung zweifelte, dass der Offizier wusste, dass der Sohn seines »alten Freundes« Rosterg in Hamburg am liebsten in brauner Uniform herumstolzierte.

Sie bestellten beim Steward, die meisten entschieden sich für die Scholle. Doch Jung fand, dass er platten Fisch ja schon bei jedem Besuch der hanseatischen Schwiegereltern aß, und wenn man schon in Marseille ablegte, dann sollte man das auch schmecken. Also wählte er das Drosseltörtchen mit provenzalischen Gewürzen und dazu dann auch einen Weißwein.

»Drossel?«, kommentierte Ernst, laut genug, dass Dorgelès es hören musste. »Ich kann mit diesem dekadenten Fraß der Franzmänner nichts anfangen.«

»Warum sollte eine Drossel dekadenter sein als ein Huhn?«, erwiderte Jung freundlich. Ernst Rosterg war nicht gerade Albert Einstein, meist reichte ein Satz, um ihm den Wind aus den Segeln zu nehmen. Auch jetzt glotzte er ihn bloß an.

»Drosseln singen, Hühner gackern«, sprang ihm seine Mutter bei. Das war auch nicht eben die klügste Beobachtung im Deutschen Reich, aber es war immerhin eine Antwort. Ernst Rosterg war schlecht in der Schule gewesen und nach dem ersten Semester Jura an der Universität gescheitert. Er war eine Null in der Firma. Er hatte eigene Unternehmungen aufgezogen, über deren jeweils schmähliches Ende man in der Familie diskret schwieg. Die einzige Karriere, die er vorzuweisen hatte, war die in der SA.

Doch selbst wenn er schwer angetrunken nachts nach Hause getaumelt kam, fand Marthe Rosterg lobende Worte für ihn. Jung wusste, dass ein Mann, der so brutal war wie Ernst und eine so einflussreiche Mutter hatte wie Marthe, es weit bringen konnte, egal wie dämmerig sein Oberstübchen war. Es wäre besser gewesen, sich gut mit seinem Schwager zu stellen, doch er schaffte es einfach nicht, diesen Kerl wie seinesgleichen zu behandeln. Manchmal, wenn sie mit ihrem Gatten allein war, spottete auch Dora über ihren Bruder: »Man kann Ernst nicht ernst nehmen!« Doch so beschränkt Ernst auch war: Er wusste genau, dass Dora und Jung wenig von ihm hielten. Vielleicht blickte er deshalb so finster in die Runde, weil er voraussah, dass er die folgenden Wochen mit seiner ungeliebten Schwester und dem verhassten Schwager verbringen musste.

Während des Essens bestritt Hugo Rosterg beinahe allein die Unterhaltung. Er war eine Art anatomisches Wunder, weil er es irgendwie schaffte, gleichzeitig Unmengen in sich hineinzuschaufeln und dabei nahezu pausenlos zu reden. Er schwadronierte über Politik und schien nicht zu bemerken, dass sich kaum jemand in der Runde dafür interessierte. »Die Vorsehung hat uns vor elf Tagen Stresemann vom Hals geschafft!«, rief er. »Jetzt ist der Weg endlich frei für Hugenberg.«

»Der ist viel zu weich«, erwiderte Ernst, er war der Einzige, der seinem Vater zuhörte, es blieb ihm auch kaum etwas anderes übrig, denn er saß neben ihm. »Selbst der verfluchte Sozi Tucholsky hat es längst begriffen. Der lobt den Faschismus der Italiener und die Russen. ›Das entscheidende Moment ihrer Siege war eine tapfere Unbedingtheit‹, schreibt er. Tapfere Unbedingtheit, das ist es!«

»Hört, hört!«, spottete der Alte. »Mein Filius liest Tucholsky!«

Ernst trank einen großen Schluck Bier. »Deutschland braucht einen Führer, der aus härterem Holz geschnitzt ist«, fuhr er unbeirrt fort, Schaum stand als weißer Schnauzbart auf seiner Oberlippe. »Einen deutschen Mussolini. Wir ...«

Jung hörte nicht länger zu. Er kämpfte sich durch die Vorspeisen und aß anschließend die köstlich gewürzte Drossel mit dem heiligen Ernst, den Kranke an den Tag legten, die eine lebenswichtige Medizin einnahmen. Jede Gabel Fleisch ein Triumph, jeder Schluck Chablis ein Sieg. Ich bin wirklich lächerlich, sagte er sich. Aber es war doch ein Triumph, verdammt! Sie mussten schon etliche Seemeilen von der provenzalischen Küste entfernt sein, die Wellen waren steiler geworden, die *Champollion* stampfte nun sanft, aber doch bemerkbar durch das offene Mittelmeer. Manchmal hörte man, wie irgendwo ein Holzstuhl knarzend und etwas zu heftig zurückgeschoben wurde, weil einer der Passagiere – blass und mit Schweißperlen auf der Stirn – sich plötzlich erhob und aus dem Restaurant strebte. Er hingegen schaffte es, in dieser riesigen Stahlkammer auf dem Meer ein ganzes Dinner würdevoll durchzustehen.

Nicht, dass irgendjemand am Tisch sonderlich auf ihn achtete.

Dora saß zu seiner Linken, doch sie sprach meistens mit Lüttgen, der neben ihr Platz genommen hatte. Lüttgen schenkte ihr hin und wieder Wein nach, bevor der Steward die Gläser füllen konnte, was eine irgendwie vertrauliche, ja beinahe intime Geste war, denn er fragte sie gar nicht, und sie achtete auch kaum darauf – es war, fand Jung, als wären *sie* die Ehepartner, die schon seit Jahren jedes Abendessen gemeinsam einnahmen. Wenn Dora sich nicht mit dem Prokuristen unterhielt, dann wehrte sie die Angriffe ihrer Mutter ab, die ihr bei Tisch gegenüber saß. Marthe sprach leise, so als fürchte sie, ihr monologisierender Gatte könne es sonst mithören. Flüsternd kritisierte sie Doras Glockenhut oder die Pfunde, die sie angeblich zu viel auf den Hüften hatte, oder den Berliner Dialekt, den sie sich angewöhnt hatte, oder irgendein Detail der Geschäfte, die Dora als Niederlassungsleiterin in der Reichshauptstadt verantwortete – als könnte Marthe, die aus einer vornehmen Hamburger Familie stammte und nicht einen Tag ihres Lebens gearbeitet hatte, das überhaupt beurteilen, dachte Jung, der seine Frau nicht zum ersten Mal dafür bewunderte, wie gelassen, beinahe hochmütig sie die ewige Kritik ihrer Mutter mit kurzen Erwiderungen abperlen ließ.

Erst als sie beim Mokka angelangt waren, musste Jung weniger Kraft und Konzentration auf das Essen verwenden, er entspannte sich ein wenig. Hugo Rosterg war irgendwann doch erschöpft von Vorspeise, Hauptspeise und Dessert, sein Gesicht gezeichnet von den Cognacs, die er zwischendurch getrunken hatte. Er lehnte sich seufzend zurück und tauschte in deutlich leiserem Ton mit Dorgelès Anekdoten aus. Ernst Rosterg, der zwischen Patriarch und Offizier saß, wurde von beiden ignoriert und starrte so teilnahmslos vor sich hin, als hätte er sich selbst in eine Art Trance versetzt. Jung bekam nicht alles von dieser Unterhaltung mit, bloß hin und wieder ein Wort, so viel aber doch: Er verstand, dass Hugo Rosterg und Dorgelès sich tatsächlich schon Jahre vor dem Weltkrieg auf einer Schiffsreise in den Fernen Osten kennengelernt und seither mehrere Fahrten zusammen gemacht hatten. Sie warfen sich Städtenamen zu, als wären das Geschichten, Alexandria, Aden, Shanghai, und sie lachten dabei nostalgisch, ohne dass Jung je die Pointen verstand. So viele Jahre, in denen Hugo Rosterg vom kleinen Krämer zum bedeutenden Fernhändler aufgestiegen war. Und Dorgelès? Der musste doch bei ihrem ersten Treffen kaum mehr als ein Fähnrich gewesen sein. Warum war der nicht ebenfalls auf dem Gipfel angekommen? Mindestens sechzig Jahre alt, da war man doch längst Kapitän. Warum wohl war Dorgelès auf einem subalternen Posten geblieben? Warum kommandierte er nicht die *Champollion*?

Ein Raunen schreckte ihn aus seinen Überlegungen auf, eine Welle, die von Tisch zu Tisch flutete, empörte und bewundernde

Ausrufe in Französisch, Deutsch, Arabisch, Englisch und noch etlichen anderen Sprachen, die Jung nicht erriet. Er drehte sich erstaunt nach der Ursache dieser Aufmerksamkeit um.

Eine Frau war ins Restaurant getreten, eigentlich viel zu spät für das Dinner, sie stützte sich lässig auf den Unterarm eines eleganten Begleiters und strebte dem kleinen Tisch in der Mitte des Saals zu, der die ganze Zeit über freigelassen worden war. Sie war hager, bleich geschminkt, die Brauen gezupft, ihr Mund ein blutroter Strich, das Haar rot gefärbt. Sie hatte ein Monokel vor ein Auge geklemmt, ihre Nasenflügel waren gerötet, sie trug einen Smoking, ein winziges Äffchen saß auf ihrer Schulter und blickte hochnäsig in die Runde, so als habe es sich längst an die spektakulären Auftritte ihrer Herrin gewöhnt.

»Na«, flüsterte Dora ihm zu, »habe ich es nicht gesagt?! Wir reisen mit Prominenz!«

»Was, um Himmels Willen, macht denn die Berber hier?«, fragte Marthe empört und laut genug, dass man es mindestens bis zu den Nebentischen hören konnte.

»Ist doch egal, Hauptsache, sie ist hier«, erwiderte ihr Gatte und starrte die Frau lüstern an.

»Man sagt, dass sie sich den Bauchnabel mit Lippenstift rot schminkt. Und dass ihre Oberschenkel voller Einstichwunden von Nadeln sind«, kommentierte Lüttgen, sein Blick war nicht weniger gierig als der seines Chefs.

Jung sagte nichts. Anita Berber war längst eine Legende. Sie war eine Nackttänzerin, die in der Weißen Maus auftrat, im Wintergarten, im Nelson-Theater, im Toppkeller. Seit sechs Jahren lebte sie in einer Suite im Adlon, zunächst mit ihrem ersten Ehemann, dann mit ihrem zweiten, jetzt mit ihrem dritten, dem amerikanischen Tänzer Henri Hofmann, einem sportlichen Mann, dem es offenbar nichts ausmachte, dass sich seine Gattin auch anderen Männern und Frauen hingab. Er führte sie am Arm herum wie eine Trophäe, doch niemand an Bord schien auf ihn zu achten – niemand bis auf Ernst Rosterg, der nur so tat, als würde er Anita Berber bewundern.

Eine Zeit lang war es in Berlin Mode gewesen, »à la Berber« zu gehen, Frauen warfen sich in Smoking, klemmten Monokel vor die Augen, schminkten sich kokainbleich. Das war die Zeit gewesen, als man die Reichsmarkscheine in Milliarden zählte und man feierte, als wäre morgen Weltuntergang. Jung hatte Anita Berber einmal gesehen, er erinnerte sich an den Tanz *Morphium* zu schwermütiger Tangomusik, sie war nackt und schön und, verdammt, sie konnte wirklich tanzen, nur fiel das niemandem im betrunkenen Publikum auf, in dem die Kerle grölten, wie viel sie denn für eine Nacht mit ihr auf den Tisch legen müssten. Diese wilden Zeiten waren vorüber, man war jetzt vernünftig und sportlich und modern, und Anita Berber war ein Gespenst aus schandhaften Jahren, die man gerne vergessen hätte. Sie jedoch blieb ein paar Augenblicke mitten im Restaurant stehen, scheinbar unbeeindruckt von den Blicken und dem Murmeln an den Tischen. Sie kraulte dem Äffchen den Kopf. Und dann, mit exakt derselben Geste, kraulte sie ihrem Mann den Kopf. Anschließend ließ sie sich zu ihrem Tisch führen, ihr Ausdruck starr und ein wenig spöttisch, und auf dem ganzen Weg von der Freitreppe bis zu ihrem Stuhl grüßte sie nur einen einzigen Passagier mit einem lässigen Winken ihrer rechten Hand.

Dieser Mann war Jung.

»Du kennst diese … diese Frau?!«, entfuhr es Dora. Sie hatte nicht länger daran gedacht, ihre Stimme zu senken.

»Flüchtig.« Er hatte Anita Berber vor einigen Jahren für die *Berliner Illustrirte* fotografiert, auf der Bühne nackt, danach hinter der Bühne, schließlich im Adlon. Er hatte keine Angst vor ihren legendären Wutanfällen, vor ihren Attacken mit ihren langen Fingernägeln gegen die Wangen und Augen derjenigen, die ihren

Zorn erregt hatten, vor ihren unflätigen Flüchen und Schimpfkanonaden. Er fand sie schön, aber er träumte nicht davon, sie zu lieben. Er sah in ihr nicht die Königin der Nacht, sondern eine Künstlerin, die irgendwo zwischen Tanz und Kokain vom Weg abgekommen war und nun haltlos durch die Welt irrte. Vielleicht hatte man das seinen Fotos irgendwie angemerkt, und vielleicht erinnerte sich Anita Berber deshalb an ihn.

»Ich kenne sie rein beruflich«, setzte er hinzu und lächelte Dora beruhigend an. »Ich weiß sogar, warum die Berber an Bord ist, mein Schriftleiter hat es mir zugesteckt: Sie reist nach Shanghai. Dort wird sie in den besten Kabaretts auftreten, anschließend wird sie eine Tournee durch ganz Asien starten. Ihr letzter Auftritt, habe ich gehört, soll erst Ende nächsten Jahres in Beirut über die Bühne gehen.«

»Na, dann ist Berlin dieses Ungeziefer wenigstens für ein paar Monate los«, brummte Ernst Rosterg. »Sie ist eine Schande für Deutschland.«

Jung entging dabei aber nicht, wie Hugo Rosterg und Berthold Lüttgen ihn ansahen, ebenso verblüfft wie neidisch darüber, dass ausgerechnet dem verachteten Fotoproleten von Berlins berühmtester Tänzerin eine Gunst erwiesen wurde, die ehrbare Kaufmänner wie sie niemals erringen würden. Auch diese Demütigung würden sie ihm in den nächsten zwei Wochen sicherlich heimzahlen.

Nach dem Dinner flanierten sie zum *Salon de Conversation*, dem Wintergarten auf dem Promenadendeck zwischen den ersten beiden Schornsteinen. Auf dem Weg dorthin passierten sie die Waschräume, in denen Marthe Rosterg verschwand. Der Pianist spielte leise irgendetwas Verträumtes von Schubert auf dem Flügel, der mitten im Wintergarten unter dem Glasdach stand. Dora blickte ihn einen Moment lang so an, als wollte sie ans Klavier treten, um zu singen, dann jedoch sah sie zur Tür, durch die ihre Mutter gerade hereinkam. Marthe Rostergs Nasenflügel waren gerötet, sie ließ ein Emailledöschen unauffällig in ihre Handtasche gleiten, aber nicht unauffällig genug für Jung. Wie viel Schnee wird sie wohl für die zwei Wochen dabeihaben?, fragte er sich. Eine Dame der Hamburger Gesellschaft kaufte sich das Zeug nicht selbst. Jung hatte es nie gewagt, mit Dora darüber zu sprechen, doch er ahnte, dass seine Frau das Medikament in Berlin besorgte und es per Post zur Mutter schickte. Apotheker durften Kranken gegen Rezept 0,05 Gramm Kokain verkaufen und mussten jede Dosis in ein Kokainbuch eintragen. Aber jeder Rauschgiftler Berlins kannte Apotheker, die sich nicht an diese Regeln hielten, und Ärzte, die Rezepte für ein oder zehn Gramm ausstellten. Man munkelte sogar von Medizinern, die den großen Schleppern, meistens Exilrussen, ehemalige Grafen und Offiziere, bis zu einem Kilogramm Kokain auf Rezept »verschrieben«. Dora kaufte Aspirin, und was man sonst so brauchte, stets in einer Apotheke im Westend. Doch hin und wieder suchte sie eine Apotheke am Kurfürstendamm auf, die auch von Exilrussen frequentiert wurde. Irgendwann würde die Kriminalpolizei diesen Laden ausheben, und Jung hoffte für Dora, dass sie bei dem korrupten Apotheker keine Liste seiner besonderen Kunden sicherstellte.

Vielleicht war es das Kokain, vielleicht auch bloß der Seegang, jedenfalls stieß Marthe Rosterg auf dem Weg zu ihrem Tisch mit einem elegant gekleideten fülligen Herrn zusammen.

»*Scusi, Signora!*«, rief der Mann und fing die Stolpernde auf, bevor sie zu Boden gehen konnte. Galant bot er ihr den Arm und führte sie zu ihrem Tisch. »Umberto Marinetti«, stellte er sich vor, verbeugte sich vor den Herrn, küsste den Damen die Hand. Jung schätzte, dass er vielleicht zehn, fünfzehn Jahre älter war als er, einer jener beleibten Männer, die mit Händen und Füßen flink geblieben waren und im Kopf sowieso. Sein rundes Gesicht unter der Halbglatze wirkte offen und fröhlich, seine Baritonstimme war angenehm. Da sein linkes Auge jedoch graublau war, das rechte aber von einem intensiven Grün, verströmte er trotz seiner rundlichen Formen ein irritierendes Ungleichgewicht, so als ob bei ihm eine Stimmung jederzeit in ihr Gegenteil umschlagen konnte. Ein Bär, sagte sich Jung, tapsig und nett, aber man möchte ihm nicht zu nahe kommen, wenn er zornig wird.

Marinetti sprach ganz passabel Deutsch, schien auch keine bösen Gefühle gegen die ehemaligen Kriegsfeinde zu hegen, ja, er flirtete sogar ein wenig mit Marthe. Die ließ sich das gern gefallen, errötete flüchtig, was Dora peinlich zu sein schien. Hugo Rosterg hingegen achtete nicht darauf, wie er überhaupt den Neuankömmling kaum ansah. Er unterhielt sich leise mit Dorgelès und Lüttgen. Jung verstand kaum etwas von dieser Konversation, einmal glaubte er nur, das Wort »Maskat« gehört zu haben, aber das konnte auch ein Irrtum gewesen sein.

Marinetti erkundigte sich nach ihrem Woher und Wohin, plauderte auch gern über sich. So erfuhren sie, dass er ein Anwalt in Rom war, seinen Andeutungen nach mit besten Kontakten zur Kurie und zu Mussolini. Jung hörte nicht richtig zu. Marinetti lehnte sich einmal bequem zurück und schlug die Beine übereinander. Dabei sah Jung zufällig auf seine schwarzen Seidensocken – im rechten war ein groschengroßes Loch, durch das die behaarte Haut der Wade hindurchschimmerte. Fassade, dachte Jung unwillkürlich, diese ganze Eleganz des Mannes ist bloß Augenwischerei. »Wenn Sie gestatten«, sagte Marinetti schließlich und stand auf, wobei er bedauernd die Hände hob. »Es war mir eine Ehre und ein Vergnügen, Sie und Ihre Begleiter kennengelernt zu haben, Signora, doch ich habe leider noch eine Verabredung an der Bar.« Er verbeugte sich.

»Das Vergnügen war ganz meinerseits«, erwiderte Marthe und reichte ihm huldvoll die Rechte.

»Bar klingt gut«, sagte Ernst Rosterg, während er sich mühsam aus dem Sessel stemmte. »Wenn Sie nichts dagegen haben, folge ich Ihnen.«

Marinetti zögerte eine Winzigkeit, als hätte er sehr wohl etwas dagegen, lächelte dann jedoch, wenn auch eine Spur gezwungen. »Selbstverständlich.«

Jung sah den beiden nach. Die verschiedenfarbigen Augen des Italieners schienen ebenfalls auf Rostergs Sohn gewirkt zu haben, wenn auch anders als auf ihn selbst. Doch Jung bezweifelte, dass Ernsts Bemühungen an diesem Abend oder jemals von Erfolg gekrönt werden würden.

Später verließen Dora und Jung den Wintergarten und seine von Zigarrenqualm geschwängerte Luft, um ins Freie zu treten. Nur noch wenige Passagiere schlenderten allein oder in Paaren über das Promenadendeck. Dort, wo Licht aus den Bullaugen auf die Wellen fiel, glänzte das Wasser wie Obsidian. Schaumkronen leuchteten im großen Schwarz, unmöglich zu sagen, wo Meer in Himmel überging. Der Mond stand wie eine Silbermünze im Osten, die Luft schmeckte nach Seetang und war trotz der späten Stunde wärmer als beim Ablegen in Marseille; er fragte sich, wie viele Seemeilen sie wohl schon gen Süden gekommen waren. Süden, Afrika, Orient, ein Ozeanliner … Plötzlich überkam ihn eine jungenhafte, vorkriegshafte Sehnsucht, eine Sekunde lang durchströmte ihn pure Freude: Entdeckerlust, Fernweh, Neugier! Ihm war, als hätten seine U-Boot-Erinnerungen einen Wimpernschlag lang nicht aufgepasst und ihn in die Freiheit entlassen, bevor sie ihn rasch, viel zu rasch wieder einfingen. Auch wenn Afrika hinter dem Horizont wartete und die Wellen wie Obsidian waren, es blieb immer noch dasselbe Meer, in dessen Schwärze UB 68 versunken war. Der Dampfer fuhr jetzt mit voller Kraft voraus, stampfte und zitterte leicht in den Wogen, Jung hörte das Pfeifen des Fahrtwindes in den Aufbauten und von vorne ein Rauschen, wo der Bug das Wasser zerschnitt.

»Komm«, sagte Jung zu seiner Frau und fasste sie behutsam am Ellenbogen, »gehen wir nach achtern, da ist es weniger windig.«

Vom hinteren Ende des Promenadendecks sahen sie auf das Deck der Dritten Klasse und die Frachtluke, auf das geschwungene Heck, an dessen Flaggenstock die Trikolore im Wind knatterte, und auf die schaumige Hecksee, eine majestätisch leuchtende, sich über Hunderte Meter erstreckende Pfeilspitze, die stets auf die *Champollion* wies.

»Ich freue mich auf die Reise«, sagte Dora unvermittelt. Sie lächelte.

Jung stellte sich dicht neben sie an die Reling, hob den Arm, um ihn ihr um die Schulter zu legen.

»Wir werden in Maskat Gewürze kaufen, die kein Europäer kennt«, fuhr sie fort. »Wir werden Spezereien, die noch vor einer Generation nicht einmal von den wagemutigsten Entdeckern gekostet wurden, in jedes Kaufhaus des Reiches bringen, aus dem Suk direkt ins KaDeWe!«

Jung hielt in der Bewegung inne, ließ den Arm wieder sinken. Reise – das war für Dora nicht das Schiff, sondern der Zweck. Sie sah nicht das Meer und die Häfen, sondern Einkaufspreise und Marktlücken. Er fragte sich, ob man zwangsläufig nach vielen Jahren so wurde, wenn man in der Welt des Kaufens und Verkaufens lebte, oder ob sie schon immer so gedacht hatte, es ihm aber nur nie zuvor aufgefallen war.

Sie hatte sein Zögern nicht bemerkt und lächelte immer noch. »Dem da ist wohl kalt.« Sie wies mit dem Zeigefinger ungeniert auf einen Passagier der Dritten Klasse, der allein an der Reling lehnte. Tatsächlich hatte sich der Mann – ein großer, schwerer Kerl, wie Jung schätzte – in Paletot und Schlägermütze gehüllt. Warum trug der auf dem Mittelmeer Mantel und Kopfbedeckung wie im Berliner Winter? Jung hatte das seltsame Gefühl, als habe er diesen Mann schon einmal gesehen, aber wo bloß? Er versuchte, mehr zu erkennen, vergebens: Das Gesicht war unter dem Mützenschirm verborgen. Trotzdem meinte er, dass sich der Unbekannte nicht etwa auf dem Schiff umsah oder auf die Wellen blickte, sondern genau zu ihnen hinaufschaute – als würde er sie so unverfroren mustern wie sie ihn. Ihn fröstelte plötzlich.

»Lass uns schlafen gehen«, murmelte er.

Sie erreichten ihre Kabine im gleichen Augenblick wie die Stewardess.

»Bonsoir«, sagte Fanny Philip, und selbst dieses eine Wort schien sie Überwindung zu kosten. Sie stellte ihnen eine Karaffe Wasser für die Nacht auf den Tisch, deutete einen Knicks an und war gleich darauf verschwunden. Jung hätte schon wieder eine Geschichte dazu schreiben mögen: Welchen Menschen hatten ihr die Deutschen wohl genommen, dass sie Dora und ihm gegenüber so kalt war? Ihren Mann, Vater, Bruder, alle zusammen? Selbstverständlich stellte man solche Fragen nicht, die Antworten darauf wären deprimierend gleich. In der Kabine eines Ozeanliners auf dem Mittelmeer im Herbst 1929 wirkten die Schützengräben und Aeroplane und Zeppeline und Tanks und U-Boote von Vierzehnachtzehn wie ein Alptraum, den man am nächsten Morgen niemandem beichten wollte, weil man sich schamhaft fragte: Was würde der Herr Doktor Freud in Wien diagnostizieren? Niemand wollte eine Diagnose hören, geschweige denn die Therapie wagen, und so geisterten Gestalten wie Fanny Philip und Jung und wer weiß wie viele Passagiere und Seeleute über die Decks der *Champollion*, jede eingeschlossen in den stummen Kerker der Erinnerungen.

Dora kannte solche unsichtbaren Kerker nicht, wie hätte sie auch? Jung hatte ihr nie mehr als in Andeutungen vom Krieg erzählt. Sie summte eine Melodie, die ihm vage bekannt vorkam, irgendein Schlager der Comedian Harmonists? Sie öffnete das Bullauge, ließ herrliche Seeluft herein, Salz und Tang. Dann holte sie ihren kleinen Grammophonspieler aus einem Koffer, kurbelte, legte eine Platte auf. Jazz. The Lewis Ruth Band, eine Kapelle aus Berlin, eigentlich hieß ihr Bandleader Ludwig Rüth, Jung hatte ihn einmal für die *Berliner Illustrirte* fotografiert. Er mochte Jazz, eine der wenigen Leidenschaften, die er noch mit seiner Frau teilte, vielleicht sogar mehr als Dora, weil ihn nicht allein die Rhythmen erregten, sondern weil er wusste, dass sein Schwiegervater jeden Trompetenstoß und jedes Saxophonheulen als »Negermusik« verachtete, von seinem SA-Schwager gar nicht zu reden.

Dora zog sich zu den Klängen der Band um, sie tanzte sogar vor dem Spiegel des Waschbeckens, soweit das bei dem wenigen Platz zwischen Bett und Kabinentür und dem stärker werdenden Seegang möglich war. Manchmal fühlte es sich jetzt an, als würde der Ozeanliner von einer riesigen Hand angehoben, höher und immer höher, und würde dann in ein Loch fallen, hart auf die Wogen schlagen, gar nicht mehr vorankommen. Und dann war wieder die Riesenhand da und hob die *Champollion* zum Himmel. Jung wartete angekleidet auf dem Bett, knipste die Leselampe an, holte sein Buch aus seiner Reisetasche. Erich Maria Remarque, *Im Westen nichts Neues*, alle Welt sprach darüber, selbst jetzt noch, mehr als ein halbes Jahr nach dem Erscheinen. Für Jung war das eine Art Selbstprüfung. Westfront, Schützengraben, das war nicht wie im U-Boot und doch … Wenn er es schaffte, diesen Roman zu lesen, vielleicht war das ein Schritt dahin, seine Dämonen zu bezwingen? An diesem Abend kam er nur einige Abschnitte weit, dann war Dora fertig. Sie mochte nichts, was an den Krieg erinnerte. Irgendwann während der Reise würde sie bemerken, was er als Lektüre mitgeschleppt hatte, und sie würde ihm eine Szene machen. Doch nicht am ersten Abend. Jung ließ das Buch deshalb rasch unter seiner Seite des Bettes verschwinden und machte sich für die Nacht fertig. Er ließ sich absichtlich Zeit dabei. Als er endlich neben ihr unter die Bettdecke glitt, atmete sie bereits tief und gleichmäßig. Mondlicht schimmerte durch das Bullauge, alles war knochenbleich oder grau, die Kabine wirkte auf ihn schief und disproportioniert wie das Kabinett des Doktor Caligari. Jung zählte im Geiste dreihundert Sekunden ab, um ganz sicher zu sein, dass Dora schlief.

Dann stand er noch einmal lautlos auf und schüttete sich Wasser aus der Karaffe in ein Glas. Aus seiner Reisetasche holte er ein braunes Fläschchen mit neunundneunzig Tabletten. Er hatte sich die Hunderterpackung vor der Abreise bei seinem Apotheker in Berlin besorgt, eine Apotheke, die weder im Westend noch am Kurfürstendamm lag. Eine Tablette hatte er bereits im Hotel von Marseille geschluckt. Neunundneunzig noch, das würde für die Hinfahrt reichen, für die Zeit in Arabien, für die Rückfahrt, für alles. Trional schenkte ihm einen traumlosen Schlaf.

Er schluckte die Tablette, versteckte das Gläschen wieder, Dora wusste auch nach beinahe elf Ehejahren nichts davon. Jung ließ den Kopf behutsam auf das Kissen sinken, um seine Frau nicht im Schlaf zu stören. Er starrte aus dem Bullauge und wartete auf die Wirkung der Tablette. Er dachte noch an den riesigen Kerl auf dem Deck der Dritten Klasse, der ihn vielleicht gemustert hatte, vielleicht auch nicht. Er dachte noch an Lüttgens Drohung. Er dachte an die *Champollion* und die Wellen auf der anderen Seite jener zwei Zentimeter Stahl. Wenn ich sterbe, werde ich auf dem Meer sterben. Dann erlöste ihn das gnädige Trional.

ALTE BEKANNTE UND NEUE GESICHTER

Die *Champollion* durchquerte die Straße von Bonifacio. Backbord leuchteten die schroffen Gipfel Korsikas orangerot im Licht des frühen Morgens, glühende Berge im Mittelmeer, Frankreichs letzter Gruß. Die Dächer von Bonifacio waren rote Flecken hoch im hellen Kalkstein, unter denen hin und wieder ein Lichtblitz über die Wellen schoss, wenn sich die Sonne in einem Fenster spiegelte. Jung glaubte einen Moment lang, dass der Wind Glockenläuten bis zu ihm hinüberwehte, aber das war wohl eine Illusion. Sturmtaucher stürzten aus der Luft ins Wasser. Nah an den Küstenfelsen schimmerte das Wasser türkisgrün, weiter draußen war es dunkelblau, ja beinahe schon schwarz. In dieser Meerenge zwischen Korsika und Sardinien waren die Wellen steil, der Bug des Ozeanliners stach in sie hinein wie ein Riesenmesser, und das Wasser brach schaumig über das Vordeck. Jedes Mal erzitterte der Rumpf mit einem dumpfen Schlag, der Wind wehte ein Krachen bis auf Deck E hoch, und die Luft schmeckte nach Salz.

Manche Passagiere hatten sich schon zu Grüppchen zusammengefunden, Konversation, Gelächter, Flirts, ganz allgemein war die Toleranz größer, als man sich das je an Land gestatten würde. Jung sah einen Sergeanten der Kolonialtruppen, neben ihm seine vietnamesische Frau und drei Töchter, fein wie fernöstliche Puppen. Er fotografierte sie diskret mit seiner Leica, das war ein Motiv, wie es die *Berliner Illustrirte* gerne nahm. Zwei Priester, ihre Gesichter unter großkrempigen Hüten halb verborgen, hatten einige Männer und Frauen unter einem Rettungsboot um sich geschart. Ein Gottesdienst unter freiem Himmel? Jung trat näher, sein Fotoapparat klickte, er lauschte den Worten der Geistlichen, die eine Pilgergruppe leiteten. Die frommen Reisenden wollten nach Ägypten, um das Katharinenkloster auf dem Sinai zu sehen und danach tatsächlich zu Fuß bis nach Jerusalem zu ziehen. Die Priester zelebrierten keineswegs eine Messe, sie gaben praktische Tipps, redeten vom Schutz gegen die Sonne und gegen Schlangen, von arabischen Gepflogenheiten und schließlich doch auch von Gott, der über ihre Reise wachen würde.

Als er achtern angekommen war, stockte Jung und ließ die Leica sinken. Er blickte auf das Deck der Dritten Klasse hinunter – wo dieselbe massige Gestalt an der Reling lehnte wie gestern Abend. Nur trug der Mann diesmal Arbeiterschuhe, Hose und kurzes Hemd, über dem die ledernen Hosenträger im Frühlicht glänzten wie das Koppel eines Soldaten.

Jung kannte diesen Mann.

Max Totzke, »Maxe« genannt, ein ehemaliger Preisboxer, gebrochene Nase, eine Stirn wie die eines Neandertalers, kleine, böse hellblaue Augen, dünnes blondes Haar, das er sich mit Pomade über die Halbglatze klebte. Seine Hände waren mit einem hellen Flaum bedeckt, das einzig Weiche an dieser kantigen Gestalt. Maxe war Schuldeneintreiber im Ringverein Immertreu, der mächtigsten kriminellen Organisation der Hauptstadt. Sie machte in Prostitution, verschob Schnaps und Kokain, erpresste Schutzgelder; ihr Hauptquartier war die Kneipe Mulackritze im Scheunenviertel. Jung hatte für eine Reportage im letzten Jahr Dr. Dr. Erich Frey begleitet, den berühmtesten Strafverteidiger Deutschlands. Frey hatte mit einem ebenso brillanten wie skrupellosen Plädoyer Maxe und ein paar Spießgesellen von Immertreu vor einer Verurteilung wegen Mordes bewahrt. Jung hatte im Gerichtssaal fotografiert, den rechten Unterarm eingegipst und im Verband die Leica versteckt; die verbotenerweise gemachten Bilder hatten es auf die Titelseite geschafft: »Verbrechervisagen auf der Anklagebank«. Die Kerle von Immertreu hatten danach eine Flasche Korn in die Redaktion geschickt, »zu Händen des Lichtbildners, der den Fotoapparat in den Gerichtssaal geschmuggelt hat, in kollegialer Hochachtung«.

Maxe schien ihn nicht zu beachten, qualmte eine Zigarre und starrte aufs Meer. Jung fragte sich, was ein Schläger wie er auf einem Schiff zu suchen hatte, das in den Orient fuhr. Hatte Immertreu auf einmal Geschäftsinteressen irgendwo in Arabien oder gar Asien? Doch warum schickten sie dafür ausgerechnet einen ihrer Leute, der schon mit dem kleinen Einmaleins überfordert war? Plötzlich kam Jung ein Verdacht: Vielleicht interessierte sich Maxe keinen Deut für Arabien. War der Schläger vielleicht seinetwegen an Bord? Immerhin kannte Maxe ihn seit dem Prozess in Moabit. Hatte Lüttgen womöglich einen Schläger engagiert, um ihn fertigzumachen? Jung schalt sich selbst einen Narren: Der gelackte Prokurist und ein Schuldeneintreiber vom Ringverein, das war einfach zu absurd. Ich werde noch paranoid, sagte sich Jung und wischte sich mit dem Taschentuch den Schweiß von der Stirn. Erst der zweite Tag auf See, und ich drehe schon durch. Wenn das so weiterging, dann musste Lüttgen gar nichts unternehmen, dann würde er über Bord springen, ohne dass dabei jemand nachhelfen musste. Jung eilte über das Promenadendeck nach vorn, bloß fort aus Totzkes Blickfeld. Dora schlief noch. Er hatte plötzlich das Bedürfnis, nicht länger allein zu sein und sich mit Passagieren zu unterhalten, sicher war sicher.

Er sah zwei Frauen nahe der Reling. Die jüngere hatte ihre Hand auf das Geländer gelegt und den Rücken durchgedrückt. In dieser Positur blickte sie angestrengt gen Unendlichkeit. Die ältere hielt eine Kodak Box in der Hand.

Jung trat rasch hinzu und hob warnend die Hand. »Nicht gegen die Sonne, Madame!« Er deutete auf den morgenroten Feuerball, der direkt hinter dem Kopf der jüngeren Frau aufging. »Der Kontrast ist zu groß«, fuhr er fort. »Die Dame wird auf dem Foto schwarz wie ein Schattenriss sein, Sie werden später auf dem Abzug ihre Gesichtszüge nicht erkennen, da kann auch der beste Fotolaborant nichts mehr machen.«

»*Indeed*?« Die Fotografin war Anfang fünfzig, hager, auffallend groß, elegant. Ihre Haare waren wasserstoffblondiert und onduliert, die Wellen fielen ihr bis auf die Stirn und an die Ohren. Sie blickte ihn aus scharfen grauen Augen an, bemerkte die Leica an seiner Schulter, sah auf ihre Kodak und seufzte. »Ich habe seit gestern alle Fotos von Silwa gegen die Sonne gemacht. Dann umspielt das Licht ihren Kopf wie ein Heiligenschein.« Sie sprach Französisch mit starkem englischen Akzent. »Das nennt man dann wohl Anfängerfehler?«

»Das nennt man eine beinahe geniale Idee«, erwiderte Jung, hob seinen Hut und nannte seinen Namen. Er mochte die Frau. »Denn leider kann man nicht alles, was man mit dem Auge sieht, auf Zelluloid bannen.«

»Nicht mal mit Ihrer Leica?«

»Nicht mal mit der.«

»Wenn Sie mit der Leica auch nicht mehr machen können als ich mit meiner Kodak Box, warum haben Sie dann so viel Geld für den Fotoapparat ausgegeben?« Sie schüttelte ihm spöttisch lächelnd die Hand und stellte sich als Dame Agatha Westmacott vor. »DBE«, wie sie hinzusetzte, und Jung meinte sich zu erinnern, dass das irgendein Adelsrang oder Orden oder was auch immer für eine Auszeichnung im Empire war. Sie war, so erfuhr er ungefragt, eine verwitwete englische Apothekerin, die »die Hitze in Nizza etwas weniger unerträglich fand als den Nebel in London«. Sie reiste mit der jüngeren Begleiterin, ihrer Gesellschaftsdame Sirward Kodschojan, einer untersetzten, kräftigen Armenierin, die von ihr »Silwa« gerufen wurde. Sie fuhren nach Shanghai, wo Lady Westmacott, wie sie vage erklärte, »noch einige juristische Hinterlassenschaften meines verstorbenen Gatten zu klären« hatte. Eines ziemlich vermögenden verstorbenen Gatten, vermutete Jung, denn nicht nur die Lady trug einen Goldring mit einem erbsengroßen Diamanten am Finger, selbst ihre Gesellschaftsdame hatte sich eine lange Perlenkette um den Hals und goldene Reifen um die Handgelenke gelegt. Silwa steckte zudem gerade eine amerikanische Zigarette in eine Zigarettenspitze aus Elfenbein. Entweder hatte die Chefin ihr ein paar von ihren eigenen Wertsachen überlassen, oder Lady Westmacott war eine Arbeitgeberin, die sehr guten Lohn zahlte.

Die Kodak Box war eine einfache Kamera für Amateure, doch Jung zeigte ihr, wie man auch mit solch einem Apparat gelungene Fotos machen konnte. Als er dabei Silwa in Positur bringen wollte, stellte sich heraus, dass sie weder besonders gut Englisch noch Französisch sprach, aber Englisch doch noch etwas besser, also wechselte Jung in diese Sprache.

»*Thank God*! Jemand spricht Englisch auf diesem Schiff. Ich habe schon befürchtet, ich müsste mir auf dieser verdammten Reise die Zunge brechen!« Ein Mann trat aus dem Schatten eines Rettungsbootes auf sie zu, ungefähr in Jungs Alter, hellblond, rosiges Gesicht, optimistisch blitzende Augen. Er trug Knickerbocker zum Hemd, ein Seidenhalstuch statt Krawatte, und man sah ihm auf zwanzig Metern an, dass er Amerikaner war. »Steve Adams.« Er reichte ihnen die Hand.

»Sie fahren in den Orient?«, fragte Jung, stellte die Damen vor und nannte seinen Namen.

Er schüttelte den Kopf. »Ich bleibe bis zum bitteren Ende an Bord: Yokohama.«

»Dann können Sie bis zum Fernen Osten Englisch sprechen, Mister Adams«, erwiderte Lady Westmacott mit betontem Augenaufschlag. »Silwa und ich reisen nach Shanghai. Das ist ja gewissermaßen um die Ecke.«

Adams lächelte nachsichtig, ob über diese gewagte geographische Angabe oder eher den Augenaufschlag, war nicht ganz klar. »Sie sprechen nicht zufällig Japanisch, nein? Wie schade.« Er zog ein kleines Wörterbuch aus der Brusttasche seines Hemdes. »Dann muss ich mir die Sprache selbst beibringen. Doch ich fürchte, als Ingenieur kann ich mit Zahlen besser umgehen als mit Vokabeln. Ich werde mir in Yokohama wohl nicht einmal ein Steak bestellen können.«

»Möglicherweise könnten Sie auch mit perfekten Japanischkenntnissen in ganz Yokohama kein Steak bekommen«, wandte Lady Westmacott milde spottend ein. »Lernen Sie besser, wie man ›Reis‹ und ›rohen Fisch‹ ausspricht.« Sie lächelte und fragte kokett: »Kennen wir uns nicht von irgendwoher?«

»Reisen Sie öfter in die Vereinigten Staaten?«

»Nicht, wenn ich es vermeiden kann.«

Er lachte. »Dann müssten wir uns in Europa über den Weg gelaufen sein. Ich war letztes Jahr zum ersten Mal in der Alten Welt. Aber ich bedaure es außerordentlich, dass ich mich nicht mehr an Sie erinnern kann.«

»Auch mir will es nicht einfallen. Es muss ein Empfang gewesen sein, irgendetwas, wo sich alle Welt über den Weg läuft. *Well*, bis nach Japan wird es mir schon wieder einfallen.«

Adams zog die Mundwinkel nach unten. »Meine Firma schickt mich nach Yokohama, damit ich dort eine Eisenbahnbrücke entwerfe. Langsam ahne ich, warum sich keiner der erfahrenen Kollegen für diesen Job beworben hat: Reis und roher Fisch, das klingt mir nach einem schlechten Blatt. Und Sie?« Er blickte Jung neugierig an. »Was verschlägt Sie zu den Reisessern?«

»Ich fahre bloß bis Maskat«, erklärte Jung und tippte auf seine Leica. »Für eine Reportage über den Orient.«

»Reportage?« Adams sah ihn eine winzige Sekunde lang mit einem Gesichtsausdruck an, von dem Jung hätte schwören können, dass er alarmiert war. Dann lächelte der Amerikaner wieder. »Ich wohne in Manassas, Virginia, denn meine Firma hat ihr Hauptquartier nebenan in Washington. Die Stadt ist voll mit Reportern. Ein hektisches Völkchen.« Er fischte eine zerknitterte Packung Lucky Strike aus seiner Hosentasche und bot die Zigaretten in der Runde an. Jung schüttelte höflich den Kopf.

»Silwa und ich bevorzugen französische Honigbonbons«, erklärte Lady Westmacott und ignorierte dabei die Zigarettenspitze in der Hand ihrer Gesellschaftsdame, wie auch ihren sehnsüchtigen Blick.

Adams grinste und steckte sich eine Zigarette an. »Das ist aber gar nicht gesund, meine Dame. *Reach for a Lucky instead of a Sweet!* Wollen Sie nicht doch eine, Ma'am?« Er hielt der Gesellschaftsdame die Packung hin. Silwa sah zu ihrer Chefin und nahm sich zögernd eine Zigarette.

Der Amerikaner klopfte auf das Wörterbuch. »Ich suche mir jetzt einen Liegestuhl und schlage ›Reis‹ und ›rohen Fisch‹ nach. Und danach lerne ich folgende Sätze auf Japanisch auswendig: ›Wo geht es hier nach draußen? Ich glaube, irgendetwas stimmt nicht mit meinem Magen.‹« Er lachte wieder und winkte zum Abschied.

»Charmanter junger Mann«, sagte Silwa, die bis dahin geschwiegen hatte. Es klang allerdings so, als mochte sie trotz der Lucky Strike Adams nicht besonders. Jung blickte ihm hinterher und fragte sich, was den Amerikaner vorhin so alarmiert haben könnte: sein Reiseziel Maskat? Sein Beruf als Reporter? Oder war da noch etwas anderes? Er plauderte mit der englischen Dame und ihrer Begleiterin. Lady Westmacott führte eine Apotheke in Nizza, bei der vor allem die an der Côte d'Azur lebenden reichen Engländer, Amerikaner und exilierten Russen ihre Medikamente kauften. Möglicherweise, sagte sich Jung, hatte seine Gesprächspartnerin ihr Vermögen doch nicht in erster Linie von ihrem Gatten geerbt, sondern selbst verdient. Gab es bessere Kunden als wohlhabende, gelangweilte Nordländer unter mediterraner Sonne?

Irgendwann sah er, dass Dora aufs Deck trat. Sie winkte ihm zu, schien die beiden Damen in seiner Begleitung zwar neugierig zu mustern, kam aber nicht zu ihnen herüber. Lüttgen trat hinter ihr aus dem Gang ins Freie. Er trug einen hellen Sommeranzug, sein Monokel blitzte, die Haare glänzten vor Pomade, er wirkte, als könnte er sofort zu einer Cocktailparty gehen. Er ignorierte Jung und redete im Gehen auf Dora ein, doch waren sie so weit entfernt, dass Jung nicht verstehen konnte, um was es dabei ging. Dora drehte sich noch einmal zu ihm um und formte mit den Lippen überdeutlich Wörter, die vielleicht »Bis später« bedeuten mochten. Dann schlenderte sie mit dem Prokuristen nach achtern – dort, wo vielleicht immer noch Totzke an der Reling stand.

»Wollen wir den Kapitän fotografieren?« Lady Westmacott blickte ihn herausfordernd an.

»Pardon?« Jung hatte einen Moment lang nicht zugehört.

»Sollen wir uns auf die Kommandobrücke schleichen? Von dort oben kann man garantiert gute Fotos machen.«

Und vielleicht hat man von dort oben das ganze Schiff im Blick, dachte Jung, hoffentlich kann man sogar bis auf das Achterdeck sehen. »Das ist eine gute Idee!«, rief er.

Eine steile Stahltreppe führte vom Promenadendeck hoch zur Kommandobrücke. Die Brücke war nicht weiß gestrichen wie die übrigen Aufbauten, sondern mit dunklem Holz verkleidet, was die *Champollion*, fand Jung, ein wenig so aussehen ließ, als hätte man ihr die Augen mit einem Tuch verbunden. Stets war ein Matrose am Fuß der Treppe postiert, um zu verhindern, dass Passagiere ins Reich der Offiziere eindrangen.

Jung wandte sich an Silwa. »Sagen Sie dem Mann, dass Sie sich verlaufen haben, und bitten Sie ihn darum, dass er Ihnen die Tür zum Wintergarten zeigt.«

Silwa blickte zunächst ihre Chefin an, und als die nickte, ging sie los. Sie sprach den Matrosen an, und aus den wenigen Wörtern, die der Wind bis zu ihnen hinüberwehte, hörte Jung heraus, dass sie absichtlich noch schlechter Französisch redete als sowieso schon. Der Seemann gab es schließlich auf, ihr den Weg zu beschreiben. Er lächelte galant und deutete an, dass sie ihm folgen sollte, er würde sie hinführen. Sobald sich die beiden einige Schritte von der Treppe entfernt hatten, flüsterte Jung: »Jetzt kommt es darauf an, dass Sie so tun, als würden Sie das jeden Tag machen. Nichts verbirgt einen besser als eine Tat in aller Öffentlichkeit.«

»Ich bin ganz gut im Bluffen«, versicherte Lady Westmacott.

Sie schlenderten nonchalant bis zur Treppe und stiegen die Stufen hinauf. In der Nock, der äußersten Ecke der Kommandobrücke, stellten sie sich hin. »Jetzt nehmen Sie einfach die Kodak und knipsen los«, flüsterte Jung.

Während seine Begleiterin vor Aufregung leise kicherte und die ersten Fotos schoss, blickte er unauffällig nach achtern. Er glaubte, die Silhouetten von Dora und Lüttgen am Ende des Promenadendecks der Ersten Klasse auszumachen. Das Deck der Dritten Klasse lag allerdings so tief, dass es von der Brücke aus doch nicht zu sehen war. Jung fragte sich, was seine Frau und dieser verdammte Prokurist schon wieder zu besprechen hatten. Doch dann dachte er, wenn er schon mal hier war, konnte er auch seinen Job erledigen. Er hob die Leica, visierte den Matrosen an, der in der Mitte der Kommandobrücke am Steuerrad stand und stoisch Richtung Horizont blickte. Er drückte auf den Auslöser. Lady Westmacott und er schossen mindestens zwei Minuten lang unbeachtet Fotos, bevor ein junger Offizier, der irgendwann neben den Rudergänger getreten war und den Kompass abgelesen hatte, sie endlich bemerkte und zu ihnen kam.

»Was machen Sie da?«, fragte er höflich.

»Ich fotografiere«, antwortete Jung ebenso höflich.

»Aber das hat noch niemand hier je gemacht!«

»Deshalb tue ich es ja.«

Der Offizier starrte sie einen Augenblick ratlos an, dann räusperte er sich. »Madame, Monsieur, ich bedaure, aber Sie sollten doch jetzt besser wieder auf das Promenadendeck zurückgehen, bevor der Kapitän Sie sieht.«

»Selbstverständlich«, erwiderte Lady Westmacott und schenkte auch ihm einen bezaubernden Augenaufschlag.

Der Offizier verbeugte sich knapp, während sie sich umwandten und langsam die Treppe hinunterstiegen. Der Matrose, der längst wieder seinen Posten bezogen hatte, sah sie verblüfft an, sagte aber nichts. Sie trafen Silwa rauchend im Wintergarten, erst da lachte Lady Westmacott los. »Ich bin viel zu gut erzogen, um Menschen abzulichten, die ich nicht kenne, noch dazu Offiziere! So etwas habe ich nie zuvor gewagt. Das waren die aufregendsten Fotos meines Lebens. Das müssen wir unbedingt wiederholen!«

»Ganz zu Ihren Diensten«, versicherte Jung verschmitzt lächelnd, die Sache hatte ihm tatsächlich Spaß gemacht. Er nickte ihnen zum Abschied zu. Er wollte unauffällig nach achtern gehen und hoffte, Dora und Lüttgen belauschen zu können. Und er wollte wissen, ob Totzke immer noch dort stand, wo er ihn zuletzt gesehen hatte.

Doch als er endlich den hinteren Teil des Decks erreichte, waren alle drei verschwunden.

Mach dich nicht verrückt. Jung zwang sich, wie ein Profi zu arbeiten. Er schoss noch ein paar Fotos: die Reflexe des Sonnenlichts auf dem Meer. Die im Fahrtwind knatternde Fahne am hinteren Flaggenstock, auch wenn Korff die Trikolore seinem Berliner Publikum wohl kaum zumuten würde, ein gutes Bild war es doch. Jung schraubte das 3,5-Zentimeter-Elmar auf die Leica, beugte sich weit über die Reling und fotografierte die weißen Aufbauten und den schwarzen Rumpf und das Wasser, der Ozeanliner verwandelte sich dabei in eine abstrakte Komposition, fast so wie die modernen Gemälde, die man in der Galerie am Lützowufer bestaunen konnte. Er schlenderte über das Deck und stellte sich zwischen den ersten und den zweiten Schornstein. Dort hielt er die schwarzen, von den Böen zerzausten Qualmwolken fest, Schlote und Rauch wie im Ruhrgebiet, vielleicht war das außergewöhnlich genug, um es bis in das Magazin zu schaffen. Irgendwann ließ er die Leica sinken und setzte die Brille ab, um sie mit seinem Taschentuch zu säubern. Der Wind hatte Salz und feinen Ruß auf die Gläser geweht, er sah die Welt nur noch wie durch ein Kaleidoskop. Als er sich die Brille wieder aufsetzte, hielt Jung überrascht inne.

Zwischen der Kommandobrücke und dem ersten Schornstein erstreckte sich über einige Meter ein freies Deck, auf dem sich inzwischen ziemlich viele Passagiere versammelt hatten, um die Sonne zu genießen. Die Brücke schirmte sie vor dem Fahrtwind ab, hier flogen Hüte und Sonnenschirme nicht davon. Stewardessen und Stewards reichten auf silbernen Tabletts Tee, Kaffee und Gebäck. Jung erkannte Fanny unter ihnen. Er grüßte seine Kabinenstewardess mit einem Nicken, als sie zufällig in seine Richtung blickte, sie reagierte jedoch nicht, obwohl er sicher war, dass auch sie ihn bemerkt hatte. Eine Tür an der Rückseite der Brücke öffnete sich zum Deck, sie ging zur Funkkabine, vermutete Jung. Der Erste Offizier Dorgèles trat hinaus – gefolgt von Hugo Rosterg.

Jung verbarg sich rasch, so gut es ging, hinter dem ersten Schornstein und blickte neugierig zu seinem Schwiegervater hinüber. Passagiere hatten auf der Brücke nichts zu suchen, er hatte das ja gerade erst erlebt. Wieso durfte Rosterg dann sogar bis in die Funkkabine, wo beständig vertrauliche Meldungen eintreffen konnten, über den Kurs, das Wetter, die Besatzung, die Fracht, die Häfen auf ihrer Route? Dorgelès überreichte Rosterg einen dicken Stapel Papiere, wechselte noch ein paar Worte mit ihm und schüttelte ihm schließlich die Hand. Jung folgte einer Eingebung, riss die Leica hoch und fotografierte die Männer heimlich, so wie er auch in Locarno Minister und Diplomaten in unbewachten Augenblicken abgelichtet hatte. Denn ganz genau so kamen ihm Rosterg und Dorgelès vor: zwei ältere Herren, die einen Pakt schlossen. Kein Schriftleiter Berlins würde dieses Bild je veröffentlichen. Doch Jungs Instinkt sagte ihm, dass dies trotzdem ein wichtiges Foto war und vielleicht auch eines, das ihm einmal nützlich sein könnte, wozu auch immer.

Rosterg verschwand durch eine Tür ins Innere und hatte ihn nicht bemerkt. Dorgelès blieb noch auf Deck stehen und zündete sich eine Zigarre an. Fanny ging in diesem Moment an ihm vorüber, und wie beiläufig gab er ihr einen Klaps auf den Hintern. Sie sagte nichts, aber lief schneller weiter, als hätte sie einen Stromstoß erhalten. Der Erste Offizier rauchte und grinste, er wirkte auf Jung wie ein Pascha und bewegte sich träge über das Deck. Fanny bediente zwei ältere Damen, die in Liegestühlen saßen. Nachdem sie ihnen den Tee serviert hatte, würde sie auf ihrem Rückweg zur Kombüse unweigerlich wieder nahe an Dorgelès vorbeigehen müssen. Jung beobachtete die Szene, wartete, bis die Stewardess die Tassen der Passagierinnen gefüllt hatte, trat dann hinter dem Schornstein hervor und rief: »Fanny? Haben Sie Tee für mich?«

Sie schien einen Augenblick lang überrascht, ja erschrocken zu sein, ihn so plötzlich vor sich zu sehen. Dann hatte sie sich wieder in der Gewalt. »Bedaure, Monsieur, die Kanne ist leer. Aber ich sage meinem Kollegen Bescheid.«

»Bemühen Sie sich nicht«, erwiderte Jung freundlich. Er ging neben ihr über das Deck und erzählte irgendwelche Nichtigkeiten über das Wetter und die Möwen und Korsikas Berge, während er darauf achtete, den ganzen Weg bis zur Tür zwischen der Stewardess und dem Ersten Offizier zu bleiben.

Fanny antwortete ihm nicht, aber sie erkannte vielleicht, dass er ihr eine Art Geleitschutz gegeben hatte. An der Tür verabschiedete sie sich mit einem angedeuteten Knicks. Sie sah ihn zwar nicht gerade dankbar an, aber immerhin nicht mehr ganz so unfreundlich wie am ersten Tag.

Als sich Jung dann jedoch umdrehte, fing er Dorgelès' finsteren Blick auf. Auch der Erste Offizier hatte begriffen, was Jung getan hatte.

Nachmittags traf Jung Dora und seine Schwiegermutter zum Tee im Wintergarten. Schon vor dem Mittagessen hatte er Dora gefragt, was sie mit Lüttgen an jenem Morgen besprochen hatte.

»Nur Geschäftliches«, hatte seine Frau geantwortet.

»Was für Geschäfte?«

»Das langweilt dich doch sowieso.«

Er war verstimmt, sie hatten seither nur wenige Sätze gewechselt. Doch Marthe Rosterg schien ihr Schweigen kaum aufzufallen. Sie, die sonst immer so verkniffen wirkte, war aufgeregt wie ein Backfisch. Der Pianist spielte am Flügel leise irgendwelche romantischen Variationen, die sich im Klirren der Tassen verloren, sie jedoch summte die Melodien mit. Es war nicht einmal die Hälfte der Tische besetzt, der Seegang forderte seinen Tribut. Jung trank einen Earl Grey und beobachtete seine Schwiegermutter über den Tassenrand hinweg. Er fragte sich, ob es nur das Kokain war, das sie in Euphorie versetzte. Doch dann gab Marthe Rosterg ihm, wenn auch unwissentlich, die Antwort selbst.

»Signore!«, rief sie und winkte.

Umberto Marinetti eilte an ihren Tisch, begrüßte die Damen mit angedeutetem Handkuss, schüttelte Jung kräftig die Hand und setzte sich zu ihnen, als gehörte er zur Familie. Sieh an, dachte Jung, Marthe und Marinetti, ein Urlaubsflirt, die Sitten lockern sich, und warum nicht, Hugo Rosterg saß sicherlich schon in der Bar vor einem Cognac.

»Ist das Meer nicht herrlich?«, fragte Marthe Rosterg und deutete nach draußen.

Das, fand Jung, war nun nicht gerade die originellste Bemerkung, die man auf einem Schiff machen konnte. Doch der italienische Anwalt lächelte sie an, als würde ihn diese Beobachtung tatsächlich überraschen. Dann setzte er eine Kennermiene auf und hob die Hand. »Das Mittelmeer ist landumschlossen, meine Dame. Warten Sie ab, bis wir erst auf dem Indischen Ozean sind! Dort sind die Wellen unglaublich hoch und doch so sanft wie die Hügel der Toskana. Sie werden sich fühlen, als würde Gott selbst das Schiff in seiner offenen Hand tragen und vorsichtig anheben und absenken, anheben und absenken.«

Dora warf Jung einen raschen Blick zu und rollte mit den Augen. Er hatte Schwierigkeiten, sich das Meer als Toskana vorzustellen, doch seine Schwiegermutter war hingerissen.

»Sind Sie schon häufiger auf dem Indischen Ozean gefahren?«, fragte Jung.

»Es ist meine fünfte Asienfahrt.«

»Sie sind ja ein richtiger Seebär!«, rief Marthe Rosterg bewundernd. »Wir reisen leider nur bis Maskat. Da werde ich den Indischen Ozean wohl kaum zu sehen bekommen.«

»Aber selbstverständlich, Signora!« Marinettis Augen leuchteten vor Begeisterung. »Nachdem wir Aden passiert haben, werden wir zwei Tage lang an Arabiens Küste entlang durch den Indischen Ozean dampfen. Uns wird der Monsun entgegenwehen. Der Wind duftet schon nach Indien, nach Ceylon, nach Siam …«

»Der Monsun«, murmelte Marthe Rosterg, und ihre Stimme verlor sich. Man musste nicht Doktor Freud heißen, um ihr anzusehen, dass sie von fernen Ländern träumte, von Weite, von Freiheit.

»Ist Ihre Gattin auch an Bord?«, fragte Dora mit einem Hauch Gemeinheit in der Stimme.

Marinetti räusperte sich. »Ich bin nicht verheiratet. In meinem Beruf … nun, sagen wir: Ein Familienleben und meine Arbeit, das verträgt sich einfach nicht.«

»In wessen Auftrag reisen Sie so häufig in den Fernen Osten, Signore?«, wollte Jung wissen. »Oder ist es so vertraulich, dass Sie es uns nicht verraten dürfen?«

»Doch, doch.« Trotzdem sah Marinetti sich um, als ob er Lauscher fürchtete. Er beugte sich näher zu Marthe Rosterg und flüsterte es beinahe: »Ich reise im Auftrag der Kurie.«

»Der Papst schickt Sie nach China?« Jung wollte es kaum glauben.

»Die Jesuiten entsenden schon seit dreihundert Jahren Missionare ins Reich der Mitte. Und niemals zuvor konnten wir so viele Menschen bekehren wie jetzt. Allerdings ist die Lage in China, sagen wir: unübersichtlich. Der Generalissimus Chiang Kai-shek, die Roten, die Japaner, die Amerikaner, die Europäer … nun, hin und wieder brauchen auch Männer des Glaubens einen Rechtsbeistand.« Er hob entschuldigend die Hände, als wollte er damit andeuten, dass er nicht mehr darüber sagen durfte, dann wechselte er das Thema. »Kennen Sie meine Heimat, Signora?«

»Flüchtig«, erwiderte Marthe Rosterg. »Von einer Urlaubsreise, aber das ist schon viele Jahre her.«

Jung unterdrückte ein Lächeln. Er wusste, dass es Hugo und Marthe Rostergs Hochzeitsreise gewesen war, am Familientisch wurde noch heute hin und wieder davon geschwärmt. Die Jungverheirateten waren damals zwei Monate durch das Land gereist – doch Marthe Rosterg wollte in dieser Unterhaltung mit einem fremden Mann offenbar lieber keine Einblicke in eine romantische Hochzeitsreise mit dem momentan unsichtbaren Gatten gewähren.

»Und Sie?«, fragte Marinetti und wandte sich Jung zu.

»Ich war zweimal in Italien«, erwiderte er, »genauer gesagt: hauptsächlich in Rom, um Reportagen für die *Berliner Illustrirte* zu machen.«

»Hat der Duce Sie empfangen?«

Jung schüttelte den Kopf. »Einmal ging es um die neuen prachtvollen Straßen, die Mussolini in der Stadt anlegen lässt. Das andere Mal habe ich mir die Baustelle für die geplante Olympiastadt angeschaut.«

Marinetti lachte. »Olympia in Rom 1940! Das ist noch so lange hin! Sie können doch noch gar nichts gesehen haben.«

»Nur Felder außerhalb von Rom, ein paar Straßen, Bauernhäuser, mehr nicht«, gab Jung zu. »Aber ich werde immer wieder in Ihre Heimat fahren und den Fortschritt der Bauarbeiten dokumentieren. Sie werden sehen: Wenn das Sportfest eröffnet wird, hat die *Berliner Illustrirte* mehr Fotos über Olympia auf ihren Seiten als jedes andere Magazin der Welt.«

»So sind die Deutschen: vorausschauend!« Marinetti hatte sich von einem Steward einen Rotwein bringen lassen und hob das Glas. »Auf Olympia 1940!«

Jung nickte bloß, er konnte ja schlecht mit seiner Teetasse anstoßen. Er hatte den Eindruck, dass Marinetti erleichtert gewesen war zu erfahren, dass Jung den Duce noch nie getroffen hatte. Ich möchte wissen, was du für die Faschisten machst, dachte er. Und er fragte sich, ob wirklich die Kurie ihn in den Fernen Osten sandte.

Marinetti plauderte noch eine halbe Stunde mit ihnen, hauptsächlich mit Marthe, sehr charmant und, wie Jung irgendwann auffiel, ziemlich geschickt. Marinetti erfuhr durch ebenso zielgerichtete wie unauffällige Fragen, in welcher Kabine Marthe reiste, wer zu ihrer Begleitung zählte, ja, er kannte nun ihre Vorlieben für Musik und für Mode. Er machte ihr Komplimente, die sie vermutlich seit Jahren nicht mehr gehört hatte, brachte sie mit Scherzen, die beinahe schon frivol waren, zum Lachen, schwärmte ihr von Italien vor. Als er sich schließlich mit einer galanten Verbeugung verabschiedete, war Marthe Rosterg ihm schon halb verfallen.

Jung sah dem italienischen Anwalt nach. Eigentlich, so fiel ihm auf, wusste er noch immer so gut wie nichts über ihn, nicht einmal, in welcher Kabine er reiste.

Gegen Abend hatte der Seegang nachgelassen. Es war, als würde das Meer schlafen. Die *Champollion* flog nun geradezu über die niedrigen Wellen, ihr Rumpf zitterte kaum noch. Der Fahrtwind pfiff in den Drähten, mit denen der Mast auf dem Vordeck verspannt war. Im Krähennest stand ein Matrose und suchte mit dem Fernglas den Horizont ab, der sich langsam im Dunst auflöste. Im Osten verwehte eine schwarze Rauchfahne, darunter erkannte Jung schemenhaft einen grauen Koloss. Ein Schlachtkreuzer, dachte er, wahrscheinlich ein Engländer, vielleicht dampfte er aus Malta heran, womöglich die *Hood*, das mächtigste Schiff der Welt. Plötzlich war er wieder an Bord von UB 68. Nicht daran denken, sagte er sich, nicht daran denken, nicht denken, verdammt. Aus den großen Fenstern des Restaurants der Ersten Klasse fiel warmes gelbes Licht auf das Deck. Jung und Dora schritten hinein, vorbei an den stummen ägyptischen Statuen.

Dora trug ein schwarzes Charlestonkleid, Glacéhandschuhe, ein Stirnband mit Feder. Sie duftete nach ihrem Parfum, Vogue, und sie hatte roten Lippenstift aufgetragen, sehr sinnlich, eine Aufforderung zum Küssen. Er hätte sie auch gern geküsst, aber das wäre keine gute Idee gewesen, sie hatten kaum ein Wort gewechselt, seit er vergebens versucht hatte herauszufinden, was sie mit Lüttgen besprochen hatte.

An ihrem Tisch standen zwei Stühle mehr als am Vorabend. »Wir haben Gäste?«, fragte Lüttgen seinen Chef, und bei allem Respekt in seiner Stimme hörte man doch, dass dies dem Prokuristen missfiel.

»Ich habe mir erlaubt, Frau Berber einzuladen. Wir können doch eine Landsfrau nicht alleine speisen lassen unter so vielen Franzosen!« Hugo Rosterg lachte dröhnend.

Jung brauchte einen Augenblick, bis er verstand, dass mit »Frau Berber« Anita Berber gemeint war. Er warf Marthe Rosterg einen Blick zu. Sie trug einen Turban und ein irgendwie orientalisch anmutendes grünlich schimmerndes Seidenkleid. Da sie jedoch ganz un-orientalisch blond war, wirkte sie wie eine christliche Haremssklavin. Sie starrte ihren Mann finster an.

Hugo Rosterg wandte sich an Dorgelès. »Frau Berber und ich sind Geschäftspartner«, erklärte er, und das klang zugleich selbstgefällig und doch entschuldigend, als müsse er sich vor dem Offizier rechtfertigen, dass er sie an den Tisch eingeladen hatte. Denn auch Dorgelès schien nicht sonderlich erpicht darauf zu sein, Anita Berbers nähere Bekanntschaft zu machen.

Geschäftspartner, dachte Jung, mein Gott. Anita Berber verkaufte ihren Körper und vielleicht auch Kokain, und da Kokain nicht zu den Gewürzen des Rosterg'schen Handelshauses zählte, musste man nicht sehr lange raten, welcher Art die Geschäftsverbindung wohl war. Und der Alte hat die Chuzpe, sie an seinen Tisch zu holen, gewissermaßen auf dem Präsentierteller der gesamten Bordgesellschaft. Die zwei Wochen Schiffsreise würden für Marthe Rosterg sehr lang werden.

Anita Berber traf für ihre Verhältnisse zeitig ein. Sie waren gerade erst beim zweiten Gang; Jung hatte sich einen wunderbar zarten Seeteufel bestellt, dazu einen Chablis. Sie hatte ihr Äffchen wohl in der Kabine gelassen, trug Monokel und Smoking und führte Henri Hofmann am Arm, als sei sie der Gatte in dieser Ehe. Sie grüßte Dorgelès auf Französisch, überraschend höflich und charmant. Für die anderen in der Runde hatte sie bloß ein knappes Nicken übrig. Nur Jung schüttelte sie zur Begrüßung die Hand und beugte sich zu ihm.

»Haben wir schon mal miteinander geschlafen?«

Anita Berber sagte das so leise, dass es die Tischgesellschaft nicht verstand, sehr wohl aber ihr Mann, der noch immer seinen Arm auf ihren gelegt hatte.

Jung deutete nur verlegen auf seinen Ehering.

Anita Berber lachte. »Das ist doch kein Keuschheitsgürtel!« Das sagte sie nun so laut, dass es jeder hörte.

Jung räusperte sich. Er wollte Dora jetzt lieber nicht anblicken. »Willkommen in unserer Runde«, sagte er.

Anita Berber nahm zur Rechten von Hugo Rosterg Platz, daneben ihr Ehemann. Jung musterte sie verstohlen. Puder, Mascara und Lippenstift hatten ihr Gesicht in die in ganz Berlin gefürchtete Maske verwandelt, doch wenn sie einem so nahe war wie jetzt, konnte man erkennen, dass nicht allein der Puder ihre Haut bleichte. Sie war wirklich blass und ja, doch, sie sah erschöpft aus. Für drei Reichsmark konnte man eine Straßenschwalbe haben, Anita Berber, so munkelte man, verlangte zweihundert Reichsmark für ihre Gunst. Ihre Nasenflügel waren gerötet, ihre Hände zitterten leicht. Plötzlich hatte er Mitleid mit ihr. Da war keine Erotik mehr. Anita Berber kam ihm vielmehr vor wie ein Soldat, der seinen geschundenen Körper ins letzte Gefecht warf. Wie lange würde sie das Leben, das sie führte, noch durchhalten? Wie lange *wollte* sie dieses Leben noch durchhalten?

Hugo Rosterg stellte sich solche Fragen ganz sicher nicht. Er flirtete ziemlich offen und reichlich plump mit ihr. Henri Hofmann schien das nicht zu stören, er plauderte angeregt mit Ernst. Der lachte etwas zu dröhnend und sang sogar irgendwann einen albernen Schlager, *Mein Papagei frisst keine harten Eier,* mein Gott, ein angetrunkener Sturmtruppler, der mitten auf dem Ozean Marek Weber grölte.

Anita Berber ignorierte irgendwann Vater und Sohn Rosterg, sie steckte eine Zigarette ins Mundstück und ließ sich von Dorgelès Feuer geben. »Erzählen Sie mir von Shanghai«, forderte sie ihn auf. »Man sagt, es ist die einzige Stadt, die noch sündiger ist als Berlin.«

Der Erste Offizier nickte nachdenklich. Dorgelès war höflich, lächelte jedoch nicht, er stand nicht unter dem Zauber der Berber, sondern beschrieb ihr recht ausführlich und nüchtern die Stadt, den Bund, die großen Handelshäuser, die Kulis, die Opiumspelunken, die verrufenen Viertel.

»Klingt wie Paris mit Schlitzaugen«, unterbrach ihn Hugo Rosterg dröhnend. Dann nannte er, um die Konversation wieder an sich zu ziehen, die Städte, die er schon besucht hatte: Sankt Petersburg, noch zu Zarenzeiten, Stockholm, Kopenhagen, London, Rom.

»Du hast Lugano vergessen, Schatz«, sagte Marthe Rosterg. »Lugano 1899, erinnerst du dich nicht mehr? Ein unvergesslicher Sommer! Du erinnerst dich doch noch, oder?«

Die Laune ihres Gatten verdüsterte sich schlagartig. Er nahm einen tiefen Schluck aus dem Cognacschwenker. »Darüber müssen wir hier nicht sprechen.« Es war keine Bitte, es war ein Befehl.

Anita Berber musterte Marthe Rosterg, und ein Hauch Anerkennung lag in ihrem Blick. Sie erkannte in ihr zum ersten Mal eine Rivalin, die es wert war, angegriffen zu werden. »Sagen Sie«, wandte sie sich ihr zu und klang dabei gefährlich harmlos, »welche Marke bevorzugen Sie?«

»Marke?« Marthe Rosterg war wütend, aber in diesem Moment auch verwirrt.

»Kokain, meine Liebe«, flötete Anita Berber. »Ich persönlich bevorzuge das Pulver von Bayer, das ist reiner als das von Merck oder Hoechst. Ich sage meinem Apotheker immer: Lieber ein Gramm weniger von Bayer bestellen als ein Gramm zu viel von Merck. Sie sind doch sicherlich meiner Meinung?«

Am Tisch herrschte betretenes Schweigen. »Ich weiß nicht, wovon Sie reden«, stammelte Marthe Rosterg schließlich.

»Dachte ich mir«, fuhr Anita Berber in sachlichem Ton fort, so als hätte ihr Marthe Rosterg erwartungsgemäß zugestimmt. »Manchmal treffe ich mich mit Andrej«, sagte sie und gab sich erstaunt, als sie die fragenden Blicke in der Runde bemerkte. »Andrej Belyi, der russische Dichter!«

»Ah«, machte Hugo Rosterg und tat so, als würde er ihn kennen.

»Andrej hat mal geschrieben«, und hier hob Anita Berber leicht die Stimme und deklamierte: »*Nacht! Tauentzien! Kokain! Das ist Berlin!* Mehr braucht es gar nicht. Ich habe Andrej schon hundertmal gesagt, er soll seine Gedichte nicht in irgendwelchen Revuen veröffentlichen, die sowieso niemand liest. Er soll sie an die Reklameabteilung von Bayer schicken, die zahlen gutes Geld!« Sie lachte, dann wandte sie sich Jung zu. »Sag mal, Kleener, apropos Kokain: Wusstest du, dass wir einen gemeinsamen Bekannten an Bord haben?«

Jung erstarrte innerlich, nickte dann zögernd. »Ich habe Maxe auf dem hinteren Deck gesehen. Er hat nicht zufällig etwas mit Ihnen zu tun, Frau Berber?«

Sie schüttelte in gespielter Empörung den Kopf. »Der Totzke ist nun wirklich nicht mein Typ! Nicht mal gegen Geld.«

Hugo Rosterg verschluckte sich am Cognac. Er stierte abwechselnd Anita Berber und Jung an. Plötzlich war er blass geworden. »Totzke ist auf dem Schiff?«, keuchte er. »Maxe? Vom …«

»Der Maxe, der bleibt immer treu«, sang Anita Berber und hob das Weinglas zum spöttischen Gruß.

Hugo Rosterg erhob sich so abrupt, dass sein Stuhl nach hinten kippte. »Bitte entschuldigen Sie mich«, murmelte er. »Der Seegang, das Essen …« Er eilte aus dem Restaurant.

»Monsieur Rosterg war noch nie seekrank«, sagte Dorgelès erstaunt.

»Ich bin sicher, dass es bloß eine leichte Unpässlichkeit ist«, erklärte Lüttgen. Aber auch er war blass geworden.

»Die Berber ist wirklich eine Nummer«, sagte Dora, als sie nach dem Essen über das Deck schlenderten. Seine Frau schien die Verstimmung des Nachmittags endlich vergessen zu haben. Die Luft war kühl und klar, eine Erleichterung nach den vier Gängen, dem Wein und dem Zigarrenrauch.

»Das klingt so, als würdest du sie bewundern«, erwiderte Jung.

»Tue ich auch, irgendwie. Der kann keener«, imitierte sie den Berliner Dialekt. »Die lässt sich nicht einschüchtern, nicht mal von meiner Mutter.« Dann blickte sie ihn aufmerksam an. »Aber es ist doch hoffentlich wahr? Du hast nicht mit ihr geschlafen?«

Sie hatte den Satz also doch gehört. Jung schüttelte entschieden den Kopf und tippte wieder auf den Ehering. »Der ist mir heilig.«

Sie lachte erleichtert und hakte sich bei ihm unter. »Möchte wissen, warum Papa eine solche Szene veranstaltet hat.«

»Kennst du Totzke?«, fragte Jung vorsichtig.

»Ich habe den Namen noch nie gehört. Du hast ihn auf dem unteren Deck gesehen? Das ist doch die Dritte Klasse? Zeigst du mir den Kerl?«

»Bei Gelegenheit«, versprach er.

Der Himmel war malvenfarben. Sterne funkelten hoch über ihnen, die *Champollion* leuchtete aus tausend Bullaugen, das Meer war flüssiges Silber. Backbord blitzte in der Ferne ein Lichtpunkt auf, erlosch, blitzte wieder, erlosch. Ein Leuchtturm. Jung fragte sich, an welcher Küste er wohl den Weg wies. Amalfi? Eher eine der Inseln, vermutete er, Ponza, Ischia? Und weit voraus, wies da nicht schon das nächste Leuchtfeuer den Weg? Die Liparischen Inseln und dahinter Sizilien? Alles hier ist schön, dachte er, und es ist unvorstellbar, dass dies einmal ein Schlachtfeld war, ein schwarzes Grab für Tausende. Vielleicht, hoffte er, werde ich das wirklich eines Tages vergessen, wenn ich nur lange genug in die Nacht sehe, wenn Dora an meiner Seite ist, wenn ich diese Reise überlebe.

Dora lächelte, sie wirkte unbeschwerter als sonst, wie von einer Last befreit, vielleicht war das auch das Meer und die Nacht und das Licht am Horizont. »Wir sollten uns ein Auto kaufen«, sagte sie, »dann könnten wir viel häufiger reisen.«

»Nicht auf dem Meer.«

Sie kicherte und stieß ihn spöttisch in die Seite. »Du weißt genau, was ich meine.«

Dora und Jung hatten schon länger die Wagen bestaunt, die am Kurfürstendamm parkten, hatten Vor- und Nachteile der Modelle abgewogen, sich vorgestellt, wie es wäre, hinter dem Volant zu sitzen und einfach loszubrausen. Kein Maybach wie der alte Rosterg, kein Horch wie Lüttgen, ihnen würde der Opel 4/12 reichen, zwölf PS, sechzig Spitze, ein Cabriolet, die Karosserie grün lackiert, weshalb alle Welt es »Laubfrosch« nannte. Jung hatte sich schon bei einem Kollegen erkundigt, der für die *Berliner Illustrirte* die Rennen machte, Avus, Nürburgring, Monza. Der Opel war eigentlich eine Kopie des Citroën 5CV, den es ausschließlich in Gelb zu kaufen gab. Deshalb nannten ihn die Berliner »Detselbe in Jrün«, deshalb würde kein anderer Rosterg sich dort jemals hineinsetzen, und genau deshalb passte er perfekt zu ihnen. Er passte nur nicht ganz so perfekt zu ihrem Bankguthaben. 1990 Reichsmark, dafür musste Jung noch viele Fotos schießen.

Dora hatte das Stirnband abgenommen, der Wind zerzauste ihren Bubikopf, sie sah hinreißend aus. »Wenn wir zurück sind, gehen wir ins Kino!«, rief sie. »Im Dezember soll *Melodie des Herzens* ins Kino kommen. Ein Tonfilm – kannst du dir das vorstellen? Du hörst die Schauspieler sprechen, ganz genau wie im Theater, nur dass es halt ein Film ist.« Sie lachte.

Sie schlenderten Richtung Bug, und sie waren nicht das einzige Paar, das Arm in Arm über das Deck spazierte, so verliebt und stolz, als wäre dies die Champs-Elysée. Zwischen dem ersten Schornstein und der Brücke stießen sie allerdings auf ein Paar, das ganz und gar nicht verliebt wirkte: Rosterg und Dorgelès. Der Patriarch redete gestikulierend auf den Ersten Offizier ein, er schien erregt zu sein, womöglich sogar wütend, doch der Wind verwehte seine Worte.

Dora kicherte. »Da mischen wir uns besser nicht ein«, flüsterte sie und führte ihn zur nächsten Tür ins Treppenhaus.

In der Kabine zog sich Dora das Kleid aus, streifte sich die kunstseidenen Strümpfe ab, stand schließlich in der zweiteiligen weißen Lingerie vor ihm und blickte betrübt an sich hinunter. Sie streichelte über ihren Bauch. »Ich bin nicht so mager wie die Berber, das ist mal sicher«, sagte sie.

Jung schloss sie in die Arme. »Du bist genau richtig.«

In Berlin hatte sie sich vor ein paar Tagen wiegen lassen, bei einem der Kriegsveteranen, der mit einer Arztwaage am Straßenrand stand, und wo es fünf Pfennige kostete, sein Gewicht feststellen zu lassen. Sie hatte so viel gewogen wie immer, doch Dora war überzeugt, dass sie zwei, drei Pfund zugenommen hatte und der Mann bloß die Waage manipuliert hatte, um seinen Kundinnen zu schmeicheln. Jung hatte vehement widersprochen, doch heimlich gedacht, dass seine Frau recht hatte: Sie war etwas rundlicher geworden.

Nun trat er nah vor sie. Sie war plötzlich ernst geworden und blickte ihn lange an. Dann holte sie tief Luft, als habe sie einen Entschluss gefasst. »Ich …«, sie zögerte, »ich bin schwanger. Endlich.« Plötzlich sprach sie schneller, drängender, sie hob die Hand, damit er sie nicht unterbrach, die Worte flogen aus ihrem Mund. »Ich wollte es dir schon vor der Reise sagen, schon länger, aber ich hatte Angst, weil es doch schon einmal nicht hat sein sollen, und es ist erst wenige Wochen alt. Es tut mir leid, dass ich in diesen letzten Wochen so abwesend gewirkt habe, ich war mit meinen Gedanken woanders, ständig habe ich mir Sorgen gemacht, ich war beim Arzt, heimlich, auch das tut mir leid und …«

Jung stoppte ihren Redefluss mit einem langen Kuss. »Das ist die schönste Nachricht meines Lebens«, flüsterte er dann.

»Du freust dich?« Sie lächelte erleichtert und ein wenig ungläubig.

»Ich bin glücklich.«

Sie küssten sich wieder und wieder und dann lagen sie im Bett und er hielt ihren nackten Leib in seinen Armen.

Viel später, Dora schlief schon, zog er ihr behutsam die Decke über die Hüften. Jung war außer Atem und liebessatt und fühlte sich so glücklich wie noch nie in seinem Leben. Ein Kind, endlich. Der Mond schien durch das Bullauge und ließ Doras Leib feenhaft weiß erstrahlen. Er strich ihr zärtlich über die Schulter, die Brüste, den Bauch, wo ein neues Leben heranwuchs, er konnte es noch immer kaum glauben. Dann dachte er an die Reise, die sie gerade erst angetreten hatten. Eine Reise an ferne Orte, eine anstrengende Reise – und eine gefährliche. Er dachte an Lüttgens Drohung.

»Ich werde euch beschützen«, flüsterte er, »dich und unser Kind.«

Diese Nacht war die erste seit vielen Jahren, in der Jung in einen tiefen schwarzen Schlaf sank, ohne Trional zu nehmen.

DIE FRAU, DIE NIEMAND SAH

Sie waren inzwischen so tief nach Süden gekommen, dass sich selbst ein früher Morgen Mitte Oktober wie das Versprechen auf einen Sommer anfühlte. Jung flanierte Arm in Arm mit Dora und glaubte, dass die Luft nach Orangen und Zitronen schmeckte. Der Fahrtwind ließ Doras knielangen Rock erotisch um die Schenkel flattern, er fühlte sich herrlich. Ihm war, als hätten sie sich beide aus einem Gefängnis befreit, nach Jahren des Schweigens. Endlich würden sie die Ehe führen, von der sie in jener fernen Zeit geträumt hatten, als sie sich das erste Mal in den Armen gelegen hatten. In ihr wächst ein Kind heran, wiederholte er ständig im Geiste. Ein Sohn? Eine Tochter? Einerlei. Er freute sich – und fürchtete sich zugleich. Musste er das Trional auch vor seinem Kind geheimhalten, weil er das verdammte Schlafmittel selbst dann noch brauchen würde, wenn er Vater geworden war?

»Sieh doch!«, rief Dora, riss ihn aus seinen Gedanken und deutete auf das Meer.

Vier Delphine tanzten dicht vor dem Bug, grau und elegant. Sie spielten mit der Welle, sprangen durch die Gischt, flogen von links nach rechts und zurück, immer haarscharf vor dem Stahl der *Champollion*, die mit fünfzehn Knoten die Wogen zerteilte. Torpedos hatten beinahe so ausgesehen, fuhr es Jung durch den Kopf, silbergraue Geschosse, die Blasenbahnen durch das Wasser zogen. Das sind bloß Delphine, mach dich nicht verrückt.

»Und der Haifisch, der hat Zähne …«, sang Dora.

Jung hatte die Leica gehoben und machte ein paar Bilder. Seine Hände zitterten nicht. Gut so. Dann richtete er charmant grinsend den Fotoapparat auf Dora und drückte wieder auf den Auslöser. Keine Fotos für die *Berliner Illustrirte* diesmal, diese Aufnahme würde er sich auf den Nachttisch neben das Bett stellen und einen Abzug für sein Arbeitszimmer machen und noch einen für seine Brieftasche. Dora an der Reling im Morgenlicht, lachend, dahinter das Meer. So würde er sie für immer bei sich tragen.

»Komm!«, rief sie. »Die Pflicht ruft. Ich ziehe mir einen längeren Rock an, bevor wir uns den grimmigen Alten am Frühstückstisch stellen.«

»Dein Rock ist lang genug.«

»Nicht für all die Korrekten, Ehrbaren, Verlässlichen, die Menschen von gestern.«

»Und wer sind die Menschen von morgen?«, fragte Jung, neugierig auf ihre Antwort.

Sie zuckte mit den Achseln. »Mir sind die Menschen von morgen egal. Mich interessieren nur die Menschen von heute: Schieber, Gauner, Kriegsgewinnler, Geschäftemacher – *das* sind die Helden unserer Zeit!«

»So wie wir?«, meinte Jung spöttisch.

»Ich bin eine Gaunerin. Du bist ein Kriegsgewinnler.«

Er hatte den Eindruck, dass sie das nur halb im Scherz gesagt hatte. Doch bevor er etwas erwidern konnte, küsste Dora ihn und scherte sich nicht darum, dass zwei grinsende Matrosen sie beobachteten.

»Wir sind nicht allein«, flüsterte Jung verlegen.

»Nun hab dich nicht so. Das sind Franzosen. Die sind so etwas gewohnt.«

Als sie in ihre Kabine zurückkehrten, strich Fanny Philip das frisch bezogene Bett glatt. Sie begrüßte Dora und Jung mit einem angedeuteten Knicks. »Ich bin gerade fertig, Madame, Monsieur.«

»*Merci beaucoup*«, erwiderte Jung. Er hatte Dora nichts von Dorgelès' Übergriff erzählt, sie hätte das vermutlich mit einem Achselzucken abgetan. Bei den Rostergs nahm sich der Patriarch, nach allem, was Jung bei zufälligen Konversationen mitbekommen hatte, gegenüber den Hausmädchen noch ganz andere Freiheiten heraus, so war das halt. Doch er hatte nicht vor, ein Rosterg oder Dorgelès zu werden. Er trat höflich beiseite, um Fanny Philip Platz zu machen, als sie, beladen mit alter Bettwäsche, die Kabine verließ.

»Ich wünsche Ihnen noch einen schönen Tag«, verabschiedete sich die Stewardess, und das waren ihre ersten freundlichen Worte, die klangen, als meinte sie das wirklich so.

Jung lächelte ihr zum Abschied zu. Für einen winzigen Augenblick fühlte es sich an, als sei sie seine Verbündete, eine verwandte Seele, eine Kameradin im Kampf gegen die ganze Welt. Absurd, dachte er sofort und schämte sich ein wenig. Gegen wen sollten sie denn kämpfen, was verband ihn mit dieser Frau? Niemand und nichts.

Im Bordrestaurant war es ziemlich leer. Zwar hatten die meisten Passagiere inzwischen die Seekrankheit überwunden, zumal das Meer nun, als die Sonne höher stieg, grau und schwer dalag und die *Champollion* noch ruhiger dahinglitt als selbst der Orientexpress. Doch da das Frühstück zwischen halb sieben und neun Uhr morgens serviert wurde, waren die Frühaufsteher schon gegangen, und die Langschläfer hingegen würden erst noch kommen, die Zeit dazwischen war ruhig. Jung bestellte zum Kaffee – weil die Meeresluft hungrig machte und die Liebe vielleicht auch – Rührei, *Jambon à la gelée*, Toast.

Hugo und Marthe Rosterg sprachen kaum miteinander. Der Patriarch schimpfte unvermittelt über die »Judenrepublik«, wobei nicht klar wurde, ob er damit nun die Deutsche oder die Französische Republik meinte, vielleicht beide. Ernst saß stumm und schwer verkatert neben seinem Vater, Dorgelès war gar nicht erst erschienen, weil er auf der Brücke Dienst hatte, und sogar Lüttgen sprach auffallend wenig. Er musterte Dora, wie Jung schien, misstrauisch, ja feindselig.

Jung wechselte einen Blick mit seiner Frau, sie waren sich auch ohne Worte einig: Dieser Morgen war nicht der richtige Zeitpunkt, um der Familie von der Schwangerschaft zu berichten. Später, tröstete er sich, irgendwann auf dieser Reise musste die verdammte Bande ja mal zur Besinnung kommen, und dann würde man vielleicht so gnädig sein, die Nachricht vom baldigen Nachwuchs mit Wohlwollen aufzunehmen. Zumindest würden die meisten Wohlwollen empfinden. Hoffentlich würden sie das ... Jung sah Lüttgen unauffällig an. Was würde der ehrgeizige Prokurist dazu sagen? Doras Kind würde der erste und, so wie die Dinge standen, möglicherweise der einzige Rosterg der nächsten Generation sein. Alleinerbe des Imperiums. Ein Kind, das Lüttgens Hoffnung, das Handelshaus irgendwann zu übernehmen, zunichtemachen würde. Es war gut, dass sie beim Frühstück noch nichts von Doras Schwangerschaft verrieten, sagte er sich plötzlich und drückte unauffällig Doras Hand. Und es wäre vielleicht sogar besser, sie würden die ganze Reise lang darüber schweigen.

Später sonnten sich Dora und ihre Mutter auf Liegestühlen, die auf der windabgewandten Seite des Promenadendecks aufgestellt worden waren. Ein leicht gebräunter Teint galt jetzt als sportlich, jugendlich, modern. Die Leichenblässe, die Anita Berber zelebrierte, war der Chic von gestern. Stewards umsorgten die Damen mit

Gebäck und Tee. Jung jedoch hatte keine große Lust, tatenlos neben den Frauen zu stehen und in den Himmel zu starren – das Kind, die neu entflammte Leidenschaft in seiner Ehe, er barst vor Energie. Er schnappte sich seine Leica und machte sich auf die Jagd nach Motiven.

Er ging zum achteren Ende des Promenadendecks und blickte aufs Meer. Einen Moment lang überkam ihn die alte Panik, er fühlte sich als Ausguck auf dem U-Boot-Turm, das Fernglas mit verkrampften Händen haltend. Dann zwang er sich, so lange auf die Wellen zu starren, bis sich Atmung und Puls beruhigt hatten. Es war doch alles schön, verdammt. Die Hecksee der *Champollion* war ein gigantisches »V« aus schaumigem Wasser, das bis zum Horizont reichte. In der Luft darüber verwirbelte der Qualm aus den Schornsteinen zu flüchtigen bizarren Skulpturen: Jede Böe formte einen Flügel, jeder durch den Rauch dringende Sonnenstrahl war wie ein Auge. Jung drückte auf den Auslöser. So viele Bilder könnte selbst die *Berliner Illustrirte* niemals abdrucken, aber vielleicht hatte Lüttgen in einem ja doch recht: Man konnte es mal mit Reklame versuchen. Gut möglich, dass er nach dieser Fahrt seine Fotos auch an Reiseagenten, Verkehrsämter, womöglich gar an die Reederei verkaufen konnte. Der Krieg war vorbei, Briand und Stresemann hatten nach Locarno sogar den Friedensnobelpreis bekommen, warum sollte da nicht ein deutscher Fotograf für eine französische Reederei arbeiten?

»Guten Morgen, alter Junge! Haben Sie Lust auf eine Expedition?«

Jung hatte nicht einmal bemerkt, dass Steve Adams neben ihn getreten war. Er setzte die Kamera ab und schüttelte dem Amerikaner die Hand. Der schob sich ein Wrigley's-Kaubonbon zwischen die Kiefer und bot ihm auch eines an. Jung lehnte höflich ab. Er fragte sich, was Amerikaner dabei bloß so gut fanden, als Wiederkäuer durch die Gegend zu gehen.

»Wo soll es denn hingehen?«, fragte Jung.

Adams deutete auf eine Treppe, die vom Promenadendeck abwärts führte. »In die Dritte Klasse«, flüsterte er verschwörerisch.

»Sie wollen Armut sehen?«

»*My God, no*! Haben Sie denn nicht bemerkt, dass die Frauen der Dritten Klasse viel schöner sind als die alten Schachteln, die in der Ersten reisen? Echte Flapper! Und manche von den Kerlen da unten machen sogar Sparring auf dem Deck!«

»Sie interessieren sich fürs Boxen?«

Jung folgte Adams nach unten. Es war Passagieren der Ersten Klasse nicht direkt verboten, die Bereiche der billigeren Klassen zu betreten, doch es wurde allgemein nicht gern gesehen. Sie achteten deshalb darauf, dass die Stewards sie nicht bemerkten. Adams schwärmte Jung auf der Treppe nach unten vom großen Kampf Tunney gegen Dempsey vor, den er im Soldiers Field gesehen hatte, auf einem der schlechtesten Plätze weit entfernt vom Ring, aber immerhin, er war dafür extra von der Ostküste nach Chicago gefahren. Dann lobte er Max Schmeling und wusste sogar, dass der im Berliner Sportpalast in der ersten Runde den italienischen Herausforderer Michele Bonaglia ausgeknockt hatte. Das galt allgemein als Sieg über den Mussolini-Günstling und den Faschismus, und Jung hatte sich seinerzeit heimlich über die Gewissensnot der beiden Rostergs amüsiert. Als Patrioten hatte sie der Triumph des Deutschen über den welschen Schwächling begeistert, doch dass der Faschismus sich so einfach verprügeln ließ, hatte ihnen nicht ganz so gut gefallen.

»Im Ring bin ich miserabel«, gestand Adams, »aber außerhalb des Rings bin ich ein wilder Stier. Ich feuere meinen Mann an, bis ich Halsschmerzen habe. Meine Verlobte hat mich ein einziges Mal zu einem Kampf begleitet, danach wollte sie nicht mehr. Nicht, weil ihr das Boxen zu blutig war, ich glaube, es hat ihr sogar irgendwie gefallen. Aber meine Begeisterung war ihr peinlich.

Ein Ingenieur, der am MIT studiert hat, darf sich in der Öffentlichkeit nicht aufführen wie ein Gorilla. Das waren ungefähr ihre Worte.« Er lachte. »Ich werde Mary aber trotzdem heiraten, wenn ich von dieser Reise zurückgekehrt bin.«

Auf dem Deck der Dritten Klasse warfen ihnen die Passagiere misstrauische Blicke zu, doch niemand sprach sie an. Jung fühlte sich deplatziert. Ihm machte es nichts aus, sich indiskret irgendwo einzuschleichen, wenn es um einen Fotoauftrag ging. Das war sein Beruf. Doch hier trieb er sich privat herum. Das mochte nicht logisch sein, doch es war ihm peinlich, er kam sich wie ein Forscher bei den Wilden vor. Sie gingen an einer Gruppe arabischer Männer vorbei, Ägypter vielleicht oder Jemeniten. Einer schenkte den anderen aus einer stählernen Thermoskanne stark duftenden Tee ein, sie unterhielten sich in einer kehligen Sprache, die Jung gerne verstanden hätte. Er sah die Mutter mit ihren vier Kindern wieder, die Dora und er am Tag der Abreise aus Marseille beobachtet hatten. Sie nickte ihm kaum merklich zu. Das heißt, auch sie hatte Dora und ihn an jenem Tag bemerkt, und dabei war so etwas wie eine flüchtige Komplizenschaft entstanden, ein dünnes Band menschlichen Kontakts, gerade stark genug, um zu zeigen, dass man sich wiedererkannte. Jung hob den Hut zum Gruß.

Adams sah ihn überrascht an und beugte sich zu ihm. »Hübsches Ding, aber kein Flapper«, flüsterte er. Ihm schien die Welle aus latentem Misstrauen, die sie bei ihrem Rundgang erzeugten, nicht zu stören, im Gegenteil. »Wir werden noch erleben, dass dies alles verschwindet«, sagte er und deutete mit weit ausholender Geste über das Deck.

Es war kleiner als das der Ersten Klasse und dunkler, weil die hoch aufragenden Aufbauten Schatten warfen. Keine Liegestühle, keine Stewards. Familien hatten Decken auf die Planken gebreitet und saßen in der Sonne, Männer spielten Karten, Frauen strickten, viele rauchten. Da dieses Deck tiefer lag als das der

Ersten Klasse, waren Lärm und Vibrationen der Maschine deutlicher zu spüren, man war näher an den Wellen und hörte das Rauschen der Hecksee, die von der Schraube verwirbelt wurde.

»Was soll verschwinden?«, fragte Jung.

»Die Dritte Klasse«, erwiderte Adams begeistert und deutete ungeniert auf die Leute. »Wir in Amerika sind dem endgültigen Triumph über die Armut näher als jedes andere Land in der Geschichte. Das hat Präsident Hoover gesagt, und recht hat er. Der technische Fortschritt ist unaufhaltsam, der wirtschaftliche Fortschritt ist unaufhaltsam, die Börsenkurse steigen mit mathematischer Logik. Sie werden sehen: Bald fahren wir alle in Cadillacs herum, und man wird Schiffe bauen, die ausschließlich Reisende der Ersten Klasse aufnehmen, weil es nämlich keine anderen mehr gibt. Falls es überhaupt noch Schiffe geben wird, denn wir werden zweifellos bald in Flugbooten und Zeppelinen von Kontinent zu Kontinent fliegen.«

Der Traum eines Ingenieurs, dachte Jung und lächelte verbindlich, Luxusschiffe, Zeppeline, Flugzeuge und große Autos für jeden, und Börsenkurse, die der Logik folgten. Das mochte ja für Amerika gelten, aber Deutschland war davon noch ein gutes Stück entfernt. Im letzten Winter war die Temperatur auf unter dreißig Grad minus gefallen, Rhein und Elbe waren zugefroren, und am Ende hatten mehr als drei Millionen Menschen stempeln gehen müssen. Ein Cadillac für jeden? Da konnte man gleich von einem Flug nach Amerika für jeden träumen. Dora und er trugen ihre Ersparnisse nicht zur Börse, sondern zur soliden, langweiligen Danatbank auf ein Sparbuch, und dafür würden sie sich irgendwann wenigstens einen Opel Laubfrosch leisten können, immerhin das.

Adams stieß ihm in die Seite. »Sehen Sie die Geisha an der Reling?« Er deutete mit der Kinnspitze auf eine junge Japanerin, der Saum ihres safranfarbenen Gewandes flatterte im Fahrtwind.

»Sie sind verlobt«, erinnerte ihn Jung trocken.

»Mary ist ja nicht an Bord.«

Die Japanerin ging quer über das Deck auf die Aufbauten zu. Ihr Kleid war so eng geschnitten, dass sie nur Trippelschritte machen konnte. Adams grinste und eilte ebenfalls auf die Stahltür zu. Jung bezweifelte, dass eine fernöstliche Schönheit dem Charme eines Wrigleys kauenden Knickerbockerträgers verfallen würde. Seufzend folgte er dem Amerikaner, ging im Innern bis zum Deck A hinunter und gelangte in den Speisesaal der Dritten Klasse. Dies war kein schwimmender ägyptischer Palast, sondern erinnerte ihn eher an die Kaserne in Kiel, in der er ausgebildet worden war. Es war eine Art Kasten mit Bullaugen in den Wänden. Die Stahlplatten waren weiß lackiert und vernietet, eiserne Streben stützten die Decke. Dazwischen waren lange Tische und Bänke auf den Boden geschraubt, an denen noch etliche Passagiere beim Frühstück saßen.

Einer davon war Totzke.

Jung überließ Adams der Japanerin und beobachtete den Schläger vom Ringverein. Totzke trug Hose und Unterhemd, die Hosenträger spannten sich über seinen fassförmigen Oberkörper wie zum Zerreißen gespannte Seile. Er verschlang ein dick mit Butter bestrichenes Brot und umklammerte mit einer Pranke einen Porzellanbecher, in dem Kaffee dampfte. Er sah zufällig auf, entdeckte Jung und grinste. Er schien nicht sonderlich überrascht zu sein, ihn an Bord der *Champollion* zu treffen, hob den Becher zum Gruß und bedeutete ihm, sich zu ihm zu setzen.

»Dit is ja ein Zufall, dit ick Sie hier treffe, Herr Lichtbildner«, sagte er. Totzke hatte für einen so enormen Mann eine unangenehm hohe Stimme.

»Auch ich bin überrascht, Sie hier zu sehen, Maxe«, erwiderte Jung und setzte sich. Neben Totzkes Teller lag ein von Brotkrümeln bedecktes Bordprospekt der *Champollion*, eine jener Broschüren, wie sie jeder Reisende auf seiner Koje fand. Sie zeigte die Deckspläne und ein paar Fotos diverser Räume und sollte verhindern, dass sich die Reisenden auf dem Ozeanliner verirrten.

Jung deutete auf seine Leica. »Die Redaktion schickt mich auf eine Orientreise«, erklärte er.

»Dit is ja nun ooch ein Zufall. Ick fahre ooch in den Orient. Nach Maskat.« Totzke musterte ihn aus seinen kleinen Augen.

»Geschäfte für Immertreu?«, fragte Jung und bemühte sich, sein Misstrauen zu verbergen.

»Sie haben es erfasst. So mit nem Dampfer zu fahren is doch mal was anderes, als immer bloß die Elektrische zu nehmen.«

»Das müssen ja lukrative Geschäfte sein, Maxe, dass Sie so weit dafür fahren.«

Totzke schüttelte den Kopf. »Zum Deibel, Herr Lichtbildner, probieren Sie es gar nicht erst mit mir. Dit is nix für die Presse, dit is vertraulich.«

In diesem Augenblick trat Steve Adams hinzu. Er nickte Totzke zerstreut zu, schien sich auch gar nicht zu wundern, dass sich Jung hier mit einem Landsmann unterhielt. »Meine Geisha hat schon einen Samurai«, sagte er bloß enttäuscht, und das erklärte auch, warum ihn der Rest der Welt momentan nicht mehr so brennend interessierte.

»War mir ein Vergnügen, Maxe«, meinte Jung und erhob sich.

»Ganz meinerseits, Herr Lichtbildner. Und meine Empfehlung an Ihren Schwiegervater.«

Jung hielt kurz inne. Totzke hatte das so gesagt, als sei das eine Beleidigung. Oder vielleicht eher eine Drohung. Er blickte Maxe noch einmal an, der sich allerdings schon wieder der Broschüre zugewandt hatte. Jung erkannte, dass Totzke mit Bleistift auf einem der Deckspläne etwas markiert hatte.

Es war der Flur der Ersten Klasse, der zu seiner Kabine führte.

Jung dachte immer noch an diese verdammte Broschüre, als er längst wieder in der Ersten Klasse war und sich von Adams getrennt hatte. Wahrscheinlich erschrak er deshalb so heftig, als er im Gang zu seiner Kabine eine Gestalt sah: Umberto Marinetti. Der Italiener stand nicht direkt vor ihrer Tür mit der Nummer 66, sondern ein paar Meter weiter Richtung Vorschiff, wo der Flur zu den *Cabines de luxe* führte, die noch größer waren als die gewöhnlichen Erste-Klasse-Räume. Die alten Rostergs hatten, selbstverständlich, dort gebucht, Nummer 56. Ob Marinetti in einer der Luxuskabinen reiste? Er schien jedenfalls nicht überrascht zu sein, Jung im Gang zu begegnen. Er grüßte höflich und stolzierte gemessenen Schrittes davon. Jung sah ihm verblüfft hinterher. Oder war Marinetti auf dem Weg zu Marthe gewesen, und Jungs unerwartetes Aufkreuzen hatte ein galantes Rendezvous ruiniert? Wäre seine Schwiegermutter so verwegen, einen Liebhaber am helllichten Tag zu empfangen? Neugierig ging er an seiner Kabine vorbei und bis zur Nummer 56 weiter, um dort zu lauschen. Tatsächlich hörte er Stimmen durch die dicke Stahltür. Er konnte kein Wort verstehen, doch er wusste auch so, dass aus einem eventuellen Rendezvous nichts hätte werden können. Denn man hörte Hugo Rostergs dröhnenden Bass bis auf den Gang hinaus. Dazu eine zweite Stimme, schwächer und viel seltener zu vernehmen, wie von jemandem, der im Streit kaum zu Wort kommt – denn um einen Streit handelte es sich zweifellos. Rosterg schimpfte. Zwar schimpfte dieser Mann ständig, doch diesmal hörte es sich, obwohl Jung den Inhalt seiner Äußerungen nicht verstand, irgendwie zielgerichteter an, so als würde sich Rosterg tatsächlich über irgendetwas sehr Konkretes aufregen.

Die andere Stimme war die einer Frau. Marthe, wer sonst? Und doch … Jung konnte sich nicht beherrschen, trat näher, legte sogar sein Ohr an die Tür. Hoffentlich tauchte jetzt niemand auf dem Gang auf. Plötzlich hörte er das Kratzen einer Grammophonnadel, dann Musik. Comedian Harmonists – sechs Stimmen waren lauter als zwei. Und genau deshalb, vermutete Jung, hatte einer der beiden Streithähne da drinnen das Grammophon angemacht: damit kein zufälliger Lauscher die Worte verstehen konnte, die sie sich an die Köpfe schleuderten.

Und doch hätte Jung schwören können, dass diese zweite Stimme nicht die von Marthe war. Sondern die von Dora.

Er ging zu ihrer Kabine zurück. Seine Frau war tatsächlich nicht da.

Jung schlenderte ziellos über die Decks. Er fürchtete, dass die Tage auf dem Meer sehr lang werden könnten. Zugleich verspürte er eine seltsame Nervosität, eine Art siebten Sinn, seinen Kriegs-Sinn. Auf UB 68 war es gelegentlich so gewesen, und er war keineswegs der Einzige an Bord, dem es so ergangen war: Manchmal war der Horizont frei, keine Rauchfahne am Himmel, kein Schiff im Umkreis von vierzig, sechzig Seemeilen. Doch die Männer *wussten*, da kam jemand. Bald, gleich, vielleicht schon in der nächsten Sekunde würde irgendwo am Horizont die Rauchfahne eines feindlichen Schiffes aufsteigen, ein winziger Strich am Rand des Himmels, der Beute verheißen mochte oder Bedrohung.

Jung ermahnte sich: Seine Bedrohung kam nicht über den Horizont, sie war längst an Bord. Lüttgen wollte ihn aus Familie und Firma drängen, doch das Entscheidende, was Jung noch nicht wusste, war, welche schmutzigen Tricks er sich dafür einfallen lassen würde. Jung musste ständig auf der Hut sein, sicher würde Lüttgen nicht einmal vor Gewalt zurückschrecken. Jäger und Gejagter, dachte er, aber du wirst dich noch wundern. Jung war im Krieg dem Tod begegnet, er hatte mitgetan, als Menschenleben zerstört wurden, und sein eigenes Leben wäre darüber ebenfalls beinahe zerstört worden. Lüttgen hingegen wusste noch nicht, was das hieß, auf Leben und Tod zu kämpfen.

Nach einer halben Stunde ging Jung noch einmal über den Flur der Luxuskabinen, hielt kurz vor der Tür der Rostergs inne, lauschte. Stille. Waren die Streithähne erschöpft? War niemand mehr drinnen? Er folgte dem Gang weiter nach vorn, bis er abbog und auf der Backbordseite zurückführte. Hier hatten alle Kabinen ungerade Nummern. Er musste abrupt stehen bleiben, weil die Türen der 55 und 57 praktisch im selben Augenblick geöffnet wurden und ihm den Weg versperrten. Lady Westmacott und Silwa traten hinaus und grüßten höflich. Donnerwetter, dachte Jung, diese Lady lässt ihre Gesellschaftsdame nicht in der Dritten Klasse reisen, sondern bucht ihr eine eigene Luxuskabine. Er deutete eine Verbeugung an.

Die beiden Frauen trugen beinahe identische weiße Sommerkleider und geschwungene Hüte. »Möchten Sie mit uns frühstücken?«, fragte Lady Westmacott.

»Bedaure, meine Dame, ich habe schon gegessen. Ich nutze lieber das herrliche Sonnenlicht.« Er tippte auf seine Leica.

»*Well*, ich glaube nicht, dass es uns in den nächsten Tagen an Sonnenlicht mangeln wird«, erwiderte sie, nahm die Absage aber heiter auf. Sie ging davon wie eine Königin; Silwa folgte ihr, aber erst nach einem kurzen Zögern. Die armenische Gesellschaftsdame drehte sich noch einmal zu Jung um, als ob sie ihn etwas fragen wollte. Oder als ob sie sich wunderte, was er hier auf diesem Flur zu suchen hatte.

Jung ging den Weg zurück, den er gekommen war, und betrat mittschiffs einen der beiden Aufzüge des Ozeanliners. Er zog das schmiedeeiserne Gitter der kleinen Kabine zu und ließ sich von Deck C auf Deck E tragen. Das Promenadendeck lag unter der Vormittagssonne wie unter einer Decke aus Lava. Ein paar Passagiere hatten sich in die Schatten der Rettungsboote zurückgezogen, andere standen an der Reling, beugten sich weit hinaus, ließen sich vom Fahrtwind den Schweiß von der Haut blasen und die Haare zerzausen. Er ging bis zum dritten Schornstein und betrat eher zufällig den *Jardin d'hiver*, den Wintergarten, wer würde sich bei diesen Temperaturen dort noch aufhalten? Der Saal wirkte eigentlich gar nicht wie ein Wintergarten, zumindest nicht wie die Wintergärten, die Jung in manchen Villen von Charlottenburg gesehen hatte. Er war nicht besonders hell, die niedrige Decke war mit einer altmodischen Stofftapete bespannt. In der Mitte wucherten Blumen aus barock anmutenden Schalen, es duftete nach Rosen und Geranien. Vier leise sirrende Deckenventilatoren verteilten träge die warme Luft. Jung hielt überrascht inne.

Dora und Lüttgen.

Seine Frau saß auf einem ägyptisch aussehenden Kanapee, dessen Seitenlehnen wie Widderhörner geschwungen waren. Lüttgen stand vor ihr, ein Dandy ganz in Weiß, er hatte sich sogar, der neuesten Mode folgend, einen Tennisschläger unter den Arm geklemmt, und Jung dachte unwillkürlich, wer schleppt einen Tennisschläger mit in den Orient? Er hätte schwören können, dass die beiden sich gestritten hatten, doch sie mussten sein Eintreten bemerkt haben, und so verharrten Dora und Lüttgen einen Moment lang wie eingefroren auf einem Werbebild für die Reederei, die Lady und der Gentleman.

Dann straffte sich Lüttgen und verbeugte sich steif vor Dora.

»Meine Empfehlung, gnädige Frau«, sagte er laut, vermutlich, damit Jung es mitbekam. Er drehte sich um, ging an Jung vorbei, für den er nur ein angedeutetes Nicken übrig hatte, und verschwand aus dem Wintergarten. Jung sah ihm verwundert nach. Lüttgens Abgang war entschieden un-dandyhaft, kein Tennisspieler, der mit elastischem Schritt vom Court ging, eher ein durchgeprügelter Boxer, der mühsam Haltung bewahrend aus der Arena verschwand.

»Was hast du ihm angetan?« Er setzte sich auf das luxuriös

aussehende, aber reichlich unbequeme Kanapee und küsste Dora, es war ja keiner da, der sie sah.

Seine Gattin machte eine Handbewegung, als wollte sie ein lästiges Insekt verjagen. »Berthold ist wirklich ein guter Prokurist, und er kennt den Handel der heutigen Zeiten aus dem Effeff. Aber in manchen Dingen ist er im Kaiserreich hängen geblieben.«

»Lüttgen war noch eine Rotznase, als Wilhelm nach Holland ging.«

Dora seufzte und fischte eine Saba aus ihrem silbernen Etui, die sie dann in die Zigarettenspitze aus Elfenbein steckte. »Hast du Feuer?«

»Darf man denn im Wintergarten rauchen?«

»Ist ja niemand hier.«

»Und das Kind? Schadet ihm das denn nicht?« Er strich ihr sanft über den Bauch.

»Wenn es mir nicht schadet, dann wird es auch dem Kleinen nicht schaden.« Da er ihr kein Feuer gab, schnippte sie selbst ein Feuerzeug an und inhalierte genüsslich. »Berthold kann sich einfach nicht daran gewöhnen, dass die moderne Frau von heute mehr zu sagen hat als die korsettgestärkten Damen, die im Kaiserreich herumstolziert sind.«

»Zum Beispiel in geschäftlichen Angelegenheiten?«, riet Jung.

Sie lächelte. »Zum Beispiel. Himmel, ich leite seit der Inflation die Berliner Niederlassung, ich kenne mich inzwischen ganz gut aus! Aber Berthold glaubt, dass ich zwei Reichsmark nicht zusammenrechnen kann, nur weil ich eine Frau bin. Dabei habe ich in den letzten beiden Jahren mehr lukrative Geschäfte eingefädelt als er. Mehr als jeder andere im Haus.«

»Mehr als dein Vater?«

Sie zögerte und dachte ernsthaft nach. »Ich weiß es nicht. Papa hat immer noch seine Verbindungen ... Das ist wichtig, gerade auf dieser Passage nach Maskat. Ohne den alten Herren würden wir nicht in den Orient fahren. Und wenn wir dort Erfolg haben, dann«, sie schnalzte bewundernd mit der Zunge, »tja, dann glaube ich, dass Papas Geschäftszahlen doch noch immer etwas besser sind als meine. Aber nur noch ein bisschen. Komm!«, rief sie und stand auf. »Lass uns an die frische Luft gehen.«

»Warum hast du dich mit Lüttgen überhaupt in diesem stickigen Wintergarten getroffen?«

»Geschäftsbesprechungen sind vertraulich, mein Lieber. Hier kommt keiner hinein – außer einem Fotoreporter aus Berlin natürlich.« Sie küsste Jung so lange und leidenschaftlich, als wären sie ganz allein auf dem Schiff.

»Apropos Geschäft«, sagte Dora, nachdem sie auf das Promenadendeck getreten waren. »Ich muss auch mit Papa noch ein paar Einzelheiten besprechen. Entschuldigst du mich?«

»Hast du nicht eben schon mit deinem Vater gesprochen?«

Sie blickte ihn verwundert an und runzelte die Stirn. »Nein. Warum fragst du das?«

»Ich dachte, ich hätte ihn vorhin auf einem der Decks mit dir zusammen gesehen«, improvisierte Jung. Er war kein guter Lügner, aber er wollte trotzdem lieber eine erfundene Geschichte auftischen. Dora sollte nicht wissen, dass er an der Kabinentür ihrer Eltern gelauscht hatte. Und mit wem auch immer sich Hugo Rosterg gestritten hatte, das sollte sie nicht beunruhigen, nicht jetzt, in ihrem Zustand.

»Das muss eine andere Schönheit gewesen sein«, sagte sie neckisch. »Solange Papa nicht mit dieser Berber poussiert und einen Skandal verursacht, darf er von mir aus fremde Damen anschmachten. Auf seinen Charme fällt sowieso keine mehr herein, außer den Hausmädchen, weil die sich nicht wehren können. Und meine Mutter ist ganz froh über jede Stunde, die sie nicht mit ihm verbringen muss.« Sie zwinkerte ihm verschwörerisch zu, und Jung fragte sich, ob Dora dabei auch an Marinetti dachte.

»Wie viele Stunden muss ich dich entbehren?«, fragte er.

»Nicht viele. Sollen wir uns vor dem Vier-Uhr-Tee auf dem Promenadendeck treffen? Sagen wir: hinter dem ersten Schornstein?« Sie vergewisserte sich rasch, dass auch ja kein Passagier oder Steward in ihre Richtung sah, dann wagte sie einen letzten kurzen Kuss. Sie drehte sich noch einmal um, als sie über das Deck Richtung Aufbauten ging, lächelte ihn an und winkte.

Jung wusste nicht warum, aber bei diesem Anblick zog es ihm das Herz zusammen.

Ein italienischer Fischer kreuzte ihren Kurs, ein weiß und blau lackiertes Holzboot mit dreieckigem Lateinersegel. Vielleicht sind schon die Seeleute zu Caesars Zeiten in solchen Seglern aufs Mittelmeer gefahren, dachte Jung und hob die Leica. Kurz darauf entdeckte er eine gewaltige Qualle dicht an der Meeresoberfläche. Ihr in vielen Farbschlieren schimmernder Körper erinnerte ihn an das Bild des Planeten Jupiter, wie er es einmal für eine Reportage über Astronomen gesehen hatte, als er durch ein großes Spiegelteleskop in den Himmel schauen durfte.

Später schreckten ihn französische Flüche und Gelächter hinter seinem Rücken auf. Der Fahrtwind hatte einem im Liegestuhl ruhenden korpulenten Passagier die Zeitung aus den Händen gerissen. Die Seiten taumelten wie trunkene Vögel über das Deck. Mit ungeschickten Bewegungen versuchte der Mann, sie wieder einzufangen, doch sie entwischten ihm ständig, es war, als wäre die Zeitung klüger als er. Dass die Mitreisenden zwar viele Kommentare machten, aber keinen Finger rührten, verbesserte die Laune des Unglücklichen auch nicht gerade. Jung schoss eine Serie komischer Fotos. Er hoffte nur, dass der Passagier niemals erfahren würde, dass er irgendwann für einen Tag zum Charlie Chaplin der deutschen Hauptstadtpresse auserkoren war.

Jung fotografierte zwei Matrosen, die in halsbrecherischen

Verrenkungen die metallenen Ladebäume auf dem Vordeck mit Ölfarbe strichen. Dann lichtete er ein paar junge Männer ab, die sich zum Shuffleboard auf dem Deck der Zweiten Klasse eingefunden hatten und – auf einmal lief Totzke durch den Sucher. Jung setzte die Leica ab. Totzke war eine Treppe von oben hinuntergekommen. Das hieß, er war in der Ersten Klasse gewesen. Der Geldeintreiber des Ringvereins verschwand nach unten, ohne sich auch nur einmal umzudrehen, er schien es ziemlich eilig zu haben. Jung fragte sich, was er auf einem der oberen Decks gewollt hatte und wie ein Reisender der Dritten Klasse überhaupt von Stewards unbehelligt bis in die Erste Klasse gelangt war – denn die Überschreitung der Klassengrenzen, die bei den wohlhabenden Passagieren widerwillig toleriert wurde, war den ärmeren hingegen streng verboten.

Jung verbrachte in den nächsten Stunden die meiste Zeit auf Deck im Schatten eines Rettungsbootes. Er legte einen neuen Film in die Leica ein, reinigte mit einem feinen Pinsel Objektive und Gehäuse – und beobachtete dabei unauffällig die Umgebung: Totzke jedoch tauchte kein zweites Mal mehr auf. Zur verabredeten Zeit fand sich Jung dann hinter dem ersten Schornstein ein. Dora war nirgendwo zu sehen. Stattdessen traf er Lady Westmacott und Silwa. Die Engländerin war erfreut, ihn zu sehen, plauderte, erzählte ihm Anekdoten von »Scott und Zelda«, und Jung brauchte einige Zeit, bis er begriff, dass sie damit einen amerikanischen Schriftsteller und seine Frau meinte, die an der Côte d'Azur lebten und ihre Zeit anscheinend mehr mit Partys und Drogen verbrachten als mit künstlerischer Arbeit.

»Ich gehe noch einmal in meine Kabine, ich habe meinen Schal vergessen«, unterbrach Silwa ihre Chefin irgendwann ziemlich unverblümt. Ihre Stimme klang hart und kehlig von zu vielen Zigaretten, ihre Bewegungen waren schroff, als sie sich umdrehte und davonmarschierte.

Jung sah ihr nach. Ein Schal bei dreißig Grad? Er fragte sich, warum Silwa ihnen so einen lächerlichen Vorwand auftischte. Langweilten sie die Anekdoten von Scott und Zelda? Ertrug sie aus irgendeinem Grund Jungs Anwesenheit nicht? Oder gab es da etwas, das sie unbedingt erledigen musste, womöglich etwas, von dem Lady Westmacott nichts ahnte?

Er unterhielt sich noch ein wenig mit der Engländerin. Aus den Augenwinkeln sah er, dass Hugo Rosterg und Dorgelès miteinander sprachen, sie standen in der Brückennock, und kein subalterner Offizier wagte offenbar, die beiden auf den Regelverstoß hinzuweisen. Die beiden Männer gingen schließlich die Stahltreppe hinunter, der Patriarch schlug den Weg Richtung Wintergarten ein, der Erste Offizier verschwand in der Funkkabine. Marinetti flanierte über das Deck, ebenfalls Richtung Wintergarten. Dora war noch immer nicht da.

»Ich fürchte, ich muss mich nun meinen familiären Pflichten stellen, Madame«, entschuldigte sich Jung.

»Ah, der Vier-Uhr-Tee«, erwiderte Lady Westmacott. »Die ganze Welt spottet über die Zeremonien der Engländer. Aber mir scheint, Silwa und ich nehmen unseren Tee sehr viel entspannter ein als Sie, junger Mann.«

»Die Familie meiner Frau stammt aus Hamburg. Und dort ist man englischer als die Engländer.« Er verbeugte sich zum Abschied.

Jung ging in den Wintergarten und blickte sich unauffällig um. Wenn er Dora nicht auf Deck getroffen hatte, dann eben hier. Vielleicht war sie ein wenig müde in ihrem Zustand und hatte sich verspätet. Die beiden alten Rostergs saßen bereits an einem Tisch am anderen Ende des Raums, neben ihnen hatte sich Ernst auf ein Kanapee gesetzt. Vor Marthe und Hugo Rosterg dampften Teetassen, der Sohn hielt ein Bierglas in der Hand. Lüttgen war nicht da. Und Dora auch nicht.

Jung unterdrückte ein Seufzen, straffte sich innerlich für die nächste Begegnung mit der Schwiegerfamilie und setzte sich in Bewegung. Die beiden Männer begrüßten ihn mit einer Art Grunzen, es klang bei Vater und Sohn genau gleich, Marthe Rosterg bedachte ihn mit einem kalten Blick und einem kurzen Nicken. Offenbar hatten sie schon zuvor nur wenige Worte am Tisch gewechselt, und nachdem Jung bei einem Steward Earl Grey bestellt hatte, kam ein tiefes Schweigen wieder über sie wie eine schwere Last. Jung versuchte zwei-, dreimal, eine Konversation über irgendeine Banalität in Gang zu bringen, vergebens. Er blickte unauffällig auf seine Armbanduhr. Viertel nach vier. Wo Dora nur blieb? Er schien der Einzige zu sein, der sie vermisste, aber die anderen sprachen eh kaum ein Wort, warum sollten sie da ausgerechnet über Dora reden?

»Ich bin Signor Marinetti heute zufällig auf dem Gang vor unseren Kabinen begegnet«, sagte Jung schließlich, weil ihm partout nichts anderes mehr einfallen wollte, über das er noch hätte sprechen können. »Seine Kabine scheint ganz in der Nähe der unseren zu liegen.«

Bei der Erwähnung des Italieners kehrte etwas Farbe in Marthe Rostergs Gesicht zurück. »Das wird wohl so sein. Obwohl ich nicht weiß, in welcher Kabine Signor Marinetti reist.« Das klang irgendwie gelogen, dachte Jung, aber vielleicht war er auch nur etwas zu gehässig gegenüber seiner Schwiegermutter.

»Ich traue dem Kerl nicht«, warf Hugo Rosterg ein. »Ein Vertrauter des Duce? Pah! Der Kerl ist doch niemals Faschist! Der ist viel zu weich.«

»Er ist härter als du.« Und das klang nun so außerordentlich frivol, das hätten selbst die Gören auf der Tauentzienstraße nicht gesagt, dachte Jung und wusste nicht recht, ob er bloß erstaunt sein sollte oder eher schockiert – oder ob er seine Schwiegermutter nicht sogar ein ganz klein wenig bewundern sollte für diese Replik. Vielleicht wollte sich Marthe Rosterg für den Auftritt ihres Gatten mit Anita Berber rächen, indem sie sich schamlos an den Hals eines Mannes schmiss, den sie kaum kannte. Oder vielleicht redeten die Eheleute immer so miteinander, nur war ihm das nie zuvor aufgefallen. Und erst auf der *Champollion*, wo es trotz des Luxus so eng war, dass man sich nie sehr lange aus dem Weg gehen konnte, wurde er Zeuge von Szenen, die in der Hamburger Villa stets hinter verschlossenen Türen stattgefunden hatten.

Jung war, als atmeten ihm die anderen die Luft weg. Ein unauffälliger Blick auf seine Armbanduhr. Halb fünf. Eine halbe Stunde, das war gerade ausreichend, um seine familiäre Pflicht erfüllt zu haben. Er stand auf und verbeugte sich. »Ich werde mir noch etwas die Beine vertreten«, erklärte er. Niemand schien traurig darüber zu sein, dass er ging.

Doch selbstverständlich wollte Jung nicht über das Schiff flanieren. Er strebte zu seiner Kabine, um nach Dora zu sehen.

Aber seine Frau war nicht da.

Jung blickte sich ratlos um. Das Bett war noch immer tadellos bezogen. Dora hatte sich also nicht zwischendurch ausgeruht. Der Baedeker befand sich noch genau dort auf dem Nachttisch, wo sie ihn gestern Abend hingelegt hatte. Keine Zigarettenkippe im Aschenbecher. Kein frischer Hauch ihres Parfums in der Luft. Er ging wieder aus der Kabine und sah sich auf dem Gang um. Niemand zu sehen – wen hätte er auch erwartet? Jung dachte an Lüttgen, der vorhin ebenfalls gefehlt hatte. Eine Welle bitterer Eifersucht durchflutete ihn, seine Beine zitterten, einen Moment lang fühlte er sich, als hätte ihn jemand verprügelt. Das ist doch absurd, ermahnte er sich dann, er dachte an das Kind und an die letzte Nacht und ihr Lächeln und ihre Küsse, und überhaupt, was sollte Dora schon an diesem Prokuristen finden? Trotzdem schlich er den Gang bis nach vorn und bog nach Backbord ab, der Weg schien ihm unglaublich lang geworden zu sein. Lüttgen hatte Kabine 67 bezogen, auf der anderen Schiffsseite genau gegenüber von Dora und Jung. Er lauschte. Kein Ton. Er zögerte, rang kurz mit sich, dann klopfte er an, laut und energisch. Würde Lüttgen ihm öffnen, würde er sich schon irgendeinen Vorwand einfallen lassen. Doch niemand schob von innen den Riegel zurück. Er legte das Ohr an die Stahltür, halb fürchtend, leise Geräusche zu vernehmen, unterdrücktes Kichern, Schritte, das Rascheln von Stoff. Doch die Tür zitterte, wie alles an Bord der *Champollion* unter den Vibrationen der Maschine beständig erzitterte, aber kein Laut drang an sein Ohr. Das war kein Beweis, selbstverständlich nicht. Jung glaubte trotzdem, dass tatsächlich niemand in der Kabine war. Wo, verdammt, trieb sich Lüttgen dann herum? Und, vor allem, wo war Dora?

Jung ging über die Decks: E, D, C, B, A … Er sah sich in der Zweiten und in der Dritten Klasse um. Er warf einen Blick in den Friseursalon und anschließend in die Krankenstation. Keine Spur von Dora. Er überwand seine Furcht und stieg schließlich sogar bis in den vorderen Frachtraum hinunter, womöglich machte sie sich ja am Reisekoffer zu schaffen. Dort dröhnte es laut aus dem nahen Maschinenraum, die Luft schmeckte nach Öl und Fett, es war heiß, eine Lampe flackerte. Es war niemand zu sehen. Der Koffer stand noch dort, wo er ihn beim ersten Mal gesehen hatte. Jungs Puls raste. Er wollte nicht länger als notwendig unter Wasser bleiben und eilte die enge Stahltreppe wieder hoch. Unterwegs traf er zufällig den senegalesischen Matrosen, der ihn beim ersten Mal gefragt hatte, wie er sich fühlte. Der Seemann starrte ihn überrascht an, offenbar hatte er nicht erwartet, um diese Zeit einen Passagier so weit unten anzutreffen.

»Ich habe nur etwas … kontrolliert«, sagte Jung verlegen. Er hatte das Bedürfnis, sich dem Matrosen gegenüber zu erklären.

Absurd. Dann überwand er seine Scheu und fragte, wobei er sich um einen möglichst beiläufigen Tonfall bemühte: »Meine Frau war nicht zufällig im Frachtraum?«

»Ihre Frau?« Der Senegalese schüttelte ratlos den Kopf.

Ich bin ein Idiot, sagte sich Jung. Offiziere und Stewards hatten Kontakt zu den Passagieren, Seeleute eher nicht. Woher sollte der Mann Dora kennen?

»Das ist nicht so wichtig«, sagte er hastig und beeilte sich, endlich wieder ins Freie zu kommen.

Schließlich stand er wieder auf dem Promenadendeck und atmete tief durch. Die Sonne hing dicht über dem westlichen Horizont. Orange- und rosafarbene Wolkenschleier zogen über die See, überhaupt zerfloss der ganze Himmel wie ein Aquarell, in das der Große Künstler zu viel Wasser in die Farben gemischt hatte. Das Meer glänzte wie Kupfer, zwei kleine Rauchfahnen standen am östlichen Horizont, dort war es beinahe schon Nacht. Eine Möwe schrie, Jung kam es so vor, als verspotte sie ihn.

Waren Dora und er auf groteske Weise umeinander herumgelaufen? War seine Gattin auf Deck C, während er auf Deck B nach ihr sah und so weiter? Die *Champollion* war groß, es war doch möglich, dass man sich ständig verpasste, oder nicht? Aber es gab auf dem Ozeanliner nur zwei Aufzüge und drei Treppenhäuser. Wären sie einander da nicht irgendwann doch über den Weg gelaufen? Vielleicht verbrachte Dora diese Stunden in einer der zahllosen Kabinen? Aber in welcher? Und mit wem?

Er entdeckte Lady Westmacott nahe der Reling, die Silwa wieder vor der tief stehenden Sonne fotografierte. Derselbe Fehler wie beim ersten Mal, manche Menschen waren unverbesserlich. Jung hoffte, dass er keinen zu derangierten Eindruck machte, zwang sich ein Lächeln ins Gesicht und schlenderte zu der Engländerin hinüber. »Sie haben nicht zufällig meine Gattin gesehen?«

»Ich wusste nicht einmal, dass Sie verheiratet sind«, erwiderte die Lady. »Wie schade.« Sie lächelte kokett.

Silwa sah einen Augenblick lang so aus, als wollte sie auch etwas dazu sagen, überlegte es sich dann jedoch anders und blickte aufs Meer hinaus.

Jung war einen Moment lang verwirrt. Dann wurde ihm klar, dass er Dora den beiden Damen nie vorgestellt hatte, sie waren sich noch nicht einmal begegnet. Sicher, Dora hatte ihn schon bei einer Unterhaltung mit Lady Westmacott und Silwa gesehen, aber nur aus der Ferne, er hatte ihr zugezwinkert. Gut möglich, wahrscheinlich sogar, dass die beiden Frauen darauf gar nicht geachtet hatten. Welche Passagiere hätte er überhaupt schon nach Dora fragen können? Er war nicht die ganze Zeit auf der *Champollion* an ihrer Seite gewesen, deshalb wusste er nicht, mit wem sie alles schon gesprochen haben konnte. Sie hatte mit Marinetti geplaudert, auch wenn der wohl eher Augen für ihre Mutter gehabt hatte. Und sie hatte den Auftritt von Anita Berber und ihrem Mann während des zweiten Abends am Tisch der Rostergs mitangesehen, allerdings war sich Jung nicht sicher, ob die Berber oder Henri Hofmann Dora dabei je direkt angesprochen hatten.

Jung rief sich die Wege ins Gedächtnis, die er in der letzten Stunde gegangen war. Nirgendwo hatte er Marinetti oder Anita Berber und ihren Mann gesehen. Seit dem Tee im Wintergarten auch keinen der Rostergs mehr. Und Lüttgen sowieso nicht.

Er verabschiedete sich von der Lady und ihrer Gesellschaftsdame und eilte in seine Kabine. Um sieben Uhr würde das Dinner serviert werden, in gut einer Stunde. Irgendwann musste Dora ja dort auftauchen, um sich zum Abendessen umzuziehen. Er würde also einfach ein paar Seiten Remarque lesen und in der Kabine auf sie warten.

Doch es wurde sieben Uhr, und Dora war noch immer nicht da.

Jung zog sich zum Dinner rasch einen hellen Sommeranzug an. Er war beunruhigt und verwirrt. Erst da kam ihm, viel zu spät, ein Gedanke: Wenn Dora nun über Bord gestürzt war? Für einen Moment setzte sein Herzschlag aus. Unmöglich, versuchte er sich dann zu beruhigen, absolut unmöglich. Das Meer war wie Blei, die *Champollion* stampfte kaum in den Wellen, wie sollte man da über die Reling stürzen? Und überhaupt: Hier standen den ganzen Tag lang Hunderte Menschen auf Deck, Offiziere, Matrosen, Passagiere, das wäre doch jemandem aufgefallen, wenn ein Mensch ins Wasser fiel! Trotzdem zitterte seine Hand, als er den Krawattenknoten zuzog.

Der Weg von seiner Kabine bis ins Restaurant kam ihm endlos vor. Er fragte sich, was er gleich den Rostergs erzählen sollte, wenn sie wissen wollten, warum Dora nicht an seiner Seite war. Sollte er ihnen eine Lüge auftischen? Eine Unpässlichkeit, keine Sorge, morgen wird Dora wieder auf den Beinen sein. Oder die Wahrheit? Ich habe meine Frau seit Stunden nicht mehr gesehen. Sollte er dann Alarm geben, den Kapitän informieren, eine Suchaktion starten? Mein Gott, Dora konnte sonst irgendwo auf diesem Schiff sein, womöglich war das alles ganz harmlos, und er würde sich aufführen wie ein Wahnsinniger. Lüttgen würde so einen Auftritt nutzen, um ihn gegenüber den Rostergs zu diskreditieren: der Hysteriker, ein wenig meschugge nach dem Krieg, der sich nicht länger unter Kontrolle hat. (Und nicht einmal weiß, wo sich seine Frau herumtreibt.) Andererseits: Wie lange sollte er denn noch schweigen, keinen Offizier informieren, so tun, als ob alles in Ordnung sei? Er *machte* sich Sorgen, verdammt! Vielleicht musste er sich gar nicht entscheiden. Vielleicht, womöglich, ja ganz sicher würde Dora schon am Tisch sitzen, im Kreis ihrer Familie, und alles würde sich aufklären. Er musste nur noch quer durch das Restaurant gehen und sich neben seine Gattin setzen.

Aber Dora saß nicht am Tisch.

Und es war nur noch ein Platz frei.

Seiner.

Jung starrte einen Moment lang ins Leere. Dann zählte er zur Sicherheit noch einmal die Stühle. Die Stühle, auf denen die beiden alten Rostergs bereits saßen, die Plätze für den Sohn und für Lüttgen, für Dorgelès – und für ihn. Kein Stuhl für Dora, kein Gedeck, nichts. Das ist ein Traum, sagte er sich, nur ein verfluchter Traum, und gleich wache ich auf, und alles klärt sich. Aber er war wach und sich nur allzu bewusst, wie erbärmlich es war, sich so etwas einzureden.

»Wir haben schon ohne dich begonnen, Theodor«, sagte Hugo Rosterg und deutete auf den freien Platz. »Ist ja sonst nicht deine Art, zu spät zu kommen. Kleine Seekrankheit, was?« Er lachte kurz und hart auf.

Jung blickte in die Runde. Hugo Rosterg. Marthe Rosterg. Ernst Rosterg. Berthold Lüttgen. Roland Dorgelès. Und er. Kein Platz für Dora. Der Boden schwankte, als sei die *Champollion* plötzlich in einen Sturm geraten. Er setzte sich so behutsam, als könnte er bei der geringsten falschen Bewegung umkippen. Beim hinzugeeilten Steward bestellte er einen Whiskey.

Der Erste Offizier musterte ihn. »Das hilft nicht gegen Seekrankheit«, brummte er. »Nehmen Sie besser einen Kräutertee.«

»Mir geht es ausgezeichnet«, log Jung. Kein Platz für Dora, dachte er immer wieder, kein Platz für Dora, kein Platz, kein Platz … Und niemand schien sich darüber zu wundern. Er war so verwirrt, dass er nicht wusste, was er sagen sollte, ja sogar, ob er überhaupt etwas sagen sollte. Was denn auch? Meine Frau ist verschwunden und ihr Stuhl auch. Das klang doch, als wäre er wahnsinnig geworden. Womöglich *war* er ja auch wahnsinnig. Er musste sich erst einmal selbst wieder unter Kontrolle bringen, musste das Zittern seiner Hände bezwingen, musste wieder klar denken, sich darüber klar werden: Was soll ich nun tun?

Ihm wurde der erste Gang serviert, Kürbiscremesuppe, er löffelte sie hastig, die anderen waren damit ja schon fertig. Er sah auf seinen Teller, lauschte. Hugo Rosterg und Dorgelès redeten leichthin über Shanghai, nannten einen chinesischen Namen, lachten, es war nicht ganz klar, ob sie dabei über eine Opiumhöhle, ein Bordell oder ein Handelshaus sprachen. Lüttgen und Ernst tauschten sich über Politik aus, Hitler und Hugenberg, Hakenkreuzler und Stahlhelm, Lüttgen gab sich noch radikaler als Ernst, man konnte denken, er sei der Sturmtruppler am Tisch. Marthe Rosterg schwieg. Als Jung aufblickte, überraschte er sie: Seine Schwiegermutter hatte ihn angestarrt. Für einen winzigen Moment glaubte er, in ihrem Gesicht so etwas wie grimmige Befriedigung, gar Freude gelesen zu haben, bevor sie sich rasch abwandte.

Schließlich hielt Jung es nicht länger aus. »Wo ist Dora?«, fragte er laut – so laut, dass man ihn sogar am Nebentisch hörte und einige Mitreisende kurz die Köpfe umwandten. Alle schwiegen und starrten ihn an. Ernst und Lüttgen tauschten einen spöttischen Blick.

Hugo Rosterg räusperte sich schließlich. »Wo soll meine Tochter schon sein?«, antwortete er nach einer endlos scheinenden Pause. »Dora ist in Berlin.«

Berlin. Jung brauchte ein paar Augenblicke, bis er den Sinn dieser Antwort verstanden hatte. »Das ... das ist unmöglich«, keuchte er. Sie waren seit drei Tagen auf diesem Schiff, ein paar Meter Stahl, umschlossen vom Meer, sie alle hatten zahllose Stunden miteinander verbracht, verbringen *müssen*. Es ging gar nicht anders. Dora in Berlin. Wie konnte man so etwas Absurdes auch nur einen Augenblick lang glauben? »Dora fährt mit uns nach Arabien. Sie ist hier an Bord der *Champollion*. Wir reisen in Kabine 66. Wir haben hier an diesem Tisch schon mehrmals gemeinsam gegessen. Wir ...« Er konnte nicht weitersprechen.

Wieder war es sehr lange still am Tisch. Dorgelès atmete irgendwann tief durch und legte Jung seine mächtige Pranke auf den Unterarm. »Das war wohl nicht Ihr erster Whiskey heute?«

Jung schüttelte die Hand verärgert ab. »Dora reist mit uns!«, rief er. An den Nebentischen drehten sich inzwischen einige Passagiere zu ihnen um und musterten ihn indigniert.

»Sprechen Sie leiser, Mann«, mahnte Dorgelès. »Vor allem, wenn Sie auf einem französischen Schiff Deutsch reden!«

»Was ist bloß in dich gefahren?!« Der Patriarch schüttelte verständnislos den Kopf. »Marthe und ich reisen mit Ernst und Herrn Lüttgen geschäftlich nach Maskat«, erklärte Hugo Rosterg dann, er klang nun unwirsch. »Du sollst Fotos für das Revolverblatt knipsen, falls du dich wenigstens daran noch erinnerst. Dora ist selbstverständlich zu Hause geblieben. Irgendwer muss sich ja während unserer Abwesenheit um den Laden kümmern.«

Jung starrte den Alten an, dann den Offizier. Hilfesuchend blickte er danach zu den anderen hinüber, Marthe, Ernst, sogar Lüttgen. Doch alle sahen ihn an, als sei er wahnsinnig geworden. Und sie wirkten dabei auch noch so, als würde es sie nicht einmal wundern, dass er den Verstand verloren hatte, ja, als würden sie sich geradezu freuen, ihn in diesem Zustand zu sehen. So, als hätten sie es schon immer gewusst, dass etwas nicht mit ihm stimmte.

»Bitte entschuldigen Sie mich«, murmelte Jung und stemmte sich ruckartig in die Höhe. Das Deck schwankte, die ägyptischen Figuren schwankten, alles schwankte. »Ich ziehe mich besser zurück.« Er stürzte aus dem Restaurant, hinaus ins Freie, an die Luft, die klar und salzig und sanft war.

Er klammerte sich an die Reling, bis seine Fingerknochen weiß hervortraten. Endlich ließ das Schwanken nach, vorsichtig löste er seinen Griff. Der Fahrtwind kühlte sein erhitztes Gesicht. Schweißtropfen auf den Wangen? Oder hatte er tatsächlich geweint? Er blickte sich verlegen um. Zur Zeit des Abendessens war kaum jemand auf Deck, niemand unter den wenigen Flaneuren und den zwei oder drei Matrosen achtete auf ihn. Er strich sich über die Narbe am linken Handgelenk, merkte, was er tat, und das war vielleicht schon die Antwort auf die Frage, ob er wohl wahnsinnig war. Dora, die letzte Nacht, das ungeborene Kind in ihrem Leib – konnte er sich das alles tatsächlich bloß eingebildet haben? Das Wunschdenken eines Gescheiterten, der sich so verzweifelt etwas herbeisehnte, dass er schließlich an seine Wahnträume glaubte? Doch die lange Zugfahrt von Berlin bis in den Süden, das Hotel in Marseille, die Stunden in der Kabine der *Champollion*, das war alles so real. So etwas bildete man sich doch nicht ein. Oder doch?

Die Sonne war untergegangen, aber der westliche Horizont leuchtete noch so intensiv rot, als loderten Flammen unter dem Ozean. Möwen umflogen die Schornsteine. Mehr als sonst, dachte Jung flüchtig, wahrscheinlich näherten sie sich der Küste. Wie weit war Ägypten von Berlin entfernt? Dreitausend Kilometer? Viertausend? Eine ganze Welt und eine Erinnerungslücke. Eine blanke Stelle in seinem Gedächtnis, ein Buch, in dem durch irgendeinen Fehler in der Druckerei mitten im Kapitel ein paar Seiten leer geblieben waren. Eine Geschichte davor, eine Geschichte danach und dazwischen nur die spöttischen Blicke der Tischnachbarn. Mein Gott, dachte Jung, ist es das Meer, das Schiff? So schlimm war es ja nicht einmal auf UB 68 gewesen. Letzte Nacht hatte er zum ersten Mal kein Trional genommen. War es vielleicht das? Oder, im Gegenteil, nahm er schon viel zu lange Trional? Die Freude, als ihm Dora gestanden hatte, schwanger zu sein, diese Freude hatte ihn durchströmt wie eine warme Wasserflut, das war eine körperliche Freude gewesen, das pure Glück, ein Rausch. Hatte sein Geist diese Illusion herbeigezwungen, weil die Realität so unerträglich geworden war?

Plötzlich sah er eine massige Gestalt an Deck, erkannte im Dämmerlicht Umberto Marinetti. Der Italiener hatte mit ihnen geplaudert, im Wintergarten, das war noch gar nicht lange her, Dora hatte ihn sogar milde verspottet. Jung wischte sich mit dem Taschentuch über das Gesicht und ging dann auf den Mann zu.

»*Salute*, mein Freund, was für ein wundervoller Abend«, rief Marinetti, als er ihn erblickte. Er schien ehrlich erfreut zu sein, ihn zu sehen. Falls er Jungs elendes Äußeres bemerkte, so war er jedenfalls höflich genug, darauf nicht einzugehen. Jung wollte nicht schon wieder direkt und plump fragen, ob wohl jemand seine Gattin gesehen habe. Stattdessen nickte er und versuchte es über einen Umweg. »Meine Frau macht sich immer über mich lustig, weil ich Sonnenuntergänge so schön finde«, erwiderte er und hoffte, dass sein Tonfall möglichst unbeschwert war. »Sie meint, das ist alles Kitsch.«

»Wie unrecht Ihre Gattin hat«, antwortete Marinetti. »Das ist Romantik!«

»Dora ist eine moderne Frau. Sie raucht und spottet wie ein Mann. Sie kennen sie ja bereits.«

»Ich kenne Ihre Frau?« Marinetti blickte ihn erstaunt an.

»Dora ist eine geborene Rosterg, die Tochter von Frau Rosterg.«

»Marthe, selbstverständlich«, sagte Marinetti und setzte eine bewundernde Miene auf, wie er sie vielleicht auch bei der Erwähnung eines guten Weins oder schnellen Cabriolets zur Schau getragen hätte. »Sie Glücklicher. Die Tochter einer wunderschönen Frau muss auch wunderschön sein.«

»Aber Sie kennen Dora doch. Wir haben mit Marthe und ihr im Wintergarten geplaudert«, beharrte Jung, der hoffte, dabei immer noch freundlich genug und nicht verzweifelt zu klingen.

Der Italiener runzelte die Stirn. »Tatsächlich? Ich erinnere mich nicht …« Dann hob er nonchalant die Hand. »Was für ein Fauxpas! Ich erinnere mich wirklich nicht. Ich werde diese Peinlichkeit wiedergutmachen. Bitte stellen Sie mir Ihre Gattin doch bei unserer nächsten Begegnung noch einmal vor.«

»Selbstverständlich«, erwiderte Jung, »bei unserer nächsten Begegnung …« Er verabschiedete sich mit einer Floskel und fühlte sich, als hätte ihn Marinetti soeben niedergeschlagen.

Auch der hat Dora nie gesehen, das ist doch vollkommen unmöglich. Dann straffte er sich. Das war alles ein Missverständnis, ein Irrtum, womöglich ein mieser Scherz. Jung war Reporter, verdammt! Vergiss für eine Weile, dass du die Frau suchst, die du liebst. Die Mutter deines Kindes. Eine Frau ist an Bord der *Champollion* verschwunden, dafür muss es Zeugen geben. Und dass es Menschen gibt, darunter ihre eigene Familie!, die Doras Existenz kaltherzig leugnen, auch dafür muss es eine Erklärung geben. Und das muss irgendwie miteinander zu tun haben, so einfach ist das. Er machte sich auf die Suche nach Anita Berber.

Er fand die Tänzerin und ihren Mann im Wintergarten. Die beiden hatten ihr Dinner noch nicht einmal begonnen, für sie war das hier der Aperitif. Sie saßen auf einem der antik wirkenden Kanapees, Henri Hofmann hielt ein Glas mit einer klaren Flüssigkeit in der Hand, vielleicht Wodka, vielleicht trank er auch nur Wasser. Anita Berber hatte ihren dünnen Leib in ein eng geschnittenes knallrotes Kleid gehüllt, das ihre Arme unbedeckt ließ – Arme, die, wie Jung im Näherkommen bemerkte, mit den winzigen Einstichwunden von Spritzen gezeichnet waren. Kokain? Opium? Heroin? Anita Berber hielt einen Kelch in der Hand, in dem nur noch ein Rest Champagner perlte. Doch es war vermutlich nicht der Champagner, der ihren Blick seltsam unfokussiert wirken ließ, jedenfalls hatte sie Mühe, ihre Augen auf ihn zu richten, und es dauerte auch ein paar Momente, bis sie ihn erkannte.

»Kleener!«, rief sie endlich und klopfte auf den freien Platz an ihrer Seite. »Setz dich zu uns.« Sie konnte nur mühsam ein Husten unterdrücken.

Jung wäre lieber stehen geblieben, setzte sich aber gehorsam, weil er ihr explosives Temperament nicht reizen wollte. Sie duftete nach irgendeinem schweren Parfum, das er nicht kannte, und lehnte ihren Körper an seinen – erschöpft eher als erotisch, dachte er. »Ich suche meine Frau«, erklärte er ohne Umschweife. In Anita Berbers Zustand war es besser, keine Zeit zu verlieren, womöglich würde sie gleich ohnmächtig werden.

Sie zuckte mit den Achseln. »Na und?«

»Ich kann sie schon seit heute Nachmittag nicht finden.«

Sie seufzte theatralisch. »Dann wird sie ein Reiseabenteuer haben. Warum nehmt ihr Männer das immer so schwer? Such dir auch ein Abenteuer. Warum schläfst du diese Nacht nicht mit mir?« Es schien sie nicht zu stören, dass ihr Mann neben ihr saß. Und ihn schienen diese Worte auch kaltzulassen, er trank einen Schluck aus seinem Glas und blickte gelassen Richtung Tür.

»Rache ist ein wunderbares Aphrodisiakum«, fuhr sie fort und legte ihm die Rechte aufs Knie.

Er nahm ihre Hand behutsam weg. »Ich suche wirklich meine Frau«, wiederholte er. »Sie wird seit mehreren Stunden ...«, er wählte seine Worte sorgfältig, »... vermisst. Vielleicht bedeutet es nichts. Vielleicht fühlt sie sich aber auch nicht gut. Sie ist momentan ... körperlich etwas angegriffen.« Dann beschrieb er ihr Doras Äußeres. »Haben Sie meine Frau in den letzten Stunden zufällig gesehen? Sie haben gestern mit uns zu Abend gegessen«, erinnerte er sie.

Anita Berber blickte ihren Mann an. »Haben wir das, Henri?«

Der zuckte gleichgültig mit den Achseln. Es ist doch Wodka in dem Glas, dachte Jung nun, und womöglich war das nicht Hofmanns erstes Glas an diesem Abend.

Die Tänzerin wandte sich wieder Jung zu. »Kleener, ich kann mich nicht mal an die Frauen und Männer erinnern, mit denen ich schon geschlafen habe. Wie soll ich mich da an die erinnern, mit denen ich noch nicht geschlafen habe?«

»Sie ist …«

»Ich kann mich wirklich kaum noch an diesen Abend erinnern, geschweige denn an die Leute, die am Tisch gesessen haben. Außer an dich natürlich.«

»Dora ist die Tochter von Hugo Rosterg. Herr Rosterg ist …«

»Ah, jetzt fällt er mir wieder ein. Ich kenne Hugo. Aber Männer wie er kommen nicht zu mir, um mit mir über ihre Kinder zu plaudern.« Sie lachte und schüttelte den Kopf. »Ich habe wirklich keine Ahnung, wer deine Dora ist«, sagte sie.

Jung spürte, dass jemand hinter ihn getreten war. Dorgelès. Er stand ruckartig auf, einen Augenblick lang durchströmte ihn Erleichterung, die Affäre klärt sich jetzt auf, ein Irrtum, ein Scherz, nun wird alles wieder gut. Doch der Erste Offizier beugte sich zu ihm und flüsterte ihm ins Ohr: »Reißen Sie sich gefälligst zusammen, Mann! Hören Sie auf, die Passagiere mit Ihrer verrückten Geschichte zu behelligen.«

»Das ist keine verrückte Geschichte!«, rief Jung, das sollten Anita Berber und ihr Mann ruhig hören.

Dorgelès schüttelte mitleidig den Kopf. »Ihre Frau hat Ihnen gestern noch ein Funktelegramm aus Berlin geschickt. Eine Stewardess hat es Ihnen in die Kabine gebracht. Erinnern Sie sich denn nicht einmal daran?«

Jung starrte Dorgelès fassungslos an. »Das ist doch Unsinn!«

»Unsinn, eh?« Der Erste Offizier nickte resigniert. »Also schön. Eigentlich dürfen Sie nicht in die Funkkabine, aber diesmal mache ich eine Ausnahme. Kommen Sie mit!«

»Was soll ich in der Funkkabine?«

»Dort bewahrt der Funker alle Durchschläge der Funksprüche in einer Kladde auf. Wenn Sie mir nicht glauben, dann sehen Sie sich das Telegramm noch einmal an. Vielleicht kehrt so ja die

Erinnerung zurück.« Er deutete Anita Berber und Henri Hofmann gegenüber eine Verbeugung an. »Nach Ihnen«, sagte er zu Jung und wies nach draußen. Das war keine höfliche Geste, das war ein Befehl.

Die Funkkabine war eine kleine, fensterlose Stahlkammer unterhalb der Brücke. Zwei klobige Sender und Empfänger standen auf Tischen, ihre glühenden Röhren füllten den Raum mit warmem gelben Licht. Auf Regalen, die an die Wand genietet worden waren, standen Hefte, Ordner, Codebücher. Ein Funker saß vor einem Morseapparat, hatte Kopfhörer aufgesetzt und tippte in frenetischer Schnelle eine Meldung in den Äther. Er beachtete sie nicht einmal. Ein zweiter Funker hantierte an den Skalen eines Empfängers und blickte erstaunt auf, als er Dorgelès zusammen mit einem Passagier hereinkommen sah.

»Geben Sie mir die Funktelegramme von gestern«, befahl der Erste Offizier.

Der Mann sagte nichts, griff zu einer Kladde auf einem Regal und reichte sie Dorgelès. Der blätterte kurz darin, dann tippte er auf ein Blatt dünnes Durchschlagpapier. »Lesen Sie selbst.«

Das Telegramm war, nach den Daten im Kopf des Protokolls, am Vortag um 10.51 Uhr im Berliner Haupttelegraphenamt aufgegeben worden. Um 14.07 Uhr Bordzeit hatte es der Funker der *Champollion* empfangen und aufgeschrieben. Jung las:

An Theodor Jung – z. Z. an Bord der Champollion – Erste Klasse – stopp – Lieber Theodor, hier ist alles bestens – stopp – mir geht es gut – stopp – genieß du mal Seeluft und Sonne – stopp – in Berlin ist schon beinahe Winter, wie ich dich beneide – stopp – schick mir ein Telegramm, wenn du in Ägypten bist – tausend Küsse, mein Blondbär – stopp – Dora

Jungs Hand zitterte. Wenn er für die *Berliner Illustrirte* irgendwo in der Welt unterwegs gewesen war, hatten Dora und er manchmal Telegramme geschickt, auch wenn das sündhaft teuer war. Und, ja, sie hatten gelegentlich bloß Nichtigkeiten ausgetauscht. Ja, Dora beendete Telegramme, Briefe, Postkarten mit der Formulierung »tausend Küsse« – das schrieb sie nicht allein ihm, sondern auch ihren Eltern, alten Schulfreundinnen und sogar ihrem Bruder. Und, ja, Dora hatte ihm den Spitznamen »Blondbär« gegeben. Aber das war vor dem Krieg gewesen, als sie frisch verliebt gewesen waren und er noch fleischiger gewesen war. Wer würde bei seinem Anblick heute noch an einen Bären denken? Sie hatte ihn seit Jahren nicht mehr so genannt, sie hatte eigentlich überhaupt keinen Kosenamen mehr für ihn. Das fühlt sich falsch an. Aus diesen Zeilen sprach nicht Dora zu ihm, zumindest nicht die Dora, die er kannte. Oder wollte sie ihm damit eine geheime Nachricht senden? War das irgendeine Art von Code? Er las die Banalitäten noch einmal und konnte doch keinen versteckten Sinn darin erkennen.

»Nun?«, drängte Dorgelès. »Kommt die Erinnerung wieder?« Der zweite Funker hatte sein virtuoses Spiel auf der Morsetaste beendet, die beiden Seeleute starrten ihn ebenfalls an.

Jung spürte, dass er sich entscheiden musste, jetzt, in dieser Sekunde. Wenn er die Wahrheit sagte, laut verkündete, dass er dieses Telegramm noch nie gesehen hatte und dass es niemals von Dora geschrieben worden sein konnte – würde man ihn dann endgültig für verrückt halten? Noch heute Nacht nach dem Anlegen in Ägypten von Bord schicken und in ein europäisches Hospital verfrachten? Seine Schwiegereltern, sein versoffener Schwager und erst recht Lüttgen, sie warteten doch schon seit Jahren darauf, ihn fertigzumachen, ihn aus der ehrenwerten Familie Rosterg zu drängen. Auch Dorgelès würde ihn nach diesem Auftritt heute Abend ohne zu zögern für geisteskrank erklären. Und vielleicht sogar zu recht? Womöglich hatte Dora dieses Telegramm doch aufgegeben, und die Stewardess hatte es ihm doch in die Kabine gebracht, und er hatte es doch gelesen, und sein Misstrauen war bloß Paranoia? Er musste wieder klarer sehen, musste sich an Bord umhören, musste seine Gedanken ordnen, Zeit gewinnen.

Also log er.

»Ja«, gab er zögernd zu und fasste sich an die Stirn. »Jetzt erinnere ich mich wieder. Das Telegramm gestern. Selbstverständlich. Wie konnte ich nur …«

»Das ist die Hitze, die Erschöpfung, die Aufregung der Seereise«, sagte Dorgelès. Er klang auf einmal versöhnlich, klappte die Kladde zu und reichte sie dem Funker. »Wir haben alle unsere schwachen Stunden.« Er klopfte Jung kameradschaftlich auf die Schulter und führte ihn zurück aufs Deck. »Folgen Sie dem Rat Ihrer Gattin«, fuhr er fort, »genießen Sie Seeluft und Sonne. Sie werden sehen, wie gut Ihnen das tut.«

Jung lehnte sich an die Reling und wartete, bis der Erste Offizier auf der Brücke verschwunden war. Inzwischen war das Dinner beendet, auf dem Promenadendeck zeigten sich immer mehr Passagiere. Er sah manchen Paaren nach, Hand in Hand, Arm in Arm. Er fühlte sich unfassbar allein. Auf dem ganzen Schiff war niemand mehr, den er nach Dora fragen konnte. Niemand, der sich an seine Frau erinnern konnte oder wollte. Niemand, der auch nur einen Funken Verständnis dafür hätte, wenn er nach Dora suchte – nach einer Frau, die doch gar nicht an Bord war, die hier nicht einmal von ihren eigenen Eltern vermisst wurde. Er zermarterte sich den Kopf darüber, welches teuflische Spiel die Rostergs, Lüttgen, sogar Dorgelès mit ihm spielten. Sie mussten Dora etwas angetan haben! Oder etwa nicht? Wieder quälten ihn Zweifel: Und wenn doch er derjenige war, dessen Geist sich verdunkelte …? Ob Dora nun tatsächlich verschwunden oder ob er wahnsinnig geworden war, sicher war nur: Kein Mitreisender würde ihm helfen, das Rätsel zu lösen. Er konnte sich nur auf sich selbst verlassen, musste allein auf die Suche nach der Wahrheit gehen – und vor allem dafür sorgen, dass man ihn nicht schon bei nächster Gelegenheit von Bord zwang. Er musste seine Nachforschungen deshalb heimlich anstellen, musste sich verstellen – musste diese ganze elendig lange Reise fortan so tun, als hätte seine Dora niemals die *Champollion* betreten, als würde sie in Berlin auf ihn warten, obwohl er doch *wusste*, dass da niemand auf ihn wartete, niemand, niemand, niemand …

Kein Selbstmitleid, jetzt bloß nicht auch noch das. Er versuchte, logisch zu denken. Was sollte er als Nächstes tun? Plötzlich fiel ihm seine Suche an diesem Nachmittag ein, die ihn über alle Decks geführt hatte. Deck B, Backbord, die Tür zu einem kleinen Büro, *Premier Maître d'hôtel*, der Zahlmeister – bewahrte der nicht die Passagierliste auf?

Keine Minute später klopfte Jung an die Tür und trat, noch bevor eine Antwort erfolgte, atemlos in eine kleine Kabine, durch deren Bullauge die ersten Sterne schimmerten. Der Zahlmeister war zu dieser späten Stunde nicht mehr am Platz, sondern nur ein junger Steward, der ihn vertrat.

Jung lächelte gewinnend. »Ich habe heute Abend beim Dinner mit einer bezaubernden Dame gesprochen«, sagte er in vertraulichem Ton. »Emilie oder Amelie, auch den Nachnamen habe ich nicht richtig verstanden. Ich würde ihr morgen in Port Said gerne einen Blumenstrauß zukommen lassen, doch es wäre überaus peinlich, wenn ich den Namen falsch schriebe. Und die Kabinennummer müsste ich auch wissen.«

Der Steward lächelte durchaus verständnisvoll, schüttelte jedoch den Kopf. »Bedaure, Informationen dieser Art darf ich Ihnen leider nicht geben, Monsieur.«

»Es ist eine Angelegenheit des Herzens«, versicherte Jung und schob zugleich einen Fünfzig-Francs-Schein über den Schreibtisch.

Der Steward sah sich rasch um, so als befürchtete er, dass ihn in dem engen Büro irgendjemand beobachten könnte. Dann erhob er sich und zog wie nebenbei den Geldschein zu sich hinüber. »Ich muss meinen Kontrollgang machen und Sie leider ein paar Minuten allein lassen«, sagte er und deutete dabei mit der Kinnspitze auf einen Ordner: *Liste de passagers.*

Jung wartete, bis der Mann den Raum verlassen hatte, dann griff er zur Passagierliste, einem Konvolut von vielleicht zwanzig, dreißig mit der Schreibmaschine getippten Blättern mit Namen, Adressen, Kabinennummern. Sie war nach Klassen und innerhalb der Klassen alphabetisch geordnet. Er fand die Blätter der Ersten Klasse, Buchstabe »J« und …

Jung, Theodor, Hölderlinstraße 11, Berlin-Westend, Allemagne, Cabine 66

Davor stand eine Jouval, Anne in der Liste, darunter ein Maartens, Pieter – keine Jung, Dora. Er hielt die Liste in der Hand und kam sich verrückt vor. Hektisch blätterte er vor und zurück, fuhr mit dem Finger die Zeilen ab, in denen die Familie Rosterg verzeichnet war, durchsuchte die Listen der Zweiten und Dritten Klasse, fahndete nach möglichen Nachträgen, falsch eingeordneten Namen, nach irgendetwas! Nichts. Auf all den Seiten keine Spur von Dora.

»Haben Sie die Dame gefunden?« Der Steward war wieder eingetreten.

»Ja«, sagte Jung. Es fiel ihm auf einmal unfassbar schwer zu lügen. »Ja, ich habe die Dame gefunden. Besten Dank für Ihre Hilfe.«

Er taumelte zurück zu seiner Kabine, fühlte sich erschöpft und besiegt. Er öffnete die Tür, trat ein, schloss sorgfältig hinter sich ab, sah sich um. Irgendetwas war anders. Doras Sachen, natürlich! Ihr Handkoffer war doch in der Kabine, ihre Kleider hingen sicherlich an den Bügeln im Schrank, ihr Parfum stand doch wohl noch immer am Rand des Waschbeckens.

Doch alles war verschwunden.

»Das glaube ich nicht«, murmelte er. Keine Kleider, Strümpfe und Unterwäsche in den Schubladen, kein Koffer, kein Schmuck, kein Parfum, keine Zigaretten, kein Baedeker auf dem Nachttisch. Nur seine Habseligkeiten waren da, die Jacketts hingen ordentlich im Schrank, der Koffer war unter dem Bett verstaut, daneben lag der Roman von Remarque, den er vor Doras Augen dort versteckt hatte; er fand seine Manschettenknöpfe an ihrem Platz und die Filme für seine Leica, sauber aufgeteilt in einen kleinen Stapel bereits belichteter und einen größeren noch unbelichteter Filme.

Jung ging bis zum Bullauge und schlug die Stirn gegen das dicke, kalte Glas. Er wollte weinen, aber es kam keine Träne, wollte schreien, doch kein Ton kam aus seiner Kehle. Da war gar nichts mehr in ihm, nur dieses Wissen: Wenn ich sterbe, werde ich auf dem Meer sterben.

Jung konnte nicht sagen, wie lange er wohl so dagestanden hatte, die Stirn gegen das Bullauge gepresst, die Augen geschlossen. Das Glas des Bullauges zitterte auf einmal schwächer, die Stahlplatten der Kabinenwände vibrierten so gut wie gar nicht mehr. Die Maschine wurde heruntergefahren. Von draußen hörte er eine Art Grollen, dann klatschte etwas schwer auf das Wasser. Der Anker wurde fallen gelassen.

Jung eilte nach oben auf das Deck. Plötzlich durchströmte ihn eine wilde, irrationale Hoffnung. Wenn die *Champollion* stoppte, dann war womöglich etwas Außergewöhnliches vorgefallen …

Doch sie ankerten auf der Reede vor Port Said, und das war nicht außergewöhnlich, sondern, im Gegenteil, genau das, was der Dampfer nach Fahrplan tun sollte.

Port Said, der erste Hafen Ägyptens, die Einfahrt zum Suezkanal, dem »größten Boulevard der Welt«, wie Jung mal irgendwo gelesen hatte. Die *Champollion* ankerte zwei- oder dreihundert Meter vor der erleuchteten Stadt, die im Licht ihrer Laternen und vor dem violetten Himmel die Illusion von Italien versprach, als wären Florenz und Venedig verschmolzen. Am Wasser gebaut wie Venedig, doch über den Dächern standen toskanische Campaniles. Dora hatte ihm aus dem Baedeker vorgelesen, dass diese Campaniles keinesfalls Prunkbauten patrizischer Familien waren wie in Florenz, sondern die Türme von Kirchen, Moscheen und Kontoren. Alles jedoch Augenwischerei: Bei Tageslicht und wenn man näher kam, so warnte der Reiseführer, dann würde man unter der Firnis die wahre, die orientalische Stadt erkennen. Dora hatte darüber gelacht und … Dora. Jung zwang sich, die Sorgen niederzukämpfen. Auch das war doch real, verdammt. Dora in der Kabine, den Baedeker in der Hand, ihre Stimme, als sie den Text zitierte, ihr Lachen – solch eine triviale Szene bildete sich doch kein Verrückter ein, das war so banal und so heiter, das musste doch wirklich geschehen sein!

Er blickte über die Reling. Das Wasser war grünlich trübe. Als der tonnenschwere Anker auf den sandigen Meeresgrund geschlagen war, hatte er eine braune Wolke aufgewirbelt, die nur langsam von einer sanften Strömung zerrissen wurde. Riesige dunkelblaue, beinahe schon schwarze Quallen trieben dicht unter den Wellen und schimmerten wie Glas, wenn das Licht aus einem Bullauge der *Champollion* auf sie fiel. Der Geruch nach Salz vermischte sich mit dem bitteren Kohlenqualm und einem Hauch Fäulnis. Eine Barkasse tuckerte auf den Ozeanliner zu, auf ihrem Deck standen mehrere uniformierte Zollbeamte bereit, um über eine Strickleiter, die Matrosen vom Deck B hinuntergelassen hatten, an Bord zu gehen.

Zwar nicht alle, aber doch ziemlich viele Passagiere drängten sich auf dem Promenadendeck und den Decks der Zweiten und Dritten Klasse. Ägypten, Land der Pharaonen, der Hieroglyphen, der rätselhaften Wunder lag vor ihnen. Drei Tage lang waren sie im nachgeahmten Luxus des Nillandes gereist, nun lag das alte Reich der Pharaonen endlich vor ihnen. Er blickte sich um, entdeckte in der Menge Hugo und Marthe Rosterg, den Sohn und Lüttgen jedoch nicht. Und auch Dora nicht. Er zog die Krempe seines Huts bis in die Stirn hinunter und ging ein paar Meter weiter Richtung Achterschiff; er hatte nicht die Kraft, den Rostergs schon wieder gegenüberzutreten. Jung wusste, dass die *Champollion* hier für die Nacht liegen bleiben würde und sie erst morgen früh nach Port Said übersetzen konnten. Einen Tag lang würde es dauern, bis der Dampfer seine für Ägypten bestimmte Fracht ausgeladen und neue Ladung übernommen haben würde, bis auch die schier endlosen Formalitäten der Suezkanalpassage geklärt waren. Einen Tag, an dem sich die Passagiere das Land ansehen konnten. Einen Tag, den er irgendwie mit den Rostergs verbringen musste, ohne dass die ihn für verrückt erklärten und ihn doch noch in Ägypten von Bord holen ließen.

Jung war inzwischen bis zum hinteren Ende des Promenadendecks gegangen und blickte hinunter. Unten in der Dritten Klasse stand Totzke und kaute am Stumpen einer Zigarre. Er wirkte in diesem Moment wie jemand, der Schmiere stand, während seine Kumpane irgendwo ein krummes Ding drehten. Ein paar Meter weiter entdeckte Jung überraschenderweise auch Steve Adams. Einen Augenblick war er verwundert, den amerikanischen Ingenieur dort zu sehen, dann erkannte er, dass er mit einer jungen Frau sprach, dunkel, das Charlestonkleid so kurz, dass der Saum kaum das Knie bedeckte, eine fröhliche Südfranzösin oder Italienerin, ein echter Flapper, und Adams war sicherlich froh, dass seine Verlobte an diesem Abend einen Ozean weit entfernt war.

Hinter den Reisenden der Dritten Klasse, auf dem Deck ganz am Heck, schnappten ein paar Seeleute, Heizer und Stewards Luft und erhaschten einen Blick auf den Hafen. Sie wurden vom Licht der Hecklaterne angestrahlt und warfen Schatten wie groteske Figuren. Plötzlich setzte Jungs Herzschlag aus. Mitten unter ihnen erkannte er Fanny Philip, die Stewardess ihrer Kabine. Natürlich! Sie hatte Dora doch gesehen! Er war ein Idiot, er hatte sie ganz vergessen.

»*Excusez-moi*«, murmelte Jung, drängte sich an mehreren Passagieren vorbei, eilte die Treppen hinunter Richtung Achterdeck und kümmerte sich nicht um die erstaunten Blicke, die sich in seinen Rücken bohrten.

»Ich muss Sie einen Augenblick sprechen!«, sagte er zu Fanny, die ihn nicht einmal bemerkt hatte, weil sie bis dahin an der Reling gestanden hatte, seltsamerweise allerdings nicht an der Steuerbordseite, von wo aus man die Lichter von Port Said bewundern konnte, sondern backbords, wo nur das schwarze Meer zu sehen war.

Sie zuckte erschrocken zusammen, sah sich dann rasch um, ob jemand von der Besatzung sie beobachtete, doch die meisten schauten zur Küste hinüber. »Stimmt etwas mit Ihrer Kabine nicht, Monsieur?«

»Alles in Ordnung«, versicherte Jung rasch, »das heißt: nein, eigentlich ist nichts in Ordnung, das heißt, doch, mit der Kabine ist alles in Ordnung, tadellos, wirklich, nur …« Er hörte sich an, als hätte er den Verstand verloren. Er atmete tief durch. »Ich möchte Ihnen nur eine Frage stellen. Vertraulich.«

Es waren wohl weniger seine Worte, die Fanny schließlich dazu brachten, dass sie zögernd nickte, eher seine flehentliche Miene. »*D'accord*«, murmelte sie. »Kommen Sie.« Sie führte ihn ein paar Schritte bis zu einer stählernen Tür, durch die sie in einen engen Gang traten. Hier kam das Licht aus vergitterten Lampen und war so grell, dass Jung einen Moment lang blinzeln musste. Die Stewardess sah sehr blass aus, er hoffte, dass es nur an den Leuchten lag und nicht daran, dass er sie erschreckt hatte.

»Haben Sie meine Frau gesehen?«, platzte Jung heraus.

Fanny schüttelte den Kopf. »Bedaure, ich habe Madame in den letzten Stunden nicht gesehen.«

»Aber Sie *haben* meine Gattin gesehen? Während der vergangenen Tage?«

»Selbstverständlich.«

Jungs Beine gaben nach. Er musste sich gegen die stählerne Wand lehnen.

»Fühlen Sie sich nicht gut? Was ist mit Ihnen los?«

Er hörte die Stimme der Stewardess wie aus großer Ferne. Und dann konnte er nicht mehr. Es war, als hätte diese eine mitfühlende Frage einen Damm in ihm gebrochen. Jung erzählte ihr alles: wie Dora nicht zur Verabredung erschienen war, wie er sie gesucht hatte, zunächst leichten Herzens, dann immer beunruhigter.

»Aber Sie hätten Alarm geben sollen!«, unterbrach ihn Fanny irgendwann fassungslos. »Vielleicht ist sie über Bord gefallen, jede Sekunde zählt!«

»Aber wie soll Dora über Bord gefallen sein, wenn sie nie an Bord gewesen ist!«, erwiderte Jung gequält. Dann berichtete er von der Familie, die behauptete, dass sie niemals mitgereist sei, von ihren verschwundenen Sachen in der Kabine, von Dorgelès und dem Funktelegramm.

»Ich habe Ihnen kein Telegramm gebracht«, erklärte die Stewardess kategorisch.

Jung fuhr fort, von den Mitreisenden zu erzählen, die sich nicht erinnerten – und schließlich von der Passagierliste, auf der ihr Name fehlte. »Dora ist einfach verschollen«, schloss er verzweifelt.

»Verschollen«, murmelte Fanny und wurde noch blasser. Plötzlich war es Jung, der sie stützen musste. Er fühlte sich auf schreckliche Weise schuldig, als hätte er ihr eine Ohrfeige verpasst, aber er wusste nicht, was er ihr angetan haben konnte. Er blickte sich hektisch nach einem Stuhl oder einer Kiste oder irgendetwas um, auf das sie sich setzen konnte, doch dieser verdammte Flur war leer. Also schlang er seinen linken Arm um ihre Schultern und stützte sie. Fanny wandte den Kopf ab, sah seine Hand auf ihrer Schulter, das Handgelenk, die Narbe. Sie schüttelte den Arm ab.

»Es geht schon«, versicherte sie keuchend.

»Ich wollte Sie nicht schockieren«, stammelte Jung verlegen. »Was habe ich getan?«

»Es ist dieses Wort: ›verschollen‹«, erklärte sie und seufzte. »Das wird wohl mein Fluch bleiben.«

»Verschollen?«

Sie blickte ihn an. Auf seltsame Art hielten sich Sympathie und Feindschaft bei ihr die Waage. Sie schwieg sehr lange. »Mein Verlobter ist verschollen«, erklärte sie endlich leise. »Seit dem 16. April 1917 habe ich nichts mehr von ihm gehört.«

»Zwölf Jahre«, murmelte Jung erschüttert.

»Er war Soldat«, erklärte sie, und ihre Stimme zitterte nur leicht. »Alphonse ist am ersten Tag der Schlacht am Chemin des Dames einfach …«, sie zögerte, »… verschwunden. Nicht gefallen. Er war einfach fort, als hätte es ihn nie gegeben.«

»Ihr Verlobter ist vermutlich …« Jung wollte nicht weiterreden.

»Ich weigere mich, das zu glauben«, erwiderte sie entschieden. »Nach dem Krieg habe ich die überlebenden Kameraden seines Regiments befragt. Danach die Offiziere. Danach die Ärzte und Sanitäter. Niemand hat ihn während der Kämpfe gesehen. Ich war in den Lazaretten. Niemand hat ihn behandelt. Auf den Soldatenfriedhöfen. Kein Grab trägt seinen Namen. Ich war sogar auf dem

Schlachtfeld und habe es einen Monat lang abgesucht. Nichts. Niemand hat ihn seit jenem Morgen mehr zu Gesicht bekommen. Nie ist auch nur die geringste Spur von Alphonse wieder aufgetaucht.«

»Zwölf Jahre«, sagte Jung, »mein Gott, Sie suchen schon so lange.«

Fanny hatte sich bereits abgewandt und strebte mit unsicherem Schritt auf den Ausgang zu. Doch dann hielt sie inne und blickte ihn an. Sie wusste genau, was er dachte. »Glauben Sie bloß nicht, dass auch Sie zwölf Jahre nach Ihrer verschollenen Frau suchen können«, sagte sie leise, aber bestimmt. Dann holte sie tief Luft. »Ich habe meine Erfahrungen gemacht, Monsieur. Alphonse war für die Beamten nach dem Krieg nur einer von Hunderttausenden Verschollenen, vielleicht von Granaten bis zur Unkenntlichkeit zerfetzt, vielleicht für immer in einem eingestürzten Unterstand begraben; man hat mich gefragt, warum ich überhaupt suche, ich war ja nur verlobt, nicht verheiratet, und ich würde nicht einmal Witwenrente bekommen. Warum also die Mühe? Niemand wollte mir helfen. Wenn ich je das Schicksal des Mannes, den ich liebte, aufklären wollte, dann musste ich meine Nachforschungen auf eigene Faust machen. Dabei lernt man viel. Zum Beispiel habe ich gelernt, die wenigen Fakten, die ich kannte, gewissermaßen von außen anzusehen. Ich habe den letzten Angriff von Alphonse' Regiment wie ein Kriegsberichterstatter analysiert oder gar«, sie lachte bitter auf, »wie einer der arroganten Offiziere des Generalstabs. So nüchtern wie möglich habe ich Zeiten, Wege, Stellungen verglichen, ganz kühl habe ich Wahrscheinlichkeiten berechnet, Alternativen gegeneinander abgewogen. Das ist schrecklich, gewissermaßen fühlt man sich, als würde man den Menschen, den man liebt, durch diese Kälte verraten. Aber das werden Sie auch tun müssen.«

»Das tue ich.«

»Das tun Sie nicht.« Fanny trat wieder auf ihn zu. Sie sah einen Moment lang so aus, als wollte sie die Hand zu ihm ausstrecken, ihn berühren, ihn festhalten, tat es dann aber nicht. »Wenn das, was Sie mir erzählt haben, wirklich stimmt, dann haben deutsche und französische Zöllner Ihre Frau und Sie registriert, als Sie über die Grenze gefahren sind. Sie haben das Zimmer im Hotel in Marseille gebucht, also wird die Rezeption ihrer beiden Namen im Gästebuch haben. Aber«, und hier senkte sie die Stimme, »das ist die letzte Spur. Wenn Dora nicht auf der Passagierliste steht, dann ist sie offiziell auch nie auf der *Champollion* gewesen.«

»Sie könnten beschwören, dass meine Gattin an Bord war.«

Sie lachte bitter. »Ich bin nur eine Stewardess. Wenn der Name Ihrer Frau nicht auf der Passagierliste steht, wenn der Erste Offizier sie nie gesehen haben will, wenn sogar ihre eigene Familie leugnet, dass sie auf der *Champollion* war, dann wird man glauben, Sie haben mich bezahlt, um Sie mit meiner Aussage zu entlasten. Sie können jedenfalls nichts beweisen. Sollte die Polizei nachforschen, dann verliert sich die Spur Ihrer Frau in Marseille. Als Dora mit *Ihnen* zusammen war.«

Jung fröstelte. »Ich muss aus diesem Gang raus!«, flüsterte er. Er dachte nicht lange nach, fasste Fanny am Handgelenk und zog sie auf das Achterdeck. Dort hatten sich die meisten Seeleute inzwischen verzogen, niemand sah sie. Er war in den letzten Stunden so verwirrt gewesen, dass er nicht einmal an die Polizei gedacht hatte. Nun bedeuteten Fannys Worte für ihn einen weiteren Schlag in einer nicht enden wollenden Serie von Schocks: Die Polizei würde ihm nicht helfen – sie würde ihn jagen.

»Irgendwann wird man merken, dass Dora nicht in Berlin ist«, sagte Jung matt. »Spätestens, wenn wir alle aus Arabien zurückkehren, werden die Rostergs nach ihr suchen lassen. Dann wird die Polizei ihre Spur zurückverfolgen ...«

»... und diese Spur in Marseille verlieren«, schloss Fanny. »Die

Polizei wird denken, dass Sie Ihre Frau dort verschwinden ließen, *bevor* Sie an Bord der *Champollion* gingen. Wo kann man leichter einen Menschen verschwinden lassen als in Marseille? Sie haben gemeinsam mit Ihrer Frau das Hotel verlassen, aber Sie haben ohne sie das Schiff betreten, so wird es für die Polizei jedenfalls aussehen. Jedermann wird Sie für einen Mörder halten und …«

»Mörder?!«, keuchte Jung. »Dora ist doch nicht tot! Sie kann gar nicht tot sein!« Er dachte an das ungeborene Kind und erschauderte.

»Was soll die Polizei denn sonst vermuten, wenn eine Frau unter solchen Umständen verschwindet?«, erklärte Fanny, und zum ersten Mal lag so etwas wie Mitgefühl in ihrer Stimme. »Jeder wird Sie für einen Mörder halten und den Hafen für den Ort, an dem Sie das Verbrechen verübten«, bekräftigte sie.

»Ihre eigenen Eltern haben Dora in Marseille gesehen!«, protestierte Jung. »In der Lobby des Hotels. Auch ihr Bruder war da. Und Lüttgen.« Er berichtete ihr atemlos von der Anreise mit Zug und der Luft-Hansa, von den Stunden im Hotel.

»Wenn diese Leute leugnen, Dora je auf der *Champollion* gesehen zu haben, dann werden sie auch leugnen, sie im Hotel gesehen zu haben. Und die Familie hat ja auch nicht im Hotel übernachtet, sie ist mit dem Flugzeug gekommen. Sie haben sich erst in der Lobby getroffen, das hat niemand registriert. Der einzige Mensch, der erwiesenermaßen mit Dora im Hotel war, waren Sie. Nach dem Aufenthalt dort hinterlässt Ihre Frau keine weitere Spur mehr, sie ist einfach fort. Doch Sie haben sie nicht bei den Behörden in Marseille vermisst gemeldet.«

»Warum hätte ich das denn auch tun sollen?! Sie war doch bei mir!«

»Was Sie nicht beweisen können. Für die Polizei wird es so aussehen: Sie waren mit Ihrer Frau in Marseille. Ihre Frau verschwindet dort, Sie melden es aber nicht – sondern gehen stattdessen an

Bord eines Schiffes, das Europa verlässt. Man wird Sie für einen Mörder halten, der nach der Tat flieht, glauben Sie mir.«

»Das ist ein Alptraum«, stieß Jung hervor.

»Was meinen Sie, wie oft ich diesen Satz schon gesagt habe?«, erwiderte Fanny resigniert. »Aber er wirkt nie.«

»Mir bleibt nicht viel Zeit«, erkannte Jung.

»Keine zwölf Jahre. Sondern nur neun Tage«, sagte Fanny. »Sie müssen das Schicksal Ihrer Frau aufklären, bevor die *Champollion* Maskat erreicht. Sollten Sie in Arabien von Bord gehen und immer noch nicht wissen, was aus Ihrer Frau geworden ist, dann werden Sie als ihr Mörder unweigerlich unter dem Fallbeil enden.«

Jung blickte über das Deck bis auf das Meer. Sie standen auf der von Port Said abgewandten Seite. Die See war jetzt so ruhig, dass sich die Sterne im Wasser spiegelten und er kaum zu sagen vermochte, wo der Ozean endete und der Himmel begann. Wenn ich sterbe, werde ich auf dem Meer sterben. Er musste das ganze Schiff durchsuchen, vom Krähennest bis zum Kiel, immer und immer wieder. Er musste das heimlich tun, niemand würde ihm glauben, er konnte niemandem trauen.

Dann erst ging ihm in all seiner Verwirrung auf, dass er ja nicht bloß herausfinden musste, *wo* Dora war – sondern auch, *warum* sie überhaupt verschollen war. Welchen Grund mochte es dafür geben, dass jemand sie verschwinden ließ? Was hatte Dora getan, um so ein Schicksal zu erleiden? Nichts. Nichts … von dem er wusste. Jung wurde klar, dass er nicht nur auf dem Schiff nach der Lösung des Rätsels suchen musste, sondern auch in Doras Leben. Sie musste ein Geheimnis vor ihm gehabt haben. Und dieses Geheimnis war die Ursache dafür, dass er auf dem Deck eines Ozeanliners in einem ägyptischen Hafen stand und sich dabei fühlte, als wäre er bereits in der Todeszelle von Moabit.

PORT SAID

Diesmal hatten sich die meisten Passagiere schon vor sieben Uhr zum Frühstück eingefunden, Stimmengewirr im Restaurant, ein Bienenstock, dachte Jung, gleich werden alle ausschwärmen, und nur die Königin wird zurückbleiben, irgendwo tief im Bau, und ich kann sie nicht finden. Jung hatte trotz des Trionals nicht geschlafen; als er nun nach dem Kaffee griff, zitterte seine Hand so stark, dass ein paar Tropfen auf die Untertasse schwappten. Er sah sich rasch um. Niemand achtete auf ihn. Zwei alte Dampfbarkassen hatten schon seit dem Morgengrauen neben der *Champollion* festgemacht. In ein paar Minuten würden die Reisenden der Ersten Klasse, die dies wünschten, über Strickleitern hinuntersteigen und nach Port Said übersetzen. Dorgelès hatte Dienst auf der Brücke, die Rostergs und Lüttgen plauderten aufgeregt über den Tag. Kein Wort über Dora, dachte Jung fassungslos. Erst nach und nach hörte er aus der Konversation heraus, dass der alte Rosterg von Port Said aus einen Ausflug zu den Pyramiden gebucht hatte. Der Reederei hatte mehrere luxuriöse Panhards mit Chauffeuren für die Passagiere reserviert. Jung hatte nicht die geringste Lust auf eine Fahrt bis nach Kairo, schon gar nicht mit dieser Familie. Eigentlich wollte er warten, bis die Rostergs von Bord gegangen waren, um noch einmal das Schiff zu durchsuchen. Dann jedoch zögerte er und schaute in seinen Kaffee. Konnte man aus dem Kaffeesatz nicht die Zukunft lesen? Wenigstens Antworten auf Fragen bekommen? Bislang hatte er keine Spur von Dora gefunden – was würde es also nützen, die *Cham-*

pollion erneut Deck für Deck zu durchstreifen? Wo sollte er überhaupt noch nach seiner Frau suchen? Wenn er Doras Schicksal aufklären wollte, dann, so wurde ihm plötzlich klar, musste er zuerst mehr über sie erfahren. Er würde die Frage, wo Dora sein mochte, erst beantworten können, wenn er wusste, *warum* sie überhaupt verschwunden war. Und die einzigen Menschen, die ihm mehr über sie verraten konnten, saßen, so bitter diese Erkenntnis auch war, mit ihm an diesem Tisch. Auch wenn Jung sie verachtete: Er musste sich an die Rostergs und an Lüttgen halten, musste sie irgendwie unauffällig aushorchen. Plötzlich bemerkte Jung, dass Lüttgen ihn fragend anstarrte.

»Also kommen Sie nun zu den Pyramiden mit oder nicht?«, wiederholte der Prokurist ungeduldig eine Frage, die er ihm nun offenbar bereits zum zweiten oder dritten Mal stellte.

»Selbstverständlich«, erwiderte Jung.

Die Rostergs und Lüttgen nickten, doch niemand schien sich darüber zu freuen.

Jung eilte noch einmal in die Kabine zurück, schnappte sich die Leica, zog sich ein helles Leinenjackett an und setzte einen Strohhut auf. Fanny bezog gerade das Bett. »Das Gepäck Ihrer Frau ist tatsächlich verschwunden«, stellte sie fest.

»Haben Sie eine Ahnung, wer es heimlich genommen haben könnte, Madame Philip?«

»Nennen Sie mich nicht so, dann fühle ich mich alt. Ich fühle mich jünger mit Vornamen.«

Jung musste für einen Augenblick lächeln, trotz allem. »Sehr gut. Fanny – also, haben Sie einen Verdacht?«

Sie schüttelte nachdenklich den Kopf. »Ich bin ja nicht ständig auf diesem Flur, eigentlich bloß morgens und abends. Gestern am frühen Abend habe ich zufällig den Ersten Offizier auf dem Gang gesehen.«

»Dorgelès?«

»Ja. Er war weiter vorne, bei den *Cabines de Luxe*. Vielleicht hat er Monsieur Rosterg besucht, aber sicher bin ich mir nicht. Monsieur Marinetti war ebenfalls auf Deck C. Ich weiß aber nicht, ob die beiden Herren gemeinsam den Flur hinuntergegangen sind oder ob sich ihre Wege nur zufällig gekreuzt haben.«

Marinetti, dachte Jung, schon wieder der. Und Dorgelès. »Hat der Erste Offizier den Schlüssel zu allen Kabinen?«

Sie zuckte mit den Achseln. »Eigentlich nicht. Aber ein Offizier kann sich den Generalschlüssel jederzeit beim Zahlmeister holen.«

Jung erklärte ihr rasch, dass er den Landausflug mitmachen würde. »Ich werde meine Familie ausspionieren.« Früher, noch gestern Morgen, Herrgott, das war erst so wenige Stunden her, wäre es ihm peinlich gewesen, gegenüber einer nahezu Fremden zuzugeben, dass er über die Frau, mit der er seit mehr als zehn Jahren verheiratet war, so wenig wusste, dass er zum Schnüffler in der eigenen Familie werden musste. Doch in seiner Lage konnte er sich Sensibilität nicht länger leisten. »Sehen Sie sich unauffällig an Bord um?«, bat er. »Es könnte ja doch sein, dass Sie eine Spur meiner Gattin …«

»Ich werde nicht spionieren«, unterbrach ihn Fanny in entschiedenem Tonfall.

Jung nahm ihre Hand. »Sie sollen bloß die Augen offen halten, nichts weiter!«

Sie atmete tief durch und entzog ihm die Hand wieder. »Also schön. Wenn mir etwas auffällt, dann sage ich es Ihnen heute Abend. Aber Sie müssen Ihre Frau schon selbst finden.«

Die rumpelnde, nach Kohle stinkende und heftig schwankende Barkasse brachte die Passagiere an den Kai von Port Said. Sie legten gegenüber der Agentur der englischen Reederei Peninsular & Oriental an, einem vierstöckigen Kasten mit geschwungenen schmiedeeisernen Veranden, die vielleicht an einen orientalischen Palast erinnern sollten. Direkt daneben standen allerdings Baracken, die jeden Zauber von Tausendundeiner Nacht zerstörten. *Entrepot de Bois Agluzzatto Timber Merchant* las Jung auf einem Firmenschild, Französisch, Englisch und wo um alles in der Welt mochte wohl der Holzhändler namens Agluzzatto herkommen? Er sah sich auf dem Kai um. Überall drängten sich Europäer und Orientalen. Dann ließ sich Jung durch die staubigen Straßen treiben und schoss unauffällig Fotos, wobei er jedoch darauf achtete, nie die Rostergs und ihren Prokuristen aus den Augen zu verlieren. Sie flanierten unter den Arkaden des Hotels Eastern Exchange entlang, vorbei an Juwelieren, Zuckerbäckern, Buchhändlern, Tabakläden, Geldwechslern. Jung atmete den Duft von süßem Pfefferminztee ein und den Gestank von Teer, weil ein Trupp Arbeiter mit Schaufeln und Schubkarren den über Jahrhunderte festgetretenen Sand einer Straße unter der schwarzen, klebrigen Masse verschwinden ließ. Es stank auch nach Kameldung und nach Benzin, die Chauffeure von Lieferwagen und Limousinen hupten, doch im Gedränge kamen sie auch nicht schneller voran als Jung. Fliegende Händler umschwirrten sie, riefen, säuselten, schmeichelten, priesen ihre Waren auf Arabisch und in allen Sprachen Europas an. Marthe Rosterg betastete Melonen, hielt Kupfervasen in die Sonne, um zu sehen, ob sie auch ja keine Dellen hatten, sie befühlte Teppiche, Öllampen und mit silbernen Pailletten besetzte Tüllstoffe. Sie lächelte gelöst, war heiterer, als Jung sie in den letzten Jahren je gesehen hatte. Sie hatte einen Träger gemietet, der ihre Käufe auf einen Handkarren lud und sie später an Bord der *Champollion* schaffen sollte. Ernst Rosterg und Lüttgen kauften mit Ornamenten verzierte Krummdolche, auch Steve Adams erstand so eine Waffe und stellte sich damit stolz vor Jungs Kamera in Positur.

»Ich schicke Ihnen einen Abzug nach Amerika«, versprach Jung.

»Nehmen Sie für eine Sekunde diesen Apparat aus Ihrem Gesicht und kosten Sie!« Plötzlich tauchte Lady Westmacott neben Jung auf und hielt ihm auf einem Silberteller ein würfelförmiges Gebäck unter die Nase.

»Was ist das?«

»Lokum. Zieren Sie sich nicht, der Honig ist köstlich.«

Jung griff wohl oder übel zu. Das Stück Lokum war wirklich herrlich, doch seine Fingerkuppen, Lippen und Zähne waren danach verklebt. Er ließ sich von einem fliegenden Händler ein feuchtes Tuch reichen und einen Mokka einschenken, weil es sonst gerade nichts anderes gab, um den Zucker aus dem Mund zu spülen. Der Kaffee duftete so intensiv, dass ihm schon vom Einatmen schwindelte, er schmeckte stark, aber nicht bitter, Jung fühlte sich schlagartig hellwach. Wäre Dora doch bloß hier, dachte er, wie würde sie dieses lärmende, handelnde, in Überfülle siedende Durcheinander lieben!

Hugo Rosterg hielt sich aus dem Feilschen heraus. Er trug die Miene eines Mannes zur Schau, der das alles schon viel zu oft gesehen hatte. »Willst du Aladins Wunderlampe in unserem Schlafzimmer aufhängen?«, fragte er seine Frau einmal spöttisch. Und auf den Krummdolch des Sohnes deutete er bloß herablassend und meinte: »Das ist aber keine Waffe für einen Offizier.« Trotzdem hatte auch er gute Laune, für ihn schien das eine Art Komödie zu sein, der Straßenmarkt die Bühne, seine Familie die Akteure und er Publikum und Kritiker zugleich. Als jedoch ein junger, ausgemergelter Eseltreiber auf die Gruppe zutrat, der ihnen Haschisch anbot, verschwand das ungewohnte Wohlwollen des Patriarchen.

»Wir gehen jetzt zu den Autos und rühren uns nicht mehr, bis wir bei den Pyramiden sind!«, befahl er. Und zu Jung gewandt und ebenso laut: »Dieser schmutzige Händler ist kein Foto wert!«

»Es ist sowieso zu spät dafür, der Mann hat mich bemerkt«,

erwiderte Jung gelassen. Von früheren Reisen her wusste er, dass es Muslime nicht mochten, fotografiert zu werden. Aberglauben, dachte er, aber vielleicht doch gar nicht so dumm. Jedenfalls schoss er mit dem kleinen, leichten, leisen Fotoapparat die Bilder mehr oder weniger heimlich. Der Eseltreiber jedoch hatte Hugo Rostergs Ausruf gehört, vielleicht die Worte nicht verstanden, sehr wohl aber deren Sinn. Er starrte sie aus dunklen Augen zornig an. Jung hatte nicht die geringste Lust, mitten in einer orientalischen Stadt einen Haschischhändler mit seiner Leica zu provozieren.

Die Limousinen für die Passagiere der *Champollion* warteten neben dem prachtvollen New Khedivial Hotel. Livrierte ägyptische Chauffeure öffneten ihnen die Verschläge. Die Panhards waren groß. Lüttgen nahm neben dem Fahrer Platz, im Fond gab es zwei einander gegenüberstehende Sitzbänke. Jung fand sich, mit dem Rücken zur Fahrtrichtung, neben Ernst wieder, die beiden alten Rostergs saßen ihnen gegenüber. Hugo Rosterg nahm seinen Panamahut ab und fächerte sich Luft zu, nachdem das Auto ruckartig angefahren war. Er fischte eine Packung Tempo aus seiner Jackettasche und betupfte sich die Stirn. Dabei hatte er sein Jackett zur Seite geschoben, und Jung sah erstaunt, dass in seinem Hosenbund eine Pistole steckte.

Hugo Rosterg bemerkte seinen Blick und zog lässig die Waffe. »Eine 6-Millimeter-Browning«, erklärte er. Der Griff war mit Perlmutt belegt, die Metallteile waren vernickelt, in den Lauf waren die Initialen HR graviert. Jung vermutete, dass diese kleine Waffe mehr kostete als die meisten Schmuckstücke, die er Dora während ihrer Ehe hatte kaufen können.

»So etwas kann im Orient nie schaden«, fuhr der Patriarch fort. »Das hält allzu aufdringliche Bettler fern. Du wirst es nachher ja selbst sehen. Port Said ist noch ziemlich europäisch, aber Kairo und die Pyramdien …« Er schnalzte mit der Zunge.

Du brauchst keine Pistole, um dir Bettler vom Leib zu halten, dafür reicht dein dröhnender Bass allemal, dachte Jung, den Eseltreiber noch vor Augen, erwiderte jedoch nichts. Er fragte sich, warum der Patriarch die Waffe tatsächlich dabeihatte.

Sie fuhren eine Ewigkeit lang durch eine flache grün-graue Landschaft. Selten Palmen, selten Minarette, selten einmal ein würfelförmiges kleines Bauernhaus aus trockenem Lehm. Die Straße war gerade und neu, der dunkle Panhard fraß Kilometer um Kilometer, der Sechszylinder brummte gleichmäßig. Manchmal flirrte die Luft über sumpfigen Wasserstellen, zu wenig jedoch für eine Fata Morgana, bloß ein Reflex in der Luft, wie Silberstaub. Sie überholten Fellachen, die mit Säcken und Ballen beladene Maultiere vor sich hertrieben. Gelegentlich tanzte ein Sandteufel über die Ebene, vorangetrieben von irgendeinem kleinen Wirbelwind. Schwarze Vögel kreisten träge am bleifarbenen Himmel, winzige Kreuze in der Luft. Jung betrachtete sie lange. Ob das wohl Geier waren?

Hugo Rosterg war irgendwann eingedöst. Seine Frau wartete, bis er schnarchte, dann beugte sie sich nach vorn, bis ihr Gesicht direkt vor dem ihres Sohnes war. Sie werden sich küssen wie ein Liebespaar, fuhr es Jung eine Sekunde lang ungläubig durch den Kopf, er dachte schon an einen Skandal. Doch sie beugte sich noch weiter vor, bis ihre Lippen nahe an den Ohren von Ernst waren. Dann sprach sie – wie es Jung schien: beschwörend – etliche Minuten lang auf ihren Sohn ein. Obwohl die Fahrgeräusche nur sehr gedämpft bis ins Innere der Limousine drangen, konnte Jung kein Wort verstehen. Ernst schien zunehmend nervöser zu werden. Aber es war nicht klar, ob ihn das, was seine Mutter ihm zuflüsterte, in Unruhe versetzte – oder schlicht die Tatsache, dass sie überhaupt in Theodors Beisein so vertraulich, ja intim mit ihm umging.

»Ist ja gut Mutter!«, sagte er jedenfalls schließlich so laut, dass sein Vater aufschreckte.

Marthe lehnte sich rasch zurück und sah aus dem Fenster. »Wir sind schon in Kairo«, sagte sie.

Ein Meer aus Lehm und Ziegeln, darüber die Klippen der Grabmoschee der Mamelucken, die Saladin-Zitadelle, die nadelspitzen Minarette und das Kuppelgebirge der Mohammed-Ali-Moschee. Zahllose Menschen waren auf den Straßen, in weiten Kaftanen, Umhängen, Turbane auf den Köpfen, Karren und Kutschen in der Menge, dazwischen Reiter, die ihre Maultiere mit kurzen, harten Schlägen durch das Gewimmel trieben. Auf einem Podest mitten in der Straße stand ein Polizist und versuchte, mit schrillen Pfiffen seiner Trillerpfeife und herrischen Gesten mit dem Schlagstock den Verkehr zu regeln, doch niemand achtete auf ihn. Jung kurbelte die Scheibe herunter, um Fotos zu schießen. Die heiße Luft schmeckte nach Staub, fast sofort bedeckte ein feiner gelblicher Sandschleier seine Hände und die wertvolle Leica. Er zog den Apparat hastig zurück und beschloss, besser mit dem Fotografieren zu warten, bis das Auto irgendwann stehen bleiben würde.

»Das werden schöne Souvenirs für Ihre Gattin werden«, kommentierte Lüttgen, der sich zu ihm umgedreht hatte, und deutete auf die Kamera. »Da können Sie später in Berlin im Wohnzimmer sitzen und ihr die Sehenswürdigkeiten zeigen. Hat sich die Gnädigste heute schon mit einem neuen Telegramm gemeldet?«

Jung fragte sich, warum ihn Lüttgen ausgerechnet jetzt auf Dora ansprach. Und irgendetwas in seinem halb spöttischen, halb verächtlichen Tonfall ließ ihn vermuten, dass dieser Kerl eine ganz bestimmte Antwort von ihm hören wollte – Lüttgen wollte ihn zwingen, vor Zeugen zu bestätigen, dass Dora in Berlin war, wollte ihn zu einer Lüge zwingen, von der jedermann im Fond des Autos wusste, dass es eine Lüge war.

»Dora und ich werden uns die Bilder bald ansehen«, erwiderte er und bemühte sich, einen selbstsicheren Klang in seine Stimme zu legen.

»Na, so bald nun auch wieder nicht. Unsere Reise hat ja kaum richtig begonnen. Ich werde Ihrer Frau demnächst auch ein Telegramm senden. Geschäftlich. Ich bin gespannt, was sie auf meine Vorschläge antworten wird.« Lüttgen betrachtete ihn lauernd.

»Aus geschäftlichen Angelegenheiten halte ich mich heraus«, antwortete Jung, sah aber den Prokuristen nicht an, sondern tat so, als würde ihn draußen in einem Basar irgendetwas interessieren. Ein Telegramm nach Berlin, auf das es keine Antwort geben konnte, und das wusste Lüttgen natürlich auch. Warum also? Um ihn in den nächsten Tagen damit quälen zu können? Wieso kommt keine Antwort aus Berlin? Warum telegraphiert Ihre Gattin nicht? Oder glaubte der Prokurist etwa wirklich, dass Dora in Deutschland geblieben war? Weil nur er, Jung, sich diese Reise mit ihr eingebildet hatte? Doch keine perfide Falle, sondern eine ganz harmlose Frage? Er könnte wahnsinnig werden.

Irgendwann parkten die Limousinen vor dem Garten des Hotels Mena House, einem weißen Palast, der einmal das Lustschloss des Sultans gewesen war. Im Palmenschatten saßen einige Touristen an kleinen Metalltischen und tranken Tee, Amerikaner, vermutete Jung. Vor dem Hotel warteten Beduinen neben den im Sand knienden Reitkamelen auf Kunden. Die Pyramiden schienen vom Hotel aus zum Greifen nah wie gewaltige Pfeilspitzen aus dem Sand zu drängen. Drei irreal perfekt wirkende geometrische Figuren, die alt, aber doch irgendwie nicht antik aussahen, so ganz anders als alle anderen Monumente vergangener Epochen, die Jung bislang gesehen hatte. Er wollte ergriffen sein: die Pyramiden! Und doch spürte er bei ihrem Anblick einen Nadelstich der Enttäuschung. Er hatte sie sich, nun ja, noch monumentaler ausgemalt, noch imposanter, noch Ehrfurcht gebietender. Ja doch: die erste und imposanteste, die Pyramide des Cheops, war unfassbar groß, hoch, weit. Aber ihr und den beiden anderen Pyramiden fehlte der Hintergrund und damit der Maßstab. Nur Sand und Himmel waren da, und vor diesem gewaltigen Panorama wirkten selbst die Pyramiden klein.

»Dann wollen wir uns den Steinhaufen mal ansehen«, sagte Lüttgen, der neben Jung aus dem Panhard gestiegen war. Er hatte sein Monokel in der Jackettasche verschwinden lassen und sich stattdessen eine Sonnenbrille aufgesetzt. Er zündete sich eine Zigarette an und warf das leere Streichholzheftchen achtlos in den Sand. Es war inzwischen später Vormittag und beinahe dreißig Grad heiß, schätzte Jung. Nach und nach rollten, lange Staubfahnen hinter sich her ziehend, die Limousinen mit den anderen Erste-Klasse-Passagieren der *Champollion* vor.

Lady Westmacott trat auf Jung zu. Sie hatte einen roten, mit gelben chinesischen Schriftzeichen verzierten Fächer aufgespannt und wedelte sich Luft zu.

»Sehen Sie!«, rief sie plötzlich und deutete zu den Pyramiden hinüber.

Jung folgte mit dem Bick ihrem ausgestreckten Arm und glaubte einen Moment lang an eine Fata Morgana. Ein gewaltiger Schatten verdunkelte die Spitze der Cheopspyramide, schmal und lang wie ein Finger Gottes. Dann hörte er ein tiefes Brummen. Und erst dann entdeckte er einen Zeppelin, der langsam und majestätisch von Osten herankam und schließlich vielleicht hundert Meter über den Pyramiden einen Kreis flog.

»Ich wusste gar nicht, dass Hugo Eckener mit dem *Graf Zeppelin* hier ist«, kommentierte Hugo Rosterg stolz. »Das ist deutsche Ingenieurskunst!«

Jung hatte die Leica längst am Auge. Im Geiste sah er schon die Titelseite der *Berliner Illustrirten* vor sich, mit genau diesem Bild: Die Hülle des Luftschiffs glänzte in der Vormittagssonne so hell, als wäre sie aus demselben Silber gehämmert wie die Lampen der Bazare, darunter hing die Passagiergondel wie ein winziger schwarzer Tropfen. *Graf Zeppelin* ging langsam tiefer, er erinnerte Jung unwillkürlich an einen tauchenden Wal, bis die Spitze der Cheopspyramide beinahe die Hülle aufzuschlitzen schien. Nun erst, mit dem gewaltigen Luftschiff am Himmel, rückte sich der Maßstab zurecht, nun erst erkannte Jung, wie monumental die Pyramide wirklich war. Ihm war, als würde das Zeugnis unvorstellbar alter Epochen diesem leuchtenden Giganten der modernen Zeiten einen Gruß zusenden. Der Zeppelin stieg wieder höher, drehte sich schließlich majestätisch langsam weg und glitt davon, irgendwo dorthin, wo der Nil fließen musste.

»Zeppeline sind zwar elegant«, kommentierte Lady Westmacott, »allerdings hätte ich es vorgezogen, dass sie im Großen Krieg London nicht bombardiert hätten.«

Jung räusperte sich verlegen. »Wir leben jetzt in friedlicheren Zeiten.«

»Sie sind ein Optimist.« Lady Westmacott lächelte jedoch. »Ich habe den Zeppelin schon vergangenen Juni in Berlin gesehen, als er über Tempelhof geflogen ist. Ich wäre wirklich gerne einmal für ein paar Tage an Bord. Eine Kreuzfahrt der Lüfte!«

Silwa schüttelte nur missbilligend den Kopf. Sie schien, anders als ihre Dienstherrin, keine Sehnsucht nach Abenteuern über den Wolken zu verspüren.

Die Passagiere blickten noch einige Minuten lang dem davonfliegenden Zeppelin nach, dann ließen sie sich von Beduinen auf die Kamele helfen, um die letzten Meter bis zu den Pyramiden auf deren hohen, schwankenden Rücken zu reiten. Jung wollte schon auf einen der prachtvoll bestickten Ledersättel steigen, als sein Blick zufällig noch einmal auf die Stelle im Sand fiel, an der Lüttgen das Streichholzheftchen weggeworfen hatte. Er stutzte. Dann blickte er sich rasch um. Seine Mitreisenden waren, verlegen kichernd, mit dem Aufstieg auf die Kamele beschäftigt. Er bückte sich und hob das Streichholzheftchen rasch auf. In geschwungenen Lettern war dort *Hotel Atlantic, Hamburg* aufgedruckt – eines jener Heftchen, wie sie in besseren Etablissements in jedem Zimmer auslagen. Er fragte sich, wieso jemand wie Lüttgen, der in Hamburg wohnte, ebendort in einem Hotel abgestiegen sein sollte. Aber das allein war es nicht, was ihn neugierig machte. Es gab noch etwas anderes, was ihn an diesem Streichholzheftchen störte, irgendetwas, was hier nicht stimmte, doch er kam partout nicht darauf, was es war. Ein schlechtes Gefühl, mehr nicht. Trotzdem steckte er es unauffällig in seine Jackettasche.

Er ließ sich von dem Kamel durchschaukeln, kam sich unbeholfen und lächerlich dabei vor, wie ein Betrunkener zu schwanken zwei Meter über dem Wüstensand, auf einem stinkenden Tier, das so grotesk aussah, als wäre es ein Relikt der Urzeit. Zum Glück war der Ritt nach wenigen Minuten bereits vorüber. Die Steine der Cheopspyramide schimmerten gelb im Sonnenlicht, aus der Nähe erst sah man, wie verwittert sie waren, große, zernarbte Blöcke, jeder mindestens einen Meter hoch. An einer Seite klaffte ein paar Meter über dem Boden ein Riss im Steingebirge, von hier aus konnte man zur Grabkammer kriechen. Doch da jeder wusste, dass diese Kammer seit Jahrtausenden leer war, hatten sie eine andere Tour gebucht: hinauf auf die Pyramidenspitze. Sandschleier tanzten in der Luft, es stank streng nach Kameldung. Jung wusste ungefähr, was ihm nun bevorstand, er hatte es vor einigen Tagen schon in Doras Baedeker nachgelesen: Zweihundert dieser Steinblöcke würden sie nun an der Nordostecke der Pyramide erklimmen, zweihundert übergroße Stufen, wenn schon nicht zum Himmel, dann wenigstens so nahe, wie man in Ägypten dem Himmel kommen konnte. Er musterte seine Mitreisenden unauffällig. Es würde nicht für jeden ein Vergnügen werden.

Fast alle Damen und auch viele Herren wedelten mit Piastern, Francs, Dollars und ließen sich von herbeigeeilten Beduinen helfen. Marthe Rosterg war die Erste ihrer Gruppe, die sich an den Aufstieg machte. Ein Beduine fasste sie unter die linke Achsel, einer unter die rechte, der dritte stützte, was ziemlich frivol aussah, ihren verlängerten Rücken ab. So hoben und drückten sie sie über die erste Stufe, die zweite, die dritte … Harte Arbeit für die paar Piaster, dachte Jung mitleidig. Nach und nach machten sich die Passagiere auf den steilen Weg, eine Kolonne seltsamer, hell gekleideter Ameisen unter Sonnenhüten und Sonnenschirmen, die langsam einen Berg hinaufkrabbelte.

Steve Adams warf Jung einen Blick zu. »Wir werden uns unseren Stolz bewahren, alter Junge, nicht wahr?«

Jung musste grinsen, trotz allem. »Wir haben starke Waden und brauchen keine Träger«, stimmte er zu und fasste den ersten Stein an, der von der Sonne schon heiß gebacken war. Er schwang sich hoch, ohne sich von einem Beduinen die Hand reichen zu lassen.

Der junge Amerikaner folgte ihm. »Lassen Sie uns in der Mitte hochgehen, nicht an der Ecke«, meinte Adams. »Wir überholen die anderen!«

Für den ist das ein Sport, sagte sich Jung und beneidete Steve Adams um seine Leichtigkeit. Er hingegen konnte einfach nicht vergessen, dass er hier auf einem Grab herumkletterte. Fluch der Pharaonen, Aberglaube, ja, doch. Und trotzdem fühlte er sich nicht ganz wohl dabei. Seine Neugier als Fotograf war allerdings stärker als jede düstere Vorahnung. Schon nach vielleicht zehn Minuten hatten sie gut drei Viertel der Pyramide erklommen. Sie schnappten Luft. Die anderen waren noch weit unter ihnen, ruhten sich hier und dort auf den Felsblöcken aus, ließen sich von den Beduinen Luft zufächern, tranken aus Thermosflaschen Wasser oder ganz andere stärkende Flüssigkeiten. Jung fotografierte die Wüste, die kleinen, rätselhaften, fast ganz im Sand verschwundenen Ruinen neben den Monumenten; die anderen beiden Pyramiden; seine Reisegefährten, die wie Bergsteiger in der Felswand hingen, aber groteskerweise in Kleider und Sommeranzüge gehüllt waren. Nach einer Viertelstunde hatten Steve Adams und er es geschafft. Die heiße, staubige Luft hatte Jungs Mund ausgetrocknet, seine Lippen fühlten sich schon taub und rissig an, seine Waden und Knie schmerzten, sein schweißnasses Hemd klebte an den Rippen. Doch er sah sich um und lächelte. Gipfelstürmer! Die Pyramidenspitze war tatsächlich ein kleines Steinplateau mit zehn Meter Kantenlänge. Sein Blick ging weit bis nach Kairo, wo die Mohammed-Ali-Moschee den Dunst durchstach, wanderte hinüber zur Sphinx, ein steinerner Löwe mit menschlichen Zügen, der den Pyramiden seit viertausend Jahren hochmütig den Rücken zukehrte.

»Das ist doch mal was anderes als der Blick vom Woolworth Building!«, keuchte Steve Adams und wischte sich mit einem Taschentuch den Schweiß von der Stirn. Er fächerte sich mit seinem Stetson Luft zu.

»Sie könnten einen Aufzug in die Pyramiden bauen«, schlug Jung vor. »Das wäre doch eine Herausforderung für einen Ingenieur.«

»Ingenieur? Oh, ja«, erwiderte Adams. Er schien plötzlich verlegen zu sein und deutete nach unten. »Da kommen die nächsten Helden!«

Nach und nach erreichten die Reisenden die Spitze, manche wirkten ziemlich derangiert, am schlimmsten von ihnen Hugo Rosterg, dessen Gesicht dunkelrot angelaufen war. Eine Ader pochte in seinem Hals so stark, dass die Haut darüber vor- und zurücksprang, sein Hemd sah aus, als hätte er darin gebadet. Den Beduinen hingegen schien der Aufstieg nichts ausgemacht zu haben, sie lachten und redeten in ihrer Sprache, und Jung konnte nur vermuten, dass es Scherze auf ihre Kosten waren. Einige Beduinen hatten sogar einen Tisch und Klappstühle aus Blech hinaufgeschleppt, stellten sie nun auf und servierten gegen reichlich Bakschisch einen herrlich süßen Tee, der ihnen neue Kraft schenkte. Jung machte Fotos der Mitreisenden, bemüht, sie ins beste Licht zu rücken, die Wüste im Hintergrund zu zeigen, sie überhaupt so abzulichten, dass man ihnen die überstandenen Strapazen nicht ansah. Irgendwann jedoch ließ er die Leica nachdenklich sinken. Inzwischen kannte er die meisten Erste-Klasse-Passagiere zumindest vom Sehen, aus dem Restaurant und vom Promenadendeck. Fast alle hatten den Ausflug mitgemacht. Außer Anita Berber und Henri Hofmann, was ihn aber nicht weiter wunderte, denn wer konnte sich schon eine kokainsüchtige Nackttänzerin auf einer Pyramide vorstellen? Aber es fehlte noch jemand: Umberto Marinetti.

»Haben wir unterwegs unseren italienischen Anwalt verloren?«, fragte er Lady Westmacott erstaunt.

»Keine Sorge, Signor Marinetti ist nicht vom Kamel gefallen«, erwiderte sie. »Er hat die Fahrt gar nicht erst mitgemacht.«

»Vielleicht ist er in Port Said geblieben und fädelt für die italienische Regierung irgendeine Verhandlung ein. Der Duce, so munkelt man, hat ein Auge auf Tripolis und ganz Libyen geworfen. Da mag es sich lohnen, die Kontakte zum ägyptischen König zu verbessern.«

Die englische Lady lachte. »Ach, der Duce … Wissen Sie, ich habe mehrere Freundinnen in Rom. Eine ist sogar Kammerfrau bei Königin Elena, der Gattin von Viktor Emanuel III. Und die Hälfte der italienischen Regierung verbringt ihren Urlaub an der Côte d'Azur. Wo kaufen die Faschisten ihr Aspirin, wenn sie der Kopfschmerz plagt? In meiner Apotheke! Das schafft Verbindungen, Vertrautheiten, man teilt kleine Geheimnisse, glauben Sie mir. In all den Jahren habe ich jedoch von meinen italienischen

Freunden niemals den Namen Umberto Marinetti gehört. So wichtig kann unser Anwalt für den Duce also nicht sein.«

»Sie meinen ...«

»Sie kennen doch die Italiener: Immer *bella figura* machen! Signor Marinetti ist sicherlich ein tüchtiger Anwalt, aber in Rom vielleicht nicht ganz so bedeutend, wie er uns das vorspielt. Wahrscheinlich fädelt er in Port Said nicht Geheimverhandlungen von Regierung zu Regierung ein, sondern bloß ein schnödes Geschäft mit Baumwollballen.«

Oder Marinetti ist gar nicht erst von Bord gegangen, sondern die ganze Zeit auf der *Champollion* geblieben, dachte Jung. Was mochte er wohl in diesem Moment tun?

Nach etwa einer halben Stunde bemerkte Jung Staubfahnen, die sich, von Kairo kommend, dem Mena House näherten. Die Beduinen drängten plötzlich zum Aufbruch. Eine neue Reisegruppe, das nächste Geschäft lockte. Er hatte nichts dagegen, sich an den Abstieg zu machen. Der Tee hatte ihn gestärkt, der heiße Wüstenwind längst den Schweiß aus seinem Hemd geblasen. Der Weg hinunter war zudem nicht so anstrengend wie der Aufstieg, machte allerdings mehr Angst. Die Steinblöcke waren zu hoch, um auf ihnen wie auf Treppenstufen hinabzusteigen. Die meisten Reisenden wurden von den Beduinen mehr oder weniger getragen. Jung entschied sich notgedrungen für eine andere Technik. Er ging in die Hocke und sprang von einem Stein zum nächsten, wobei er sich gleichzeitig irgendwie festhielt – wenn er abrutschte, würde er hundertfünfzig Meter in die Tiefe stürzen. Einen Moment lang schwindelte es ihn. Ich werde auf dem Meer sterben, nicht auf dieser verdammten Pyramide, hämmerte er sich ein, und dann ging es besser. Als er vom letzten Stein in den Wüstensand sprang, war er außer Atem, seine Handflächen und Fingerkuppen hatten ein paar Schürfwunden abbekommen, und seine Knie schmerzten. Diesmal war er dankbar, dass ihm ein Kamel den Fußweg zum Mena House ersparte.

Früher Nachmittag. Die Sonne war ein weißer Feuerball, doch zwischen den Pyramiden leuchtete die Luft golden vom Staub. Die Kamele und ihre Reiter waren wie Scherenschnitte. Sein Tier passierte ein Beduinenlager, bunte Stoffe, die über Holzstangen gespannt waren, ein paar Männer, die auf dem Boden davor um ein winziges Lagerfeuer hockten und nicht einmal aufblickten, als sie vorbeizogen. Jung warf einen letzten Blick zurück zur Cheopspyramide. Riesengrab. Grab ... Plötzlich war ihm kalt. Ob Dora in einem Grab lag? Er schüttelte diesen Gedanken ab, weigerte sich, so etwas zu glauben. Dora lebt, das klärt sich alles auf, und wenn er es nur oft genug wiederholte, dann würde er auch daran glauben.

Vor dem Panhard klopfte er den Sand aus der Kleidung und von seinen Schuhen, bevor er sich erleichtert in das weiche Polster fallen ließ. Hugo Rosterg schnaufte schwer. Seine Gesichtsfarbe ging schon vom Rötlichen ins Violette, die Haare waren schweißverklebt. Jung fürchtete, ihn könnte jeden Augenblick ein Herzinfarkt, Schlaganfall oder was auch immer ereilen. Der Sohn des Patriarchen sah nicht viel besser aus. Marthe Rosterg hingegen hatte die Strapazen erstaunlich gut überstanden, wenn man von einem leichten Sonnenbrand absah, der nun Nase und Wangen rötete. Lüttgen hatte seine getönte Brille auch in der Limousine aufbehalten, sodass Jung nicht abschätzen konnte, wie erschöpft er war. Hoffentlich ist der Kerl angeschlagen, dachte er, denn er wollte die Rückfahrt nutzen, um seine Reisebegleiter auszuhorchen. Die Müdigkeit, die Hitze, zwei monotone Stunden im Auto – vielleicht wären sie nicht so wachsam, nicht so misstrauisch, vielleicht würde er endlich etwas erfahren.

»Dieser Ausflug hätte Dora gefallen«, sagte Jung, als der Wagen beschleunigte, und bemühte sich um einen möglichst unbefangenen Tonfall. »Schade, dass sie nicht hier ist.«

Der Alte hielt die Augen geschlossen, als hätte er das gar nicht gehört. Ernst bedachte ihn mit einem finsteren Blick. Lüttgen drehte sich vom Beifahrersitz zu ihm um und erwiderte: »Sie sollten Ihre Frau eben öfter mal mitnehmen, wenn Sie für dieses Magazin knipsen.«

»Ach was«, fiel Marthe Rosterg ein, »Dora ist sowieso schon viel zu verwöhnt!«

»Dora arbeitet hart«, verteidigte sie Jung. »Sie hat mir verraten, dass sie einen beachtlichen Beitrag zum Geschäft leistet.«

»Hat sie das tatsächlich?« Hugo Rosterg war jetzt wieder so weit zu Kräften gekommen, dass er die Augen öffnete und Jung musterte. »Na, da hat meine Tochter wohl ein wenig dick aufgetragen.«

»Die Geschäfte laufen gut, hat sie mir gesagt.«

»In der Hamburger Zentrale, ja. Aber nicht in Berlin«, korrigierte ihn Lüttgen.

»Eigentlich könnten wir die Berliner Niederlassung schließen«, ereiferte sich Ernst. »Aber Dora ist …«

»Ernst!«, ermahnte ihn seine Mutter streng. Der Sohn schwieg und starrte missmutig aus dem Fenster.

»Theodor, wenn du dich um Himmels willen ein einziges Mal etwas weniger um deine Bilder und etwas mehr um die Bilanzen kümmern würdest«, ermahnte ihn Hugo Rosterg, »Bilanzen der Firma, zu der du ja nun einmal doch auch irgendwie dazugehörst, also«, er hatte für einen Moment den Faden verloren, nestelte einen Flachmann aus der Innentasche seines Jacketts, nahm einen tiefen Zug, seufzte behaglich, sprach weiter: »Nun, dann würdest du jedenfalls wissen, warum wir diese Orientreise unternehmen. Wir müssen neue Geschäftsfelder erschließen. Man muss mit der Zeit gehen.«

»Dora ist eine moderne Frau, sie geht mit der Zeit. Sie interessiert sich für neue Geschäfte.«

»Behauptet jemand, der sich bis zu diesem Augenblick noch nie fürs Geschäft interessiert hat«, kommentierte Lüttgen spöttisch.

»Dora hat sich an der Börse verspekuliert und eine ganze Stange Geld verloren«, erklärte ihr Vater schließlich. Er sah die Flasche an, als überlegte er, noch einen Schluck zu nehmen, ließ es dann jedoch bleiben. »Sie ist auch deshalb in Berlin geblieben, um den Scherbenhaufen, den sie angerichtet hat, wieder aufzuräumen. Wenn wir zurück in Deutschland sind, solltest du dich wirklich einmal mit ihr aussprechen.«

Das, fand Jung, klang so, als meinte der Alte dabei nicht bloß das Geschäft. Er war verwirrt, ließ sich ins Polster zurücksinken und blickte auf die monotone Landschaft. Dora hatte behauptet, dass sie praktisch die besten Geschäfte innerhalb der ganzen Firma machte. Ihre Familie behauptete geschlossen das Gegenteil. Spekulationen an der Börse? Verluste? Er versuchte sich zu erinnern, ob er in den vergangenen Monaten bei seiner Frau vielleicht Unruhe bemerkt hatte, Nervosität, irgendein anderes Verhalten, das er nun, im Licht dieser Erkenntnisse, als Indiz dafür interpretieren könnte, dass Dora in geschäftlichen Schwierigkeiten steckte. Sie war in letzter Zeit häufiger zur Zentrale nach Hamburg gefahren als in den Jahren zuvor, und sie war nicht, wie früher, nach ein oder zwei Tagen zurückgekehrt, sondern manchmal bis zu einer Woche lang bei den Rostergs geblieben. Aber das mochte ebenso gut ein Indiz dafür sein, dass Dora gerade *nicht* gelogen hatte: Sie war nun häufiger beim Stammsitz, weil die Geschäfte gut liefen. Vielleicht *zu* gut, vielleicht gefiel es Lüttgen, Ernst, vielleicht gar ihrem eigenen Vater nicht, dass Dora erfolgreich war und sich immer häufiger sogar in Hamburg einmischte? Was war ihm in letzter Zeit noch aufgefallen? Zigaretten. Er hatte ihren Konsum nie gezählt, doch nun kam es ihm auf einmal so vor, als habe Dora in den letzten Wochen, eigentlich sogar schon in den letzten Monaten noch mehr geraucht als gewöhnlich. Womöglich hatte sie doch unter Druck gestanden.

Und dann traf es Jung wie ein Schlag: Maxe Totzke, der Schuldeneintreiber vom Ringverein Immertreu. Er hatte niemals geglaubt, dass es ein Zufall war, diesen Kerl auf der *Champollion* anzutreffen. Hatte niemals geglaubt, dass ein stumpfsinniger Schläger wie Maxe irgendein Geschäft im Orient machen würde. Wenn es nun doch stimmte, was die Rostergs und Lüttgen behaupteten, dass Dora schlechte Geschäfte gemacht hatte? Gar Schulden angehäuft hatte? Dora besorgte seit Jahren Kokain für ihre Mutter. Sie kannte sich in Berlins Halbwelt womöglich besser aus, als Jung je hatte wahrhaben wollen. Wenn sie sich nun Geld nicht bei der Bank besorgt hatte, womöglich konnte sie das gar nicht mehr, wenn sie richtig viel verloren hatte, dann hätte sie es sich beim Ringverein leihen können – allerdings gegen Wucherzinsen. Und wenn sie nicht zahlte, dann schickte Immertreu jemanden vorbei, der diese Schulden eintrieb ... Jung dachte an den Besuch in der Dritten Klasse: Totzke im Unterhemd im Speisesaal, der Kaffeebecher, der schmutzige Tisch – und auf dem Tisch die Bordbroschüre, auf der der Weg zu den Kabinen der Ersten Klasse mit Bleistift markiert war.

Als die Barkasse ihn am späten Nachmittag durch den Hafen von Port Said zur *Champollion* zurücktrug, fühlte sich Jung ausgedörrt von Sonne und Sand und verwirrt von dem, was er auf der Rückfahrt gehört hatte. Er sehnte sich nach einem Bad, sehnte sich danach, mit klarem Wasser den Dreck von der Haut und irgendwie auch den Dreck von der Seele zu spülen. Doch das musste warten. Die *Cabines de Luxe* hatten eigene Bäder mit Wannen, für die Passagiere der normalen Erste-Klasse-Kabinen gab es Wannenbäder auf Deck C, neben der Treppe. Sobald sie von der Barkasse an Bord stiegen, lieferten sich einige Mitreisende ein groteskes, mäßig höfliches Wettrennen, denn es waren nicht genug Wannen da, dass alle gleichzeitig baden konnten. Er ließ den anderen den Vortritt, verließ die Barkasse als Letzter. Niemand achtete mehr auf ihn.

Jung machte sich auf den Weg zur Dritten Klasse.

Er brauchte nicht lange, um Totzke zu finden. Der Mann stand an der Reling am Heck, ein Bierglas in der einen Hand, eine halb gerauchte Zigarre in der anderen, und sah hinüber zu den Kais. Als er Jung bemerkte, hob er das Bierglas zum Gruß. »Wennse mich fragen, ick trau diesen Orientalen nicht übern Weg. Diese Kaftane von denen sehen doch weibisch aus. Und ick wette, die verstecken darunter Waffen. Die sind bewaffnet bis anne Zähne, und niemand siehts.«

Jung hatte beschlossen, nicht lange um den heißen Brei herumzureden. »Maxe«, sagte er, »sind Sie hier, um bei meiner Frau Schulden einzutreiben?«

Der Schläger sah ihn mit großen Augen an. »Wie kommense denn darauf, Herr Lichtbildner? Ick kenne die Gnädigste nicht mal.«

»Sie ist mit mir an Bord.«

Totzke hob die mächtigen Schultern. »Tut mir leid, Herr Lichtbildner, die Dame hamse mir noch nicht vorgestellt.«

»Sie haben Dora noch nicht gesehen?«

»Dora heißt sie?« Totzke schüttelte den Kopf. »Is doch ne Rosterg, oder? Is sicher hübsch, ihre Gnädigste, aber ick hab sie wirklich noch nie gesehen. Bestellnse der Dame mal nen schönen Gruß.«

Jung stellte sich neben Totzke an die Reling und sah auf die Häuser von Port Said, die im Abendlicht gelbrot leuchteten. Der lange, klagend klingende Ruf eines Muezzins wehte herüber. Müll trieb im Hafenwasser, ein altes Holzbrett, ein halber Weidenkorb, der aufgeblähte Körper einer toten Katze. Ihn schauderte. Er hätte jetzt auch ein Bier vertragen können.

Totzke musterte ihn aus kleinen, tief liegenden Augen. »Hat die Gnädigste viele Schulden? Bei wem? Wissense, ick bin Spezialist in der Materie, in beide Richtungen.«

»Beide Richtungen?«

»Na, ick sorge dafür, dass jemand seine Schulden zahlt. Oder ick sorge dafür, dass jemand seine Schulden nicht mehr zahlen muss. Ick rede mit dem Gläubiger, und plötzlich gibt et keine Schulden mehr, verstehnse?«

Jung nickte matt. Warum sollte er lügen? »Maxe«, gestand er müde, »ich habe keine Ahnung, bei wem Dora Schulden haben könnte oder wie hoch die sind.«

»Vielleicht hat ihre Dora ja Schulden bei ihrem Vater, dem ollen Rosterg.«

Jung blickte ihn verblüfft an. »Wie kommen Sie denn darauf?«

»Na, ick sollte et ihnen vielleicht besser nicht sagen, aber ...« Totzke hielt inne und sah über das Deck. Plötzlich zeigten seine groben Züge etwas Lauerndes, oder vielleicht hatte er sogar Angst. »War mir ein Vergnügen, mit Ihnen geplaudert zu haben, Herr Lichtbildner«, sagte er betont laut.

Jung drehte sich um und sah, wer Totzke nervös gemacht hatte: Dorgelès kam auf sie zu. »Maxe«, flüsterte er rasch, bevor der Erste Offizier so nahe herangekommen war, dass der ihn verstehen konnte. »Warum sollte Dora Schulden bei ihrem eigenen Vater haben?«

»Is man besser, die Klassen vermischen sich nicht«, erwiderte Totzke, sah aber nicht ihn, sondern Dorgelès aufmerksam an, als fürchtete er, von ihm angegriffen zu werden. »Ick mach mich mal frisch«, sagte er und verschwand durch die nächste Tür in die Aufbauten.

»Auf dem Promenadendeck ist die Luft besser, und die Aussicht auch, Monsieur Jung«, sagte Dorgelès, als er bei ihm war. Er klang dabei väterlich besorgt, nicht bedrohlich.

»Ich habe mit einem Bekannten aus Berlin geplaudert.«

»Man wundert sich immer wieder, wer alles auf demselben Schiff reist wie man selbst. Aber Sie sollten darüber die Vorsicht nicht vergessen.«

Dorgelès sprach das gelassen aus, der gut gemeinte Ratschlag eines erfahrenen Offiziers an einen unerfahrenen Passagier. Oder eine kaum verhohlene Drohung?

»Ich bin vorsichtig«, versicherte Jung.

Der Erste Offizier schüttelte den Kopf und deutete auf die Leica. »Ihr Fotoapparat kostet mehr als die Dritte-Klasse-Passage von Marseille nach Yokohama. Niemand hier auf diesem Deck ist reich, Monsieur Jung, sonst würde man ja auf einem der anderen Decks reisen. Jemand könnte versucht sein, Ihnen Ihre Wertsachen zu stehlen oder Ihnen gar etwas anzutun. Wenn Sie mir bitte zurück auf das Promenadendeck folgen wollen? Es ist zu Ihrem eigenen Besten.«

Jung blieb nichts anderes übrig, als hinter Dorgelès die Treppen bis zum C-Deck hinaufzusteigen. Ich werde wiederkommen, schwor er sich im Stillen, er war mit Totzke längst noch nicht fertig.

Vor dem Wintergarten bemerkte er Fanny. Er winkte sie heran und ließ sich einen Tee einschenken. »Fanny, ist Ihnen irgendetwas aufgefallen?«, fragte er leise.

Sie schüttelte bloß unauffällig den Kopf.

»Haben Sie Signor Marinetti gesehen?«

»Er ist an Bord geblieben. Er hat mittags im Restaurant gespeist, und ich habe ihn auch einmal auf dem Gang gesehen.«

»Dem Gang auf dem C-Deck? Vor den *Cabines de Luxe*?«

Fanny nickte gleichmütig. »Vor den Kabinen der Ersten Klasse, aber das ist ja auch nicht weiter verwunderlich. Der Herr reist Erster Klasse.«

Vielleicht war Marinetti tatsächlich nichts weiter als ein harmloser Passagier, sagte sich Jung, vielleicht aber auch nicht. Er würde ihn weiter im Auge behalten müssen. Dann dachte er an die Szene von vorhin, an einen Schläger wie Totzke, der plötzlich nervös wurde, als er den Ersten Offizier sah. »Kennen Sie Dorgelès gut?«

Fannys Gesichtszüge verdüsterten sich. »Ich muss jetzt weitergehen, Monsieur Jung. Es fällt auf, wenn wir hier zusammenstehen.«

»Aber nein, sehen Sie sich doch um: Es ist niemand hier. Die Passagiere erholen sich von den Strapazen.«

»Ich möchte nicht über meinen Vorgesetzten sprechen.«

Jung lächelte ironisch. »Sie meinen, Sie wollen nicht schlecht über Ihren Vorgesetzten sprechen?«

Sie atmete tief durch und sah sich um, ob auch wirklich niemand auf dem Deck war. »Wissen Sie, was Frauen wie ich werden können? Hausangestellte, Fließbandarbeiterin, Verkäuferin, Sekretärin, Stenotypistin. Oder ich könnte als Kontoristin einer Bank den lieben langen Tag Lochkarten in eine Rechenmaschine eingeben, das macht eine Cousine von mir.«

»Moderne Frauen machen Geschäfte und …«

»In Berlin vielleicht. *Mon Dieu*, in Frankreich dürfen Frauen nicht einmal wählen!« Fanny schüttelte den Kopf. »Ich komme aus Grans, das ist ein Kaff in der Provence mit einer Kirche, aber keinem Kino. Aber nun fahre ich zur See! Ich bin bereits in Port Said und Yokohama durch die Straßen gelaufen und schon fünf Mal durch den Suezkanal gefahren, während für meine alten Freundinnen schon eine Busfahrt nach Aix-en-Provence eine Weltreise ist. Meine Freundinnen von früher …« Fanny klang plötzlich bitter. »Ich bin dreißig Jahre alt und nicht verheiratet.

Sie sind ein Mann, Sie wissen gar nicht, wie das ist, diese Blicke auszuhalten, diese Mischung aus Mitleid und Verachtung. Ich aber weiß, was man tuschelt: Soll sie ihren Verlobten doch vergessen, den gibt es nicht mehr, der hat ja nicht mal ein Grab.« Sie hatte plötzlich Tränen in den Augen.

Jung hob erschrocken die Hand. »Ich wollte Ihnen wirklich nicht zu nahe treten, Mademoiselle«, versicherte er verlegen.

»Das tun Sie auch nicht.« Sie zwang sich zu einem tapferen Lächeln. »Was ich damit bloß sagen will: Die *Champollion* ist meine Freiheit. Und Dorgelès ist nun mal der Erste Offizier auf diesem Schiff.«

»Kein sehr angenehmer Vorgesetzter.«

»Ich gehe ihm aus dem Weg, wo ich kann. Das machen alle Stewardessen so, man gewöhnt sich daran, es funktioniert recht gut.«

»Ich werde niemandem verraten, dass Sie mir etwas über ihn erzählen. Und ich will Dorgelès ja auch gar nicht den Prozess machen oder …«

»Man *hat* Dorgelès schon einmal den Prozess gemacht!« Fanny vergewisserte sich erneut, ob auch wirklich niemand in der Nähe war. Sie beugte sich näher zu Jung, flüsterte bloß noch. »Das war vor meiner Zeit bei der Messagerie Maritimes. Es sind nur Gerüchte, die man sich abends in der Mannschaftsmesse erzählt, Genaues weiß niemand, zumindest niemand, der mit einer kleinen Stewardess wie mir reden würde. Dorgelès soll vor etwa zwanzig Jahren während eines Taifuns im Gelben Meer beinahe ein Schiff verloren haben. Es war nachts, er war Wachoffizier und trug die Verantwortung. Doch das Schiff geriet in Seenot, es wurde nur gerettet, weil der Kapitän rechtzeitig aufgewacht und auf die Brücke gestürzt ist. Angeblich war Dorgelès in jener Nacht zu betrunken, um klare Entscheidungen zu treffen. Jedenfalls gab es später einen Prozess vor dem Seeamt. Dorgelès ist nicht entlassen worden – aber jeder an Bord weiß, dass er niemals Kapitän werden wird.«

Gescheiterte Karriere, ein Trinker, ein Offizier, der mit einem *Boche* Geschäfte machte, denen selbst der Weltkrieg nichts anhaben konnte – Jung kam plötzlich ein Verdacht. »Ist Dorgelès ein Schmuggler?«, fragte er, denn wer könnte besser Waren schmuggeln als ein Schiffsoffizier, der seit Jahrzehnten zwischen Europa und dem Osten hin- und herpendelte? »Ist das vielleicht die Art von Geschäft, die ihn mit dem alten Rosterg verbindet? Gewürze sind teuer, aber sie sind auch ziemlich leicht und lassen sich in kleinen Säcken und Kisten verpacken. Wenn Rosterg und Dorgelès Gewürze aus dem Orient am französischen und deutschen Zoll vorbeischmuggeln, würden sie damit eine schöne Stange Geld verdienen.«

Fanny dachte einen Augenblick nach. »Das ist möglich«, gab sie schließlich zu. »Auch da gibt es Gerüchte, abends in der Messe, und niemand weiß Einzelheiten. Aber es stimmt: Monsieur Rosterg, der Alte, meine ich, die anderen Familienmitglieder sehe ich bei dieser Reise zum ersten Mal, ist schon oft mit uns gefahren. Und eigentlich ist kein anderer unserer regelmäßigen Passagiere so vertraut mit Dorgelès wie er. Ich muss aber jetzt wirklich gehen.« Sie deutete mit einem Kopfnicken Richtung Wintergarten.

Steve Adams trat heraus, frisch gewaschen, Kaubonbon im Mund, mit einem ordentlichen Sonnenbrand auf den Wangen und bester Laune. Er winkte ihnen zu.

Fanny balancierte Teekannen, Tassen und Gebäck auf ihrem Tablett und wollte sich auf den Weg machen.

Jung seufzte theatralisch. »Da kommt der Mann, der von den Geishas Yokohamas träumt.«

Fanny hielt überrascht inne. »Yokohama?«

»Adams wird dort eine Eisenbahnbrücke bauen«, erklärte Jung.

Sie runzelte die Stirn. »Monsieur Adams reist nicht nach Yokohama«, flüsterte sie. »Er hat seine Kabine nur bis Maskat gebucht.«

An diesem Abend lag allgemeine Ermattung wie eine Decke über dem Restaurant. Die Passagiere waren hungrig, doch sie aßen still, gequält von Sonnenbränden, schmerzenden Muskeln, pochenden Gelenken. Die meisten verschwanden nach dem Dessert in ihre Kabinen, froh, ins Bett sinken zu dürfen.

Jung jedoch ging allein über das Deck und betrachtete Port Said. Das Eastern Exchange badete im Licht, ein Wunder aus Tausendundeiner Nacht. Der Halbmond stand hoch über der Stadt. Wäre Jung jetzt noch in einer der Gassen unterwegs, er würde nach einem hohen Minarett Ausschau halten und sich dann so positionieren, dass der Halbmond genau über dessen Spitze leuchtete, ein Foto, das er jetzt gerne gemacht hätte. Ein anderes Mal, sagte er sich, falls es ein anderes Mal geben würde.

Leise schlugen kleine Wellen gegen den Rumpf der *Champollion*, so leise, dass sie nicht einmal eine geflüsterte Unterhaltung übertönten, irgendwo an Deck. Eine Frau. Ein Mann. Jung lauschte unwillkürlich. Er verstand kein Wort, doch glaubte er, in der weiblichen Stimme die von Marthe Rosterg zu erkennen. Er sah sich um und bildete sich ein, am achterlichen Ende des Decks zwei Schatten auszumachen, dunkler als die Nacht. Er trat unter die Rettungsboote, um nicht bemerkt zu werden, und schritt auf leisen Sohlen nach hinten.

Tatsächlich: Marthe Rosterg und Ernst.

Wieder redete sie eindringlich auf ihn ein, er antwortete nur hin und wieder mit einem kurzen Satz; er wirkte auf Jung ziemlich betrunken. Jung verstand noch immer nichts. Zwischen dem hintersten Rettungsboot, unter dessen Schatten er sich versteckte, und der Reling, an der Mutter und Sohn lehnten, leuchtete eine Bogenlampe das Deck in einem breiten Streifen weißen

Lichts aus – keine Chance, dort ungesehen hindurchzukommen. Doch dann erstarrte Jung. Er glaubte, dass Marthe »Dora« gesagt hatte. Er beugte sich vor, hielt den Atem an, verfluchte die Wellen, deren Murmeln bis zu ihm hinaufdrang. »Lugano« glaubte er noch herauszuhören, aber das war vielleicht auch eine Illusion, irgendwelche verschobenen, halb verschluckten Laute, die sich nur in seinem Hirn zu diesem Wort formten. Und doch … Kaum hatte Marthe Rosterg diesen Namen genannt, zog sie, wie zur Bestätigung, ein schmales Büchlein aus ihrer Handtasche, eher eine Broschüre. Sie schlug es auf, hielt es Ernst unter die Nase, deutete auf eine Seite, flüsterte aufgeregt.

Dora war während der Sommerfrische ihrer Eltern in Lugano geboren, sie hatte es Jung und auch allen Freunden und Bekannten mehr als einmal erzählt, denn sie war aus einem Grund, den sie ihm nie richtig erklärt hatte, sehr stolz darauf, im Tessin geboren zu sein, bezeichnete sich manchmal als Schweizerin, manchmal als Italienerin, jedenfalls war es für sie immer etwas Besonderes. Jung hatte stets vermutet, dass es ihre Art war, sich zu wehren in einer Hamburger Familie, in der jedermann sich etwas darauf einbildete, als echter Hanseat an der Waterkant geboren zu sein. Ohne das Wort »Lugano«, das Marthe vielleicht gar nicht gesagt hatte, vielleicht aber denn doch, wäre er jedenfalls nie auf die Idee gekommen, dass jenes braune Büchlein, das sie ihrem Sohn so energisch zeigte, bis der mit seinen rot umränderten Augen auf die Seiten stierte, ein Familienbuch sein könnte. Das Stammbuch der Rostergs. Jung atmete tief durch, trat einen Schritt zurück, lehnte seine Stirn gegen den Kiel des über ihm aufgehängten Rettungsbootes. Das Holz stank leicht nach Algen und alter Ölfarbe, es war rau und tat auf seiner Stirn weh, aber er wollte sich Schmerzen zufügen. Das Familienbuch, dachte er, womöglich zeigte Marthe ihrem Sohn die Seite, auf der Doras Geburt eingetragen war. Sollte Ernst vielleicht diese Seite herausreißen, sollte Dora ganz und gar verschwinden? Einen Moment lang wollte er über das Deck rennen, den beiden das Buch aus der Hand reißen und rufen: »Dora lebt! Dora existiert! Ihr werdet sie nicht auslöschen!« Doch was hätte es genützt, eine solche Szene zu machen? Ein Stammbuch mit Doras Namen, na und? Sie blieb ja trotzdem verschwunden, war irgendwann und irgendwo auf diesem Schiff verloren gegangen. Wenn er ihr Schicksal aufklären wollte, dann musste er sich beherrschen. Fanny hatte recht: Er musste mit klarem Verstand und kaltem Herzen an die Sache herangehen.

Er beobachte die beiden, wollte keine Geste versäumen. Wenn Ernst oder Marthe Rosterg wirklich eine Seite herausreißen und ins Meer werfen würden – Jung wäre bereit, heimlich über Bord zu springen und das Papier aus dem Wasser zu fischen, bevor es unterging. Doch Ernst Rosterg stieß irgendwann bloß ihre Hand mit dem Buch unwirsch von sich weg. Er sagte mit schwerer Stimme, doch so laut, dass ihn Jung auf einmal klar verstehen konnte: »Ist ja gut, Mutter, ich habe verstanden!« Dann drehte er sich um und schwankte Richtung Kabine.

Jung drückte sich tiefer in den Schatten unter dem Rettungsboot und ließ ihn vorbeigehen. Ernst passierte ihn in weniger als zwei Meter Abstand, eingehüllt in eine Wolke aus Bier- und Schnapsdunst, und bemerkte ihn nicht. Marthe Rosterg blieb noch eine Zeit lang an der Reling stehen. Sie stopfte das Buch wieder in ihre Tasche, ihr rechter Arm, ihre Schulter, ihr ganzer Oberkörper zitterte. Jung hätte schwören können, dass sie weinte, doch sie blieb stumm und hatte das Gesicht Richtung Meer gewandt. Schließlich straffte sie sich und ging erhobenen Hauptes über das Deck Richtung Wintergarten, wo sich einige wenige unbesiegbare Passagiere noch zu einem letzten Cognac eingefunden hatten. Jung folgte ihr unauffällig, bis er durch die Scheiben ins erleuchtete Innere sehen konnte. Marinetti saß allein an einem Tisch neben dem Piano. Es war so spät, dass selbst der Klavierspieler gegangen war. Marthe Rosterg setzte sich zu dem italienischen Anwalt.

Jung ging noch einmal über das ganze Deck, vielleicht würde er noch Hugo Rosterg sehen oder Lüttgen oder irgendwen, der ihm weiterhelfen konnte. Doch es war niemand mehr da.

Beinahe niemand.

Dorgelès kam von der Brücke, ein junger Matrose folgte ihm. Die beiden bemerkten ihn nicht, sondern gingen direkt bis zum dritten Schornstein. Der Erste Offizier redete leise auf den Seemann ein, für Jung wirkte es, als würde er ihm Befehle erteilen. Der Matrose nickte, Dorgelès drückte ihm etwas in die Hand, das ein Bündel Geldscheine sein konnte, aber sicher war Jung sich da nicht, dann klopfte der Offizier dem Seemann auf die Schulter und stapfte davon. Der Matrose lehnte sich gegen den Schornstein und zündete sich eine Zigarette an. Er bewegte sich nicht mehr.

Ein Wachtposten, vermutete Jung, vor dem dritten Schornstein, der doch bloß eine Attrappe war. Was, zum Teufel, verbarg sich dort? Jung wartete geduldig darauf, dass der Seemann vielleicht doch einmal seinen Posten verlassen würde, doch nach einer Stunde musste er erkennen, dass er zumindest in dieser Nacht nicht ungesehen an den Schornstein herankommen würde.

Erst als er in seiner Kabine angelangt war, merkte Jung, wie erschöpft er war. Er ließ sich auf das Bett fallen und vergrub sein Gesicht im Kissen. Er glaubte, noch einen Hauch von Doras Duft einzuatmen. Er vermisste sie so sehr, dass es ihm körperlich wehtat. Er wurde bald wahnsinnig vor Sorgen und noch wahnsinniger, weil er sie niemandem zeigen durfte. Um nicht loszuschreien, presste er sein Gesicht tiefer ins Kissen, bis es ihm den Atem nahm.

Kissen. Bett. Matratze.

»Ich bin ein Idiot!«, rief er, sprang auf, hob mit einem Ruck die Matratze an.

Dort lag die kleine, alte Munitionstasche, in der Dora seit dem Blutsonntag Dokumente versteckte.

Fanny hatte bestätigt, dass Dora an Bord gewesen war, aber das waren die Worte einer Unbekannten. Erst jetzt hielt er einen handfesten Beweis in Händen, spürte unter seinen Fingerkuppen das alte, harte Leder, war sich endlich sicher, dass er nicht wahnsinnig geworden war.

Er nestelte an der kleinen Tasche herum, brauchte endlose Minuten, bis er den Verschluss geöffnet hatte. Dora hatte ihm nie genau gesagt, was sie dort eigentlich verbarg, hatte nur davon gesprochen, dass es »Sachen sind, mit denen du heil durch eine Revolution kommst«.

Endlich war die alte Munitionstasche offen, er schüttete ihren Inhalt aufs Bett, verteilte ihn auf der Decke, versuchte dann vergebens, nicht enttäuscht zu sein. Keine Papiere, kein Pass, überhaupt kein Dokument mit Doras Namen. Kein Beweis also, dass diese Tasche je seiner Frau gehört hatte. Jung schluckte schwer, ging müden Schrittes zum Waschbecken und trank in tiefen Zügen aus dem Hahn das nach Chlor schmeckende Wasser. Dann schleppte er sich zum Bett zurück und ordnete Doras Notpaket systematisch: zweihundert Reichsmark in kleinen Scheinen. Zwei Goldmünzen aus der Kaiserzeit. Vier Ringe, der Form nach Erbstücke aus dem vergangenen Jahrhundert, die Dora niemals tragen würde, aber sie schienen aus Gold zu sein, und in einem funkelte zudem ein Edelstein, der auf sein ungeübtes Auge wie ein echter Diamant wirkte. Eine kleine, kurzläufige Pistole, sie wirkte wie ein Spielzeug, war aber geladen. Zwei Packungen Zigaretten, Königin von Saba. Ein Streichholzheftchen. Das Heftchen hatte einen Aufdruck: *Hotel Atlantic, Hamburg.*

IM SUEZKANAL

Am nächsten Morgen stand Jung bereits um kurz vor fünf unterhalb der Brücke und traute seinen Augen kaum: Die *Champollion* dampfte durch die Wüste. Der Suezkanal war so schmal, dass er vom Deck aus zu beiden Seiten vor allem Sand sah, selten einmal eine Dattelpalme, einen Eukalyptusbaum, ein Minarett. Bis zum dunstigen Horizont erstreckte sich voraus ein Boulevard aus graublauem, stillem Wasser zwischen Dünen. Keine Wellen, es schien nicht einmal eine Strömung zu geben, nur ein schmales Band Ozean quer durch den Sinai. Die *Champollion* fuhr mit halber Kraft voraus im Konvoi: Vor ihr dampfte ein niedriger, grau gestrichener britischer Zerstörer, hinter ihrem Heck sah Jung die Aufbauten eines alten Frachters unbestimmbarer Herkunft. Die Rußwolken aus den Schiffsschornsteinen vereinten sich über ihnen zu einer lang gestreckten schwarzgrauen Wolke, die nur sehr langsam verweht wurde. Über der östlichen Wüste ging die Sonne auf, ein Trichter aus gelbem Licht in einem dicht über den Dünen rötlich, in größerer Höhe violett schimmernden Himmel. Ein winziger Kahn, kleiner als ein Rettungsboot, dümpelte nahe am Ufer im Wasser, zwei Fischer an Bord, so unbeweglich, als wären sie aus demselben Holz geschnitzt wie ihr altes Boot. Eine Drehbrücke öffnete sich vor ihnen, eine stählerne Konstruktion mit einem Turm, an dessen schwingenförmig gebogenen Trägern die Fahrbahn hing. Ein halbes Dutzend Panzerwagen stand neben einem lehmfarbenen Fort am westlichen Ufer, ein Cadillac rauschte vorüber. Seine gelblich schimmernde Staubfahne legte sich auf ein paar in grünen, blauen oder grauen Umhängen gehüllte Fellachen, die ihre Maultiere mit kurzen wütenden Hieben antrieben. Von einer einsam in der Wüste stehenden kleinen Moschee wehte dünn der Gebetsruf des Muezzins bis auf das Deck hinüber. Eine Dhau segelte ihnen entgegen, hielt respektvollen Abstand zur imposanten Linie der Dampfschiffe, ihr dreieckiges Segel wirkte im Gegenlicht wie eine winzige Pyramide, die zwischen Wasser und Sand schwebte. Jung erinnerte sie unwillkürlich an einen Kunstdruck, der seit ein paar Wochen bei ihnen in Berlin über dem Sofa hing: Lyonel Feininger, *Die große Kutterklasse*. Dora hatte dieses Segelschiff-Bild unbedingt haben wollen, obwohl sie es sich eigentlich nicht leisten konnten, nicht einmal als Reproduktion. Aber es war so klar und modern, dass sich Dora darin verliebt hatte. Dora ...

Als er ihr vor ein paar Tagen – mein Gott, vor zwei Tagen, es kam ihm schon wie eine kleine Ewigkeit vor – kein Feuer geben mochte, weil er sie nicht während der Schwangerschaft rauchen sehen wollte, da hatte sie sich schließlich selbst die Zigarette angezündet und dabei ein Streichholz aus einem Heftchen in ihrer Handtasche gerissen: *Hotel Atlantic, Hamburg*. Irgendwo in seinem Unterbewusstsein musste er das registriert haben, obwohl es so banal war. Oder eben nicht banal. Dora fuhr hin und wieder von Berlin nach Hamburg, geschäftlich und weil sie die Familie sehen wollte. Einmal war sie sogar zwei Wochen dort geblieben, Jung erinnerte sich, das musste im Juni gewesen sein, als er für die *Berliner Illustrirte* in Paris war, um den amerikanischen Finanzexperten Owen D. Young und die europäischen Politiker zu fotografieren, die einen neuen und hoffentlich allerletzten Plan darüber fassten, wie das Reich die Milliardensummen zahlen sollte, die ihm die Sieger des Weltkriegs als Reparationen aufgebürdet hatten. Während der Zeit der Pariser Konferenz war Dora in Hamburg geblieben – Jung hatte selbstverständlich gedacht, dass sie in der Rosterg'schen Villa wohnen würde. Wieso hatte sie dann aber ein Streichholzheftchen vom Hotel Atlantic? Und wieso hatte Lüttgen eines, der doch ebenfalls seine eigene Wohnung in der Stadt hatte? Das waren naive Fragen, und die Antworten darauf hatten ihn die ganze letzte Nacht gequält. Dora und dieser schmierige Kerl gemeinsam im Hotel, Jung hatte sich beherrschen müssen, um nicht mit den Fäusten auf die Stahlwand der Kabine einzudreschen – oder um nicht gleich hinüberzustürmen und Lüttgen das Licht auszublasen.

Das Kind, ihr Kind ... konnte es wirklich ihr gemeinsames Kind sein? Sie hatte ihm nicht gesagt, wie weit die Schwangerschaft schon war. Hätte er es gewusst, würde er die Wochen zurückrechnen und nachprüfen können, ob sie zur fraglichen Zeit in Hamburg gewesen war. Die Reportage in Paris, das war im Juni, jetzt war Oktober, da wäre der Bauch doch schon runder, da würde man doch mehr sehen können, oder? Aber auch danach war Dora hin und wieder an der Elbe gewesen, wenn auch jeweils nur noch für ein, zwei Tage. Ein, zwei Nächte. Gott, wie erbärmlich, dachte Jung, ich mache ein Drama aus zwei Streichholzheftchen. Es mochte tausend harmlose Gründe dafür geben, warum sowohl Dora als auch Lüttgen solche gewöhnlichen Dinge dabeihatten, trug nicht jeder irgendwelche Streichhölzer mit sich herum? Aber da war diese Vertrautheit, wie Lüttgen Dora Feuer gegeben und Wein nachgeschenkt hatte, da waren diese Gespräche an Deck, die angeblich geschäftlicher Natur waren – und da war Lüttgens Drohung: so feindselig, ging es dabei wirklich nur um Firmenanteile? Drängte Lüttgen bloß auf eine Scheidung, um desto leichter das Handelshaus zu übernehmen? Oder wollte er ihn nicht vielmehr auch aus Doras Bett verdrängen?

Jung dachte an das, was Fanny ihm geraten hatte: Betrachte die Sache von außen, analysiere die Lage kühl, als ginge dich das gar nichts an. Leicht gesagt. Und doch war es der einzige Weg, wenn er aus diesem Alptraum jemals erwachen wollte. Dora hatte ihm ihre Schwangerschaft offenbart. Wenn Lüttgen das erfahren haben sollte – aber wie hätte er es erfahren können? –, dann wäre das eine Katastrophe für ihn. Er könnte Dora nie heiraten, könnte sich niemals die Firma unter den Nagel reißen, ja, er würde niemals als Vater eines Kindes, das doch möglicherweise seines war, anerkannt werden. Enttäuschung, Eifersucht, Rache – Lüttgen hätte mehr als genug Motive, um Dora etwas anzutun.

Aber warum machten die Rostergs bei dieser schrecklichen Komödie mit? Vater, Mutter, Bruder, was hatten die mit Lüttgen gemein? Warum Dorgelès? Und warum womöglich auch Marinetti, der musste sich doch auch an Dora erinnern. Warum taten alle so, als sei sie niemals an Bord gewesen? Marthe Rosterg hatte ihn mit einem lauernden, sogar irgendwie grimmig freudigen Blick betrachtet, als ihn Doras Verschwinden verwirrt hatte. Hugo Rosterg lief mit einer Pistole im Hosenbund herum. Und die Passagierliste konnte wohl kaum ein Prokurist aus Hamburg manipuliert haben. Sie steckten alle unter einer Decke. Aber warum, verdammt?! Hugo Rosterg machte sich lüstern und ungeniert an Anita Berber heran. Marthe Rosterg flirtete offen mit einem halbseidenen italienischen Anwalt. Würden Eltern, die es selbst mit der Moral nicht so genau nahmen, ihrer einzigen Tochter wegen einer Affäre mit dem Prokuristen etwas antun? Und warum sollte sich ein französischer Schiffsoffizier in die Angelegenheiten einer deutschen Familie einmischen? Weil er mit dem Patriarchen hin und wieder krumme Geschäfte machte?

Jung ging nachdenklich nach achtern. Hinter dem altersschwachen Frachter dampften noch mindestens zwei weitere Schiffe, deren Formen im Frühdunst kaum auszumachen waren – es war, als schwebten sie über dem Wasser. Dschinn, dachte er, Wüstendämonen. Einen ganz anderen Dämonen erblickte er nur zwei Decks tiefer: Totzke. Der Schuldeneintreiber stand an der Reling und kratzte sich mit der Spitze eines Klappmessers den Dreck unter den Fingernägeln weg. Er war so versunken in diese Tätigkeit, dass er Jung nicht bemerkte. Maxe habe ich beinahe vergessen, sagte sich Jung grimmig. Der Schläger hatte ebenfalls irgendetwas mit den Rostergs zu schaffen. Jung straffte sich. Ein Schott wurde aufgedrückt, und jemand trat auf das Deck der Dritten Klasse zu Totzke: Hugo Rosterg. Maxe grinste, unterbrach seine Körperpflege, klappte aber das Messer nicht ein. Lässig ließ er die Klinge um seine Hand tanzen, so geschickt wie ein Pokerspieler, der eine Stapel Karten auffächerte. Rosterg ließ sich davon offenbar nicht beeindrucken, er ging auf Totzke zu wie ein Stier, den Kopf gesenkt, die Rechte in der Tasche seines hellen Leinenjacketts. Jung konnte sich denken, was er darin verbarg. Sein Gesicht war gerötet, er sagte etwas, ziemlich laut, aber nicht laut genug. Das Stampfen der Maschinen und der Fahrtwind, der um die Aufbauten pfiff, übertönten seine Stimme. Jung blieb auf dem Promenadendeck, ging so nahe heran, wie es ihm möglich war, langsam, damit seine Bewegungen nicht die Aufmerksamkeit der Männer unter ihm erregten, bis er hinter einem geschwungenen Lüftungsrohr ein wenig Deckung fand. Hugo Rosterg schien fast pausenlos zu reden, seine Wangen waren jetzt schon dunkelrot, er schwitzte. Es sah jedoch nicht so aus, als würde er Totzke beeindrucken. Der Schuldenteintreiber war noch massiger als Rosterg und mehr als einen Kopf größer, er spielte mit dem Messer, grinste verächtlich und schien nur hin und wieder etwas zu erwidern. Der Patriarch wurde immer lauter. Jung konnte jetzt einzelne Worte heraushören: »Geld« und »Dussel«, »Juni« und »Schupo«, »Grüner Heinrich«, »Pinke«, »Schiebung«. Plötzlich klappte Totzke das Messer ein und ließ es in seiner Hosentasche verschwinden, die Bewegung war unglaublich flink für einen so schwerfällig wirkenden Mann. Rosterg hielt verblüfft in seiner Tirade inne, sah sich ratlos um. Da erblickte auch Jung zwei syrische Männer, die auf das Deck getreten waren. Sie hatten kleine Teppiche unter den Armen, die sie nun auf den Planken ausrollten, bevor sie sich darauf niederließen. Sie verneigten sich, das Gesicht der östlichen Wüste zugewandt, und schienen die beiden Europäer an der Reling gar nicht zu beachten. Zwei zufällige Zeugen eines Streits, der sie nichts anging. Rosterg atmete tief durch, beugte sich näher zu Totzke hin und sagte offenbar noch etwas, nun aber sehr leise. Dann drehte er sich grußlos fort.

»Ick lasse mich nicht einseifen!«, rief Totzke. Es war das erste Mal, dass er laut wurde. Seine Fistelstimme irritierte die beiden Betenden, die ihm wütende Blicke zuwarfen. »Sie kriegens noch aufs Hauptgebäude!«, fuhr Totzke fort und schüttelte drohend die mächtige Faust. Doch da war Rosterg bereits am Schott und knallte die schwere Stahltür mit dumpfem Laut hinter sich zu.

»Darf ich Ihnen einen Mokka anbieten, Monsieur?«

Jung fuhr herum. Fanny stand hinter ihm, sie trug ein Tablett mit Tassen, aus denen es köstlich duftete. Er griff dankbar zu. »Ich hatte Sie gar nicht gesehen«, erklärte er verlegen.

Sie nickte und deutete auf die Wüste. »Das geht allen so, die das erste Mal durch den Suezkanal fahren. Man blickt stundenlang in die Ferne und will seinen Augen einfach nicht trauen.«

Und seinen Ohren, setzte Jung im Geiste hinzu. Er dachte an das, was er gerade aufgeschnappt hatte: »Geld«, »Pinke«, »Schiebung«. Dann setzte er sein charmantestes Lächeln auf. »Sie haben doch den Schlüssel zu allen Kabinen, Fanny, nicht wahr?«

Sie blickte ihn misstrauisch an. »Nur zu denen der Ersten Klasse. Warum fragen Sie mich das?«

»Weil ich in eine Kabine einbrechen möchte.«

Sie holte tief Luft. »Das ist schon dreist, dass Sie mir das auch noch so direkt ins Gesicht sagen.«

»Sie sind meine einzige Verbündete auf diesem Schiff.«

»Ich wünschte, es wäre anders.«

»Bitte!« Jung bemerkte, dass er erneut ihre Hand umklammert hatte. Verlegen ließ er sie wieder los. »Ich muss mich in der Kabine meiner Schwiegereltern umsehen. Nummer 56.«

Fanny machte große Augen. »Sie glauben, dass die eigenen Eltern in das Verschwinden Ihrer Gattin verwickelt sind?!«

»Ich glaube gar nichts.«

»Ich mache jeden Tag zweimal die Kabine, mir ist nichts aufgefallen.«

»Ehrlich gesagt, ich wüsste gar nicht, was Ihnen eigentlich auffallen sollte.« Jung erklärte ihr in hastigen Worten, wer Totzke war und was er von dem Gespräch des Schlägers mit seinem Schwiegervater aufgeschnappt hatte. »Rosterg und Totzke haben sich um Geld gestritten. Es muss um viel Geld gehen, so viel, dass der Ringverein einen Schuldeneintreiber bis auf die *Champollion* schickt. Meine Frau hat für ihren Vater Geschäfte in Berlin gemacht – also, es ist doch gut möglich, dass sie etwas mit diesen Schulden zu tun hat.«

»Wenn Sie in der Kabine 56 ein Bündel Geldscheine finden, was bedeutet das schon?« Fanny verzog die Lippen zu einem verächtlichen Lächeln. »In jeder *Cabine de luxe* liegen große Scheine herum. Manchmal denke ich mir, die Reichen werfen mit dem Geld wirklich um sich, das ist nicht nur so dahingesagt.«

Jung schüttelte den Kopf. »Ich hoffe eher auf ... Ich weiß nicht, auf was ich hoffen soll. Einen Vertrag? Eine Abmachung? Irgendetwas, das mir verrät, um welche Geschäfte es hier eigentlich geht. Vielleicht führt mich das auf eine Spur.«

Sie schüttelte verständnislos den Kopf. »Ihre Frau und Ihr Schwiegervater machen dubiose Geschäfte, und Sie wissen nicht einmal, welche?«

Er seufzte. »Sagen wir so: Meine Gattin scheint ein paar Geheimnisse vor mir zu haben«, gab er zerknirscht zu. »Ich weiß wirklich nicht weiter.«

»Heute Abend wird es ein großes Fest geben«, murmelte Fanny nachdenklich.

Jung musste sich beherrschen, um sie nicht bei den Schultern zu packen. »Überlassen Sie mir für ein paar Minuten den Schlüssel! Meine Schwiegereltern werden garantiert beim Empfang sein. Jeder wird dort sein! Ich schleiche mich aus dem Restaurant und sehe mich ungestört in der Kabine um.«

Sie trat einen Schritt von ihm zurück. »Meinen Schlüssel gebe ich niemals aus der Hand!«, erklärte sie bestimmt. »*Mon Dieu*, also gut«, sie atmete tief durch, »ich werde um zehn Uhr abends auf dem Flur der Ersten Klasse sein. Wenn Sie pünktlich sind, schließe ich Ihnen Kabine 56 auf. Ich gebe Ihnen fünf Minuten.«

»Das duftet verführerisch. Dürfen wir uns zwei Tassen nehmen, Mademoiselle?«

Weder Jung noch Fanny hatten Lady Westmacott und Silwa bemerkt.

»Selbstverständlich«, stotterte Fanny und hielt ihnen das Tablett hin. Dann verabschiedete sie sich rasch mit einem Knicks und ging über das Promenadendeck davon.

Jung blickte ihr hinterher, dann wandte er sich der Engländerin und ihrer Gesellschaftsdame zu und zwang sich zu einem hoffentlich nicht allzu schuldbewusst wirkenden Lächeln. Er fragte sich, wie lange die beiden Frauen dort schon gestanden und wie viel sie von ihrer Unterredung belauscht hatten. »Heute sind wir wohl alle Frühaufsteher, Madame«, sagte er. »Gestatten Sie, dass ich ein Bild von Ihnen beiden mache?«

Lady Westmacott lächelte geschmeichelt und stellte sich an die Reling. Silwa sah nicht allzu glücklich drein, hatte aber keine andere Wahl. Sie wollte sich gerade eine Zigarette anzünden, hielt nun aber linkisch Zigarette, Zigarettenspitze und Packung in den Händen, als sie sich neben ihrer Chefin in Positur brachte.

»Perfekt!«, rief Jung und drückte ab. Die Eitelkeit der Fotografierten, hoffte er, würde die Damen so weit ablenken, dass sie nicht länger an die Sätze dachten, die er mit Fanny gewechselt hatte, falls sie denn überhaupt gelauscht hatten.

»Wer will sich diesen Anblick schon entgehen lassen?« Lady Westmacott deutete mit theatralisch ausholender Geste auf Kanal und Wüste, dann ließ sie sich von Silwa ihre Kodak Box reichen. »Jetzt sind Sie dran. Ich werde das Bild mit dem Sonnenlicht machen und mit etwas Hintergrund, wie es mir mein Lehrer beigebracht hat.« Sie zwinkerte. »Ein junger Mann und eine Wüste. In ein paar Jahren werden Sie nicht mehr ganz so jung und diese Wüste wird nicht mehr ganz so öde sein. Dann werden wir alle über dieses Foto staunen.«

Jung bemühte sich, für die Aufnahme möglichst lässig an der Reling zu lehnen, blickte sie zugleich jedoch milde erstaunt an. »Die Wüste ist nichts als ein Haufen Sand und Steine. Was soll sich daran in den nächsten Jahren ändern?«

»Man sagt, dass die Wüsten Arabiens voller Öl sind.« Lady Westmacott drückte auf den Auslöser ihrer Kodak und schnalzte zufrieden mit der Zunge. »Vielleicht fahren Schiffe hier bald nicht mehr zwischen Dünen herum, sondern kreuzen einen Wald aus Bohrtürmen.«

»Öl? Hier? Wer behauptet denn so etwas?«

»Mister Adams, unser amerikanischer Freund. Mir ist endlich wieder eingefallen, wo ich ihn schon einmal gesehen habe. Es war letztes Jahr in Nizza auf einem schrecklich öden Empfang, den der dortige Vertreter von Socony gegeben hat.«

»Pardon, Madame, aber das sagt mir gar nichts.«

»Socony – Standard Oil Company of New York. Mister Adams war ein Mitarbeiter, der den Gästen im Auftrag seines Chefs einen kleinen Vortrag über Erdöl halten musste und darüber, wo man dieses klebrige Zeug in Zukunft aus der Erde zu pumpen hofft. Nicht gerade der spannendste Vortrag meines Lebens, aber wie Sie sehen, habe ich doch ein paar Einzelheiten behalten: Arabien, Wüste, Öl.«

»Steve Adams arbeitete für Socony?«, vergewisserte sich Jung ungläubig.

»Als Geologe.«

»Er hat uns gesagt, dass er Ingenieur ist und eine Eisenbahnbrücke in Yokohama bauen will.«

»Vielleicht hat er umgeschult? Diese Amerikaner wechseln ja so schnell den Beruf wie Unsereiner die Garderobe.«

Jung blickte in die Wüste und versuchte sich vorzustellen, dass dort unter dem Sand irgendwo Öl schwappte. Ausgerechnet in dieser Einöde, wo sollte das herkommen? Sollte er Adams fragen? Irgendetwas stimmte nicht mit diesem Kerl. Selbst ein moderner Amerikaner verwandelte sich nicht binnen Jahresfrist von einem Geologen in einen Ingenieur. Er erinnerte sich daran, dass Fanny behauptet hatte, Adams hätte nur die Passage bis Maskat gebucht. Doch warum, zum Teufel, erzählte er aller Welt dann die Geschichte von einer Brücke in Japan?

Nach dem Frühstück fühlte sich Jung wie ein gefangener Tiger. Er wollte nach Dora Ausschau halten, wollte irgendetwas *tun*. Doch er musste sich bis zum Abend gedulden. Dann würde er die Kabine der Rostergs durchsuchen und dann … dann was? Wenn er nichts entdeckte? Er dachte an Fanny, die das nun schon seit zwölf Jahren durchmachte, die auf der Suche nach ihrem verschollenen Verlobten immer wieder Wege ging, die sich als Sackgassen erwiesen. Er fragte sich, wie sie so ein Leben durchhielt.

Die Sonne stand jetzt hoch am Himmel und brannte auf Kanal und Wüste. Man hätte glauben mögen, dass die *Champollion* noch immer an derselben Stelle verharrte: Nichts hatte sich verändert, dasselbe endlose Band in derselben endlosen Weite, über die sich nun ein stumpfer graublauer, wolkenloser Himmel wölbte.

Kein Vogel, fiel ihm nun auf, keine Bewegung in der Luft, kein Gesang, und selbst die Möwen hatten sich erschöpft auf Kran und Funkantenne niedergelassen. Einmal wenigstens tauchte Steuerbord ein Dorf auf: ein Pier aus rissigen Steinen, der ein Stück weit in den Kanal hineinragte, ein paar von außen fensterlos wirkende Lehmhütten im Sand, eine weiß verputzte koptische Kirche und eine gelb gestrichene Moschee Mauer an Mauer hinter dem Uferdamm, das Minarett der Moschee selbstverständlich höher als der Turm der bloß geduldeten Christen.

Zwei Matrosen gingen in der Nähe von Jung vorüber. Er erkannte den Senegalesen wieder, neben ihm marschierte ein kleiner, stämmiger, schon älterer Mann mit eisengrauen Haaren und einer gewaltigen Narbe, die sein linkes Jochbein kreuzte. Er hörte, wie die beiden Seeleute halblaut fluchten.

»Gibt es irgendwelche Schwierigkeiten?«, fragte Jung den Afrikaner. Da war die ewige Neugier des Fotografen wieder, eine Neugier, die sich nicht einmal von seiner Traurigkeit und Verwirrung besiegen ließ. Er hatte schon die Leica in der Hand.

»*Non, Monsieur*«, beruhigte ihn der Senegalese, der sich offenbar auch an ihn erinnerte. »Der Kapitän hat uns bloß befohlen, das Deck der Dritten Klasse zu schrubben.«

»Dabei ist die Suezkanalpassage so etwas wie ein freies Wochenende«, ergänzte sein Begleiter. »Solange wir im Kanal sind, müssen wir eigentlich nicht viel tun.«

»Und warum ist nun ausgerechnet das Deck der Dritten Klasse dran?«

»Weil die beiden Priester beschlossen haben, ihren Pilgern die Dritte Klasse zu zeigen. Da hat der Käpt'n gesagt, dass wir aufräumen sollen, damit die Pfaffen und ihre Betschwestern nicht die Näschen rümpfen«, erklärte der Grauhaarige. »Da kommen sie schon, *putain*! Wir müssen uns beeilen.«

Die beiden Geistlichen, die soeben auf das Promenadendeck

traten, trugen trotz der Hitze schwere schwarze Soutanen und breitkrempige schwarze Hüte, die die obere Hälfte ihrer Gesichter beschatteten, sodass sie wie Spukgestalten wirkten, die einen Mund, aber keine Augen hatten. Ihnen folgten ungefähr ein Dutzend Gläubige, nicht nur Frauen, wie der Matrose behauptet hatte, sondern auch einige zumeist ältere Männer. Das, erkannte Jung, war eine Gelegenheit, in die Dritte Klasse zu gelangen, ohne dass sich Dorgelès dagegenstellen konnte. Er musste dafür bloß im Schlepptau der Priester bleiben, aber vielleicht hatte er ja Glück und lief dabei Totzke über den Weg. Er wollte ihm gern ein paar weitere Fragen zu Hugo Rosterg stellen. Jung machte das, was er als Fotograf über all die Jahre perfektioniert hatte: Er tat einfach so, als würde er dazugehören. Er gesellte sich zu den Pilgern und folgte als Letzter aus der Gruppe den Geistlichen. Niemand schien auf ihn zu achten, oder falls doch, dann waren die Menschen jedenfalls zu wohlerzogen, um ihn zu fragen, was er hier zu suchen habe.

Die Planken auf dem Achterdeck der Dritten Klasse glänzten noch dunkel und nass, weil die beiden Matrosen hastig ein paar Eimer Wasser darüber ausgekippt hatten. Es duftete nach Ratatouille. Ein paar Passagiere spannten Leinen und Drähte zwischen Aufbauten und Reling auf, an denen ihre Frauen dann Wäsche zum Trocknen aufhängten. Irgendwo brüllte ein Baby. Die Pilger sahen sich das mit großen Augen an, eine ältere Frau hatte sich tatsächlich ein Taschentuch vor den Mund gelegt, als fürchte sie, giftige Miasmen einzuatmen. Ein paar Fremdenlegionäre, manche so jung, dass ihnen noch gar keine richtigen Bärte wuchsen, lehnten rauchend an der Reling und bedachten die Gruppe mit abschätzenden Blicken. Totzke allerdings war nirgendwo zu sehen. Jung hoffte, dass er ihn noch entdecken würde, und machte vorerst das Beste aus der Sache: Er hob die Leica und schoss unauffällig ein Bild von den Soldaten. Dann nahm er einen älteren Ägypter ins Visier, der beim Lächeln zwei Reihen kariöser Zähne zeigte. Danach die junge Japanerin, die Adams neulich so fasziniert hatte. Plötzlich ließ Jung die Leica sinken und starrte den Apparat verblüfft an. Eine Kamera, Fotos …

»Ich bin so ein Idiot!«, rief er und kümmerte sich nicht um die Priester und die Pilger, die sich erstaunt zu ihm umdrehten.

Er rannte die Treppen wieder hoch, B-Deck, C-Deck, dann die Gänge entlang, sie kamen ihm länger vor als je. Die Filme! Wie hatte er das bloß vergessen können, ausgerechnet er, der Fotograf?! Er hatte doch schon drei, vier Rollen verschossen. Und Dora musste auf einigen, vielleicht Dutzenden Fotos zu sehen sein, Bilder von ihr auf der *Champollion*, Beweise dafür, dass sie wahrhaftig an Bord gewesen war! Er würde seine Kabine in eine Dunkelkammer verwandeln und die Aufnahmen sofort entwickeln. Und dann würde er Dorgelès und Rosterg und dieser ganzen verdammten Bande die Fotos um die Ohren hauen, würde sie zwingen anzuerkennen, dass seine Gattin sehr wohl auf dem Schiff gewesen war, würde ihnen keine andere Wahl lassen, als ihm endlich zu gestehen, was für ein erbärmliches Spiel hier gespielt wurde! Er fummelte am Schloss der Kabine 66 herum, stieß endlich die Tür auf, stürzte hinein.

Die Filme waren fort.

Die unbelichteten, noch in ihrer Verpackung steckenden Rollen standen zwar exakt so auf der Kommode, wie er sie dort abgestellt hatte. Aber die Dosen mit den belichteten Filmen waren verschwunden, so als hätte es sie nie gegeben. Jung schloss die Augen und zählte bis hundert. Er zwang sich, langsam und gleichmäßig zu atmen. Und doch hallte bloß ein Satz beständig durch seinen Geist: Ich werde wahnsinnig, ich werde wahnsinnig, ich werde wahnsinnig. Vergeblich versuchte er sich zu erinnern, ob die Filme schon an dem Abend verschwunden waren, an dem auch irgendjemand Doras Sachen aus der Kabine gestohlen hatte.

Oder ob sie womöglich doch noch länger dort gestanden hatten, direkt vor seiner Nase, und er hatte diese einmalige Chance nicht erkannt. Wahnsinnig, wahnsinnig, wahnsinnig, ich werde wahnsinnig. Irgendwann war jemandem klar geworden, dass diese Aufnahmen Beweise für Doras Existenz enthielten. Wem? Die Rostergs und Lüttgen wussten selbstverständlich, womit Jung sein Geld verdiente. Auch Dorgelès war die Leica sicherlich schon aufgefallen, vielleicht hatte er sogar von seinem unerlaubten Fotografieren auf der Brücke erfahren, auf jeden Fall konnte er sich seinen Teil denken. Lady Westmacott und Silwa wussten von seinem Beruf. Totzke. Und Steve Adams, den hatte er auch schon abgelichtet. Es hätte jeder sein können. Ich werde wahnsinnig.

Jung machte sich auf den Weg hinunter in den vorderen Frachtraum, und scheiß auf das Wasser und die Dunkelheit. Wenn ich sterbe, werde ich auf dem Meer sterben – aber nicht heute. Im Frachtraum dröhnte es wie in einer Maschinenhalle. Der Lärm kam nicht allein vom Motor der *Champollion*, es war der Kanal selbst, der ein Echo warf. Die Schrauben des Dampfers und der anderen Schiffe des Konvois wühlten das Wasser auf. Doch anders als im offenen Ozean, wo sich die Wellen in der Unendlichkeit verliefen, wurden sie hier von beiden Ufern und dem nahen Grund tausendfach reflektiert. Der Rumpf des Ozeanliners wurde so zum riesigen Resonanzkörper, ein hundertfünfzig Meter langer stählerner Verstärker, der alle Schwingungen in sich aufnahm, bis die vernieteten Platten bebten. Jung ignorierte seine aufkeimende Panik und ließ sich von einem Steward den hellen Schrankkoffer herausziehen. Er sah sofort, dass das Leder einen Kratzer abbekommen hatte. Als er die beiden Deckel aufklappte, war er nicht mehr überrascht, dass auch hier Doras Sachen fehlten. Nur seine Kleidung lag noch sorgfältig gefaltet in den Fächern, der riesige, nun bloß noch zur Hälfte gefüllte Koffer wirkte grotesk überdimensioniert. Jung beachtete den erstaunten Blick des Stewards nicht und holte mit zitternden Händen einen zwischen Wäschestücken gepolstert liegenden Leinensack hervor, in dem er alle Utensilien eines kleinen Fotolabors verstaut hatte: Vergrößerer, Rotlichtlampe, Trommeln, Entwicklerflüssigkeiten, ein Stapel Fotopapiere. Das hatte der Dieb übersehen, immerhin. Er ließ den Steward den Koffer wieder verstauen, steckte ihm ein paar Francs zu und ging nach oben, zu Licht und Luft, nur raus aus dem Wasser.

Er trug alles in seine Kabine, befestigte ein Laken vor dem Bullauge und stopfte Handtücher in die Spalte unter der Tür, bis er den Raum in eine Dunkelkammer verwandelt hatte. Für den technischen Teil der Fotografie hatte er sich nie besonders interessiert, er war kein Fanatiker der Grauwerte und Granulation, dafür hatte die *Berliner Illustrirte* Spezialisten, die im Labor das Beste aus seinen Bildern herausholten. Aber er war trotzdem erfahren genug, um einen Film zu entwickeln und davon Abzüge zu machen. Denn *einen* Film hatte man ihm nicht gestohlen: den, der noch in seiner Leica steckte. Er spulte ihn zurück und holte ihn danach unter dem Rotlicht aus der Kamera. Er stabilisierte ihn mit den Chemikalien, deren leicht fauliger Gestank seine Kabine erfüllte. Hoffentlich würde sich kein Mitreisender beschweren. Von jedem Negativ machte er einen Abzug. Jung hatte zwei Gürtel zusammengebunden und sie wie eine Leine quer durch den Raum gespannt, daran hängte er an Klammern die fertig belichteten Papiere, damit sie trockneten.

Er wusste nicht, wie viel Zeit er in seiner improvisierten Dunkelkammer verbracht hatte, eine Stunde, zwei? Sein Hemd war schweißnass, als er endlich das Rotlicht ausschalten konnte und das Bullauge weit aufriss. Heiße, trockene, doch immerhin unverbrauchte Wüstenluft strömte herein. Er räumte die Laborutensilien aus dem Weg und betrachtete anschließend seine Fotos. Es waren ausschließlich Aufnahmen, die er an diesem

Tag gemacht hatte: der Suezkanal, die Wüste, ganz gute Bilder, gut genug jedenfalls für eine Veröffentlichung. Aber nichts, was ihm jetzt irgendwie weiterhelfen würde. Die wenigen Schnappschüsse, die er in der Dritten Klasse gemacht hatte: misstrauisch dreinblickende Fremdenlegionäre, der Ägypter mit seinem fürchterlichen Lächeln, die schöne Japanerin. Das kann nicht alles sein, sagte er sich, das darf einfach nicht alles sein. Er setzte sich auf das Bett und ging die Bilder noch einmal Aufnahme für Aufnahme durch, betrachtete jeden Schatten, jedes Detail unter der Lupe.

Beim zehnten Bild hielt er das erste Mal inne: eine Weitwinkelaufnahme von vorne nach achtern über das Promenadendeck, zu beiden Seiten der *Champollion* erstreckte sich die Wüste bis zum Horizont. Weil er das Foto so früh gemacht hatte, waren noch relativ wenige Menschen auf dem Schiff zu sehen. Ein paar Passagiere – und ein Matrose, der neben dem dritten Schornstein stand. Der Seemann, den Dorgelès als Wächter aufgestellt hatte. Der Schornstein, der bloß Attrappe war. Jung betrachtete das Bild eingehend unter dem Vergrößerungsglas. Ein Matrose auf einem Deck neben einem Schornstein, gab es etwas Banaleres auf einer Seereise zu fotografieren? Das war kein Beweis, für gar nichts. Doch irgendetwas verbarg sich hinter der Stahltür, die vom Deck in den leeren Schornstein führte, etwas, das wichtig genug war, um bewacht zu werden. Wie groß konnte der Raum dahinter sein? Der Schornstein mochte zwei, drei Meter lang sein, und an seiner weitesten Stelle etwa genauso breit. Das Innere musste eine Art fensterloser stählerner Zylinder sein, auf nicht einmal zehn Quadratmetern Fläche. Einen Moment lang dachte Jung, dass dieses Loch womöglich Doras Gefängnis sein könnte: Der Erste Offizier hatte sie dort eingesperrt, warum auch immer. Unsinn, sagte er sich rasch. Der Schornstein war aus dünnem Stahl gebaut und stand auf dem belebtesten Deck des Ozeanliners.

Dora hätte bloß rufen müssen oder gegen die Wände hämmern, irgendein Passagier hätte sie längst gehört. Mein Gott – und wenn sie tot war? Ein stählerner Raum unter der Wüstensonne als Gruft? Irgendjemand hätte längst Verwesungsgeruch wahrgenommen. Jung schüttelte sich, vertrieb die schrecklichen Bilder aus seinem Geist. Was Dorgelès dort auch verbergen mochte, es war sicherlich kein Mensch, weder lebendig noch tot. Irgendwie musste es ihm gelingen, an dem Wachtposten vorbeizukommen und nachzusehen, was dort versteckt war.

Jung nahm sich die nächsten Aufnahmen vor. Er kam bis zu dem Porträt, das er, eher aus Verlegenheit, von Lady Westmacott und ihrer Gesellschaftsdame gemacht hatte. Er wollte es schon achtlos beiseitelegen, doch dann hielt er inne. Silwa klemmte die Zigarette zwischen Zeige- und Ringfinger der rechten Hand, in ihrer Linken hielt sie noch die Packung.

Königin von Saba.

Jung erkannte die Zeichnung ohne Hilfe, unter der Lupe konnte er dann auch den Schriftzug entziffern. Doras Marke. Wieso rauchte die armenische Dienerin einer an der Côte d'Azur lebenden englischen Lady ausgerechnet deutsche Zigaretten? Gab es die überhaupt in Frankreich zu kaufen? Oder gar an Bord der *Champollion*? Niemals, sagte sich Jung – Silwa musste auf anderen Wegen an diese Packung gekommen sein.

Jung wurde vom Rasseln der Ankerkette aufgeschreckt, ein fernes Grollen, das durch das ganze Schiff lief. Dann hörten die Stahlplatten auf zu zittern, die Maschinen kamen zur Ruhe. Auf einmal war es auf der *Champollion* unheimlich still. Er blickte verwundert aus dem Bullauge, sah weites Wasser und glaubte einen Moment lang, auf dem Meer zu sein. Dann erinnerte er sich wieder an die Reiseroute, die er bereits Tage vor der Abfahrt so oft studiert hatte, dass er sie auswendig kannte. Sie ankerten für die

Nacht im Großen Bittersee, dessen Wasser doppelt so salzig war wie das Meer, einem riesigen Becken zwischen Wüstenhügeln, dreißig Kilometer lang, aber nur ein paar Meter tief. Der Suezkanal mündete von Norden kommend hier ein. Südöstlich erstreckte sich nach einer Enge ein zweiter, der Kleine Bittersee, und dann war man auch schon beinahe im Roten Meer. Angeblich hob und senkte sich in den Bitterseen der Pegel nach den Gezeiten. Die Sonne stand nun tief im Westen und brannte ein weißes Loch in den vom feinen Sandstaub gelb gefärbten Himmel. Der Große Bittersee glänzte in diesem Abendlicht wie eine gewaltige Platte aus gehämmertem Kupfer, die schroffen Klippen am Ufer schimmerten durch den Dunst wie Tempel und Paläste einer längst versunkenen Zivilisation. Es ankerten schon einige Schiffe hier, sie sahen im Gegenlicht aus wie Scherenschnitte, Lotsen- und Fischerboote eilten zwischen ihnen und Fayed hin und her. Von der Stadt am Bittersee selbst konnte Jung kaum mehr als die Formen einiger Dächer und zwei Minarette sehen, die im goldenen Licht irgendwo zwischen Wüste und Wasser aufgehängt waren.

Er fand einen der Waschräume unbesetzt und duschte sich rasch, dann warf er sich in Schale: heller Sommeranzug, Sommerschuhe, Borsalino. Wenn er an diesem Abend irgendetwas erreichen wollte, dann musste er dieses Schauspiel mitspielen. Er fragte sich traurig, wo Dora in diesem Augenblick wohl sein mochte und wie es ihr ging. Er nahm sich zusammen, zupfte sein Einstecktuch zurecht, griff nach der Leica, in die er einen neuen Film eingelegt hatte.

Das Restaurant hatte sich in einen Palast verwandelt, und mitten in Ägypten kam Jung die üppige Dekoration passend vor. Auf jedem Tisch brannten Kerzen, deren flackerndes Licht sich in der gläsernen Decke mit den Lotosmustern spiegelte. In ihrem Schein schienen die Statuen und Fresken zum Leben erweckt worden zu sein. Magie, dachte er, das ist wirklich magisch, selbst noch in der Kopie des zwanzigsten Jahrhunderts. Die meisten Passagiere waren schon da, Stimmengewirr, der Pianist spielte fröhliche Operettenmelodien, Gläserklingen, manchmal lachte schon jemand zu laut, befeuert vom Wein oder Champagner. Die Herren in Anzug oder Smoking, die Damen trugen Abendkleider, Federboa, Stola, und es funkelte so viel Goldschmuck im Saal, dass man damit sicherlich auch eine Grabkammer Tutanchamuns hätte füllen können. Jung schoss unauffällig ein paar Fotos, schlenderte durch das Restaurant, vorbei an dem Tisch, an dem Lady Westmacott, Silwa und Steve Adams saßen. Soweit er sich erinnern konnte, hatten sie bislang nicht gemeinsam gespeist, aber vielleicht hatte Lady Westmacott die Dinge so arrangiert, dass fortan die kleine englischsprachige Gemeinschaft der *Champollion* zusammen dinierte. Er grüßte sie im Vorübergehen mit einem Kopfnicken. Später werde ich mir Silwa vornehmen, sagte er sich, falls ich sie jemals ohne ihre Chefin antreffe. Jung wollte zu gern wissen, wie sie an ihre Zigaretten gekommen war. Er grüßte auch Anita Berber und Henri Hofmann, die tatsächlich einmal vor ihm im Restaurant angekommen waren.

»Warum trödelst du denn so?«, empfing ihn Hugo Rosterg. »Endlich geht es einmal zivilisiert zu, der Fußboden schwankt nicht wie eine Kirmesschaukel, und da kommst du zu spät und bringst auch noch deinen Fotoapparat mit. Das hier ist keine verdammte Konferenz.«

»Recht hast du, Vater, zum Glück sind keine Politiker hier«, fiel sein Sohn ein, blickte dabei aber nicht zu Jung hinüber, sondern starrte ziemlich unverfroren Anita Berbers Gatten an. Jung fragte sich unwillkürlich, ob die alten Rostergs die lüsternen Blicke ihres Sohnes tatsächlich noch nie bemerkt hatten oder ob sie sie bloß nicht bemerken wollten. Er erwiderte nichts und setzte sich. Kein Stuhl für Dora, natürlich nicht. Er schloss für einen

Moment die Augen und schwor sich, Haltung zu bewahren. Dann vertiefte er sich in die Speisekarte, es war besser, ein Menu zu lesen, als in die Gesichter der Tischgenossen zu blicken.

Crème Gentilhomme
Darnes de Bar Meunière
Timbale de Volaille Bontoux
Longe de Veau Rôtie
Salade Frisée
Epinards aux Fleurons
Suprême Moka
Gruyère
Pommes – Bananes
Thé – Café – Infusions
Vin blanc – rouge
Champagner Piper-Heidsieck

Kurz darauf löffelte er lustlos die Buttercreme, die köstlich nach Zitrone schmeckte, doch er war nicht hier, um Feinschmecker zu werden. Bei Tisch führte wie immer der Patriarch das Wort, der nicht einmal zu bemerken schien, dass ihm niemand wirklich zuhörte. Der fünfte Abend an Bord – inzwischen kannte jeder hier seine Geschichten. Jung war dieser Wortschwall diesmal jedoch ganz recht. Er musterte heimlich die anderen, fragte sich, was sie wohl dachten, suchte nach dem winzigsten Zeichen, das offenbarte, wie viel sie über Doras Verschwinden wussten. Doch eigentlich waren sie wie immer: Hugo Rosterg dröhnend, Ernst bereits angetrunken und mal diesem, mal jenem Mann hinterherstarrend, Marthe Rosterg stumm und verbissen, Dorgelès, der das Dinner gelassen hinter sich brachte. Zum ersten Mal kam Jung der Verdacht, dass sich der Erste Offizier mindestens genauso langweilte wie er. Aber welche Rolle spielte er dann hier? Und

Lüttgen, der sich in diesem Moment zu ihm drehte und ihn mit einem wölfischen Lächeln bedachte.

»Ich habe mir erlaubt, Ihrer Gattin heute Nachmittag ein Telegramm zu senden«, sagte er. »Geschäftlich«, setzte er hinzu. Lüttgen sprach so laut, dass ihn jeder am Tisch hören konnte.

»Es wird eine Zeit dauern, bis es vom Suezkanal bis nach Berlin übermittelt worden ist«, erwiderte Jung vorsichtig.

»Oh, heute tickt die ganze Welt im Stundentakt«, meinte der Prokurist. »Sie müsste die Nachricht inzwischen längst bekommen haben. Es geht nur um ein paar Zahlen, Preise, Liefermengen, solche Dinge. Ich denke, dass sie mir schon morgen antworten wird.«

Jung, Lüttgen, jedermann an diesem Tisch wusste, dass es auf dieses Telegramm keine Antwort geben würde, morgen nicht und auch nicht an einem anderen Tag. Ab morgen würde Lüttgen ihn jeden Tag mit der scheinheiligen Frage quälen, warum Dora denn nicht antwortete, ob er etwas von ihr gehört habe, ob da womöglich etwas passiert sei? Lüttgen würde auch die Funker nach eintreffenden Meldungen fragen, würde es hier und dort erwähnen, auf dem Promenadendeck, im Wintergarten, im Restaurant, würde es langsam in die Besatzung und die Passagiere einsickern lassen, dass sich die Frau des Mitreisenden Theodor Jung partout nicht meldete und warum der Gatte wohl so ungerührt zu sein schien, vielleicht gar kaltherzig. Und wenn irgendwann Polizisten nach Dora fahnden würden, dann würde es ein ganzes Schiff voller Zeugen geben, die aussagten, dass Jung sich schon die ganze Zeit irgendwie seltsam, eigentlich sogar verdächtig verhalten hatte.

»Morgen ist Samstag«, erinnerte ihn Jung und bemühte sich, gelassen zu klingen. »Dora arbeitet nicht gerne am Wochenende. Sie wird sich vermutlich erst kommende Woche melden, das ist ja nicht weiter schlimm, Preise und Liefermengen laufen Ihnen sicherlich nicht davon.«

»Was wissen Sie denn schon vom Mechanismus der Märkte?«, brummte Lüttgen unzufrieden. Offenbar hatte er sich bereits unbewusst dem Rhythmus einer jeden Seereise angepasst, wo die Tage so ineinanderflossen, dass man schließlich nicht mehr zu sagen vermochte, wann Wochenende war und wann nicht.

Jung atmete tief durch. Er hatte, so hoffte er, mit seiner Ausrede zwei Tage gewonnen, bevor der Prokurist mit diesem Spiel weitermachen konnte. Am Samstag und am Sonntag würde niemand eine Antwort erwarten.

Doch Lüttgen ließ nicht einmal jetzt locker. »Dieses Telegramm …«, setzte er erneut an.

Dann war es ausgerechnet Anita Berber, die Jung aus der Bedrängnis rettete.

Einer der Kolonialbeamten hatte sich von seinem Platz erhoben und war zur Tänzerin herübergeschlendert. Seine Tischgenossen, schon deutlich angetrunken, riefen ihm obszöne Anfeuerungen hinterher, es sah aus, als hätten sie eine Wette abgeschlossen. Der Mann baute sich vor Anita Berber auf und verbeugte sich ironisch übertrieben. Dann sagte er etwas, so leise allerdings, dass Jung ihn nicht verstand. Das musste er aber auch nicht, er sah das Gesicht der Berber. Ihre Augen blitzten, ihren Mund hatte sie zu einem kleinen blutroten Strich zusammengepresst. Jung hatte diesen Gesichtsausdruck schon einmal bei einem ihrer Auftritte im Toppkeller gesehen, er wusste, was nun folgen würde. Er schob den Stuhl zurück und stand auf.

Doch Anita Berber war schneller.

Mit einer raschen, sogar elegant wirkenden Geste packte sie die Champagnerflasche auf ihrem Tisch am Hals, sprang auf – und schlug sie dem Kolonialbeamten mit einer schwungvollen Geste auf die Stirn. Die Flasche zerplatzte mit einem Knall, Blutstropfen und Glassplitter flogen in alle Richtungen, einige Frauen schrien auf, der Mann selbst brachte keinen Ton heraus, seine

Augen wurden glasig, Blut floss über sein Gesicht, dann knallte er der Länge nach auf den Boden. Die Berber setzte sich wieder, nahm Messer und Gabel auf und plauderte mit Henri Hofmann, als sei nichts geschehen. Zum ersten Steward, der entsetzt angelaufen kam, wandte sie sich um, schenkte ihm ein charmantes Lächeln und sagte laut und in nahezu perfektem Französisch: »Wir nehmen noch eine Flasche Piper-Heidsieck.«

Dann kamen die Tischgenossen des Kolonialbeamten, trugen fluchend den Bewusstlosen fort, weitere Stewards eilten hinzu, fegten Glas zusammen, wischten Blut auf, beruhigten einige empörte Gäste, andere Passagiere jedoch lachten, zwei oder drei Männer applaudierten der Tänzerin sogar. Jung war eigentlich aufgesprungen, um Anita Berber vor genau so einem Skandalauftritt abzuhalten. Aber vielleicht war es gar nicht so schlecht, dass er nicht schnell genug reagiert hatte, erkannte er plötzlich. Immer lauter redeten die Leute durcheinander, viele waren von ihren Plätzen aufgestanden, einige versammelten sich gar um Anita Berbers Tisch und gafften. Selbst die Rostergs und Lüttgen starrten hinüber, Dorgelès kniete mit dem herbeigerufenen Schiffsarzt neben dem blutenden Mann, den seine Kameraden auf einen Teppich gelegt hatten.

Niemand achtete auf Jung.Er strebte zum Ausgang, weder besonders langsam noch besonders schnell. Er war schon fast aus dem Restaurant hinaus, als er seinen Namen hörte.

»Wollen Sie das denn nicht fotografieren, alter Junge?« Steve Adams deutete grinsend auf die Leica. Auch Lady Westmacott und Silwa wandten ihre Aufmerksamkeit vom Spektakel ab und ihm zu.

Jung fühlte sich ertappt. »Die Skandale der Berber kennt man in Berlin schon zur Genüge«, erklärte er verlegen, »die will mein Schriftleiter nicht mehr sehen. Und mir verdirbt das den Appetit. Ich schnappe ein bisschen frische Luft.«

Als er davonging, spürte er ihre Blicke zwischen seinen Schultern.

Er wartete auf dem Gang der Ersten Klasse und atmete erleichtert auf, als Fanny tatsächlich kam.

»Hat niemand Sie gesehen?«, fragte sie leise.

»Keiner hat auf mich geachtet«, versicherte er, nicht hundertprozentig wahrheitsgemäß.

Sie blickte sich noch einmal nervös um, dann schloss sie die Tür zur Kabine 56 auf. Ihre Hände zitterten.

»Wir riskieren nichts«, sagte Jung beruhigend.

»Ich riskiere meine Stelle!«, zischte Fanny. »Also beeilen Sie sich!«

»Stehen Sie draußen Schmiere?«

»Das würde auffallen, wenn ich auf dem Gang bleibe.« Sie kam mit ihm herein und schloss die Tür.

Jung holte eine kleine Taschenlampe aus seiner Jacketttasche, doch Fanny schüttelte energisch den Kopf. »Der Kapitän hat zusätzliche Wachposten über die Decks verteilt, weil wir so nahe am Ufer ankern. Manchmal kommen nachts Diebe über den Bittersee. Ein wachhabender Matrose könnte den Lichtstrahl ihrer Lampe durch das Bullauge leuchten sehen. Wir haben Vollmond, das muss reichen.«

Tatsächlich fiel fahles Licht in die Kabine. Als sich Jungs Augen erst einmal daran gewöhnt hatten, sah er zwar alles nur in Grautönen, doch deutlich genug. Die Kabine war ungefähr doppelt so groß wie seine. Zwei getrennte Betten standen im Raum, zwei Nachttische, ein Schrank, ein Schreibtisch, davor ein Stuhl, ein Schminktisch mit Spiegel. Die Tür zum angrenzenden Bad war offen. Auf einem Bett lag ein sorgfältig zusammengefaltetes Sommerkleid, auf dem anderen erkannte er ein zerknittertes Hemd und ein Paar Hosenträger. Jung eilte dorthin und zog die

Schublade des danebenstehenden Nachttisches auf. Er wusste zwar nicht genau, was er suchte, aber wenn es hier etwas zu finden gab, dann wohl eher in den Sachen des Patriarchen. Hastig wühlte er herum: Manschettenknöpfe, Krawattennadeln, Papiertaschentücher, eine Landkarte der arabischen Halbinsel, zuunterst zwei Zeitschriften: *Die Ehe* und *Die Freundin*. *Die Ehe* war eine erotische Zeitschrift, die man in Berlin oder Hamburg in fast jedem Kiosk unter der Ladentheke kaufen konnte. *Die Freundin* war ein Blatt für Frauen, die Frauen liebten, und da kam man schon nicht so leicht heran. Jung fragte sich flüchtig, ob es für Marthe war oder ob der Patriarch auch diese Art Erotik goutierte. Er ging zum Schreibtisch, als er plötzlich Fannys Hand auf seinem Arm spürte.

»Da ist jemand«, flüsterte sie. Auf ihren Schläfen glitzerten winzige Schweißperlen.

Jetzt vernahm auch er leise Geräusche an der Tür, so als würde sich jemand am Schloss zu schaffen machen. Der alte Rosterg, fuhr es ihm panisch durch den Kopf, zu betrunken, um den Schlüssel richtig einzustecken. Einen Moment lang spielte er mit dem Gedanken, sich direkt neben die Tür zu stellen, den Patriarchen einfach beiseitezustoßen und mit Fanny den Gang hinunter zu fliehen, bevor der Alte überhaupt begriffen hätte, wie ihm geschah. Doch womöglich stand auch Marthe dort draußen, und wer weiß, ob nicht auch Ernst und sogar Lüttgen im Gang waren.

Jung deutete stumm auf das Bad. Sie eilten hinein, zogen die Tür bis auf einen Spalt hinter sich zu. Mit einem leisen Klacken sprang nur einen Moment später das Schloss der Kabinentür auf. Eine Gestalt kam herein, drückte die Tür gleich wieder leise zu, machte kein Licht. Nicht der Alte. Ein Mann, dachte Jung, ein Einbrecher, mein Gott! Sein Herz hämmerte. Der Unbekannte steckte etwas in seine Hosentasche, vielleicht einen Dietrich oder einen Schraubenzieher, jedenfalls ein Werkzeug, mit dem er das Schloss ohne Beschädigungen geöffnet hatte. Er trug dunkle Kleidung, schwarze Handschuhe, einen dunklen Stetson, dessen Krempe sein Gesicht verdeckte. Jung erkannte ihn trotzdem, als er näher ans Bullauge trat.

Umberto Marinetti.

Der Italiener bewegte sich lautlos, sicher, schnell. Der macht so etwas nicht zum ersten Mal, erkannte Jung. Er wagte nicht zu atmen. Das Bad war eng und fensterlos. Nicht an das U-Boot denken, nicht daran denken, aber je mehr er sich zwang, nicht daran zu denken, desto stärker wurden die Bilder von UB 68. Er zitterte. Nimm dich zusammen!

Marinetti ging mit drei, vier langen Schritten bis zum Schminktisch, holte wieder irgendein Instrument aus der Tasche, bearbeitete die Schmuckkassette, die vor dem Spiegel stand. Nach wenigen Sekunden hatte er sie geöffnet, fischte etwas heraus, verschloss sie wieder. Ein paar Augenblicke später war er wieder draußen, so laut- und spurlos, wie er gekommen war.

»Wir müssen verschwinden!«, keuchte Fanny. »Ein Dieb an Bord! Ich muss es dem Zahlmeister melden.«

»Und ihm sagen, dass wir einen Einbrecher ertappt haben, weil wir selbst in eine Kabine eingebrochen sind?« Jung schüttelte den Kopf. »Um Marinetti kümmern wir uns später. Jetzt bringen wir das hier hinter uns!«

Er eilte zum Schminktisch. Die Kassette war wieder verschlossen, als wäre sie nie geöffnet worden – Jung konnte sie nicht aufklappen. Er hätte gerne gewusst, welches Schmuckstück ein italienischer Anwalt gestohlen hatte. Falls Marinetti denn Anwalt war. Vielleicht hatte er aber auch etwas ganz anderes mitgehen lassen. Er gab es auf, die Kassette öffnen zu wollen, und ging zum Schreibtisch. Dort lag eine Dokumentenmappe aus Leder. Darin Geschäftsbriefe, Lieferscheine, Rechnungen, den Daten nach die letzten Transaktionen, die Hugo Rosterg in den Tagen vor seiner

Reise in den Orient getätigt hatte. Wahrscheinlich hatte er sie mitgenommen, um sie auf dem Schiff zu bearbeiten. Jung blätterte hastig durch die Papiere. Alle trugen zwei Unterschriften, stets die von Hugo Rosterg und dazu oft die von Lüttgen – doch manchmal erkannte er auch Doras geschwungene Handschrift neben der ihres Vaters wieder. Es versetzte ihm einen Stich ins Herz, so unvermutet auf eine Spur seiner Frau zu treffen. Dora und Lüttgen hatten Prokura, im Gegensatz zu Marthe und Ernst, denen der Alte offenbar nie ganz traute, es war durchaus normal, dass sich ihre Unterschriften auf Rechnungen wiederfanden. Irgendwann stutzte Jung, während er die Schreiben durchblätterte. Er sah genauer hin, fing dann noch mal von vorne an und ging diesmal systematisch Dokument für Dokument durch.

»Wir müssen uns beeilen!«, drängte Fanny.

»Einen Moment noch«, bat Jung. Er schüttelte fassungslos den Kopf. Da gab es Rechnungen, Geschäftskorrespondenzen, Lieferscheine über Gewürze an das KaDeWe und an Feinkostgeschäfte im Reich. Aber Rosterg hatte auch Kunden in Warschau und Danzig, in Kopenhagen, Amsterdam, Brüssel – und die meisten Kunden waren Apotheken, Cafés oder, der Anschrift nach, Privatpersonen, erstaunlich viele darunter mit Adelsnamen. Und die Rechnungen gingen über zweihundert, dreihundert Reichsmark oder auch zweitausend Mark.

»Wer kauft für zwei Braune Gewürze ein?«, murmelte Jung verwundert.

Der letzte Brief in der Mappe trug den Kopf des Reichsfinanzministeriums. Es war ein Durchschlag auf dünnem Papier, nicht an Rosterg adressiert, sondern eine Denkschrift oder eine Art Gutachten, jedenfalls ein Schriftstück, das ein Beamter für einen Vorgesetzten angefertigt hatte, vielleicht gar für den Minister persönlich. Jung fragte sich, wie Rosterg an diese Kopie gekommen war und was er damit wohl bezweckte. Einige Sätze hatte er mit Bleistift unterstrichen: »Die deutsche chemische Industrie verdient im Ausfuhrhandel viel Geld für Deutschland. Es muss daher volkswirtschaftlich die größte Rücksicht auf die chemische Industrie genommen werden. Deutschland hat unzweifelhaft einen sehr hohen Export an Morphin, Kokain und Heroin, an dem recht viel verdient wird.«

»Das Dinner muss längst beendet sein«, flüsterte Fanny nervös.

»Noch eine Minute!«, bat Jung. Er rückte die Mappe so auf dem Schreibtisch zurecht, dass das Mondlicht direkt auf die Seiten fiel. Dann fischte er seine Leica aus der Tasche und öffnete die Blende des Weitwinkels. Es war eigentlich nicht hell genug, der Film war auch nicht sonderlich empfindlich, aber irgendwie musste er das jetzt hinkriegen. Er durfte die Aufnahmen nicht verwackeln, den Rest musste er im Labor aus den Filmen herausholen. Er stellte sich breitbeinig hin, atmete tief durch und hielt dann die Luft an, damit seine Hände möglichst ruhig waren. So fotografierte er das Schreiben des Reichsfinanzministeriums, danach die Rechnungen, die an Apotheken und Privatleute in Europa ausgestellt worden waren – so lange, bis er die vierundzwanzig Bilder auf dem Film verschossen hatte.

»Was ist daran so wichtig?«, fragte Fanny, nachdem er die Kamera endlich abgesetzt hatte. »Monsieur Rosterg hat diese Mappe doch nicht einmal versteckt, geschweige denn im Schiffstresor verschlossen.«

»Weil er nicht damit rechnet, dass sich irgendjemand je für ihren Inhalt interessieren würde. Außerdem sehen sie auf den ersten Blick harmlos aus. Aber ich glaube, dass es sich um illegale Geschäfte handelt.« Nicht mit Gewürzen, sondern mit Rauschgift, setzte er im Geiste hinzu. Sogar im Ministerium wusste man Bescheid, deckte den Handel womöglich gar. Aber er war trotzdem illegal: Ärzte durften Kokain verschreiben, Apotheker in geringen Mengen verkaufen – aber nicht ein Gewürzhändler, und nicht in diesen Mengen, und nicht in ganz Europa. Und Doras Name stand auch auf manchen dieser Schreiben.

Jung legte die Mappe so zurück, wie er sie vorgefunden hatte, vergewisserte sich mit einem letzten Blick in die Kabine, dass nichts auf ihren Einbruch hindeutete, dann nickte er der Stewardess zu. »Gehen wir.«

»Endlich.« Fanny öffnete vorsichtig die Tür, spähte über den Gang. »Die Luft ist rein.«

Sie waren jedoch erst wenige Meter weit gekommen, als sie Stimmen hörten: zwei Männer, ziemlich laut, offenbar wütend. »Sie ist selbst schuld, dass man ihr das Gas ausmacht!« Ernst Rosterg, dachte Jung, verdammt, verdammt, verdammt. Die andere Stimme, weniger ungehobelt, beherrschter, musste die von Lüttgen sein. Er sah sich verzweifelt um. Sie standen noch im Gang der *Cabines de luxe*, auf dem Weg vom Restaurant aus befanden sie sich hier jenseits der Kabine 66, die beiden Männer würden sich fragen, was Jung so weit vorne im Schiff zu suchen hatte. Aber es führte kein anderer Gang von hier fort.

»Ihr Schlüssel!«, flüsterte Jung. »Schnell! Schließen Sie eine Tür auf, irgendeine! Ich muss mich verstecken.«

»Das geht nicht«, zischte sie. »Überall könnten Passagiere sein. Folgen Sie mir!«

Sie ging den Stimmen entgegen. Sobald Ernst Rosterg und Lüttgen sie erblickten, blieben sie überrascht stehen. Fanny jedoch ging einfach weiter und wandte sich dabei zu Jung um. »Sie hätten sich doch nicht bemühen müssen, mich zu suchen, Monsieur. Sie hätten einfach klingeln können. Das mit der Lampe bringe ich sofort in Ordnung.«

»Die Lampe … selbstverständlich«, erwiderte Jung und kam sich dabei so dämlich vor wie der Akteur eines Schmierentheaters. Er grüßte die beiden Männer mit einem Kopfnicken.

Lüttgen sah ihn misstrauisch an. »Alles in Ordnung?«

»Die … die Birne ist durchgebrannt. Ich laufe bestimmt schon zehn Minuten durch das Schiff, um eine Stewardess zu finden.«

»Nie ist eine da, wenn man sie braucht«, brummte Ernst. Er setzte sich schon wieder schwerfällig in Marsch.

»Wie gut, dass Sie schließlich doch noch jemanden gefunden haben. Die Helferin in der Not, nicht wahr, Mademoiselle?« Lüttgen deutete eine spöttische Verbeugung an und folgte nach einem kurzen Zögern dem Sohn seines Chefs.

»Glauben Sie, dass die beiden ahnen, was wir getan haben?«, flüsterte Fanny, als der Gang wieder verlassen dalag.

»Nein.«

»Es klang aber wie eine Drohung.«

Jung zwang sich zu einem Lächeln. »Das war auch eine Drohung. Aber nicht gegen Sie, Fanny, sondern gegen mich.«

»Da wäre ich nicht so sicher«, erwiderte sie sorgenvoll.

Als sie endlich vor Kabine 66 angekommen waren, wandte Jung sich ihr zu. »Wenn Frau Rosterg einen Diebstahl meldet, dann werde ich den Zahlmeister über Marinetti informieren, notfalls anonym. Keine Sorge, Fanny, Sie werden mit dieser Affäre nicht in Verbindung gebracht. Dann wird man die Kabine des Signore durchsuchen. Aber falls meine Schwiegermutter nichts anzeigt, dann bleibt mir wohl oder übel vorerst auch nichts anderes übrig, als den italienischen Herrn im Auge zu behalten und abzuwarten, was er als Nächstes tun wird.«

»Seine Kabine gehört zum Bereich eines Kollegen. Ich kann sie nicht unauffällig durchsuchen.«

»Sehen wir einfach, wie sich die Dinge entwickeln.« Er nahm ihre Hand. »Ich danke Ihnen für Ihre Hilfe.«

»Ich hoffe wirklich, dass Sie mit Ihrer Sache weitergekommen sind.«

»Das weiß ich noch nicht.«

»Verschwundene sind Gespenster. Immer, wenn man glaubt, man bekommt sie endlich zu fassen, gleiten sie einem wieder durch die Hände, und es bleibt nichts zurück als Leere.«

Jung hätte ihr gerne Mut gemacht, doch jedes Wort wäre bloß eine Lüge gewesen. Er blickte ihr nach, als sie langsam den Gang hinunterging. Und plötzlich überfiel ihn der schreckliche Verdacht, dass Fanny recht haben könnte: Dora war zu einem Gespenst aus einer anderen, glücklicheren Zeit geworden, und niemals mehr würde er sie berühren.

Während der folgenden Stunden entwickelte er den Film. Mitten in der Nacht hielt er schließlich die Fotos der Dokumente in der Hand: schlecht belichtet, nicht ganz scharf, aber trotzdem ausreichend, um die Texte zu lesen. Er legte die belichtete Filmrolle in Doras alte Munitionstasche und stopfte sie wieder unter die Matratze. Wo sollte er die Bilder verstecken, jeder Abzug war so groß wie ein Din-A4-Blatt. Zwischen den Hemden? Im Handkoffer? … Im Überseekoffer im Frachtraum.

Es war kurz vor der Morgendämmerung. Auf dem Gang glomm noch die Nachtbeleuchtung, die Decks lagen verlassen unter dem Mond, es war so still, dass er die winzigen Wellen des Bittersees hörte, die gegen den Rumpf schwappten. B-Deck, A-Deck, immer tiefer hinunter. Im Frachtraum knipste er die Taschenlampe an. Wenn ich sterbe, werde ich auf dem Meer sterben. Aber der Bittersee war kein Meer. Er eilte durch den gespenstisch dunklen Frachtraum. Er hatte das Gefühl, als würde ihn jemand dabei beobachteten; er ließ den Strahl der Taschenlampe mal hierhin, mal dorthin wandern, lauschte. Niemand. Jung zerrte den Schrankkoffer hervor, jetzt hatte er schon einen zweiten Kratzer abbekommen. Noch einmal leuchtete er misstrauisch den Frachtraum ab, horchte nach verdächtigen Geräuschen, nichts. Er öffnete den Koffer und stopfte die Fotos hastig zwischen einige leichte Baumwollhemden, die er sich in Berlin gekauft hatte, um der Wüstenhitze Omans zu widerstehen.

Nachdem er den Koffer zurückgeschoben und sich noch einmal vergewissert hatte, dass er auch wirklich allein war, eilte er wieder nach oben. A-Deck. Im Treppenhaus stand eine Tür offen, frische Luft strömte herein, trocken und erstaunlich kühl. Von draußen kam ein Geräusch. Jung hielt inne und wagte nicht einmal mehr zu atmen. Jetzt hörte er es wieder: ein leises Platschen, als würde irgendetwas ins Wasser fallen, dann wieder Stille.

Vorsichtig schlich er durch die Tür. Auf dem Vordeck warf der hohe, mit Drähten verspannte Mast einen schwachen Schatten, fast so, als sei die *Champollion* noch ein Segelschiff. Daneben Lüftungsrohre, zwei Kräne, mehrere zusammengerollte armdicke Taue. Ganz dicht am Bug stand ein Mann am Schanzkleid. Jung sah genauer hin: Der Mann hatte auf die breite stählerne Kante der Schutzwand mindestens ein halbes Dutzend leere Bierflaschen aufgestellt. Nun hob er die Hand und tippte eine Flasche leicht an, sodass sie dem schwarzen Wasser entgegenfiel und mit einem leisen Klatschen im Bittersee verschwand.

Totzke.

Jung trat vorsichtig näher. Der Kerl war total betrunken. Wieder tippte er eine Flasche an. Und wieder eine. Mein Gott, wie viele leere Bierflaschen hatte dieser Mann wohl schon im Bittersee versenkt?

»Nette Aussicht«, sagte Jung und stellte sich neben Totzke. Er deutete auf die Felsen in der Wüste, die unter dem Mondlicht größer und schroffer wirkten als bei Tage.

Totzke stierte ihn mit glasigem Blick an. »Der Herr Lichtbildner«, sagte er endlich mit schwerer Stimme. »Diese Parade wollnse doch nicht etwa fotografieren?« Er deutete auf die letzten verbliebenen Flaschen und musste sich zugleich mit der anderen Hand am Schanzkleid festhalten, um nicht nach hinten zu kippen.

»Ich bin nicht im Dienst«, beruhigte ihn Jung. Möglicherweise war Totzke viel zu betrunken, um ihn noch ausfragen zu können – vielleicht aber auch nicht. Er beschloss, es einfach zu versuchen. »Sagen Sie, Maxe: Wenn ich eine Prise Kokain haben möchte, wo kann ich die bekommen?«

Totzke glotzte ihn verwundert an. »Sie?! Ein Kerl wie Sie steht nicht auf Schnee, dit sehe ick auf hundert Metern.«

»Na wenn schon.«

Totzke runzelte die Stirn. »Hier aufm Schiff? Is et so dringend? Da hamse aber Pech gehabt, Herr Lichtbildner, ick kann Ihnen hier nicht weiterhelfen.« Wieder stürzte eine Flasche ins Wasser, die vorletzte.

»Und in Berlin? Können Sie mir da weiterhelfen, wenn ich zurück bin?«

»Wollnse auch in den Familienbetrieb einsteigen?«

»In welchen Familienbetrieb?«

»Kommse mir nicht mit der Nummer! Dora hat immer gesagt, Sie sind naiv.«

»Ich dachte, Sie kennen meine Frau nicht!«

»Na, man muss ja nicht immer gleich mit der Wahrheit rausrücken. Der Alte hat übrigens noch ganz andere Dinge über Sie verbreitet, der hält Sie für unterbelichtet. Aber wir von der Immertreu wissen et seit Ihren Fotos vom Prozess besser. Sie machen auf harmlos, aber Sie ham et faustdick hinter die Ohren. Dit is Ihre Masche.«

Jung überhörte dieses Kompliment. »Mein Schwiegervater kauft von Ihnen Rauschgift?«

Totzke grinste und tippte Jung auf die Brust, die fahrige Geste eines Betrunkenen, doch Jung spürte die enorme Kraft in dieser Hand. Die letzte Bierflasche ging über Bord. »Der alte Rosterg kauft nicht Drogen von uns, der *verkauft* uns Drogen!«, erklärte Totzke schließlich triumphierend. »Dit hamse wirklich nicht gewusst?« Er lachte. »Hamse schon mal den Namen Horst Hahn gehört?«

Jung schüttelte bloß den Kopf.

»Ein Apotheker aus Tempelhof. Gutachter für die Kripo. Immer, wenn die Polente Heroin oder Kokain sichergestellt hatte, schickte sie ihm das Zeug zur Analyse. Und Hahn hat der Polente wertloses weißes Pulver zurückgeschickt – und den Schnee an uns verkauft!« Totzke lachte nun so dröhnend, dass Jung Angst hatte, es könnte doch jemand auf sie aufmerksam werden. Der Schläger wischte sich Tränen aus den verquollenen Augen und beruhigte sich wieder. »Gewissermaßen hat uns die Polente jahrelang beliefert, könnse dit glauben? Leider is der Hahn letztes Jahr aufgeflogen. Seither machen wir Geschäfte mit den Rostergs.«

»Den Rostergs?«

»Na, Ihrem Herrn Schwiegerpapa und Ihrer Gnädigsten. Wat glaubense denn, wat ihre Gattin in Berlin für Geschäfte macht?«

Jung starrte fassungslos in die Nacht. Naiv und noch ganz andere Dinge.

Totzke schlug ihm auf die Schulter. Vielleicht war das aufmunternd gemeint, doch der Schlag war so schwer, dass Jung beinahe in die Knie gegangen wäre. Er klammerte sich am Schanzkleid fest. Ihn schwindelte – und das nicht nur durch die Wirkung dieser Pranke.

»Der Alte hat seiner Dora vertraut, und recht hatte er, die is ja auch ne andere Brut«, fuhr Totzke fort und zwinkerte vielsagend.

»Andere Brut?« Jung kam sich unfassbar dämlich vor.

Der Schläger kniff die Augen zusammen und versuchte, sich zu konzentrieren. »Sie sind vielleicht doch ein wenig naiv, Herr Lichtbildner, wa?«

»Herrgott, Mann, raus mit der Sprache!«

Totzke grinste. »Der Vater is der Vater, aber die Mutter is nicht die Mutter, verstehnse?«

Jung schluckte. »Das … das ist unmöglich.«

»Papperlapapp! Lugano 1899, warum, glaubense, is die feine Familie seinerzeit in Urlaub gefahren? Mann und Frau – und et Hausmädchen … Die Kleene war schwanger und garantiert nicht vom Heiligen Geist. Is aber leider bei der Geburt verstorben, die Arme. Und so kam Frau Rosterg aus dem Sommerurlaub zurück mit nem Kind. Hat gute Miene zum bösen Spiel gemacht, die Gnädigste, blieb ihr ja sonst auch nüscht anderes übrig.«

Jung erinnerte sich an das Dinner am zweiten Abend, als Marthe Rosterg wütend und eifersüchtig war, weil der Alte Anita Berber an ihren Tisch geholt hatte, und ihrem Mann die Stimmung verderben wollte: *Du hast Lugano vergessen, Schatz, Lugano 1899, erinnerst du dich nicht mehr? Ein unvergesslicher Sommer! Du erinnerst dich doch noch, oder?* Und das Stammbuch der Familie, das sie mitten in der Nacht ihrem Sohn so vors Gesicht gehalten hatte, dass der praktisch gezwungen war, es zu lesen. Er atmete tief durch. »Woher wissen Sie das alles, Maxe?«

»Herr Lichtbildner, bevor Immertreu ein Geschäft macht, ziehen wir Erkundigungen ein. Dit is ne Lebensversicherung, verstehnse? Kenne deinen Feind gut und deinen Freund noch besser!« Er lachte wieder.

»Weiß Dora, dass sie ein illegitimes Kind ist?«

Totzke zuckte mit den Achseln. »Dit müssense sie selbst fragen. Is'n helles Mädchen, Ihre Dora. Ick hab sie übrigens doch an Bord gesehen.«

»Sie haben Dora gesehen?! Wann, wo?«, rief Jung, plötzlich voll wilder Hoffnung.

»Schreinse doch nicht so, Sie wecken sonst die ganze Baggage! Na, am zweiten Tag, da sinse ja mit ihr übers Deck promeniert, dit hab ick genau beobachtet.«

»Seither nicht mehr?«, vergewisserte er sich.

»Ick weiß ja nicht, wat Sie mit ihr angestellt haben, aber …«

»Ich habe nichts angestellt!«, schrie Jung verzweifelt. »Meine Frau ist verschwunden. Ich suche überall nach ihr. Jedermann leugnet, sie je an Bord gesehen zu haben.« Er packte Totzkes rechten Arm. »Sie! Sie können wenigstens bezeugen, dass Dora zu Beginn der Reise an Bord war. Sonst wird mir niemand glauben.«

Totzke war viel schneller, als Jung das einem so betrunkenen Mann zutrauen würde. Er riss den Arm unter Jungs Hand fort, packte ihn am Kragen und zog ihn drohend nah zu sich heran. »Nu hörnse dem guten Maxe mal genau zu, Herr Lichtbildner: Ick sage nicht vor der Polente aus, is dit sonnenklar? Wennse auch nur irgendjemanden sagen, dass ick ein Zeuge bin, dann blas ick Ihnen Ihr Lichtlein aus, is dit auch sonnenklar? Die Probleme mit Ihrer Gattin lösense mal schön alleine. Und beeilense sich mal besser. Ick bin nämlich hier, um auch ein paar Probleme mit der feinen Familie Rosterg zu lösen. Allerdings nicht mit Ihrer Gnädigsten, dit versprech ick Ihnen.«

»Probleme? Welche Probleme?«, keuchte Jung.

Totzke ließ ihn los und klopfte ihm auf die Schulter, behutsam diesmal, als wollte er ihm bloß einen Staubfaden abwischen. »Diese Familie is nüscht für Sie, Herr Lichtbildner.« Mit diesen Worten drehte er sich um und ging mit schweren Schritten über das Vordeck auf die Aufbauten zu. Jung blieb allein am Bug zurück, und ihm dämmerte, dass die letzten zehn Jahre seines Lebens in Trümmern lagen.

EIN GRAB IN DER WÜSTE

Beim Frühstück musterte Jung unauffällig seine Schwiegermutter, die eigentlich gar nicht seine Schwiegermutter war. Seit dreißig Jahren gab Marthe Rosterg ein fremdes Kind als das ihre aus. Dreißig Jahre, in denen Doras Anblick, ihre Stimme, ja die bloße Erwähnung ihres Namens für Marthe wahrscheinlich jedes Mal demütigend gewesen war. Jung erinnerte sich an die zahllosen kritischen Sätze, an die kalten Blicke – nun verstand er das alles. Ob Dora nach und nach verzweifelt war über die für sie unerklärliche Kälte dieser Frau, die sie für ihre Mutter hielt? Oder ob sie über ihre Herkunft im Bilde war und die bittere Komödie mitspielte, Mutter und Tochter aus angesehenem Haus, die perfekte Familie. Familie … Jung wurde bewusst, dass Ernst Rosterg Marthes einziges leibliches Kind war. Auch das erklärte manches.

Marthe Rosterg strich Butter auf den Toast, trank dann einen Schluck Tee, Earl Grey, der Duft schwebte über dem Tisch wie ein Flaschengeist, sie blickte niemanden an, sagte nichts. Kein Wort von einem Einbruch. Kein Wort über ein fehlendes Schmuckstück. Ob sie den Verlust noch gar nicht bemerkt hatte? Oder verschwieg sie ihn absichtlich?

Jung schreckte aus seinen Grübeleien auf, weil Lady Westmacott an ihren Tisch trat und sich zu ihm beugte. »Der Kapitän hat mich gerade darüber informiert, dass die *Champollion* bis zum Abend im Bittersee ankern muss. Wie es scheint, passiert ein britischer Flottenverband den Suezkanal, und die Schlachtschiffe Ihrer Majestät haben selbstverständlich Vorfahrt.«

»Wir hätten doch den Krieg gewinnen sollen.« Jung dachte an mindestens zwölf endlose Stunden, bewegungslos unter der Wüstensonne.

»Junger Mann, auch Sie profitieren vom Empire.« Die englische Lady lächelte. »Lord Carnavon war nämlich ein alter Freund meines Mannes, die beiden kannten sich seit ihrer Zeit in Eton. Ich kannte ihn auch, gewissermaßen besser, als ihm und mir lieb war. *Poor old* Herbert – seit seinem Autounfall hatte er ständig Schmerzen, er war Stammkunde in meiner Apotheke, wann immer er an der Côte d'Azur weilte. *Well*, jedenfalls habe ich über Herbert auch Howard Carter kennengelernt.«

»*Den* Howard Carter?!«

»Er leitet immer noch die Ausgrabungen am Grab des Tutanchamun. Ich habe ihm sofort telegraphiert, sobald mir unser Kapitän von der Verzögerung berichtet hat. Howard Carter hat schon geantwortet: Er wäre geehrt, wenn er uns zum Tee empfangen könnte. In Fayed gibt es Wagen, die uns zum Tal der Könige fahren würden. Der Kapitän stellt uns auch einige kräftige Matrosen zur Seite. Durch die Wüste streifen noch Hyänen und Schakale. Ist das nicht aufregend?«

»Wenn Sie einen Fotografen mitnehmen wollen …«, sagte Jung und konnte sich nun auch ein Lächeln nicht verkneifen.

»Sehen Sie: Wie gut, dass es das Empire gibt. Und die anderen?« Sie blickte in die Runde. »Ich habe mich schon unter einigen Mitreisenden umgehört. Es sind ein gutes Dutzend Plätze in den Limousinen frei. Mister Adams ist auch dabei.«

»Warum nicht?«, brummte Hugo Rosterg. »Ein bisschen Abwechslung kann nicht schaden.«

»Ich habe Kopfschmerzen«, erklärte seine Frau.

»Ich habe als kleiner Junge davon geträumt, Archäologe zu werden, wie Heinrich Schliemann«, meinte Lüttgen. »Danke, dass Sie uns diese einmalige Gelegenheit anbieten.«

Ernst Rosterg hielt es nicht einmal für nötig zu antworten.

Jung stürzte seinen Mokka hinunter und eilte Richtung Kabine. Er wollte sich wüstentauglich umziehen, Leinenanzug, feste Schuhe, Sonnenhut, und sich dazu die Leica und etliche Reservefilme schnappen. Das Grab des Tutanchamun! Das würde Dora begeistern, sie … Einen Moment lang hatte er tatsächlich vergessen, dass sie verschwunden war. Jung atmete tief durch und verlangsamte seine Schritte. Er blickte auf die beiden Statuen im Treppenhaus der *Champollion*. Totenreich. Ihn schauderte. Ein Mann, der vor Jahrtausenden starb, hinterließ eine Schatzkammer voller Kunstwerke. Eine Frau, die vor ein paar Tagen verschwand, hinterließ nichts. Er hätte vor Wut über diese Ungerechtigkeit schreien mögen. Die Tür zur Nummer 66 stand offen. Fanny bezog das Bett und blickte erschrocken auf, als er hineinkam.

»Ich wusste nicht, dass Sie so schnell vom Frühstück zurückkommen, Monsieur. Ich bin gleich fertig.«

»Machen Sie sich keine Umstände, Fanny.« Jung erklärte ihr, was er vorhatte. Dann zögerte er kurz und erzählte ihr auch von seiner Unterredung mit Totzke in der letzten Nacht, zumindest einen Teil. »Es sieht leider so aus, als würden mein Schwiegervater und, nun ja, wohl auch meine Gattin mit Rauschgift handeln«, gestand er schließlich und blickte dabei aus dem Bullauge, als würde er in der Wüstenluft eine Fata Morgana betrachten. Er wollte Fanny nicht in die Augen sehen. »Sie müssen an Bord einen Verbündeten unter der Besatzung haben«, fuhr er schließlich fort.

»Wen?«

»Wir wissen beide, wer es ist.«

»Drogen …«, murmelte sie und verzog die Lippen zu einem verächtlichen Lächeln. »Das würde zu diesem Kerl passen. Also schön. Ich höre mich um.« Sie brachte ein schwaches Lächeln zustande. »Man kann nicht sagen, dass ich mich mit Ihnen langweile, Monsieur.«

Zehn Minuten später stand Jung auf dem Deck und sah einigen Matrosen dabei zu, wie sie das vorderste Rettungsboot an der Steuerbordseite abfierten. Neben ihm hatte sich eine kleine Gruppe Passagiere eingefunden, Lady Westmacott und Silwa, Steve Adams, der tatsächlich einen Cowboyhut trug, Hugo Rosterg und Lüttgen und noch einige weitere Reisende – selbstverständlich nur aus der Ersten Klasse, Lady Westmacott wäre nie im Leben auf die Idee gekommen, auf den unteren Decks zu fragen, ob jemand mitkommen wolle. Jung blickte Silwa unauffällig an: Sie schien diesmal eine arabische Zigarette zu rauchen. Er hoffte trotzdem, dass er sie während des Ausflugs würde beiseitenehmen können, um sie nach der Königin von Saba auszuhorchen.

Ein Bootsmann gab Kommandos, das Rettungsboot wurde in ruckartigen Schüben in die Tiefe gelassen, die Seilzüge quietschten, einige Matrosen lachten. Für die ist es auch ein Abenteuer, mal runterzukommen vom Dampfer, erkannte Jung, die Chance ihres Lebens, das Tal der Könige zu sehen.

Als das Rettungsboot neben der *Champollion* in den Wellen des Bittersees dümpelte, ein Korken neben einem stählernen Wal, halfen ihnen die Seeleute, an Strickleitern hinabzusteigen.

»*Uno Momento*!« Umberto Marinetti eilte über das Deck, das Gesicht rot vom Laufen. »Haben Sie noch einen Platz für mich, Signora?«

»Selbstverständlich«, erwiderte Lady Westmacott, die bereits auf der Bank des Rettungsbootes saß und ihn nun zu sich hinunter winkte.

Die Matrosen ruderten sie über den Bittersee. Obwohl es der 19. Oktober war und noch nicht einmal acht Uhr morgens, war es sicherlich schon fünfundzwanzig Grad warm, schätzte Jung. Dunst schwebte wie eine feine weiße Decke über dem Wasser, ließ Konturen verschwimmen, verwirrte die Augen. Als er sich einmal umblickte, schien die *Champollion* viel kleiner zu sein, als er das erwartet hätte, schien auch nicht mehr im Wasser zu ankern, sondern eine Handbreit über den golden leuchtenden Wellen zu schweben.

Fayed, das war der heruntergekommene Palast des Provinzgouverneurs, eine Moschee, ein paar Kontorhäuser und eine Ansammlung von Lehmhütten zwischen staubigen Straßen. Eine kleine Flotte altmodischer, wackeliger Ford-Automobile wartete bereits mit ratternden Motoren auf sie, der schwarze Lack der Karosserien war an manchen Stellen vom Wüstensand abgeschmirgelt worden, die Fahrer standen, Füße auf den Trittbrettern, lässig an den Wagen und rauchten. Jung wunderte sich, wie Lady Westmacott diese Chauffeure so schnell aufgetrieben hatte. Sie schien jedenfalls praktischer veranlagt zu sein, als es ihr etwas exzentrisches Auftreten hätte vermuten lassen.

Kurz darauf fuhren sie durch die Wüste. Feiner gelber Sand wirbelte durch die Fensterritzen bis ins Wageninnere. Die letzte Nacht war kurz gewesen, zu kurz – Jung schloss die Augen und nickte ein. Er wachte erst wieder auf, als der Ford mit quietschenden Bremsen vor einem Gebäude anhielt, das wie die asketische Version eines osmanischen Palastes aussah. Das Haus war schmucklos, niedrig, mit hellgelbem Lehm verputzt, beschattet von ein paar Palmen. Andererseits war die Fassade schon irgendwie extravagant, die Wände sprangen vor und zurück, als verbarg sich dahinter eine Abfolge unterschiedlich großer Säle, Zimmer, Flure, auch glich kaum ein Fenster dem anderen, manche waren groß, andere klein, einige rechteckig, andere waren oben bogenförmig geschwungen. Über den breitesten Teil des Hauses wölbte sich eine Kuppel aus Lehmziegeln, als wäre es eine Moschee. Insgesamt wirkte das Haus trotz seiner bescheidenen Maße verwirrend vielgestaltig und groß.

»*Good Morning,* Mister Jung, schön, dass Sie wieder wach sind. Das ist Carters Haus«, erklärte Lady Westmacott. »Der gute Howard hatte es irgendwann leid, in einem der Hotels von Luxor zu wohnen und täglich den langen Weg bis zum Tal der Könige zurückzulegen, also hat er sich kurzerhand eine Bleibe neben dem Tal errichtet. Sieht wohl so aus, als wollte er noch viele Jahre hier graben, falls er denn überhaupt je in die Zivilisation zurückkehren will. Man sagt, er ist in Ägypten ein schwieriger Charakter geworden, vor allem, seit Lord Carnarvon so kurz nach der Entdeckung des Grabes gestorben ist.«

Als sie ausstiegen, war der Archäologe allerdings nirgendwo zu sehen. Stattdessen tauchten wie aus dem Nichts einige Beduinenjungen auf, die lautstark und aufdringlich steinerne Skarabäen, mit Hieroglyphen beschriftete Papyrusblätter und handgroße bemalte hölzerne Statuen feilboten. Jung fragte sich, ob das alles Fälschungen waren oder ob sich nicht doch manche Originale darunter befanden, die sie aus irgendeinem Grab geplündert hatten. Hugo Rosterg wischte sich mit einem Taschentuch den Schweiß aus dem Gesicht, das Quecksilber musste inzwischen auf dreißig Grad gestiegen sein, bevor er mit den Fingern schnippte, um einen der Matrosen zu sich zu rufen.

»Verscheuchen Sie dieses Volk«, befahl er. Er sprach Französisch mit starkem deutschen Akzent, man sah dem jungen Matrosen an, dass er sich das nicht gerne von einem *Boche* sagen ließ.

Doch da war Steve Adams bereits auf die Beduinen zugetreten. Er redete freundlich mit ihnen – auf Arabisch, wie Jung überrascht erkannte, mindestens so überrascht, wie auch die Jungen es waren. Sie lachten, als er etwas sagte und auf einen Skarabäus deutete, dann reichte ihm der Größte aus ihrer Gruppe die Figur. Adams fischte eine Dollarnote aus seiner Tasche, sagte noch ein, zwei Sätze, dann verabschiedeten sich die Beduinen winkend und noch immer lachend. Die Passagiere und die Matrosen hatten die Szene verwundert beobachtet.

»Sie sind nicht das erste Mal in Arabien«, stellte Lady Westmacott fest.

Adams lächelte verlegen. »Sie irren sich, es ist mein erster Besuch. Ich habe Arabisch an der Universität gelernt. Vermutlich haben die Jungen über meinen schrecklichen Akzent gelacht. *Well*«, er blickte den kleinen Skarabäus in seiner Hand mit einem schiefen Grinsen an, »zumindest feilsche ich gut genug, um mit ihnen ins Geschäft zu kommen.«

»Ein Dollar für diesen Schund ist viel zu viel«, brummte Hugo Rosterg, aber so leise, dass ihn der Amerikaner nicht hörte.

Ein Mann kam endlich auf sie zu, er war hager, Mitte fünfzig, dunkles Haar, dunkler Schnauzbart. Jung erkannte ihn von den Fotos wieder, die auch die *Berliner Illustrirte* groß gebracht hatte: Howard Carter, der berühmteste Archäologe der Welt.

»Lady Westmacott, ich bin erfreut, Sie zu sehen«, sagte er in einem Tonfall, der verriet, dass er ganz und gar nicht erfreut war, was auch immer Lady Westmacott mit der Einladung zum Tee behauptet hatte. Er schüttelte ihr die Hand, die anderen aus ihrer Gruppe beachtete er nicht.

»Mein lieber Howard, ich weiß, dass Sie es hassen, den Touristenführer zu spielen. Ich verspreche Ihnen, dass wir mäuschenstill am Grab sind und Ihnen bloß bei der Arbeit zusehen.«

»Ausgerechnet Franzosen! Ich hatte vor ein paar Jahren mal eine Horde betrunkener französischer Touristen auf einer Grabung in Sakkara, die sich skandalös benommen haben. Ich habe sie zurechtgewiesen, doch dann sollte *ich* mich hinterher beim französischen Generalkonsul entschuldigen. Ich! Das habe ich selbstverständlich nicht getan.«

»Worauf Sie von der Ägyptischen Altertümerverwaltung entlassen wurden, Sir. Ich habe es in der Zeitung gelesen.« Steve Adams schüttelte ihm die Hand und stellte sich vor. »Wir haben nur Tee und Mokka getrunken. Und immerhin einer aus unserer Gruppe ist nicht bloß ein einfacher Tourist, sondern ein berühmter Fotoreporter.« Er deutete mit einer vielleicht ganz leicht spöttischen Geste auf Jung.

»Umso schlimmer.« Carter starrte Jung an, dann deutete er auf die Leica. »Den Fotoapparat rühren Sie mir nicht an, sobald wir am Trab Tutanchamuns sind.«

»Warum?«, fragte Jung verwirrt.

»Weil ich einen Exklusivvertrag mit der *Times* habe. Alles, was ich aus dem Grab berge, erscheint zuerst dort. Andere Redaktionen können die Bilder dann in London kaufen.«

»Verstehe. Aber ansonsten kann ich im Tal der Könige Fotos schießen?«

Howard Carter schnaubte nur und drehte sich brüsk um. Er ging ihnen voran und achtete nicht länger auf sie.

»Er hat nicht Nein gesagt, alter Junge«, flüsterte Adams und stieß ihm freundschaftlich den Ellenbogen in die Rippen. »Sie kriegen schon Ihre Bilder.«

Sie folgten Carter auf einem Pfad, der ziemlich steil anstieg und zwischen Geröllhaufen durch die Wüste führte. Sie kletterten in die Berge. In ihrem Rücken grünte flaches, fruchtbares Land, dahinter glitzerte in der Ferne der Nil. Doch dort, wo sie, immer schwerer atmend, hinaufstiegen, wuchs nicht einmal eine Distel, die Luft schmeckte nach Staub, das Gestein war so mürbe, als hätte es hier seit tausend Jahren nicht mehr geregnet. Jung hielt überrascht inne, als sich plötzlich vor ihnen ein Tal öffnete: Der Grund war nur wenige Meter breit, links und rechts nichts als Stein, zum Teil schroffe Felsen, zum Teil Gerölllawinen, die schon vor ewigen Zeiten niedergegangen sein mussten. Das Geröll war grau, fast wie Asche, die Felsen schimmerten ockerrot. Nach einigen Hundert Metern teilte sich das Tal unterhalb eines pyramidenförmigen Berges in zwei Arme. Überall in den Flanken waren Öffnungen hineingegraben worden, manche nur Schächte oder Löcher direkt am Talgrund, andere groß wie Tempelportale, zu denen in die Felsen gehauene Stufen führten. Pharaonengräber.

Es war unfassbar still.

Jung hatte erwartet, dass sich das berühmteste Grab im Tal der Könige – das einzige, das niemals geplündert worden war, das Grab, nach dem Carter sechs Jahre lang gesucht hatte! – in der entlegensten Ecke verbarg, vielleicht am Ende eines der beiden Y-förmig abzweigenden Arme, hoch im Felsen, schwer zugänglich. Er war beinahe enttäuscht, als der Archäologe sie nur einige wenige Schritte ins Tal hineinführte, bis sie, ein wenig rechts vom Talgrund, an den Rand eines bescheidenen Schachts traten. Eine niedrige moderne Mauer sicherte ihn vor Felsstürzen. Eine uralte Steintreppe führte in die Tiefe. Elektrisches Licht schimmerte aus dem Grab. Jung reckte den Hals und erkannte eine Wand voller Hieroglyphen, mehr aber nicht. Zwei junge Forscher kamen heraus, eine Frau und ein Mann, die sich auf Englisch unterhielten. Ihnen folgten vier ägyptische Helfer, die auf einer Art Bahre aus Holz vielleicht ein Dutzend Funde trugen. Zwei Alabasterkrüge, zwei goldene Armreifen, ein Katzenkopf aus schwarzem Holz, Metallobjekte, deren Bedeutung Jung nicht erriet. Niemand aus der kleinen Prozession achtete auf die Schaulustigen. Sie stiegen aus dem Grab und verschwanden mit ihren Schätzen Richtung Talausgang.

Carter blickte ihnen einen Moment lang hinterher, dann wandte er sich an Lady Westmacott. »Ich muss weitermachen. Sie dürfen das Grab nicht betreten«, verkündete er brüsk. »Bleiben Sie von mir aus am Rand des Schachtes stehen, aber es gibt nicht viel zu sehen. Die nächsten Funde werden wir frühestens in einer Stunde abtransportieren. Oder Sie erkunden das Tal. Die meisten anderen Gräber können Sie betreten. Sie sind leer.« Er tippte an die Hutkrempe, drehte sich um und verschwand im Grab des Tutanchamun. Ratlos und enttäuscht blieben sie zurück. Vor ihren Fußspitzen öffnete sich das berühmteste Grab der Welt, und sie durften nicht hinein. Es war kein Mensch mehr zu sehen, die Sonne brannte auf sie hinab. Jung hatte sich den Besuch eines Weltwunders anders vorgestellt. Er fühlte sich von Howard Carter betrogen. Absurd. Denn was hatte er eigentlich erwartet? Dass sich eine Gruppe abenteuerlustiger Reisender in der Grabkammer des Pharaos drängte wie eine Menge kauflustiger Berliner im KaDeWe? Er beschloss, das Beste aus der Sache zu machen und das Tal der Könige zu fotografieren. Das erste Bild machte er vom Schacht, das zu Tutanchamuns letzter Ruhestätte hinunterführte, und zur Hölle mit dem Exklusivvertrag der *Times*.

Nach und nach taten es ihm die anderen gleich. Die Reisenden zuckten mit den Achseln, die Gruppe zerstreute sich, allein oder zu zweit, zu dritt durchstreiften sie neugierig das Tal. Jung erkundete eine Grabkammer, viel größer als die des Tutanchamun. Hier war niemand, der ihm den Zutritt verwehrte. Ein schmaler, schräg abwärts führender Gang brachte ihn, wie viel?, zehn, zwanzig, dreißig Meter tief in den Felsen hinin. Die Wände waren mit Hieroglyphen geschmückt, ihm war, als ginge er durch eine riesige Schriftrolle ins Innere der Erde. Weit unten waren Kammern in den Stein geschlagen worden, links und rechts, manche klein, andere beinahe hallengroß, überall Hieroglyphen – nur an einer Stelle nicht, wo ein dunkler Stein wucherte wie ein Krebsgeschwür. Vielleicht ein anderer Stein als der Sandstein, der sonst das Tal füllte, vermutete er, irgendetwas, das zu hart war für die antiken Arbeiter und so hatte man ihn stehen gelassen, die einzige Störung der Harmonie, die eine hässliche Stelle in einem Palast des Todes, das kleine, schmutzige Geheimnis, das man mit dem Herrscher für die Ewigkeit begraben wähnte.

Carter hatte recht: Außer den Hieroglyphen an den Wänden gab es hier keine Schätze mehr, keine Mumie, kein Sarkophag, kein Gold, nichts. Wie mochte es sein, als erster Mensch nach hundert Generationen ein solches Wunder zu entdecken? Als erster Mensch nach zwei, drei Jahrtausenden Fußspuren im Staub zu hinterlassen, die Hieroglyphen zu lesen, womöglich das Siegel einer vor Urzeiten verschlossenen Grabkammer zu brechen? Howard Carter mochte oben im Sonnenlicht mürrisch und wortkarg sein, aber im Grab des Pharao war er vielleicht der glücklichste Mann der Welt.

Jung stieg wieder aus dem Grab und blickte sich um. Ein paar Meter weiter hatte Lady Westmacott einen Felsvorsprung erklommen und hantierte mit ihrer Kodak herum. Silwa war am Talgrund geblieben und rauchte. Das ist die Gelegenheit, sagte er sich. Er schlenderte auf sie zu und bemühte sich um ein nonchalantes Lächeln.

»Ist es nicht zu heiß zum Rauchen?« Er hob entschuldigend die Hände. »Ich mag keine Zigaretten und habe mich immer gewundert, wie man bei großer Hitze rauchen kann. Wird einem da nicht noch wärmer, mit dem heißen Qualm?«

Die Gesellschaftsdame sah ihn misstrauisch an. »Tabak kühlt«, antwortete sie bloß.

Jung lachte. »Das sagt meine Frau auch immer. Sie haben übrigens gestern Doras Marke geraucht.«

»Ich?«

»Ja. Königin von Saba. Passt irgendwie ins Tal der Könige, nicht wahr?« Er deutete mit weit ausholender Geste auf das Tal. »Ich hätte nicht gedacht, dass man sie auf der *Champollion* kaufen kann. Haben Sie sich die beim Zahlmeister besorgt? Oder in Port Said?«

Silwa trat nervös von einem Fuß auf den anderen und blickte sich um. Aber die meisten anderen Passagiere waren ziemlich weit entfernt, schwarze Ameisen, die durch die Felsen krabbelten.

»Das ist mir gar nicht aufgefallen«, murmelte sie. »Königin von Saba, davon habe ich noch nie gehört.«

»Unsinn, jeder Raucher kennt doch seine bevorzugte Marke.«

»Na, ich nicht. Ich rauche … ich kaufe, was ich kaufen kann. Mal diese Zigaretten, mal jene, ich habe nicht so einen anspruchsvollen Geschmack wie die feinen Leute. Wahrscheinlich habe ich mir die Packung noch in Europa besorgt.«

»In Europa, ja sicher«, wiederholte Jung und tat nur leicht verwundert, eher amüsiert. In Wahrheit jedoch war er elektrisiert, denn er spürte, dass ihn Silwa anlog. Doras Zigaretten. Silwa musste irgendetwas wissen. »Sie …« Da spürte er eine Hand auf seiner Schulter.

Lady Westmacott.

Sie musste vom Felsen hinuntergestiegen sein, ohne dass Jung es bemerkt hatte. »Machen Sie ein Foto von mir!«, sagte sie und hielt ihm mit der anderen Hand ihre Kodak hin. Ihre Rechte lag immer noch auf seiner Schulter. Es war ein Befehl, keine Bitte.

Jung holte tief Luft und lächelte. »Selbstverständlich.«

Sie führte ihn auf ein Geröllfeld unterhalb eines steilen Felsens. Jung blickte sich unauffällig um. Sobald er mit der Engländerin mitgegangen war, hatte sich Silwa umgedreht, und nun strebte sie dem Ausgang des Tals zu. Lady Westmacott stellte sich lächelnd in Positur. Er hob die Kodak und drückte auf den Auslöser.

»Herzlichen Dank«, sagte sie, als er ihr den Apparat zurückreichte. »Wissen Sie«, fuhr sie dann unvermittelt fort, »meine Silwa ist Armenierin. Sie haben sicherlich gehört, was mit den armen Armeniern am Ende des Krieges geschehen ist. Schrecklich. Silwa konnte nach Marseille fliehen, doch sie besaß nur das, was sie am Leib trug. Sie hat Zigaretten genommen, wo sie welche finden konnte: auf Parkbänken, Cafétischen, in der Straßenbahn. Überall da, wo jemand eine Packung oder eine halb gerauchte Zigarette vergessen hatte. Heute leidet sie selbstverständlich keine

Not mehr, aber es gibt Angewohnheiten, die bekommt man nicht mehr aus sich heraus.«

»Verstehe«, erwiderte Jung skeptisch und alarmiert: Sieh mal einer an, die Lady hat unsere Unterhaltung belauscht.

»Vermutlich hat Silwa die Packung, über die Sie sich so gewundert haben, im Wintergarten oder im Restaurant der *Champollion* gefunden. Jetzt ist es ihr schrecklich peinlich, dass man sie darauf anspricht.«

»Verstehe«, wiederholte Jung und machte sich nicht die Mühe, so zu tun, als wäre er überzeugt. Möglich war das schon, dachte er, Dora vergaß dauernd irgendwo ihre Zigaretten. Bevor er jedoch noch etwas sagen konnte, hörte er ein leises Geräusch wie von einer Art Schlag weit über sich. Es war, als wenn zwei Steine aufeinanderprallten, aber es war so still, dass selbst dieser harmlose Laut weit durch das Tal der Könige hallte. Er blickte nach oben. Ein Schatten verdunkelte den Himmel und wurde rasend schnell größer.

»Vorsicht!«, schrie Jung, packte Lady Westmacott und stieß die Engländerin ins Geröll, dann sprang er hinterher. Da, wo sie eben noch gestanden hatten, schlug dumpf ein mehr als kopfgroßer Felsbrocken auf, rollte noch ein paar Meter den Abhang hinunter, bevor er liegen blieb. Ein Stein wie Millionen Steine hier. Jung atmete tief durch, half Lady Westmacott aufzustehen und klopfte sich den Staub aus der Kleidung. Das mochte ein Zufall sein, dass sich gerade jetzt und gerade hier ein Brocken von irgendwo weit oben gelöst hatte. Aber Jung bildete sich ein, er hätte einen winzigen Moment lang auf einer Felskante eine Bewegung wahrgenommen, eine Bewegung mitten in der Wüste, wo sich doch nichts und niemand bewegte – außer den Reisenden der *Champollion*, die durch das Tal der Könige streiften. Er musterte die Umgebung, konnte aber nichts Verdächtiges erkennen.

Jung hob den Sonnenhut der englischen Lady aus dem Staub,

sie war erstaunlich gelassen geblieben. Sie hatte nur einen kurzen, eher überrascht als verängstigt klingenden Schrei ausgestoßen und danach nicht einmal vor Schmerz gestöhnt, als sie auf die Steine gestoßen wurde, sie strich nun bloß ihr helles Sommerkleid glatt und begutachtete die Kodak. »Keine Schramme«, stellte sie zufrieden fest. »Das hätte ins Auge gehen können beziehungsweise auf den Scheitel. Ich danke Ihnen sehr. Das nennt man wohl den Fluch der Pharaonen, nicht wahr? Kommen Sie, geleiten Sie mich zum Ausgang, bevor sich Tutanchamun eine neue Hinterlist ausdenkt. Langsam verstehe ich, warum der gute Howard ständig so verkniffen dreinblickt.«

Auf der Rückfahrt starrte Jung aus dem Fenster, doch sah er nicht wirklich die Wüste. Er vernahm die Stimmen der Mitreisenden, doch hörte er nicht wirklich zu. Ein Stein im Tal der Könige. Fluch der Pharaonen. Lord Carnarvon war gestorben, kaum dass Tutanchamuns Grab geöffnet worden war, und es gab Gerüchte, dass auch andere Männer aus der Mannschaft von Howard Carter ihr Leben ausgehaucht hatten. War einer darunter, der von einem Stein erschlagen worden war? Jung konnte sich nicht an irgendwelche derartigen Zeitungsmeldungen erinnern. Aber möglich war das schon, und vielleicht war das Tal der Könige einfach bloß ein gefährlicher Ort, denn wann wäre ein Tal in einer Wüste jemals ein lieblicher Ort gewesen? Aber wenn es nun *doch* ein Anschlag gewesen war? Er beschwor vor seinem inneren Auge den Moment herauf, als er mit Lady Westmacott auf das Geröllfeld gestiegen war. Sie beide mussten dort sichtbar gewesen sein. Und dann hatten sie stillgehalten, denn er hatte ja ihr Porträt gemacht. Lebende Zielscheiben. Hatte er aus den Augenwinkeln zufällig einen seiner Mitreisenden gesehen? Lüttgen? Hugo Rosterg? Adams? Oder gar Silwa? Sie war Richtung Ausgang verschwunden, das war das Letzte, was er von ihr gesehen hatte. Hätte sie so schnell von dort bis auf die Felskante hinaufsteigen können? Nein, sagte er sich, das hätte sie niemals gewagt, denn dieser Stein hätte ja genauso gut ihre Herrin erschlagen können. Hugo Rosterg war viel zu dick und kurzatmig, um mitten in der Wüste auf Klippen herumzuklettern. Und Steve Adams, warum hätte der überhaupt so etwas tun sollen?

Also Lüttgen.

Lüttgen hatte ihm gedroht. Er war jung und sportlich. Und er war clever genug, um einen Anschlag zu inszenieren, der wie ein Unfall aussah, sodass sich niemand die Mühe machen würde, Ermittlungen anzustellen.

Allerdings hatte Jung für diesen Verdacht nicht den Schimmer eines Beweises.

Abends lichtete die *Champollion* den Anker. Der Suezkanal erstreckte sich vor ihnen wie ein goldenes Band. Die Sonne stand dicht über den schroffen, rot leuchtenden Bergen, deren lange Schatten als schwarze Tücher über dem Land lagen. Auf einem der tiefer gelegenen Decks spielte jemand Akkordeon, irgendein melancholisches französisches Lied. Jung glaubte hin und wieder eine Frauenstimme zu hören, und er dachte unwillkürlich an Dora und wie sie früher gesungen hatte, es zog ihm das Herz zusammen. Eine achterliche Brise wehte genauso schnell, wie das Schiff fuhr, sodass die Luft auf Deck stillzustehen schien und der Fahrtwind den Qualm kaum fortblasen konnte. Der Rauch war wie ein schwarzer Pilz, der aus den beiden vorderen Schornsteinen wuchs, feiner Ruß legte sich auf das Schiff, die Luft schmeckte bitter. Jung betrachtete den dritten Schornstein. Noch immer stand ein Matrose dort. Später, sagte er sich, ich werde es später versuchen, wenn es dunkel geworden ist.

Dorgelès und Lüttgen traten aus der Funkkabine und kamen auf ihn zu.

»Ihre Gattin hat noch nicht auf mein Telegramm geantwortet«, sagte der Prokurist. »Ich habe mich gerade erkundigt: Das Telegraphenamt in Berlin hat den Empfang bestätigt, meine Nachricht ist also angekommen.«

»Wir werden auf der ganzen Fahrt keine Probleme mit dem Empfang haben, Monsieur«, ergänzte der Erste Offizier.

Ihr mich auch, dachte Jung. »Nur Geduld«, antwortete er, »meine Frau wird schon ein Lebenszeichen von sich geben.«

»Lebenszeichen, ja ...«, murmelte Lüttgen und lächelte maliziös. »Es ist wirklich dringend, geschäftlich, versteht sich. Vielleicht hilft es, wenn Sie Dora, sagen wir: ermuntern würden, sich mit der Antwort zu beeilen?«

»Wir könnten auf der Stelle ein Funktelegramm aufgeben«, erbot sich Dorgelès.

Lüttgen verabschiedete sich mit einer angedeuteten Verbeugung. Jung folgte mit starrem Blick dem Ersten Offizier, der ihn zum Raum der Funker geleitete. Dort ließ Jung ein Telegramm in den Äther senden, ein paar an Dora gerichtete banale Worte, eine Botschaft ins Nichts, eine elende, dreckige Komödie, und von den drei Männern in der engen, stickigen Kammer wusste nur der Funker an der Morsetaste nicht, was hier gespielt wurde. Jung hätte Lüttgen umbringen können und Dorgelès auch – jetzt war er noch begieriger darauf zu erfahren, was es mit dem Ersten Offizier auf sich hatte.

Er hatte sich nach dem Dinner mit Fanny verabredet. Sie trafen sich unter dem hintersten Rettungsboot an Backbord, weit weg vom Wintergarten und vom Restaurant. Auf der *Champollion* leuchteten nur noch wenige Lampen, die kleine gelbe Inseln aufs Deck warfen. Unter dem Rettungsboot war es so dunkel wie in einer Höhle, trotzdem erhaschte Jung hin und wieder einen Blick auf das Gesicht der Stewardess, weil sich Mondlicht so im Wasser spiegelte, dass manchmal ein fahles Licht die Düsternis durchbrach. Fannys Züge sind seltsam, dachte er, so melancholisch wie am ersten Tag und doch irgendwie anders, lebendiger, als hätte sie die Freude wiedergefunden, irgendeine neue Form von Lebensenergie. Er brauchte ein paar Augenblicke, bis er den Grund dafür ahnte: Sie half ihm nicht nur um seinetwillen, sondern auch um ihrer selbst willen. Seit zwölf Jahren war sie davon besessen, zu suchen, nachzuforschen, Spuren zu verfolgen; sie tat also für Jung gewissermaßen das, was sie am besten konnte. Doch vielleicht zum ersten Mal überhaupt richtete sie dabei ihre Energien auf ein neues Ziel. Sie fahndete nicht länger nach ihrem Liebsten, sondern nach der Frau eines Fremden, nach einem Menschen, der ihr nicht das Herz zerriss. Fanny hatte, auf eine ganz verrückte Weise, Spaß an dieser Sache gefunden, für sie war das ein Abenteuer und eine Befreiung zugleich.

»Ich habe mit einigen älteren Kollegen aus der Besatzung gesprochen«, flüsterte sie, »und sogar kurz und hoffentlich unauffällig mit Dorgelès selbst, auch wenn er gleich wieder zudringlich geworden ist.«

»Ich hoffe, der Erste Offizier ist nicht misstrauisch geworden.«

»Warum sollte er? Dorgelès ist so eitel, er war geschmeichelt, als er mir von seinen Reisen um die Welt erzählt hat. Er hat es nicht direkt gestanden, aber so geprahlt, dass eigentlich klar ist, dass er schmuggelt, seit er bei der Messageries Maritimes angeheuert hat. *Eh bien.*« Sie lachte kurz auf. »Wenn ich seine Ausführungen richtig verstanden habe, waren seine Kontaktmänner früher Beamte im Osmanischen Reich. Dorgelès behauptet, dass seinerzeit alle Offiziere und sogar Matrosen und Stewards nebenbei Geschäfte gemacht hätten. Aber das wurde schwieriger, nachdem man den Sultan aus Konstantinopel gejagt hatte. Heute bringen die Leute der Besatzung vielleicht noch heimlich ein paar Waren nach Europa, aber Dorgelès scheint der Einzige an Bord zu sein, der wirklich noch im großen Stil schmuggelt.

Den anderen ist das zu gefährlich. Und ihnen fehlen die notwendigen Verbindungen.«

»Schmuggelt er ägyptische Waren?«

Fanny schüttelte den Kopf. »Ich glaube, er besorgt sich die Sachen aus Arabien.«

Jung dachte nach. »Und Hugo Rosterg ist sein Komplize?«

»Den Namen des Monsieurs habe ich ihm gegenüber lieber nicht genannt. Und er hat ihn auch nicht erwähnt. Aber er hat ein paar Andeutungen gemacht, also, ich glaube, dieser Deutsche ist wirklich sein Partner. Die beiden sind schon seit Jahren dick im Geschäft.«

»Was schmuggeln sie, Fanny, Rauschgift?«

Sie lachte. »Das hat er mir natürlich nicht gesagt! Ich kenne kaum jemanden, der so etwas wagen würde. Einige Matrosen und Stewards kaufen auf Orientreisen ganz legal ein paar Teppiche oder türkische Zigaretten und verstecken sie im Mannschaftsquartier. In Marseille bringen sie die Ware unbemerkt an den Zollbeamten vorbei und verkaufen sie im Panier. Aber, wie gesagt, das sind kleine Geschäfte.«

Jung schüttelte den Kopf. »Rosterg ist kein Hinterhof-Schieber, der ein paar Kisten Konterbande vertickt. Der liefert an Kunden in halb Europa.«

Fanny blickte ihn skeptisch an. »Ich weiß von einem Matrosen, dass er Opium aus Shanghai schmuggelt. Aber in Maskat gibt es kein Opium, die Araber mögen das Zeug nicht. Hat Ihre Frau Ihnen gegenüber denn nie etwas angedeutet? Sie hängt doch auch in dieser Sache drin.«

Jung strich sich verlegen über den Kopf. »Ich kann mich nicht daran erinnern, dass ich je das Wort ›Opium‹ aus ihrem Mund vernommen hätte.«

»Hat sie mit anderen Drogen zu tun gehabt?«

Er schämte sich, das zuzugeben, aber für allzu viele Sentimentalitäten fehlte ihm die Zeit. Wenn er eine Chance haben wollte, Dora wiederzufinden, dann nur mit Fannys Hilfe. »Dora kauft hin und wieder Kokain«, gab er zu. »Doch dafür muss sie nicht in den Orient reisen, es reicht eine Fahrt zum Berliner Apotheker.«

Fanny warf ihm einen forschenden Blick zu und sagte nichts dazu.

Jung räusperte sich und fuhr fort: »Das Kokain ist nicht für mich. Und auch nicht für meine Frau«, setzte er hastig hinzu. »Sondern für … eine Verwandte.«

Sie nickte. »Was man nicht alles für die Familie tut. Ein Steward hat mir übrigens verraten, dass er Dorgelès im Frachtraum überrascht hat, als er sich an Koffern von Passagieren zu schaffen machte. Der Erste Offizier hat den Steward barsch zurechtgewiesen und nach oben geschickt. Aber es ist durchaus möglich, behauptet der Steward, dass es Ihr Koffer war, den Dorgelès in der Hand gehabt hat.«

»Wann war das?«

»Am letzten Mittwoch, irgendwann nachmittags, an die genaue Uhrzeit konnte er sich nicht mehr erinnern.«

»Der Tag, an dem Dora verschwunden ist. Ich habe sie kurz nach dem Mittagessen das letzte Mal auf dem Promenadendeck gesehen. Sie sagte, dass sie zu ihrem Vater gehen wollte, um geschäftliche Dinge zu besprechen.«

»Aber Sie haben Ihre Frau nicht zusammen mit ihrem Vater gesehen?«, fragte Fanny.

»Nein. Sie ging durch eine Tür ins Schiff hinein – und seither ist sie weg.« Er atmete tief durch. »Ich weiß nicht, ob sie ihren Vater getroffen hat. Ich weiß nicht einmal, ob sie das wirklich vorhatte. Vielleicht hat sie mir diese Geschichte auch nur erzählt, um mich in die Irre zu führen. Vielleicht wollte sie sich mit jemand ganz anderem treffen.«

»Warum sollte Ihre Gattin Sie darüber angelogen haben?«

»Weil ich es nicht gerne gesehen hätte, wenn sie sich mit diesem Kerl Lüttgen getroffen hätte. Oder weil ich mich gewundert hätte, wenn sie eine Verabredung mit dem Ersten Offizier Dorgelès gehabt hätte. Aber wenn sich eine Tochter mit ihrem Vater trifft, macht das doch niemanden misstrauisch.« Er dachte nach. »Fanny, wissen Sie, ob Dorgelès sich auch an dem besagten Mittwoch vom Zahlmeister die Passagierliste vorlegen ließ?«

Sie schüttelte den Kopf. »Das weiß ich nicht. Aber es ist möglich. Wir bekommen vor jeder Fahrt vom Büro der Reederei die Passagierliste mit den Namen der Reisenden. Am Tag des Ablegens überprüft der Zahlmeister diese Liste und korrigiert sie gegebenenfalls. Manchmal schaffen es Reisende nicht rechtzeitig an Bord, oder es kommen noch welche im letzten Moment hinzu, eigentlich gibt es immer etwas zu ändern. Der Zahlmeister tippt eine korrigierte Liste, und es gehört zu den Aufgaben des Ersten Offiziers, diese Liste während der Fahrt noch einmal zu überprüfen und dann dem Kapitän einen Durchschlag zu bringen. Es ist also praktisch sicher, dass Dorgelès irgendwann während der ersten Reisetage diese Liste einmal bei sich hatte, ohne dass sich irgendjemand etwas dabei gedacht hätte.«

»Immer wieder Dorgelès …«, murmelte Jung.

Fanny hob die Schultern. »Er ist der Erste Offizier. Niemand könnte an Bord die Dinge so gut manipulieren wie er.«

»Ja«, erwiderte Jung düster, »allerdings hat Dorgelès Dora vor dieser Reise nie gesehen. Wenn sich Dorgelès wirklich am Koffer und an der Passagierliste zu schaffen gemacht hat, dann nur, weil ihn jemand darum gebeten hat.«

»Oder er ist dazu gezwungen worden«, ergänzte Fanny.

Nachdem er sich bei der Stewardess bedankt und sich von ihr verabschiedet hatte, schlenderte Jung, wie er hoffte unauffällig, über das Deck, nichts als ein später Spaziergänger. Der Matrose neben dem Schornstein nickte ihm freundlich zu, Jung erwiderte den Gruß und ließ sich seine Enttäuschung nicht anmerken: Der Mann war hellwach.

Er ging in seine Kabine, warf sich aufs Bett, schluckte Trional. Doch diesmal wollte der Schlaf nicht kommen. Die Luft, die durch das geöffnete Bullauge strich, roch jetzt endlich wieder nach Salz, doch sie schien mit jeder Seemeile, die die *Champollion* gen Süden dampfte, wärmer zu werden. Unruhig warf er sich hin und her, er dachte an Dora, an Schmuggler, an einen Stein, der im Tal der Könige den Hang hinuntergestürzt war, doch keine seiner Überlegungen war wirklich klar oder führte irgendwo hin. Im Mondlicht glitzerte der Schweiß auf seiner nackten Haut. Schließlich gab er es auf, den Schlaf herbeizwingen zu wollen. Er erhob sich, zog sich Hemd und Leinenhose über, schlüpfte mit bloßen Füßen in die Lederschuhe und ging noch einmal an Deck.

Das Rote Meer. Er hatte gar nicht bemerkt, wann genau sie den Suezkanal verlassen hatten. Die *Champollion* stampfte durch eine kurze, steile Dünung. An Backbord erkannte er vage eine schwarze Masse, dunkle Wogen, ein Gebirge aus Sand und Stein. Das musste der Sinai sein. Sinai, biblische Wüste … Jung war überrascht, wie schwül die Luft trotzdem geworden war. Dunst stand wie ein milchiger Schleier über dem Meer, die Schweißperlen auf seinen Unterarmen trockneten nicht. Er war nicht der Einzige, den die drückende Luft nicht schlafen ließ, hier und dort sah er stumme Schatten auf dem Schiff: ein Raucher unter einem Rettungsboot, die Zigarette ein winziger roter Punkt, der sich in die Nacht brannte. Eine massige Gestalt unten auf dem Deck der Dritten Klasse, die Totzke sein mochte oder auch nicht. Jung beschloss, es noch einmal am dritten Schornstein zu versuchen.

»Sie können wohl auch nicht schlafen, alter Junge. Das muss die Hitze sein.«

Jung schrak zusammen. Wo kam Steve Adams plötzlich her? Er musste irgendwo im Dunkeln gestanden und ihn beobachtet haben.

»Ich war noch nie auf dem Roten Meer.«

Adams lachte leise. »Man fühlt sich ein bisschen wie Sindbad der Seefahrer: Rechts ist Afrika, links ist Asien und irgendwo voraus warten die schwimmenden Inseln und die diebischen Affen auf uns.«

»Sie kennen die Geschichten von Sindbad dem Seefahrer?«

»Meine Mutter liebte Märchen, sie hat meinem Bruder und mir jeden Abend eins vorgelesen, als wir klein waren. Manche Geschichten vergisst man nicht. Was hätte sie wohl dazu gesagt, dass ihr Erstgeborener tatsächlich mal auf Sindbads Spuren reisen wird?«

»Ihre Mutter lebt nicht mehr? Das tut mir leid.«

Er steckte sich eine Lucky Strike zwischen die Lippen. Für eine Sekunde beleuchtete das Feuerzeug sein Gesicht. Er schien weder besonders traurig, noch sehr nostalgisch zu sein. »Meine Ma hatte ein gutes Leben, das ist das Wichtigste, denken Sie nicht auch? Natürlich finde ich es unfair, dass der Liebe Gott ihr so früh einen Schlaganfall geschickt hat. Andererseits musste sie nicht leiden. Ein Abendessen mit der Familie, alle lachten – und im nächsten Augenblick war sie fort. Es gibt schlimmere Arten zu sterben.«

Schlimmere Arten zu sterben, dachte Jung. Sie waren über das Promenadendeck geschlendert und standen nun schräg neben dem Rettungsboot, das dem dritten Schornstein am nächsten war, fast ganz im Schatten der Aufbauten. Kein schlechter Beobachtungsposten. Jung blieb wie zufällig stehen und musterte unauffällig das Deck. Er konnte keinen Matrosen mehr sehen. Vielleicht stand auch er irgendwo im Dunklen. Oder aber er war zu so später Stunde von seinem Posten abgezogen worden. Jung beschloss, noch ein paar Minuten mit Adams zu plaudern, bis der

Amerikaner genug hatte und gehen würde. So konnte er prüfen, ob die Luft rein war. Wenn Adams dann gegangen war, würde er zum Schornstein eilen und …

Etwas Großes, Schweres flog so dicht an seiner Stirn vorbei, dass er einen Luftzug spürte. Dann traf es Adams an der Schulter. Der Amerikaner stieß einen Schrei aus, bevor er schwer auf das Deck schlug. Jung hatte die Reflexe des Soldaten behalten und sich auf die Planken geworfen, bevor er überhaupt begriffen hatte, was vor sich ging. Er blickte sich verwirrt um. Über seinem Kopf pendelte ein schwerer hölzerner Block an einem Tau – ein Block, über den normalerweise die Taue liefen, an denen man die Rettungsboote abfieren konnte, ein kopfgroßes Teil aus massivem Holz und Eisen, sicherlich mindestens zehn Kilo schwer.

»Sind Sie in Ordnung?« Jung hatte unwillkürlich geflüstert.

Adams stöhnte und rieb sich die Schulter. »Ich fürchte, ich habe mir das Schlüsselbein gebrochen«, erwiderte er zwischen zusammengebissenen Zähnen. »So ein verdammtes Pech!«

Ziemlich viel Pech für einen einzigen Tag, dachte Jung, sagte aber nichts. Er half dem Amerikaner auf die Beine und sah sich um. Plötzlich war niemand mehr auf dem Deck zu sehen. Natürlich war es möglich, dass sich solch ein schwerer Block zufällig zur Unzeit löste. Und natürlich war es möglich, dass sich ein Stein zur Unzeit im Tal der Könige löste. Ebenso war es möglich, dass diese Unzeit an ein und demselben Tag war. Aber wer glaubte an solche Zufälle? Jung war sicher, dass dies ein Anschlag gewesen war – und dass er nicht dem unglücklichen Amerikaner gegolten hatte, sondern ihm.

»Ich rufe den Bordarzt«, sagte er.

»Nein, das geht schon«, wehrte Adams ab. »Helfen Sie mir nur in meine Kabine, alter Junge, ja?«

Jung stützte ihn und begleitete ihn bis zu einer Kabine auf der Backbordseite der *Champollion*. Dort stellte er fest, dass der

Amerikaner eine erstaunlich gut ausgerüstete Reiseapotheke dabeihatte. Adams zog sich das Hemd aus. Die Schulter war dick angeschwollen und begann schon, sich blau und violett zu verfärben. Aber er konnte den Arm bewegen, und wenn sein Schlüsselbein tatsächlich gebrochen war, dann jedenfalls so, dass sich der Knochen nicht verschoben hatte. Adams schluckte zwei Aspirin, während ihm Jung eine die Schwellung lindernde Salbe auf die Schulter strich und danach bandagierte.

»Wo haben Sie das bloß gelernt?«, fragte Adams und kniff vor Schmerzen kurz die Augen zu.

»Auf dem U-Boot«, erwiderte Jung. »An Bord ist es eng, alles ist aus Stahl, und wenn ein paar Wasserbomben explodieren, wird der Rumpf durchgeschüttelt wie ein entgleisender Zug. Da gibt es Prellungen, Schnittwunden, gebrochene Knochen, so wird man schnell zum Experten.«

»Ich wusste, dass dieser verdammte Krieg auch was Gutes hat.«

»Die nächsten Nächte werden Sie nur auf der rechten Seite liegen können«, sagte Jung und lächelte nachsichtig. »Aber bis das Schiff in Yokohama ist, wird das schon beinahe wieder verheilt sein.«

»Yokohama? Ah, ja.« Adams verzog das Gesicht. »Ich glaube, ich kann Ihnen jetzt vertrauen, alter Junge.« Er zögerte kurz, wollte wohl die Arme in einer entschuldigenden Geste heben, erinnerte sich zu spät an seine Verletzung und stöhnte vor Schmerz auf. Dann atmete er tief durch, bevor er fortfuhr: »Ich habe Sie angelogen, *sorry*. Ich reise nur bis Maskat.«

»Sie sind Geologe bei der Socony«, erwiderte Jung trocken.

Der Amerikaner schaute ihn überrascht an. »Woher wissen Sie das?«

»Wir haben eine gemeinsame Bekannte.«

»Lady Westmacott! Côte d'Azur … Ich wusste, dass ich die alte Fregatte schon mal irgendwo gesehen habe!«

»Sie wollen auf dem Suk von Maskat Öl kaufen?«, fragte Jung spöttisch.

Adams brachte ein schiefes Grinsen zustande. »So ungefähr. Maskat ist nur eine Zwischenstation. Meine Firma hat letztes Jahr die Turkish Petroleum Company aufgekauft. Die neuen Kollegen haben einige vielversprechende Bohrungen in Arabien gemacht, die meine Bosse in New York interessieren. Ich werde von Maskat aus eine Expedition ins Innere Arabiens unternehmen und in einem großen Bogen bis nach Bagdad fahren. Das heißt: Falls ich da lebend ankomme.«

»Sie meinen …«, brachte Jung bloß verblüfft heraus.

»Genau. Das war ein Anschlag auf mich. Irgendjemand will nicht, dass ich mich in Arabien umsehe.«

»Das ist doch … nun, das ist schwer zu glauben.«

Adams senkte die Stimme. »Das muss unter uns bleiben. Ich habe keine Ahnung, wer es auf mich abgesehen hat. Noch nicht. Und solange ich das nicht weiß, will ich keine Aufmerksamkeit erregen. Lady Westmacott und den anderen Passagieren werde ich morgen erzählen, dass ich unglücklich gestürzt bin, eine Prellung, nichts weiter. Und Sie sagen auch nichts, nicht einmal, dass Sie dabei gewesen sind, okay?«

Jung blickte dem Amerikaner in die Augen. Wollte Adams wirklich nur verhindern, dass seine Tarnung aufflog? Und galt der Anschlag wirklich ihm? Warum sollte jemand einen Geologen töten wollen, der sich für Arabiens Wüste interessierte? Andererseits: Jung hatte auch schon mehr als genug Aufmerksamkeit erregt, man musste ihn nicht auch noch mit einem bizarren Attentat in Verbindung bringen. »Gut«, sagte er, »niemand erfährt etwas von mir.«

UNTER DIEBEN

»Diesmal müssen Sie mit uns frühstücken!«

Es war gerade erst sieben Uhr, Jung trat noch ziemlich verschlafen auf den Gang, als er Lady Westmacotts Stimme hinter sich hörte. Er drehte sich um. Die Engländerin und ihre Gesellschaftsdame kamen von den *Cabines de Luxe*. »Es ist mir eine Ehre, meine Damen«, erwiderte er und wartete, bis sie zu ihm aufgeschlossen hatten.

»Leider werden wir heute Morgen wohl ohne unseren amerikanischen Freund speisen müssen.«

Jung bemühte sich, gelassen zu wirken. »Sie haben schon mit Mister Adams gesprochen?«

»Genauso wie Ihr Schwiegervater.«

»Der alte Rosterg?!« Das hatte er jetzt doch lauter gesagt als nötig.

»Ja. Wir wollten Mister Adams abholen und waren ganz erstaunt, Mister Rosterg zu so früher Stunde vor der Kabinentür anzutreffen. Ich wusste gar nicht, dass die Herren sich kennen.«

»Ich auch nicht«, murmelte Jung.

»*Well*, jedenfalls hatte Mister Rosterg wohl schon vergebens angeklopft. Er sagte uns, dass Mister Adams indisponiert sei. Ich wollte das kaum glauben und habe mich selbst erkundigt. Und in der Tat entschuldigte sich Mister Adams, aber versprach, zum Lunch wieder auf den Beinen zu sein. Vielleicht ist das die Hitze oder das französische Essen, das ist man als Amerikaner ja nicht gewöhnt.«

»Sie haben Adams nicht gesehen?«

»Nein, der Ärmste hat nur durch die geschlossene Tür mit uns gesprochen.«

»Sie sind sicher, dass er es war? Ich meine: Sie haben seine Stimme erkannt?«

Lady Westmacott blickte ihn erstaunt an. »Selbstverständlich. Was soll diese Frage?«

Jung räusperte sich. »Wenn Sie seine Stimme erkannt haben, dann kann es ja zumindest keine Grippe sein, nichts Ansteckendes, meine ich.«

»Oh, natürlich, ja. Mister Adams klang nicht heiser, eher, nun, sagen wir: etwas erschöpft.«

»Und Herr Rosterg?« Jung blickte sich auf dem Gang um. Der Patriarch war nirgendwo zu sehen.

»Der ist zu seiner Kabine zurückgegangen. Er hat gesagt, er wartet mit dem Frühstück, bis seine Gattin ausgehfertig ist.«

Jung begab sich mit den beiden Frauen ins Restaurant und geleitete sie an ihren Tisch. Von den Rostergs war noch niemand zu sehen, Dorgelès hatte Dienst. Nur Lüttgen saß schon an seinem Platz und trank einen Kaffee.

»Ich leiste heute Morgen den Damen Gesellschaft«, erklärte Jung ihm und wandte sich um, bevor der verblüffte Prokurist antworten konnte. Immerhin musste er das Frühstück nicht zusammen mit diesem Kerl einnehmen und sich womöglich wieder scheinheilige Fragen über irgendwelche Telegramme anhören. Die Frauen sprachen zunächst nicht viel, doch waren ihre Gesten so vertraut – Silwa schenkte Lady Westmacott Tee ein, die reichte ihr Croissants herüber –, dass Jung weniger den Eindruck hatte, bei einer Lady und ihrer Gesellschaftsdame zu sitzen, sondern bei einem alten Ehepaar. Ob die beiden … was ging ihn das an? Lady Westmacott hatte ein Buch neben ihre Tasse gelegt. *Tender is the Night.* Sie bemerkte seinen Blick und lächelte. »Ich mag Scotts Bücher«, erklärte sie, »und dieses besonders: Ich kenne mindestens die Hälfte der Menschen, die in diesem Roman auftreten.« Sie kicherte. »Die Côte d'Azur ist ein großes Dorf.«

Sie plauderte über Nizza, Cannes und Antibes, nannte die Namen von winzigen Fischerhäfen, die Jung noch nie gehört hatte, erwähnte exilierte russische Adelige, englische Industrielle, amerikanische Erben. Jung ließ diese Anekdoten an sich vorüberziehen. Währenddessen dachte er an Hugo Rosterg und was der Patriarch wohl so früh von Steve Adams gewollt hatte. Sosehr er auch grübelte, er kam auf keine Verbindung zwischen beiden Männern – außer der Tatsache, dass sie dasselbe Reiseziel hatten.

Sie beendeten ihr Frühstück gerade, als die Rostergs endlich erschienen. Lüttgen war auch längst fertig, doch er hatte am Tisch ausgeharrt und sich damit beschäftigt, seinen Löffel unablässig in der leeren Tasse kreisen zu lassen; Jung bildete sich ein, dass das leise Klingeln des Porzellans im ganzen Restaurant zu hören war, und es war ein Wunder, dass das niemanden wahnsinnig gemacht hatte. Hugo und Ernst Rosterg achteten nicht auf Jung, Marthe Rosterg bedachte ihn mit einem finsteren Blick. Sie hatte auffallend schlechte Laune, es war aber nicht klar, auf wen sie eigentlich wütend war: auf Jung, ihren Mann, ihren Sohn oder die ganze Welt.

Jung ignorierte die Familie Rosterg und brachte die beiden Damen bis zu ihren Kabinen. Lady Westmacott öffnete ihre Tür, und wie selbstverständlich trat auch Silwa dort ein. Nach einer letzten Verbeugung drehte Jung sich um und eilte zur Kabine von Steve Adams, wo er anklopfte und seinen Namen nannte, damit der Amerikaner wusste, wer draußen stand.

Adams öffnete ihm und verzog das Gesicht. »Das geht heute Morgen bei mir zu, als wäre ich die Auskunft an der Penn Station. Lady Westmacott war schon hier und …«

»Ich weiß, ich habe mit ihr und Silwa gefrühstückt.«

»Vielen Dank, alter Junge, dass Sie für mich eingesprungen sind. Ich habe die Lady gern und sogar ihre grimmige Armenierin, aber heute habe ich noch nicht die Kraft für eine charmante Plauderei. Ich konnte kaum schlafen, egal, wie ich mich hingelegt habe, es hat immer wehgetan.«

»Herr Rosterg hat heute Morgen auch schon bei Ihnen angeklopft.«

»Sie sind ja gut im Bilde.« Adams massierte sich die Schulter. »Er wollte mich ebenfalls zum Frühstück einladen. Und dabei habe ich während der ganzen Fahrt noch keine drei Sätze mit ihm gewechselt.«

»Sie wissen nicht, warum mein Schwiegervater Sie einladen wollte?«

»Nein. Können Sie es mir sagen?«

Einen Moment lang dachte Jung, dass der Patriarch vielleicht seine Geschäftsinteressen gewechselt hätte: fort von Gewürzen, hin zum Öl. Aber das war zu absurd. »Ich habe keinen blassen Schimmer«, gestand er.

»Seltsam, nicht wahr? Da schickt mich jemand nachts beinahe in die ewigen Jagdgründe, und früh am nächsten Morgen klopft dieser Mister aus Germany an meine Tür.«

»Wollen Sie andeuten, dass Rosterg gestern den Block geschleudert hat?«, fragte Jung verblüfft.

Adams lachte unsicher. »Sie haben wahrscheinlich recht: Das ist ein Zufall. Warum sollte der Mann mich ins Visier nehmen wollen?«

»Dafür gibt es überhaupt keinen Grund«, bestätigte Jung, doch seine Gedanken überschlugen sich. Was, wenn Rosterg gestern Nacht *ihn*, Jung, ins Visier genommen hatte, nicht Adams … Zuerst die Tochter, dann den Schwiegersohn? Vielleicht glaubte Rosterg aus irgendeinem Grund, dass Jung für Doras Verschwinden verantwortlich war, und wollte jetzt Rache nehmen?

»Mittags bin ich wieder auf dem Dampfer, im doppelten Wortsinne«, sagte Adams und riss ihn damit aus seinen Gedanken. »Ich werde zum Lunch kommen. Und danach werde ich über das Deck flanieren und mich immer schön umsehen. Wenn mir nichts passiert, dann glaube ich vielleicht wirklich, dass das letzte Nacht bloß ein unglückseliger Zufall war. Und wenn mir doch etwas passiert, dann bin ich vielleicht tot, aber immerhin weiß ich dann, dass es kein Zufall war.«

Jung konnte über solchen schwarzen Humor nicht lachen. Er verabschiedete sich und ging auf das Promenadendeck.

Jemand hatte den schweren Block wieder oberhalb des Rettungsbootes befestigt. Er atmete tief durch und spürte, wie ihm der Schweiß aus den Poren trat. Die Luft war wie Blei, der Himmel über ihm war wie Blei. Rotes Meer? Bleiernes Meer, das traf es besser. Unter der Sonne, die durch den Dunst brannte, leuchteten die langen, schweren Wogen dunkelviolett. An Backbord ein skelettiertes Land: graue Berge, graue Klippen, gelegentlich eine Insel vor der Küste, kaum mehr als eine Felsspitze, die das Meer durchbrach, dessen Wellen sich schaumig an den steilen Flanken brachen. Kein Baum, kein Strauch, kein Haus, nichts. Noch Arabien? Oder schon der Jemen? Jedenfalls sah es so aus, als hätte dort an Land noch nie ein Mensch gelebt. Delfine umspielten wieder den Bug, Jung zählte vier, fünf, sechs silbrige Leiber, die durch die Dünung tauchten. Er schoss ein paar Fotos mit der Leica. Die Tiere waren unglaublich schnell. Erst später im Labor würde er sehen, ob er im richtigen Moment auf den Auslöser gedrückt hatte. Möglich, dass er zu langsam war und seine Bilder nichts als Wasser und den Schaum der Bugwelle zeigten.

Die schwüle Hitze trieb die meisten Menschen unter Deck, in ihre Kabinen oder gleich in die Bordbar. Zu den wenigen, die es mit Jung im Freien aushielten, zählten Hugo Rosterg, Lüttgen und Dorgelès, die im schmaler werdenden Schatten unter der Kommandobrücke standen und diskutierten. Jung hätte gern gewusst, was sie zu bereden hatten, aber da so wenige Reisende auf Deck waren, wäre es sofort aufgefallen, wenn er sich zu nahe herangewagt hätte. Selbst aus einiger Entfernung sah er, wie sich hin und wieder mal der eine, mal ein anderer zu ihm umdrehte und ihn musterte. Gut möglich, dass sie über ihn sprachen. Jung ging Richtung Heck, wo sie ihn wenigstens nicht länger beobachten konnten. Dort sah er auf die Dritte Klasse hinunter, auf der es genauso voll zu sein schien wie immer – es gab keine Bar, und vermutlich waren die Kabinen so tief unten im Rumpf zu stickig, um sich dorthin zurückzuziehen. Totzke stand rauchend an der Reling. Wie konnte man bei so einer Hitze bloß einen Stumpen paffen? Er erkannte Jung und hob die rechte Hand zum lässigen Gruß. Überall beobachtete man ihn, dachte Jung, oder wurde er paranoid?

Er ging zurück Richtung Kabine. Auf dem Gang war es auch ofenheiß, aber wenigstens brannte einem hier die Sonne nicht aufs Haupt. Fanny kam ihm entgegen, die einen mit Bettwäsche beladenen Wagen vor sich herschob. Sie lächelte, als sie ihn sah.

»Haben Sie etwas Neues herausgefunden?«

Jung schüttelte den Kopf, hatte dann aber eine Idee. »Fanny, haben Sie den Schlüssel zur Kabine 67?« Vielleicht konnte er die Zeit, die der Prokurist mit den beiden anderen Männern oben stand, für einen raschen Blick auf seine Sachen riskieren.

Sie seufzte. »Monsieur Lüttgen ist nicht gerade der höflichste Passagier auf dem Schiff. Aber seine Kabine sieht nicht so aus, als wären dort große Geheimnisse versteckt. Er ist ein sehr ordentlicher Mensch. Sie wollen doch nicht etwa am helllichten Tag dort einbrechen?«

»Warum nicht? Lüttgen ist oben auf Deck und …«

»Da wird er es nicht lange aushalten. Niemand hält es im Roten Meer tagsüber lange auf Deck aus.«

»Und wenn schon. So, wie ich Lüttgen kenne, wird er sich die Zeit bis zum Mittagessen an der Bar vertreiben.«

Fanny zögerte. »Also schön«, flüsterte sie schließlich. »Ich stelle mich mit dem Wagen in den Gang und schließe die Tür auf. Sollte jemand vorbeikommen, wird man denken, ich mache gerade sauber. Sie schlüpfen unauffällig hinein und tun, was Sie tun wollen. Aber Sie haben nicht viel Zeit.«

»Danke«, sagte Jung bloß und folgte ihr.

Sie waren den Gang erst wenige Meter hinaufgegangen, als Fanny stehen blieb und einen Finger an die Lippen legte. »Da ist jemand«, flüsterte sie dann.

Umberto Marinetti.

Der Italiener hatte sie nicht bemerkt. Er stand über den Türgriff der Luxuskabine der Rostergs gebeugt und führte einen Dietrich ins Schloss ein. Jung kam Fanny ganz nahe und hauchte ihr ins Ohr: »Diesmal können wir ihn stellen, ohne uns selbst verdächtig zu machen.«

Sie warteten, bis Marinetti die Tür geöffnet und den ersten Schritt in die Kabine gemacht hatte. Dann lief Jung in drei, vier großen Sprüngen hinzu, setzte eine empörte Miene auf und rief: »Was machen Sie da?!«

Marinetti drehte sich blitzschnell um und ballte die Faust. Für einen Augenblick sah es so aus, als wollte er zuschlagen. Dann sah er Fanny ein paar Meter weiter den Gang hinunter – eine Zeugin, die er nicht ausschalten konnte. Er senkte die Rechte wieder und lächelte charmant, es war, als wäre er von einer Sekunde auf die nächste ein anderer Mensch geworden. Er kam hinaus, zog die Kabinentür beinahe behutsam wieder zu, lehnte sich an die Stahlwand des Gangs und zündete sich eine Zigarette an.

»Was machen Sie da?«, wiederholte Jung seine Frage, verunsichert von der Gelassenheit des Italieners.

»Ich rauche eine Zigarette.«

»Sie wissen genau, was ich meine.« Jung versuchte, seine Gedanken zu ordnen. Der Kerl würde einfach alles abstreiten. Wenn Jung ihn beim Kapitän meldete, dann hatte er eine Stewardess als Zeugin, aber Marinetti war ein gut zahlender Passagier der Ersten Klasse. Und außerdem würde sich so eine Anzeige an Bord herumsprechen, Dorgelès würde davon erfahren und sich die Gelegenheit nicht entgehen lassen zu erzählen, dass dieser Jung glaubte, seine Frau sei auf der *Champollion*, obwohl sie doch in Berlin war, und überhaupt war dieser Mann nicht ganz klar im Kopf.

Fanny war neben ihn getreten. Sie war viel ruhiger als er. »Monsieur«, sagte sie höflich zu Marinetti, »Sie wollten gerade in diese Kabine einbrechen, wir haben Sie dabei beobachtet. Und Sie sind schon einmal dort eingebrochen, wir haben Beweise.« Sie hob die Hand, als Marinetti widersprechen wollte. »Von mir aus können Sie dort einbrechen, so oft Sie wollen«, fuhr sie ruhig fort.

Marinettis Blick flog von ihr zu Jung und zurück. »Sie wollen mich nicht anzeigen?«

»Nicht, wenn Sie kooperieren.«

Jung starrte sie fassungslos an, unfähig, etwas zu sagen. Auch der Italiener blickte einen Moment lang erstaunt drein, dann jedoch änderte sich seine Haltung, ohne dass Jung hätte sagen können, wie genau sich diese Verwandlung vollzog. Er lehnte weiterhin rauchend an der Wand, doch auf einmal war die aufgesetzte Lässigkeit fort, plötzlich war Marinetti tatsächlich entspannt. »Sie schlagen mir einen Handel vor?«, fragte er amüsiert, aber auch mit einer Art kollegialen Hochachtung in der Stimme.

Jung verstand erst jetzt, worauf Fanny hinauswollte. Zwölf Jahre, sagte er sich bewundernd, sie hat zwölf Jahre mehr Erfahrung darin. »Einen Handel«, bestätigte er. »Wir drücken die Augen zu, Sie halten die Augen offen, so einfach ist das.«

Marinetti nickte anerkennend. »Bitte seien Sie mir nicht böse, Signore Jung, aber das hätte ich Ihnen gar nicht zugetraut.«

»Sie sind nicht der erste Dieb, der während einer Fahrt Kabinen plündert«, stellte Fanny nüchtern fest. »Diejenigen, die unterwegs erwischt werden, landen im nächsten Hafen im Gefängnis, irgendwo in Arabien oder China. Die wenigsten schaffen es von dort aus lebend zurück nach Europa.«

»Soll das eine Drohung sein?« Marinetti zuckte mit den Achseln. »Das ist auch nicht meine erste Fahrt, ich habe eine gewisse Erfahrung in meinem Metier.«

»Sie sind kein Anwalt«, stellte Jung fest.

»Ich bitte Sie! Anwälte nehmen Ihnen viel mehr Geld ab als Diebe.« Marinetti lachte. »Also schön: Ich habe Signora Rosterg einen Besuch abgestattet und sie um einige Goldringe erleichtert. Was soll ich sagen? Sie hat es nicht einmal bemerkt. Also wollte ich mein Glück gerade wieder versuchen. *Bene*, manchmal gewinnt man, manchmal verliert man.«

»Im Gegenteil: Das ist Ihr Glückstag.« Jung hatte endgültig die Fassung wiedergewonnen. »Bedienen Sie sich am Schmuck meiner Schwiegermutter – wenn Sie auch für uns in der Kabine die Augen offen halten.«

»Ah«, machte Marinetti und schnalzte mit der Zunge. »Was genau haben Sie im Visier?«

»Das weiß ich nicht.«

Er lachte. »Keine gute Voraussetzung für einen Einbruch, Signore Jung, Sie müssen schon wissen, was Sie sich holen wollen!«

»Dokumente vermutlich. Ich glaube, dass mein Schwiegervater Rauschgift schmuggelt. Oder vielleicht etwas anderes.« Er berichtete in wenigen Worten von den Briefen und Rechnungen in Hugo Rostergs Ordner, ohne zu verraten, woher er sie kannte. »Vielleicht gibt es irgendwo in der Kabine noch mehr davon: Namen seiner Händler, Adressen, was weiß ich. Irgendwas, das uns verrät, was er schmuggelt und mit wem.«

»Drogen, eh?« Marinetti drückte den Zigarettenstummel an der Stahlwand aus und warf ihn zu Boden, ohne auf Fannys missbilligenden Blick zu achten. »In der Schmuckkassette habe ich ein Emailledöschen gefunden. Wir haben beide schon erlebt, was geschieht, wenn Signora Rosterg damit im Waschraum verschwindet. Außerdem habe ich beim Hinausgehen im Schrank eine Haschischpfeife gesehen.«

»Haschisch?«

Er zuckte mit den Achseln. »Vermutlich bloß ein Mitbringsel aus Port Said, so kitschig wie ein Krummdolch. Jedenfalls wird kein Richter der Welt sie deswegen verurteilen. Warum wollen Sie überhaupt Einzelheiten über den Schmuggel Ihres Schwiegervaters wissen? Wollen Sie sein Geschäft übernehmen? Oder sind Sie etwa so gesetzestreu, dass Sie ihn anzeigen wollen?«

»Ich glaube, dass seine illegalen Geschäfte etwas mit dem Verschwinden meiner Frau zu tun haben«, erwiderte Jung mit belegter Stimme. Er schämte sich, das zuzugeben: Dora, Schmuggel, und er selbst hatte keine Ahnung.

»Ihre Frau, verstehe«, murmelte Marinetti. »Ich kann mich übrigens doch an sie erinnern. Eine charmante Person.«

Jung glaubte einen Moment lang, sich verhört zu haben. Dann stieg Zorn in ihm auf, und er packte ihn am Kragen. »Sie haben Dora gesehen und nichts gesagt?!«

Fanny zog ihn fort. Marinetti strich gelassen sein Jackett glatt. »Ich habe schon häufiger mit Signora Rosterg geplaudert, als Sie vielleicht denken. Sie ist, sagen wir: eine gute Freundin geworden. Sie hat mir eines Abends ernsthaft versichert, dass ihre Tochter in Berlin ist. Ich war erstaunt, um es gelinde zu formulieren, aber, *bene*, nachdem ich mich an der Bar unauffällig auch bei ihrem Sohn erkundigt und dieselbe Antwort bekommen habe, sagte ich mir: Misch dich nicht in Familienangelegenheiten ein. Da niemand die Dame gesehen haben wollte, hielt ich es für besser, ebenfalls den Mund zu halten. Sie verstehen: Ich will so wenig Aufmerksamkeit wie möglich erregen.«

»Haben Sie meine Gattin nach … nach ihrem Verschwinden noch einmal gesehen?«

»Nein, nur am ersten Abend, im Kreis Ihrer Familie. Dann zusammen mit Signora Rosterg und Ihnen. Und schließlich mit Signora Rosterg im Wintergarten. Mutter und Tochter schienen sich heftig zu streiten, heftig genug jedenfalls, dass sie mich nicht einmal bemerkt haben.«

»Um was ging es?«

»Das weiß ich nicht. Ich weiß aber«, Marinetti zögerte, »*bene*, ich habe an dem Tag, an dem Sie Ihre Frau, wie soll ich das sagen?, aus den Augen verloren haben, zufällig den Ersten Offizier aus Ihrer Kabine kommen sehen.«

»Dorgelès!«, rief Jung aufgeregt. »Wann war das genau? Nachmittags?«

»Ja, direkt nach dem Essen, denke ich.«

Jung blickte Fanny an. »Das ist der Beweis: Dorgelès hat Doras Sachen aus unserer Kabine geholt. Er hat alles leer geräumt, während ich oben auf Deck war und Dora …« Seine Stimme versagte.

»Mein junger Freund«, sagte Marinetti, »ich verstehe wirklich nicht, was hier vor sich geht, aber ich versichere Ihnen: Als Dorgelès aus Ihrer Kabine kam, tat er das mit leeren Händen. Er hatte keinen Koffer oder irgendetwas anderes dabei. Er hat mich nicht bemerkt, und ich habe mich schnell zurückgezogen, damit das auch so bleibt. Aber ich hatte genug Zeit zu sehen, dass er ziemlich wütend wirkte. Wütend und verwirrt, so als hätte er etwas anderes erwartet oder als hätte er nicht gefunden, wonach er gesucht hatte.«

»Aber wenn Dorgelès Doras Sachen nicht genommen hat, wer …« Jung vollendete den Satz nicht. Ihn schwindelte plötzlich.

»Achtung!«, flüsterte Fanny und deutete den Gang hinunter.

Am anderen Ende tauchten die Rostergs und Lüttgen auf. Jung und Marinetti tauschten einen verschwörerischen Blick, dann schlenderten sie Seite an Seite los, zwei Passagiere, die plaudernd Richtung Restaurant gingen. Und Fanny war eine Stewardess, die mit dem Wäschewagen bloß zufällig hinter ihnen her ging. Sie grüßten, Fanny mit einem angedeuteten Knicks, Jung mühsam beherrscht, Marinetti charmant wie immer. Marthe errötete und hatte nur Augen für ihn. Ernst glotzte zu Boden. Lüttgen sah Jung misstrauisch an. Und Hugo Rosterg musterte die Stewardess, als würde es ihm überhaupt nicht gefallen, sie hier anzutreffen.

Jung atmete tief durch, als sie die Rostergs und Lüttgen passiert hatten. »Also«, flüsterte er im Gehen, »haben wir eine Abmachung? Wenn Sie sich den Schmuck holen, dann sehen Sie sich nach Material für uns um?«

»Es wird mir ein Vergnügen sein, Signore Jung«, erwiderte Marinetti gut gelaunt und laut genug, dass man ihn durch den ganzen Gang hörte.

Als der Italiener in seiner Kabine verschwunden war, drehte sich Jung zu Fanny um und nahm ihre Hände in seine. »Ich weiß nicht, wie ich Ihnen je danken soll. Ohne Sie wäre ich längst verzweifelt!«

Sie lächelte ihn an, freundlich und sehr traurig zugleich. »Machen Sie sich keine Illusionen, Monsieur. Eigentlich wissen Sie immer noch nichts.«

Am frühen Abend stand Jung an der Reling und betrachtete die Möwen, die im Windschatten der *Champollion* segelten. Sie flogen neben den Schornsteinen, der Kommandobrücke, hinter den Masten, bewegten kaum je die Schwingen, taumelten manchmal in irgendwelchen Wirbeln von links nach rechts, stabilisierten sich wieder, folgten Stunde um Stunde dem Kurs des Dampfers gen Süden. Aber als die Dämmerung einsetzte, bogen sie wie auf Kommando ab, gleich Kunstpiloten bei einer Flugschau, und strebten dem Horizont zu. Jung hatte einen Matrosen gefragt, wohin die Möwen sich wandten, doch der hatte nur gelacht: »Sie verschwinden bei Anbruch der Dunkelheit, und am nächsten Morgen sind sie wieder da. Niemand weiß, wo sie die Nacht verbringen. Niemand weiß, wie sie unser Schiff am nächsten Tag in der Weite des Ozeans wiederfinden.«

Verschwinden ... wiederfinden ... Jung hoffte, dass Dora wie eine dieser Möwen zur *Champollion* zurückfand. Nein, er hoffte es nicht – er zwang sich zur Hoffnung. Zugleich quälte ihn zum hundertsten Mal der Gedanke, dass ihr Körper verloren im Mittelmeer trieb, zahllose Seemeilen hinter ihm, und mit jeder Seemeile entfernte er sich noch weiter von ihr und fuhr seinem Verderben entgegen. Er wollte sich auch zum Beten zwingen, doch seit jenem letzten Tag auf UB 68 waren die Gebete für sein ganzes Leben aufgebraucht. Er hatte das Gefühl, sie im Stich zu lassen. Zugleich ahnte er, dass sie ihn im Stich gelassen, dass sie ihm über Jahre etwas vorgemacht hatte. Lüttgen. Streichholzheftchen aus einem Hamburger Hotel. Totzke. Kokain. Rechnungen mit ihrem Namen. Das war noch keine Kapitulation, er hatte sich noch nicht resigniert ins Unvermeidliche ergeben. Aber doch, in diesem Moment, da er den zum Horizont fliegenden Möwen hinterher sah, diesen immer kleiner werdenden schwarzen Kreuzen am orange glühenden Himmel, in diesem verfluchten Moment dachte er zum ersten Mal wirklich daran, dass er seine Frau nie wiedersehen könnte. Dass er nie das Rätsel ihres Verschwindens lösen würde. Wobei »nie« ein pathetisches Wort war für die fünf Tage, die ihm noch bis Maskat blieben. Doras Verschwinden würde ihn in den Abgrund reißen. Er sah sich schon unter dem Schafott liegen, und selbst in seinem letzten Augenblick, wenn er das Fallbeil hinuntersausen hörte, selbst dann würde er nicht wissen, warum ihm das alles geschah.

Nach dem Dinner hatte Lady Westmacott ihre Mitpassagiere der Ersten Klasse zu einem Kinoabend im Wintergarten eingeladen. Zwei Stewards hatten auf ihre Anweisung hin, und von Silwas misstrauischen Augen überwacht, aus ihrer beeindruckenden und sicherlich mehr als die erlaubten einhundert Kilogramm wiegenden Sammlung von Schrankkoffern einen Filmprojektor und eine Leinwand geholt und aufgebaut. Sie erschien mit mehreren glänzenden Blechdosen und legte die erste Filmrolle fachmännisch ein.

»Sie machen das nicht zum ersten Mal«, stellte Jung fest, der eigentlich hinzugeeilt war, um ihr zu helfen, aber nun staunend daneben stand und sie dabei beobachtete, wie sie mit flinken Fingern den langen Celophanstreifen auf die Spule wickelte.

»Ich habe mir zu Hause ein Kino im Keller eingerichtet. Ich bin ganz vernarrt in Filme.«

Es hatten sich nur zwanzig oder dreißig Passagiere eingefunden. Den anderen war es zu heiß, oder, wie Jung vermutete, vielleicht war ihnen der Film auch zu deutsch. Lady Westmacott hatte sich eine Kopie von *Metropolis* besorgt.

»Wo haben Sie die bloß her?«, fragte er und bemühte sich um einen leichten Tonfall, obwohl ihm dieser Filmtitel einen neuen Schlag versetzte. Dora und er hatten seinerzeit Premierenkarten für *Metropolis* ergattert, dank seiner Verbindungen bei der *Berliner Illustrirten*: 10. Januar 1927, Ufa-Palast, 1200 Zuschauer, darunter der Reichskanzler und mehrere Minister. Jung hatte zuvor die Hauptdarstellerin Brigitte Helm fotografiert, gestern eine siebzehnjährige Oberschülerin, heute ein Weltstar. Danach den Regisseur Fritz Lang in seiner Wohnung am Hohenzollerndamm, ein Dandy mit Monokel in einem orientalisch eingerichteten

Zimmer mit erotischen Zeichnungen an den Wänden. Langs Frau Thea von Harbou hatte alles organisiert, sie war gewissermaßen eine Kollegin, da sie für die *Berliner Illustrirte* Fortsetzungsromane schrieb, mit viel Abenteuer und reichlich Verführung.

»Als ich im Juni in Berlin war, habe ich im Adlon mit Alfred Hugenberg diniert. Ich habe ihm nur ein ganz klein wenig zusetzen müssen, bis er mir diese Kopie besorgt hat«, erzählte Lady Westmacott stolz. »Er hat sie aber eigentlich leichten Herzens hergegeben, der Film lief ja nicht gerade gut.«

»Das nennt man wohl britisches Understatement«, kommentierte Jung. Denn *Metropolis* war ein grandioser Flop gewesen, ganz Berlin hatte darüber getuschelt. Lang hatte fünf Millionen Reichsmark ausgegeben, das Dreifache des Budgets und mehr, als je ein Film in Deutschland gekostet hatte. Aber niemand hatte die in ferner Zukunft spielende Geschichte von der Maschinenfrau und den unterdrückten Arbeitern sehen wollen. Eigentlich kein Wunder, dachte Jung, die ganze Welt lebte im Heute, wen interessierte schon die Zukunft? Jedenfalls war die Filmfirma Ufa danach pleite gewesen, und Hugenberg hatte sie für einen lächerlichen Preis kaufen können.

Die Stewards hatten die Leinwand neben dem Piano aufgespannt, sie war so groß wie die in manchem Hauptstadtkino. Die Stühle waren zu mehreren Reihen zusammengeschoben worden, jemand hatte die schlanken, hohen Blumenvasen zur Seite gestellt, damit sie die Sicht nicht behinderten. Die Rostergs und Lüttgen hatten es sich in der ersten Reihe bequem gemacht. Jung erkannte Dorgelès und einige der jüngeren Offiziere. Steve Adams, der wieder mit Lady Westmacott und Silwa diniert hatte, war ebenfalls anwesend. Er hatte sich aus der Kombüse einen Beutel Eis bringen lassen und presste ihn auf seine Schulter. Er hatte aller Welt erzählt, dass er »nachts auf dem Weg zur Kabine eine Treppe hinuntergestürzt« sei. Beim Abendessen waren Anita Berber und Henri Hofmann nicht zu sehen gewesen, doch nun tauchten sie im letzten Moment auf, Champagnergläser in Händen, und setzten sich wie selbstverständlich neben die Rostergs in die erste Reihe. Jung sah sich ein letztes Mal um, bevor ein Steward das Licht ausmachte: Marinetti war nicht da. Er konnte sich denken, wo er sich stattdessen herumtrieb.

Einige Sekunden lang füllte tiefe Dunkelheit den Raum. Das Glasdach gab den Blick auf die Sterne frei, die hoch über ihnen funkelten. Die Luft, die tagsüber diesig war, musste nun klar sein, jedenfalls hatte Jung selten ein so brillantes Firmament gesehen. Dann surrte der Projektor los, grelles weißes Lampenlicht durchschnitt die Dunkelheit, schließlich leuchtete der Titel auf der Leinwand auf. Jung betrachtete die ersten Bilder, Maschinenmenschen, die Unterwelt, Brigitte Helm, so kalt und blond und unnahbar wie eine Renaissanceschönheit. Dann kamen die Zwischentexte, auf Englisch, nicht auf Deutsch, Lady Westmacott hatte Hugenberg eine amerikanische Fassung abgeschwatzt. Jung musste trotz allem grinsen, als er Hugo Rosterg enttäuscht flüstern hörte. Er wartete, ob seine Schwiegerfamilie oder Lüttgen empört aufstehen und den Wintergarten verlassen würden, zutrauen würde er ihnen einen solchen Auftritt. Doch sie blieben auf ihren Plätzen. Gut so.

Der Film war zweieinhalb Stunden lang, und da Lady Westmacott hin und wieder eine neue Rolle einlegen musste, würde die ganze Vorführung sogar noch länger dauern. Jung hatte mehr als genug Zeit. Er stand auf und schlich sich Richtung Ausgang. Er hoffte, dass niemand auf ihn achtete.

Er hatte eine Verabredung mit Fanny.

»Wenn das so weitergeht mit Ihnen, dann lässt mich der Kapitän kielholen!«, flüsterte die Stewardess, als sie sich auf dem für die Nacht abgedunkelten Flur der Ersten Klasse trafen.

Eine Welle der Sympathie und Bewunderung für diese junge Frau, die er kaum kannte, durchflutete Jung, er hätte sie am liebsten in die Arme geschlossen, doch wagte er eine solche intime Geste nicht. Fanny riskierte so viel für ihn, und er schämte sich, dass er ihr nichts zurückgeben konnte. »In fünf Tagen ist diese Sache vorbei, so oder so.«

Sie schloss ihm Lüttgens Kabine auf. »Ich gehe zurück bis zum Treppenhaus und warte dort«, erklärte sie. »Wenn jemand kommt, werde ich ihn ansprechen. Wenn Sie also meine Stimme hören, dann wissen Sie, dass Ihnen nur noch ein paar Sekunden bleiben, um zu verschwinden.«

»Danke.«

Jung schlüpfte in die Kabine. Er beherzigte ihre Warnung vom letzten Mal: keine Taschenlampe! Der Mond war noch immer so gut wie voll, es war recht leicht, sich zurechtzufinden. Bei Tage hätte er diese Kabine sogar fotografieren und das Bild für einen Reklameprospekt verwenden können, so penibel aufgeräumt war der Raum: Lüttgen trug je nach Tageszeit und Anlass verschiedene Armbanduhren. Alle bis auf die, die er für diesen Abend ausgewählt hatte, lagen in einer hölzernen Kassette neben einem Kästchen aus Elfenbein, in dem er seine Manschettenknöpfe aufbewahrte, und einem aufgeklappten Reisewecker, der leise tickte. In der Schublade darunter entdeckte Jung ein Feuerzeug und ein Zigarettenetui, beides aus massivem Silber. Im Schrank hingen Anzüge und Hosen an Bügeln, Hemden, Unterwäsche, sogar die Socken waren sorgfältig auf den kleinen Regalen gestapelt. Auf dem Schreibtisch thronte eine Olympia-Reiseschreibmaschine, die durch ihren Deckel geschützt war. Daneben lagen ein Stapel Papier, zwei Blatt Kohlepapier, ein Stapel Durchschlagpapier, ein Füllfederhalter in einer Messingschale. Lüttgen war jemand mit einem Auge für Exaktheit, jemand, der im Rechnungsbuch die Spalten füllte und stets darauf achtete, dass die Bilanz ausgeglichen war, jemand, der lose Enden hasste – aber ganz offensichtlich war er auch jemand, der in seinem Privatleben unglaublich pedantisch war. Sogar die Pantoffeln hatte er wie militärisch ausgerichtet vor dem Bett auf den Boden gestellt, ausgerechnet ein Dandy wie er. Jung blickte sich in dem Raum um. Perfekt. Sicherlich hatte Fanny mit keiner anderen Kabine weniger Arbeit als mit dieser, wo nichts im Weg war, wo nichts weggeräumt werden musste, wo das Auge nirgendwo hängen blieb. *Das* ist es, sagte sich Jung: Lüttgen *wollte*, dass die Stewardess oder wer auch immer sonst seine Kabine betrat, diese so rasch wie möglich wieder verließ, wollte, dass niemand diesen paar Quadratmetern Perfektion Aufmerksamkeit schenkte, zu glatt, zu unpersönlich, hier lohnte sich das Herumschnüffeln nicht.

Gute Tarnung, dachte Jung grimmig, und begann noch einmal mit der Suche. Er brauchte eine ihm endlos scheinende Zeit, obwohl es tatsächlich wohl nur wenige Minuten waren, bis er eine dünne Mappe aus brauner Pappe zwischen dem Stapel gebügelter Unterhemden entdeckte. Er zog die Mappe vorsichtig heraus, sorgfältig darauf achtend, keine Falte in einem der Kleidungsstücke aufzuwerfen. Er trug sie bis unter das Bullauge und öffnete sie dort, halb fürchtete er, dass sie leer war, weil sie so leicht wirkte. Tatsächlich lagen bloß zwei hauchzarte Durchschläge darin und zuunterst ein Brief auf normalem Papier.

Der oberste Durchschlag kam aus der Funkkabine: Es war wirklich ein Telegramm an Dora, eine Bitte um Überprüfung einiger Preise und Lieferkonditionen, nichts sonst, ein geschäftliches Allerweltstelegramm. Einen Moment lang überkamen Jung Zweifel: Und wenn Lüttgen diese Nachricht abgesandt hatte, weil er wirklich glaubte, dass Dora in Berlin war? Unsinn, ermahnte er sich rasch, das war alles Teil einer schrecklichen Inszenierung.

Das zweite Blatt war der Durchschlag eines auf der Maschine getippten Briefes, den Lüttgen an Ernst Rosterg geschickt hatte, dem Datum nach am Tag, nachdem sie Marseille verlassen hatten. Warum sollte er dem Sohn des Chefs einen Brief schreiben, wenn er ihn doch jeden Tag an Bord sah? Es waren nur ein paar Zeilen, im Ton etwas neckend, wie Bekannte es schreiben würden, aber durchaus freundlich. Lüttgen erinnerte ihn daran, »wie wir uns letzte Woche in Berlin über den Weg gelaufen sind. Wie Du Dich, lieber Ernst, mit ein paar guten Freunden im Kabarett köstlich amüsiert hast.« Wer das flüchtig las, mochte sich fragen, warum der Prokurist überhaupt so etwas Banales geschrieben hatte. Warum sollte Lüttgen den Sohn des Patriarchen schriftlich an eine zufällige Begegnung in Berlin erinnern, während sie gerade mit einem Schiff nach Arabien fuhren? Aber Jung war kein flüchtiger Leser, und er kannte Berlin. Das Kabarett, in dem Lüttgen Ernst Rosterg gesehen hatte, er schrieb es selbst, war das Mikado in der Puttkamerstraße – der berüchtigste Homosexuellentreff in der Reichshauptstadt. Der Brief war in Wahrheit ein als Anekdote getarntes schmutziges und ziemlich wirkungsvolles Erpresserschreiben. In Berlin kursierten Witze über die »schwulen Buben« der SA, jedermann wusste, dass manche Kerle nur Sturmtruppler geworden waren, weil sie unter den braun uniformierten Kameraden auf Gleichgesinnte trafen. Aber öffentlich war das tabu. Sollte bekannt werden, dass Ernst sich im Mikado herumtrieb, dann wäre das das Ende seiner Karriere in der Hitlerpartei – der einzigen Karriere, die er je gemacht hatte. Lüttgen drohte Ernst Rosterg in diesem so harmlos aussehenden Brief in Wahrheit mit der gesellschaftlichen Vernichtung. Und er hatte ihn deshalb erst nach dem Ablegen geschrieben, weil Ernst dann keine Möglichkeit mehr hatte, seine Kameraden von der SA um Unterstützung zu bitten. Und an seinen stockkonservativen Vater konnte er sich selbstverständlich erst recht nicht wenden. Ernst

Rosterg würde wochenlang ganz auf sich alleine gestellt sein, allein mit diesem perversen Schreiben, immer in Furcht, dass sein Geheimnis enttarnt werden würde, stets ratlos, was er dagegen tun könnte – und genau das war es, erkannte Jung, was Lüttgen wollte: Er wollte den Sohn seines Chefs zermürben.

»Du hast nicht nur mich im Visier, sondern auch Ernst«, flüsterte Jung erbittert. Lüttgen wollte auf dieser Reise den Sohn und den Schwiegersohn des alten Rosterg ausschalten, wollte sie mit allen Mitteln aus der Firma drängen oder sogar ganz beseitigen. Ernst Rosterg war nicht der Typ, der aus Angst Selbstmord verübte, aber sehr wohl der Typ, der aus Angst noch mehr trank als sowieso schon. Diese rückhaltlose Sauferei fast zwei Wochen lang auf der *Champollion* – wie sollte das im sittenstrengen muslimischen Arabien weitergehen? Mit Mokka und gesüßtem Tee allein würde sich Ernst nicht lange zufriedengeben. Er würde ohne Alkohol körperlich und seelisch zusammenbrechen und irgendeinen Skandal verursachen. Genau das war es, was Lüttgen plante, vermutete Jung. Ernst würde ausgerechnet in Arabien die illegalen Geschäfte seines Vaters, wie auch immer die aussehen mochten, durch seine Haltlosigkeit gefährden. Und Hugo Rosterg selbst würde dann seinen Sohn aus dem Spiel nehmen, ohne dass Lüttgen sich dabei die Hände schmutzig machen musste, würde ihn enterben, kaltstellen, was auch immer. Wie perfide. Wie genial.

Er überlegte einen Moment lang, ob er sich mit Ernst gegen den Prokuristen verbünden sollte. Doch er verachtete den Sohn, und der verachtete ihn. Ernst war und blieb ein unzuverlässiger Säufer und im Zweifelsfall eher ein weiterer Feind als ein Freund.

Jung hielt schließlich das zuunterst liegende Papier ins Mondlicht. Ein Brief.

Ein Liebesbrief.

In Doras Handschrift.

Selbstverständlich hatte er das geahnt, seit er diese verdammten Streichholzheftchen gefunden hatte. Trotzdem stand er da wie ein Boxer in der zwölften Runde, unfähig zu denken, unfähig, sich zu wehren, und er sah die Welt nur noch wie durch einen langen schwarzen Tunnel. Irgendwann dachte er wieder an Fanny, die draußen ausharrte, dachte daran, dass auch der längste Film einmal zu Ende gehen würde, und wie erbärmlich er wohl aussah, ein Mann, der den Liebesbrief seiner Frau an einen anderen Mann in der zitternden Hand hielt. Doras Worte verschwammen vor seinen Augen, und das lag nicht am trüben Licht: »Mein Liebster ... diese Tage mit Dir ... wenn erst die Scheidung ... unser neues gemeinsames Leben ... für immer Dein.«

Mein Gott, nimm dich gefälligst zusammen! Warum hatte Lüttgen ausgerechnet diesen Brief mitgenommen? Aus Sentimentalität? Lüttgen? Niemals. Das Telegramm war Teil seiner perfiden Strategie. Der Erpresserbrief war Teil seiner perfiden Strategie. Und dieser Liebesbrief war es auch – Dora hatte sich mit diesen Zeilen kompromittiert. Die Familienerbin. Die Ehefrau. Auch dieser Brief war nichts als eine Waffe für Lüttgen, eine jener Waffen, die er benutzen würde, sobald die *Champollion* die Leinen losgemacht hatte. Er hatte auch Dora im Visier. Er hatte *alle* Erben des alten Rosterg im Visier. Die ganze Firma.

Damit, erkannte Jung bitter, konnte Lüttgen Dora alles abpressen. Oder hatte er sie womöglich schon damit konfrontiert? War Dora womöglich deshalb verschwunden? Lieber ein heimlicher Selbstmord auf dem Meer, als diese Schande zu ertragen? Aber, mein Gott, sie war doch schwanger. Würde eine Frau, die ein Kind unter dem Herzen trug ...

Jung wartete, bis seine Hände nicht mehr zitterten. Dann legte er die Papiere zurück in die Mappe, die Mappe zurück zwischen die Wäsche. Die Tür, der Gang, er schlich wie in Trance zurück.

»Alles in Ordnung?«, flüsterte Fanny und blickte ihn besorgt an.

»Alles bestens«, log Jung. Wie gut, dass es nirgendwo einen Spiegel gab, in dem er sein Gesicht hätte sehen müssen.

»Haben Sie etwas gefunden?«

»Nein.« Noch eine Lüge. Er bot all seine Kraft auf, um wenigstens eine Grimasse zu ziehen, die einem Lächeln ähnelte. »Doch, ich habe etwas gefunden«, gab er zu. »Lüttgen erpresst Ernst Rosterg und meine Frau. Den Sohn und die Tochter seines Chefs.«

»Womit?«

»Das … das ist unerheblich. Er setzt sie jedenfalls unter Druck.«

»Warum?«, fragte Fanny skeptisch. »Will er sich für irgendetwas rächen?«

»Ich vermute eher, dass er die Firma übernehmen will. Er drängt die Erben aus dem Geschäft.«

»Sollen wir …«, sie zögerte, »… Ernst Rosterg warnen? Er ist, *eh bien*, nicht gerade eine sympathische Person. Und er scheint mir ziemlich unberechenbar zu sein, und gewalttätig wohl auch.«

Jung schüttelte den Kopf. »Ernst muss auf sich selbst aufpassen. Ruhen Sie sich bitte aus. Es tut mir aufrichtig leid, dass ich Sie so tief in diese Affäre hineingezogen habe. Ich denke, ich komme ab jetzt allein zurecht.« Es tat trotzdem gut, mit Fanny zu reden. Jung atmete ruhiger, die Nebel in seinem Kopf lichteten sich.

»Sind Sie sicher, dass Sie es schaffen?« In ihrer Stimme klang ein Hauch Bedauern mit.

Jung nickte. »Ich kann nicht zulassen, dass Sie noch mehr für mich riskieren.«

Sie sah aus, als wollte sie darauf etwas erwidern, doch dann nickte sie bloß. »Wie Sie wünschen, Monsieur.«

Erst als Fanny den dunklen Flur hinuntergegangen war, fiel ihm noch etwas auf, an das er bis dahin nicht gedacht hatte: Auch Ernst spielte die Schmierenkomödie um Doras Verschwinden ja mit. Er leugnete genauso wie Lüttgen, genauso wie alle anderen, dass seine eigene Schwester je an Bord gewesen war. Wenn Lüttgen tatsächlich hinter der Sache steckte – dann war Ernst Rosterg trotz der Erpressung auch irgendwie dabei.

Nachts stand er auf dem Deck und blickte hoch zu den Sternen. Er hörte Stimmen hinter sich, Lachen, Gläserklingen. Passagiere strömten aus dem Wintergarten, mehrere bedankten sich bei Lady Westmacott, andere griffen nach dem Champagner, den die Stewards auf Tabletts servierten. Die Luft war kühler jetzt, zum ersten Mal an diesem Tag weich wie Samt. Eine junge Frau in einem Pailettenkleid, eine Französin, deren Vater nach Saigon versetzt worden war, Jung kannte sie flüchtig, holte einen tragbaren Grammophonspieler aus ihrer Kabine und zog ihn auf.

»Tanzen wir!«, rief sie, ihre Stimme schon etwas heiser vom Alkohol. Sie legte eine Platte auf und wollte Charleston tanzen, doch sie stolperte, lachte, deutete auf das Deck. Die Planken waren unter der Hitze der letzten Tage aufgequollen. Selbst die flachen Schuhe der jungen Frau schienen auf dem feuchten Holz zu kleben. Ein Steward kam mit einem Eimer und streute daraus Talkum auf ein paar Quadratmeter Deck. Sie bedankte sich überschwänglich und wirbelte los. Bald tanzten ein Dutzend Paare, die älteren gemessen, die jüngeren wie Furien, sodass weißer Talkumstaub von den Planken aufwirbelte.

Jung dachte an Doras Schwangerschaft und wer wohl der Vater ihres Kindes sein mochte. Vor ein paar Tagen war er der glücklichste Mann der Welt gewesen. Nun musste er sich beherrschen, um nicht einfach über die Reling zu steigen und im Nichts zu verschwinden. Zufällig blickte er auf. Sternschnuppen regneten aus dem Himmel auf die Wüste, zwei, drei, zehn, er zählte sie nicht länger. Die Tänzer hatten keine Augen dafür. Für jede Sternschnuppe hast du einen Wunsch frei, schnell! Ich will, dass dieser Alptraum endet, dass dieser Alptraum endet, dass dieser Alptraum endet.

MANN ÜBER BORD

Jung schreckte auf. Er hatte bei geöffnetem Bullauge geschlafen. Es musste noch sehr früh sein. Dämmerlicht sickerte herein, Staub schwebte golden im Raum, die Luft war angenehm kühl. Er lag bewegungslos da und lauschte. Das ferne Stampfen der Maschine. Die allgegenwärtigen Vibrationen, die die Schublade des Nachttisches neben seinem Kopf erzittern ließen, sodass das Fläschchen Trional darin ein kaum hörbares Klappern von sich gab. Wellenrauschen von draußen. Der Schrei einer Möwe. Die *Champollion* hob und senkte sich im Rhythmus der Wogen, vielleicht etwas stärker als gestern, womöglich war der Wind aufgefrischt. Was also hatte ihn geweckt? Er bildete sich ein, dass das Echo eines Knalls in seinem Kopf nachhallte. Ein Schuss? Er erhob sich, öffnete leise die Kabinentür, spähte vorsichtig auf den Gang. Niemand. Er schloss die Tür wieder und presste die Stirn gegen das kühle Metall. Vielleicht das Trional. Irgendwann würde ihn dieses Zeug kaputtmachen. Vielleicht war dieses »Irgendwann« jetzt? Vielleicht waren die Tage mit Dora auf der *Champollion* nichts als das Produkt eines Medikaments, eine chemische Reaktion in seinem Gehirn. Und er benahm sich wie ein Geistesgestörter, durchsuchte fremde Kabinen, bildete sich eine Begegnung mit einem Juwelendieb ein, halluzinierte von einem Liebesbrief seiner Frau an einen anderen, und nun vernahm er einen Schuss, den von all den vielen Hundert Menschen auf dem Dampfer nur er allein gehört hatte.

Als Jung eine Stunde später zum Frühstücken ging und zuvor

noch eine Runde über das Deck schlenderte, schwankte der Boden schon merklich unter seinen Füßen. Der Himmel war von Horizont zu Horizont eine einzige große Wolke; wo die Sonne stand, leuchtete sie hellgrau, ansonsten war sie violett. Der Wind war so stark, dass einzelne Böen den Schaum von den Wellenkronen bliesen, kleine weiße Fahnen, die durch die Luft flatterten, bis sie sich auflösten. Er schmeckte Salz auf den Lippen, die Luft roch nach Seetang und Jod. Die Möwen hatten sich auf Masten und Antennen niedergelassen und das Gefieder aufgeplustert. Es war immer noch sehr früh, Jung war einer der ersten Passagiere im Restaurant und würde vielleicht einer von wenigen bleiben. Je höher der Seegang, desto geringer fiel der Appetit der Mitreisenden aus.

»Bitte entschuldigen Sie die Störung, Monsieur«, sagte ein Steward, kaum dass Jung sich gesetzt hatte, »aber wir ziehen die Geige auf.«

Die Geige aufziehen, das hatte es sogar auf UB 68 gegeben: Das Schiff wurde sturmfest gemacht. Der Steward setzte einen Holzrahmen auf den Tisch, in den, fast wie in einem Webstuhl, dünne Bänder eingespannt waren. Diese Bänder fixierten Teller, Gläser und Besteck auf der Tischplatte, sodass sie sich im Seegang nicht bewegten. Jung konnte sie mit ein wenig Mühe herausziehen und ebenso umständlich wieder abstellen, es war, als würde er durch ein feines Gitter hindurch speisen. Aber das war immer noch besser, als wenn ihm eine Welle die Kaffeetasse in den Schoß kippte.

Jung blieb allein; von seinen Tischgenossen ließ sich niemand blicken. Irgendwann sah er Lady Westmacott, Silwa und Steve Adams, die ihn quer durch den Raum hinweg grüßten. Jung hätte gern unauffällig mit Marinetti geredet, denn er war sicher, dass der Italiener die gestrige Filmvorführung für einen Besuch der Rosterg'schen Kabine genutzt hatte, doch war er offensichtlich auch nicht gegen Seekrankheit gefeit. Nur Geduld, sagte er sich, sie waren doch schon in den Subtropen, so lange konnte ein Sturm hier ja nicht dauern.

Er verließ das Restaurant und trat ins Freie. Inzwischen lief jedesmal ein Zittern durch das ganze Schiff, wenn der Bug donnernd in einen Wellenberg krachte und Gischt über das Vordeck spülte. Jungs Brillengläser waren nun mit einer feinen klebrigen Schicht Salzwasser überzogen. Er rieb sie mit einem Taschentuch frei, einmal, zweimal, dreimal, dann gab er es auf, steckte die Brille ein und blinzelte kurzsichtig über das Meer. Einige Matrosen trugen eilig Liegestühle ins Innere, andere verzurrten zusätzliche Persennings über den Rettungsbooten. Er beobachtete die Seeleute genauer, soweit das seine eingeschränkte Sicht noch zuließ: Sie arbeiteten konzentriert und rasch, doch schien niemand sonderlich beunruhigt zu sein. Jung eilte in die Kabine, um seine Leica zu holen. Er packte sie in einen kleinen Sack aus Segeltuch, den er für Einsätze bei schlechtem Wetter selbst gefertigt hatte, um den kostbaren Apparat zu schützen. Die Leica verschwand fast vollständig im Sack, nur für das Objektiv hatte er ein Loch in den wasserdichten Stoff geschnitten. Er schoss ein paar Fotos im Sturm und fühlte sich schon beinahe wie ein Romanheld von Jack London. Seltsamerweise hatte er ausgerechnet jetzt keine Angst mehr vor dem Meer.

Inzwischen war der Wind so stark geworden, dass er in der Drahtverspannung der Funkantenne und in den Kränen heulte, ein hoher, klagender, an- und abschwellender Laut. Vielleicht war es das, dachte Jung: Auf UB 68 glich jede Überwasserfahrt im Sturm einem verbissenen Kampf, da kamen die Brecher von oben, schlugen wie Eisregenschauer auf die Wachhabenden ein, flossen gurgelnd um den Turm, der nur ein paar Meter über, manchmal eher in den Wellen taumelte. Das U-Boot hatte unter ihren Schlägen gedröhnt und gezittert – aber es hatte nie geheult, fiel ihm jetzt auf, vermutlich, weil es kaum Drähte oder überhaupt irgendetwas gab, das eine Sturmböe hätte zum Singen bringen können. Die *Champollion* hingegen schien zu klagen und zu wimmern wie ein lebendiges Wesen, und irgendwie beruhigte ihn das, statt ihm Angst einzuflößen. UB 68 hatte keine Seele gehabt, dieser Dampfer hatte eine, vielleicht war es das.

Regenschauer peitschten über das Wasser, mal hier, mal dort, dunkel schraffierte Flächen im grauvioletten Himmel, die in einem Moment ihre feuchte Ladung über dem Deck abregneten und im nächsten schon wieder weitergezogen waren, bis dann der nächste Schauer heran war. Jung schlug den Jackenkragen hoch und stellte sich unter die Brückennock, damit er nicht ganz durchnässt wurde. Vielleicht hatte er auch deshalb keine Angst vor dem Sturm, weil er so irreal wirkte. Sturm, das war für ihn schneidende Kälte bis auf die Haut. Aber dieses Unwetter war schwülwarm, er hätte auch in Badehose auf Deck bleiben können.

Neben ihm trotzten ein paar weitere Passagiere den Elementen, sogar einer der Priester war ins Freie getreten. Seine Soutane umwehte ihn wie ein schwarzer Geist, während er zu beten schien. Auf den Decks der Zweiten und Dritten Klasse war hingegen niemand zu sehen. Sie lagen so tief, dass die Wellen mit großer Kraft über die Planken rauschten. Es war gefährlich dort unten, dachte er. Vielleicht war nun der Zeitpunkt gekommen, um sich den dritten Schornstein einmal von innen anzusehen.

Aber als er sich über das schwankende Deck bis dorthin durchgekämpft hatte, blinzelte er kurzsichtig und wollte doch seinen Augen nicht trauen: Selbst jetzt stand ein Matrose, der sich an einen eisernen Griff klammerte, stoisch Wache. »Gehen Sie besser unter Deck, bis das Unwetter abgezogen ist, Monsieur!«, rief er ihm zu, als er ihn gewahrte. Jung verzog sich, um den Seemann nicht misstrauisch zu machen. Mit hochgeschlagenem Kragen und tief gebeugt gegen den Sturm taumelte er über das schwankende Deck wieder nach vorne. Die Böen waren Schläge gegen den Körper. Wie stark mochte es inzwischen wehen? Mit achtzig Stundenkilometern oder gar hundert?

Jung hielt plötzlich inne, blinzelte. Regen fiel als grauer Vorhang nieder, überhaupt war es ungewöhnlich dunkel geworden, ein Vormittag wie eine Abenddämmerung. Er sah eine Frau weit vorne auf dem Promenadendeck, im Schatten der Kommandobrücke, die einzige Person, die dort dem Unwetter trotzte. Sie hatte ihm den Rücken zugekehrt und blickte Richtung Bug. Sie hatte sich eine Art Decke oder einen Schal als Regenschutz um die Schultern geworfen, genau konnte er das nicht erkennen, darunter trug sie ein helles Sommerkleid. Mit einem raschen Griff hatte sie den Glockenhut festgehalten, als eine Windböe ihn fortblasen wollte. Es war diese Geste, die ihm aufgefallen war, die Art, wie sie den Arm hob und den Hut festhielt, nicht einfach mit einem Griff zur schmalen Krempe, sondern indem sie mit den Fingerspitzen oben auf ihn drückte. Tausendmal hatte er diese Geste gesehen, wenn der Wind durch Berlins Straßen gepfiffen war, nie hatte er darauf geachtet.

»Dora!« rief Jung.

Die Frau zuckte zusammen, als würde ein Stromstoß durch ihren Körper fahren.

»Dora!«, wiederholte er fassungslos. Dann war die Frau verschwunden.

Jung rannte bis unter die Kommandobrücke, blickte verwirrt hierhin und dorthin. Er fischte die Brille aus der Tasche, fluchte über seine verdammte Ungeschicklichkeit, hatte sie endlich aufgesetzt, sah sich erneut um. Er war allein. Er fragte sich, ob er sich das gerade eingebildet hatte. Eine Fata Morgana, die er bloß sah, weil er sich so sehnlichst wünschte, sie zu sehen? Das Trional? Oder, schrecklich banal, irgendeine Passagierin, die er mit seinen kurzsichtigen Augen auf groteske Weise mit Dora verwechselt hatte? Doch die Art, wie sie ihren Hut festgehalten hatte, und sie war zusammengezuckt und verschwunden, sobald er ihren Namen gerufen hatte …

Nur zwei Meter von der Stelle entfernt, an der er die Frau – nein, nicht *die Frau*, an der er *Dora* gesehen hatte, führte eine Tür ins Innere. Er öffnete sie und blickte auf den Boden: Hier und dort glänzten kleine Wasserlachen auf dem Stahlboden. Er rannte los, folgte dieser Spur, sie führte ihn am Wintergarten vorbei, doch je weiter er kam, desto kleiner wurden die Lachen. Im Treppenhaus war schließlich nichts mehr zu erkennen. Er hielt einen zufällig vorbeikommenden Steward an.

»Haben Sie gerade eine Frau gesehen? Sie trug ein helles Sommerkleid, einen Schal und einen Glockenhut.«

»*Non*, Monsieur.«

Er blieb ratlos stehen. Sollte er nach unten gehen? D-Deck, B-Deck, A-Deck, bis in den Frachtraum steigen? Im Restaurant, Wintergarten, der Bordbar nachsehen? Beim Zahlmeister fragen? Die Waschräume durchsuchen? Ihre Kabine, sagte er sich, wenn Dora wieder da ist, dann ist sie sicher dort. Während er den Gang hinunterlief, überstürzten sich seine Gedanken: Dora war entführt worden, hatte sich irgendwie befreit, und sie war vor ihm geflohen, weil sie ihn nicht erkannt, sondern ihn mit einem ihrer Entführer verwechselt hatte … Der Regen, der Sturm, das war doch möglich, dass sie weder ihn noch seine Stimme erkannt hatte … Kabine 66, er riss die Tür auf.

Niemand.

Der Teppichboden war dunkel, aber war er nicht an einer kaum daumennagelgroßen Stelle noch ein wenig dunkler? Er ging in die Hocke und befühlte den Boden. Der Bodenbelag war an dieser Stelle feucht, zumindest fühlte er sich feucht an. Er stellte sich vor, dass Dora hier gewesen war, das konnte nur wenige Augenblicke her sein. Warum war sie wieder verschwunden? Weil ihre Sachen fort waren, keine Bluse, kein Schmuck, nichts? Vielleicht war Dora gar nicht entführt worden, vielleicht irrte sie seit Tagen durch das Schiff, ihr Geist von irgendeiner rätselhaften Krankheit verwirrt? Und als sie seine Stimme gehört hatte, war sie irgendwie in Panik geraten, aber hatte sich zugleich an diese, ihre Kabine erinnert? Doch als sie hier eintrat, gab es nicht das geringste Zeichen, dass es ihre Kabine gewesen war, und nun glaubte sie endgültig, dem Wahnsinn verfallen zu sein.

Er zwang sich, unter den Betten und sogar im winzigen Schrank nach ihr zu suchen, obwohl er spürte, dass sie nicht im Raum war. Dann trat er wieder auf den Gang, eilte zurück ins Treppenhaus. Die ägyptischen Statuen standen so unbeweglich da wie immer, Gestalten für die Ewigkeit, die kein Mitgefühl empfanden für die Panik eines Sterblichen. Ein Blick ins Restaurant: Stewards deckten für das Mittagessen ein, stellten das Geschirr zwischen die Bänder der Holzrahmen; ein junger Aushilfssteward fegte zwischen zwei Tischen Porzellanscherben zusammen, manche Welle war also doch zu heftig gewesen. Keine Passagiere. Der Wintergarten, die Bar – ein paar unverwüstliche Mitreisende, aber niemand, den er näher kannte, und schon gar keine Spur von Dora. Der Friseursalon: leer. Wer würde sich auch bei diesem Seegang Haare ondulieren lassen? Jung atmete tief durch, bevor er die Waschräume der Damen durchsuchte. Er schreckte eine junge Frau auf, die sehr blass war und sich über das Waschbecken gebeugt hatte. Er murmelte eine Entschuldigung, doch sie hatte nicht die Kraft zu protestieren, es war nicht einmal sicher, ob sie ihn überhaupt bemerkt hatte.

Während der nächsten Stunde durchsuchte Jung die Zweite, danach die Dritte Klasse. Er stieß auf seekranke Passagiere und manche, die laut beteten, Katholiken, Juden, Muslime, aber der Sturm heulte einfach weiter. Niemand achtete sonderlich auf ihn. Hin und wieder fragte er nach einer Dame in einem hellen Sommerkleid und mit Glockenhut, aber er erntete nur Kopfschütteln oder verständnislose Blicke. Schließlich stand er im Frachtraum vor den Koffern, doch auch hier blieb er allein, und der Koffer stand noch genau so zwischen den anderen, wie er ihn das letzte Mal gesehen hatte.

Der Boden schwankte, die Wände taumelten, die Wellen krachten gegen die Stahlplatten, so dumpf und doch laut wie Wasserbomben. Plötzlich war er wieder an Bord von UB 68, plötzlich lief ihm der Schweiß aus den Haaren bis auf die Wangen, plötzlich war jeder Atemzug so mühsam, als hätte er ein Geschwür in der Kehle. Jung drehte sich um und nahm die Treppe nach oben, zwei Stufen auf einmal. Auf dem A-Deck traf er Fanny; er erinnerte sich, hier mussten auch irgendwo die Mannschaftsquartiere sein.

»Ich schaffe es doch nicht allein«, sagte er ohne weitere Vorrede und rang dabei nach Luft.

»Was ist passiert?«

Er erzählte ihr, dass er Dora gesehen hatte. »Sie müssen die Augen aufhalten. Dora kann überall auf diesem Schiff sein!«, bat er flehentlich.

Sie blickte ihn lange an. Vielleicht, dachte er, wollte sie ihm ein aufmunterndes Lächeln schenken, doch wenn das wirklich so war, dann gelang ihr das jedenfalls nicht. Stattdessen sah sie skeptisch aus und, ja doch, traurig.

»Ich habe meinen Verlobten schon oft gesehen«, sagte sie endlich. »In der Provence, unter einem Olivenbaum neben dem Feldweg. In Marseille auf der Canebière am Tisch des Café Glacier. In Paris, als ich aus dem Archiv des Kriegsministeriums kam, da stand er auf dem Trottoir dem Eingang genau gegenüber. Jedesmal bin ich auf ihn zugerannt, habe seinen Namen gerufen …« Ihre Stimme verklang.

Jung schluckte schwer, seine Kehle war trocken, plötzlich fühlte er sich erschöpft. »Sie denken, ich habe mir bloß eingebildet, Dora gesehen zu haben?«

»Wenn ich einen fremden Mann am Ärmel fasse, einen Namen rufe, der nicht der seine ist, ihm beinahe schon um den Hals falle und dann erst ein Gesicht erkenne, das ich noch nie gesehen habe, dann ist das jedesmal ein kleiner Tod. Ich fühle mich, als würde Alphonse noch einmal sterben, verstehen Sie? Als würde er vor meinen Augen sterben, weil er sich in einen fremden Mann verwandelt.« Sie schloss die Augen. »Wenn ich an Land bin, dann erblicke ich Alphonse an jeder Straßenecke. Es kann sogar ein arabischer Basar sein oder eine chinesische Stadt, ist das nicht absurd?« Fanny sah ihn wieder an und nickte betrübt. »Auch deshalb bin ich gerne auf der *Champollion*. Hier ist alles so«, sie suchte nach dem richtigen Wort, »so begrenzt: ein paar Meter Eisen auf einem endlosen Ozean. Hier gibt es keinen Platz für Gespenster.«

»Offenbar doch«, erwiderte Jung resigniert.

Sie berührte ihn leicht an der Schulter. »Man gewöhnt sich mit der Zeit daran. Man sieht den geliebten Menschen immer noch überall, aber im selben Moment weiß man auch schon, dass es eine Illusion ist. Man stürzt nicht mehr auf Unbekannte zu wie ein Wahnsinniger. Und vielleicht hilft es schon«, jetzt brachte sie doch ein schwaches Lächeln zustande, »wenn Sie in Zukunft Ihre Brille aufbehalten.«

Jung kehrte in die Kabine zurück. Er zog die feuchten Sachen aus, die ihm am Leib klebten. Nicht allein der Regen, auch das vom Sturm aufgepeitschte Meerwasser hatte ihn durchnässt. Auf Hemd und Hose glitzerten Salzkristalle, Wind und Wasser hatten seine Kleidung mit einem Muster aus schmalen weißen Streifen und Kreisen gesprenkelt. Im Waschraum stieg er in eine Badewanne, um sich abzuduschen, bei diesem Seegang eine akrobatische und nicht ganz ungefährliche Aktion. Endlich fühlte er sich wieder sauber, war neu eingekleidet, wieder zivilisiert, kein nasser, halbblinder Wahnsinniger mehr, der durch das Schiff irrte und die Leute nach einer Frau in einem hellen Sommerkleid fragte.

Er war noch in der Kabine und band sich gerade die Schnürsenkel zu, als er plötzlich ferne Rufe hörte, irgendwo läutete eine Alarmglocke. Er stand auf und blickte aus dem Bullauge. Das Meer war grau, über den Wogen lag Schaum wie ein zerrissenes Netz. Aber die Wellen waren irgendwie anders als vorhin. Jung brauchte einen Moment, bis er erkannte, dass sie nicht mehr von vorne heranrollten, sondern Sekunde für Sekunde mehr von der Seite gegen den Rumpf schlugen. Auch schwankte die *Champollion* jetzt anders, stampfte nicht länger, sondern taumelte in alle Richtungen. Die Vibrationen ließen nach. Der Dampfer verlor an Fahrt und war vom Kurs abgekommen, beschrieb nun einen großen Kreis.

Er stürzte hinaus, voller Sorge, Maschinenschaden, Leck, wenn ich sterbe, werde ich auf dem Meer sterben. An der Reling standen mehrere Matrosen, die auf das Meer starrten. In der Brückennock drängte sich Dorgelès an einem jungen Offizier vorbei und hob ein Fernglas an die Augen. Einige Passagiere hatten sich unter einem Rettungsboot versammelt und beobachteten die Seeleute. Jung blickte sich um: Aus den vorderen beiden Schornsteinen qualmte es wie immer, der Rauch wurde von den Böen zerrissen. Die *Champollion* hatte keine Schlagseite, überhaupt schien nichts beschädigt zu sein. Er erkannte Lady Westmacott unter den Schaulustigen und eilte auf sie zu.

»Was ist passiert?«, fragte er atemlos. »Warum ändern wir mitten im Sturm unseren Kurs?«

»Mann über Bord«, erwiderte sie erstaunlich gelassen. »Ein Passagier ist ins Meer gestürzt.«

»Wer?«

»Unser gemeinsamer Bekannter: Signore Marinetti.«

Jung klammerte sich an einen der eisernen Davits, an denen das Rettungsboot hing, weil seine Beine unter ihm nachzugeben drohten. Zum Glück war der Seegang so stark, dass die Lady dachte, er musste sich festhalten, um nicht zu taumeln.

»Ein Matrose hat mir erzählt, dass ein Steward der Dritten Klasse den Alarm ausgelöst hat, können Sie sich das vorstellen?«, fuhr sie fort. Sie schien schockierter darüber zu sein, dass Marinetti in der Dritten Klasse gewesen war, als dass er jetzt irgendwo im Ozean trieb. »Der Steward war drinnen und hat es auch nicht genau gesehen, aber er schwört trotzdem, dass er Marinetti erkannt hat. Wie es scheint, promenierte unser italienischer Freund mit einem anderen Passagier auf dem Deck der Dritten Klasse. Der andere Passagier hatte ihm den Arm um die Schulter gelegt, als wollte er ihn stützen. Oder vielleicht wollten die Herrn den Sturm, *well*, genießen. So nah am Wasser, das muss beeindruckend sein – nur waren sie leider *zu* nah am Wasser. Der Steward sagt, dass eine Welle über das Deck brach, und dann war Marinetti plötzlich fort.«

»Wer war der andere Passagier?«, wollte Jung wissen.

»Der Steward hat ihn nicht erkannt. Genau genommen wusste er nicht einmal, ob er einen Mann oder eine Frau gesehen hatte. Na, jedenfalls hat der oder die Unbekannte weder Alarm gegeben, noch sich bislang beim Kapitän gemeldet. Der Steward ist zur Reling geeilt, um nach Marinetti Ausschau zu halten. Als er ihn nicht mehr sehen konnte und sich nach dem Unbekannten umblickte, war der bereits verschwunden. Seltsam, nicht wahr?«

»Seltsam, in der Tat«, murmelte Jung. Er fragte sich, was Marinetti in der Dritten Klasse zu suchen hatte. Mit wem er sich dort getroffen hatte. Und ob es wirklich ein tragischer Unfall war.

Die *Champollion* fuhr inzwischen quer zu den Wellen und schwankte von Seite zu Seite. Der Sturm heulte in den Drähten. Irgendwo schlug mit einem lauten Knall eine Stahltür zu. Eine Persenning löste sich halb von einem Rettungsboot und schlug auf dessen Rumpf ein. Drei Matrosen mussten hochklettern, um den schweren Stoff niederzuringen und wieder zu verzurren. Jung starrte auf das Meer. Seine Brille war schon wieder vom Salz verschmiert. Er sah nur ein paar Dutzend Meter weit, doch er bezweifelte, dass er mit sauberen Gläsern mehr gesehen hätte. Jede heranrollende Woge schien ihm jetzt so hoch wie der Rumpf zu sein, sie kappte den Horizont, eine Bergwand aus grauem Wasser, die donnernd in die Stahlplatten krachte, sodass der ganze Dampfer erzitterte. Und dann die nächste Welle. Und die nächste. Das hält das Schiff nicht lange durch, fuhr es Jung durch den Kopf. Sehr bald würde der Kapitän den Bug wieder gegen die Wellen drehen müssen, um den Naturgewalten weniger Angriffsfläche zu bieten. Ein Mann allein in der aufgewühlten See, noch dazu ohne Rettungsweste … Wenn kein Wunder geschah, dann war Marinetti verloren.

Er hörte einen Schrei hinter sich und fuhr herum, einen Moment lang in der Hoffnung, dass irgendjemand, der an der Reling stand, den Unglücklichen im schäumenden Meer ausgemacht hätte.

Marthe Rosterg.

Sie war bis an die Reling geeilt, packte den eisernen Handlauf und weinte hysterisch. Ihr Mann und ihr Sohn waren ein paar Augenblicke später bei ihr. Jung konnte nicht alles erkennen, aber es sah so aus, als wollten sie sie mit Gewalt fortzerren, doch sie klammerte sich an die Reling. Schließlich ohrfeigte Hugo Rosterg seine Gattin zweimal kräftig, da ließ sie los. Ein Matrose eilte ihnen zur Hilfe, dann kam auch noch der Schiffsarzt hinzu. Zu viert schleppten, zerrten, trugen sie die Unglückliche nach drinnen.

Das war für Marthe Rosterg womöglich weit mehr als eine belanglose Affäre gewesen, vermutete Jung erschüttert, vielleicht hatte sie gar auf eine neue Liebe gehofft, ein neues Leben. Dabei hatte Marinetti bloß mit ihr geflirtet, um leichter an ihren Schmuck zu kommen. Er fragte sich, ob Marthe Rosterg je diese Wahrheit erkennen – und was sie dann wohl tun würde. Und er fragte sich, was ihr Mann und ihr Sohn in der Kabine wohl unternehmen würden, wenn der Schiffsarzt nicht länger anwesend wäre.

Der Kapitän ließ die *Champollion* noch eine gute halbe Stunde beigedreht im Sturm treiben. Dann rollte ein besonders hoher Brecher heran, knallte bis auf das Promenadendeck, riss zwei Passagiere von den Beinen und beschädigte ein Rettungsboot. Da ließ er das Schiff wieder auf Südkurs bringen.

Sie gaben Marinetti verloren.

Der Sturm flaute erst abends ab. Die Wellen kamen noch immer hoch vor den Bug, doch sie waren weniger steil und nicht länger schaumig weiß. Es war, als schien das Meer nach Stunden höchster Anstrengung wieder langsamer zu atmen. Es heulten keine Böen mehr um das Schiff. Die Regenschauer waren fortgeweht. Die Wolkendecke riss auf. Als die Sonne rot und groß dicht über dem Horizont stand, schien sie ein Loch in die Schleier zu brennen. Langsam klarte der Himmel auf, schließlich leuchtete der Westen wie unter einem riesigen Feuer rot, orange, gelb, rosa. Die Möwen verließen das Schiff, indem sie einfach die Flügel ausbreiteten und sich vom Wind anheben ließen. Sie zogen zwei, drei Kreise um die *Champollion*, bevor sie in Richtung einbrechender Nacht verschwanden.

Im Restaurant war es beinahe wie immer. Die Passagiere aßen mit gutem Appetit, niemand musste mehr Teller und Gläser festbinden, die ägyptischen Statuen wachten so unbewegt wie eh und je über sie. Anfangs war die Stimmung ungewöhnlich gedämpft, Jung hörte kaum einmal eine Stimme. Doch je länger sie speisten, je mehr Wein floss, desto mehr schwoll das Gemurmel an. Beim Nachtisch lachte man an vielen Tischen schon wieder so, als wäre nie etwas geschehen.

Marthe Rosterg fehlte in ihrer Runde.

»Meine Frau ist unpässlich«, erklärte Hugo Rosterg knapp, und damit war allen klar, dass man besser nicht nach Einzelheiten fragte. Ernst war schon angetrunken zum Abendessen erschienen und tat alles, um beim letzten Gang nicht mehr ansprechbar zu sein. Lüttgen war sehr blass, vielleicht war es die Seekrankheit, vielleicht der Sturm, vielleicht etwas ganz anderes, jedenfalls sagte er kaum ein Wort, erwähnte nicht einmal das Telegramm, das er angeblich aus Berlin erwartete.

»Welche Chancen gibt es, dass ein anderes Schiff Marinetti findet?«, fragte Jung Dorgelès. Als ehemaliger U-Boot-Fahrer wusste er selbst, wie schlecht die Chancen standen, aber er wollte aus einem Grund, der ihm selbst nicht klar war, den Ersten Offizier dazu bringen, das an diesem Tisch laut zu sagen.

»Der Mann ist verloren«, erwiderte Dorgelès düster. »Bei so einem Wetter kann niemand lange schwimmen. Und falls er doch bis zum Abflauen des Sturms durchgehalten hat, dann wird ihn in der Nacht kein Seemann sehen, selbst wenn ein anderes Schiff direkt neben ihm vorbeifahren würde. Nur die Haie werden ihn früher oder später bemerken.«

»Geschieht ihm ganz recht«, sagte Ernst mit schwerer Zunge.

»Halt den Mund!«, fuhr ihn sein Vater an.

»Das ist natürliche Auslese«, fuhr der Sohn fort, zu betrunken oder zu streitlustig, um den bedrohlichen Unterton in der Stimme des Patriarchen zu respektieren. »Die Natur merzt die Schwachen aus.«

»Warum war Signor Marinetti schwach?«, fragte Jung.

»Nicht schwach, nur unklug«, fiel Lüttgen so rasch ein, als wollte er verhindern, dass Ernst weitersprach. »Was hatte ein Mann wie er in der Dritten Klasse zu suchen? Das war nicht sein Platz. Die Leute, die dorthin gehören, die kennen sich auch dort aus: Niemand von denen wäre auf die Idee gekommen, bei diesen Wellen auf Deck zu gehen.«

»Marinetti war nicht alleine«, sagte Jung leise und sah sich um. »Ich möchte zu gerne wissen, wer derjenige war, mit dem er zusammen gesehen wurde.«

Niemand antwortete.

Nachdem der Mokka serviert worden war, verabschiedete Jung sich mit einer knappen Verbeugung und ging zu seiner Kabine. Er fragte sich, ob Marinettis Unfall nicht etwas mit den Einbrüchen zu tun hatte. Ob ihn letzte Nacht nicht vielleicht jemand beobachtet hatte. Ob einer der Männer, mit denen er soeben zu Abend gegessen hatte, nicht der Unbekannte an der Seite Marinettis gewesen war. Er fragte sich, ob einer dieser Männer nicht ein Mörder war.

Er schloss die Tür sorgfältig ab und schob sogar den Stuhl unter die Klinke. Irgendwie hatte er das Gefühl, dass in seiner Kabine etwas anders war als sonst, aber er wusste nicht, was das sein mochte. Er hängte seine Kleidung in den Schrank und streifte sich den Pyjama über. Irgendetwas fehlte. Er schluckte das Trional. Irgendetwas … Sein Geist wurde schon schwer, er konnte die Augen kaum noch offen halten, trotzdem kämpfte er sich noch einmal aus dem Bett. Er durchsuchte den Nachttisch, wühlte im Schrank herum, öffnete seinen Koffer. Alles so, wie er es vor ein paar Stunden zuletzt aufgeräumt hatte. Er schwankte vor Müdigkeit. Er verfluchte seine Sucht. Er wünschte, er hätte noch klar denken können. Doch selbst in diesem Zustand erkannte er irgendwann endlich: die alte Munitionstasche von Doras Verwandtem, in der sie Geld und Papiere für den Notfall versteckte und die er in der Kabine gefunden hatte, das letzte Zeichen, zumindest für ihn, dass seine Frau tatsächlich an Bord gewesen war – diese Tasche war jetzt verschwunden.

ADEN

Nach dem Aufwachen ignorierte Jung den pochenden Schmerz hinter seinen Schläfen, so gut er konnte, und durchsuchte noch einmal seine Kabine. Die Tasche war fort. Er dachte an die Frau von gestern, die Dora sein mochte oder auch nicht, die Wasserlachen auf dem Boden, die eine winzige feuchte Stelle auf dem Teppich direkt vor der Tür. Wer sonst hätte von dieser Munitionstasche wissen können außer Dora? Jung massierte sich den Nacken, ihn schwindelte, er setzte sich schließlich erschöpft auf das Bett. Verfluchtes Trional. Er konnte immer noch nicht ganz klar denken. Wenn Dora sich die Tasche geholt hatte – wo war sie anschließend hingelaufen? Wenn es jemand anderer gewesen war – wer war dann bei ihm eingebrochen? Er fühlte sich, als sei ihm das letzte Lebenszeichen seiner Frau aus den Händen gerissen worden. Da war nun gar nichts mehr. Jung stand auf, voller Scham und Wut, er taumelte zum Nachttisch, riss die Schublade auf, eilte zum Bullauge, fummelte ein paar Sekunden am Beschlag, bis er das schwere, runde messinggefasste Glas hochgeklappt hatte – und dann schleuderte er die Flasche Trional ins Meer.

Während des Frühstücks sprach es sich im Restaurant herum, dass die *Champollion* außerplanmäßig Aden im Jemen anlaufen würde, damit der Kapitän den Behörden der britischen Kolonie das Verschwinden eines Passagiers melden konnte. Es war die nächstgelegene europäische Niederlassung, der britische Resident von Aden würde dann Kontakt mit der Regierung in Rom aufnehmen. Manche Reisende munkelten, dass sogar Polizisten an Bord kommen würden, um Marinettis Habseligkeiten mitzunehmen, eine Formalie, weiter nichts. Marthe Rosterg saß am Tisch und sprach kein Wort. Sie war sehr blass, obwohl ihre Wangen rötlich geschwollen waren, vermutlich hatte sie mehr als zwei Ohrfeigen eingesteckt. Sie starrte auf ihre Kaffeetasse. Ob sie wohl in diesem Zustand je den Diebstahl ihres Schmucks bemerken würde?, fragte sich Jung. Und falls sie den Verlust wider Erwarten doch erkennen sollte: Würde Marthe Rosterg ihn dem Kapitän oder gar den Engländern anzeigen? Würde sie überhaupt Marinetti verdächtigen? Sollte er Doras Verschwinden anzeigen? Jung fand den Gedanken verführerisch, sich einem älteren, Pfeife rauchenden, höflichen Sherlock Holmes anzuvertrauen, den es irgendwie in den Jemen verschlagen hatte. Unsinn. Wenn er den Mund aufmachte, würden ihm die britischen Polizisten entweder gar nicht erst glauben, dass Dora je auf dem Schiff gewesen war, denn warum sollten sie? Oder, falls sie ihm doch glaubten, dass sie zuerst auf der *Champollion*, dann aber spurlos verschwunden war, dann würden sie ihn doch sofort verdächtigen, von Bord holen, und er würde in Aden in irgendeiner Zelle schmoren, bis irgendwann irgendwer über sein Schicksal entschieden hatte.

Die Unterhaltungen im Restaurant wurden auf einmal lauter, ein Name sprang von Tisch zu Tisch: Aden. Manche Reisende blieben auf ihren Plätzen sitzen und schlürften Kaffee, zu gleichgültig oder zu abgebrüht, um sich diesen legendären Vorposten des Empire anzusehen. Jung hingegen schloss sich den Passagieren an, die auf das Deck eilten und zum Horizont blickten.

Voraus sah er den Dschebel Schamsan, den von der Zeit zernarbten Vulkanfelsen, der mehr als einen halben Kilometer hoch in den blassblauen Himmel aufragte. Seine von Spalten durchzogenen, an manchen Stellen lotrechten Flanken glänzten teils schwarz wie Kohle, andernorts rostrot, als hätte man hier die

Schlacke eines gigantischen Hochofens abgeladen. Das Schiffshorn der *Champollion* hallte lang und dumpf über die Wogen, der Kapitän verlangsamte die Fahrt, schon sah man den Pier. Zwei britische Dampfer ankerten dicht am Ufer, ein englischer Zerstörer hatte an einem Kai festgemacht. Jung beschirmte mit der rechten Hand die Augen und musterte Steamers Point, den Hafen an der Nordwestseite der vom Dschebel Schamsan gebildeten Halbinsel, auf der sich Aden erhob. Nein, korrigierte er sich in Gedanken, Aden erhob sich nicht *auf* der Halbinsel, es krallte sich bloß an deren Rändern fest. An der Küste, auf einem vielleicht ein paar Hundert Meter breiten Streifen zwischen Meer und Felswand, erblickte er zwei weiße Minarette über einem Gassengewirr. Die Häuser neben der Moschee wirkten auf ihn, als hätten die Bauherren den Geschmack des viktorianischen Londons mit Venedigs Pracht und mit orientalischem Stil verschmelzen wollen: imposante, aus dem schwarzroten Stein gemauerte Häuser, davor Loggien und Balkone; die Fenster und Portale in den Mauern waren arabisch geschwungen und mit Bändern aus weißen und blauen glatt polierten Steinen verziert. Auf den Kais am Steamers Point standen mehrere gußeiserne Pavillons. Dahinter erhoben sich einige Kontorhäuser. Lastwagen und Kutschen, in denen dösende Maultiere eingespannt waren, standen mal hier, mal dort, ohne dass sich jemand um sie zu kümmern schien. Jung sah nur wenige Menschen: drei westlich gekleidete Männer, die neugierig zu ihnen hinübersahen, einige arabische Hafenarbeiter, die sich bereit machten, die Leinen der nun sehr langsam herandampfenden *Champollion* zu übernehmen, sowie sechs britische Polizisten in makellosen hellen Uniformen, die im Schatten eines Pavillons warteten.

Kurz darauf lag das Schiff am Kai, das Stampfen der Maschinen erstarb, das Deck vibrierte nicht länger. Wie unfassbar still es auf einmal war, fiel Jung auf, kein Vogelzwitschern, kein Wellenschlag, kein Automotor, ganz Aden schien unter einer lähmenden Hitze erstarrt zu sein, obwohl es nicht einmal zehn Uhr morgens war.

Die Hafenarbeiter schoben eine Gangway heran, ihr Gelächter und ihre kehligen Rufe hallten ungewöhnlich laut über den Kai. Die Polizisten kamen an Bord. Dorgelès erwartete sie am Ende des Laufgangs, um sie bis zum auf der Brücke wartenden Kapitän zu geleiten. Jung sah, dass der Erste Offizier nervös von einem Bein aufs andere trat. Als die Briten vor ihm standen, zögerte er einen peinlichen Moment lang, wusste nicht recht, ob er ihnen die rechte Hand reichen oder sie nicht doch besser an den Mützenschirm legen sollte. Er entschied sich im letzten Moment für den militärischen Gruß, den die Polizisten erwiderten, sehr zackig, fast so, als wollten sie ihm zeigen, wie man das richtig machte.

Hugo Rosterg stand neben Jung an der Reling und starrte auf die Beamten. Er schwitzte stark, und Jung fragte sich, ob das wohl nur an der Hitze Adens lag. »Wir haben ein paar Stunden Zeit«, sagte er zu seinem Schwiegervater. »Ich werde mir die Stadt ansehen.«

»Tu, was du nicht lassen kannst«, erwiderte der Patriarch, sah ihn dabei aber nicht einmal an, sondern hielt den Blick unverwandt auf die Polizisten gerichtet, die eine Treppe erklommen und das Promenadendeck kreuzten, ohne auf die Passagiere zu achten, bis sie schließlich Richtung Kommandobrücke verschwanden.

»Sie wollen nicht mitkommen?«

»Ich halte hier die Stellung«, erklärte Hugo Rosterg und atmete tief durch.

Jung ließ sich nichts anmerken: sechs Polizisten an Bord, das machte den Alten sichtlich nervös. Vielleicht war es doch besser zu bleiben und die Entwicklung aus der Nähe zu verfolgen.

»Marthe und Ernst werden Aden erkunden, um Souvenirs zu kaufen. Die beiden sind unverbesserlich«, fuhr Hugo Rosterg fort.

Jung merkte auf. »Und Lüttgen?«

»Der ist auch unverbesserlich.«

Jung dachte an eine unübersichtliche orientalische Stadt, an fremde, gleichgültige Menschen, an Lüttgen, der womöglich allein dort unterwegs war. Er dachte an Doras Reisen nach Hamburg, an Streichholzheftchen mit dem Aufdruck eines Hotels, an einen Brief in einer sorgfältig versteckten Mappe. Das ist die Gelegenheit, es diesem Kerl heimzuzahlen. »Ich hole meine Leica«, sagte Jung und machte sich auf den Weg.

Auf dem Pier holte er Lady Westmacott und Silwa ein. »Wir können uns ein Taxi teilen«, meinte die Engländerin erfreut und hob die Hand, um einen altersschwachen Ford heranzuwinken. Jung wäre lieber ohne sie nach Aden gefahren, doch fiel ihm so rasch keine überzeugende Ausrede ein, außerdem war weit und breit kein zweites Taxi auszumachen. Also öffnete er galant die Tür und ließ die Damen einsteigen, dann quetschte er sich auf den Sitz neben dem Chauffeur.

Sie fuhren an den Kohlespeichern von El-Aineh vorbei, wo zwei alte Dampfer mit Brennstoff beladen wurden. Die Luft war schwarz vom Staub und schmeckte bitter, mehr als bloß ein Hauch von Ruhrgebiet an der Spitze der arabischen Halbinsel. Der Wagen rumpelte vielleicht zwei Kilometer an der Küste entlang, überquerte dann mit keuchendem Motor und mit der Geschwindigkeit eines Eselkarrens einen Pass zwischen schroffen Klippen, schließlich setzte sie der Fahrer am Rand der Altstadt von Aden ab. Hier war es voll und laut, ganz anders als im Hafen. Die Häuser standen dicht an dicht, schroffe Blöcke aus dunkelbraunem Stein. Die Tür- und Fensterrahmen, Gesimse, Balkone waren weiß verputzt, manchmal war die Farbe so frisch, dass sie Jung beinahe blendete. Er wünschte, er hätte eine Sonnenbrille mitgenommen. Vor vielen Häusern wölbten sich Arkadengänge, in deren Schatten sich Händler niedergelassen hatten. Die ganze Stadt schien ein Markt zu sein. Sie sahen viele Jemeniten in traditionellen Gewändern, einige britische Soldaten und Polizisten in Uniform, kaum Frauen. Zwei oder drei Lastwagen kämpften sich hupend durch das Gedränge, ansonsten war jedermann zu Fuß unterwegs.

Lady Westmacott wies den Taxifahrer an, sie in zwei Stunden wieder an dieser Straßenecke abzuholen, und drückte ihm einige Pfundnoten in die Hand – seinem Gesichtsausdruck nach weit mehr, als er erwartet hatte. »Seien Sie pünktlich, sonst fahren wir ohne Sie zurück, Mister Jung!«, rief sie, drohte scherzhaft mit dem Zeigefinger und hakte sich bei Silwa unter. Abenteuerlustig stürzten sich die beiden Frauen ins Gedränge.

Jung hatte sie nach wenigen Sekunden aus den Augen verloren. Er sah sich um. Kein anderer Europäer in Zivil weit und breit. Doch Lüttgen sowie Mutter und Sohn Rosterg waren bereits vor ihm aufgebrochen. Sie mussten hier irgendwo sein. Er entschied sich für die erstbeste Gasse und tauchte in das Gewimmel der Altstadt ein. Es war warm, die Mauern strahlten Hitze ab, die Luft duftete nach Kaffee und Gewürzen; er hatte den Eindruck, durch einen riesigen Ofen zu gehen, in dem gerade ein opulentes Mahl gebacken wurde. Niemand achtete auf ihn. Während er langsam durch Aden ging, setzte sich nach und nach in seinem Kopf ein Bild der Altstadt zusammen: ein trapezförmiger Platz in der Mitte, zwei Straßen, die vom Meer aus bis zum Fuß des steilen Berges reichten, dazwischen ein Netz sich annähernd rechtwinklig schneidender Gassen. Wenn er sich von den Händlern nicht ablenken ließ und dem dichtesten Gedränge aus dem Weg ging, reichten zwei Stunden aus, um die ganze Altstadt zu durchsuchen. Tatsächlich entdeckte er schon bald mal hier, mal dort Passagiere der *Champollion*. Er sprach sie nicht an, sie schienen ihn nicht einmal zu bemerken.

Vielleicht war es das blitzende Monokel, das ihm zuerst auffiel. Jedenfalls sah er Lüttgen irgendwann schon von Weitem. Jung trat rasch hinter einem Arkadenbogen in Deckung und spähte dann wieder vorsichtig die Gasse hinunter. Die Rostergs waren nirgendwo zu sehen. Lüttgen war allein unterwegs. Ein Dandy im weißen Sommeranzug, er hatte einen silberbeschlagenen Spazierstock unter den Arm geklemmt, ganz genauso wie die britischen Kolonialoffiziere, die ihre Stöcke unter der Achsel trugen. Vielleicht wollte er, dass ihn die Einheimischen für einen Offizier in Zivil hielten oder einen hohen Beamten, oder, dachte Jung, vielleicht war das typisch für Lüttgen, dass er unbewusst die Gesten der Männer mit Autorität nachahmte, wo auch immer er war. Manchmal nahm er den Stock und hob damit die Auslage eines Händlers an, als wäre sie zu schmutzig, um sie in die Hand zu nehmen. Er kaufte nie etwas, ging mal in die eine Gasse, bog dann in eine andere ein. Ziellos, vermutete Jung, der Kerl läuft hier bloß herum, um die Zeit totzuschlagen.

Jung war ihm inzwischen bis auf einige wenige Schritte nahe gekommen, und noch immer hatte Lüttgen ihn nicht bemerkt. Vor einer besonders engen und dunklen Gasse blieb der Prokurist plötzlich stehen, blickte sich um. Jung duckte sich hinter einem Marktstand und ignorierte den erstaunten Blick des Händlers. Dann sah er, dass Lüttgen ausgerechnet in dieser dunklen Gasse verschwand. Er dachte fieberhaft nach. Eine Falle? Hatte Lüttgen ihn doch bemerkt und wollte ihn in dieses finstere Loch locken? Jung sah auf die Auslagen des Händlers, bei dem er sich versteckt hatte: Krummdolche. Traditionelle Waffen, die geschwungenen Klingen steckten in metallenen Scheiden, manche waren so lang wie sein Unterarm und wogen mindestens ein, zwei Kilogramm.

Er gestikulierte, zeigte auf einen Dolch, der Händler lächelte und sagte etwas in seiner kehligen Sprache, Jung antwortete in einem wirren Gemisch aus Englisch und Französisch, zog ein paar Scheine aus der Jackettasche, warf sie ihm zu, ihm war der Preis egal, wenn die Sache nur schnell erledigt war. Ein paar Sekunden später schlich er auf die finstere Gasse zu, er umklammerte den Dolch, den er unter seinem Jackett notdürftig verbarg.

Ein fauliger Gestank hing in der Luft, kein Sonnenstrahl drang zwischen die eng beieinanderstehenden, schwärzlich verfärbten Hauswände, auf dem Boden türmten sich Abfälle. Niemand zu sehen – außer Lüttgen, der mit raschen Schritten zum Ende der Gasse strebte, vielleicht fünfzehn, zwanzig Schritte voraus, wo eine tür- und fensterlose Mauer den Weg versperrte. Jung fragte sich einen Moment lang, was zur Hölle Lüttgen da bloß wollte. Der Mann stellte sich schließlich an die Wand und erleichterte sich. Jung zog den Dolch.

Er kam mit raschen Schritten näher. Die Waffe lag schwer in seiner Hand, der Griff fühlte sich kalt an. Er war fast heran, als er innehielt. Was tue ich hier? Er starrte auf den Dolch. Es war so einfach, einen Menschen zu töten. Niemand würde Lüttgen sterben sehen, und womöglich würde man seinen Leichnam erst finden, wenn die *Champollion* Aden schon wieder verlassen hatte. Und doch ... Es war so schwer, einen Menschen zu töten. Ich kann das nicht, sagte sich Jung, ich kann das einfach nicht. Einerseits war er beinahe erleichtert, als ihm das klar wurde. Andererseits schämte er sich auch seiner Schwäche. Dann dachte er an Dora. Er steckte den Dolch zurück in die Scheide und hob den Arm.

Lüttgen, der noch nicht fertig war, hatte vielleicht das leise schabende Geräusch von Metall auf Metall gehört, als die Klinge in die Hülle geschoben wurde. Er drehte sich halb um und öffnete erstaunt den Mund. Da schlug Jung zu. Wenn er den Liebhaber seiner Frau schon nicht töten konnte, dann wollte er ihn wenigstens verprügeln. Er benutzte den schweren Dolch als Schlagstock. Der Knauf knallte Lüttgen mitten auf die Stirn. Er gab einen gurgelnden Laut von sich, schon floss ihm Blut bis auf die Augenbrauen, dann gaben seine Beine nach, er sackte zu Boden, lag mit offener Hose im Dreck, beschmutzte seinen weißen Anzug. Mit seinem zweiten Hieb traf Jung ihn am rechten Ohr. Lüttgen wimmerte wie ein Kind, Jung hielt inne und atmete schwer.

»Du Schwein!«, zischte er. »Was hast du mit Dora gemacht?«

»Sie sind verrückt«, stammelte Lüttgen und versuchte, sich an der Wand hochzuziehen.

Jung gab ihm einen Tritt in die Rippen, damit er wieder zusammensackte. »Du hast wohl gedacht, dass du alle Menschen aus dem Weg räumen kannst, die dir im Weg stehen: Dora, Ernst, mich.«

Lüttgen wischte sich mit zittriger Hand das Blut von der Stirn, doch es quoll sofort neues aus der Wunde. »Wer soll den Laden denn sonst übernehmen?«, erwiderte er, und obwohl er vor Schmerzen keuchte, schwang schon wieder die gewohnte Arroganz in seiner Stimme mit. »Ernst?« Er lachte, spuckte Blut, lehnte sich stöhnend gegen die Mauer. Er brauchte ein paar Sekunden, bevor er fortfahren konnte. »Ein schwuler Bube bei den Sturmtrupplern, dass ich nicht lache! Die Alte ist so vernarrt in ihren Filius, dass sie nicht sehen will, was für ein Versager er ist. Es ist zu seinem eigenen Besten, wenn er in der Firma nichts zu sagen hat, und der Alte hat das längst begriffen. Ich muss bloß noch dafür sorgen, dass auch Ernst selbst es begreift.«

»Dora kannst du nicht so einfach ausschalten!«

»Muss ich doch auch gar nicht.« Lüttgen grinste.

Die Wut war stärker als er. Jung schlug wieder zu. Und wieder. Als er sich endlich unter Kontrolle hatte, fürchtete er einen schrecklichen Augenblick lang, dass er Lüttgen doch getötet hatte.

Aber der Mann stöhnte endlich auf und kam langsam wieder zu Bewusstsein.

»Ich weiß von eurer Affäre«, zischte Jung.

»Wer Dora hat, der hat die Firma.« Lüttgens Oberlippe war aufgeplatzt, die Worte kamen nur noch undeutlich aus seinem Mund. »Sie sind selbst schuld«, fuhr er nach einer Atempause fort. »Statt überall in der Welt Ihre lächerlichen Fotos zu machen, hätten Sie sich mal besser um Ihre Gattin gekümmert. Und um die Geschäfte. Haben Sie wirklich geglaubt, eine Frau wie Dora will ihr ganzes Leben mit einem Mann verbringen, der jeden Abend eine Tablette schluckt, damit er einschlafen kann?« Lüttgen lachte verächtlich auf, trotz allem.

Jung lehnte sich gegen die schmutzige Wand, der Boden tat sich unter seinen Füßen auf. Seit wann wusste Dora vom Trional? Und warum hatte sie nie mit ihm darüber gesprochen? Aber mit einem Kerl wie Lüttgen, mit dem hatte sie es besprochen. Ihm war übel. »Dora wollte bei mir bleiben«, keuchte er.

»So? Mir hat sie was anderes erzählt.«

Jung hätte am liebsten schon wieder zugeschlagen, beherrschte sich aber. »Lügner!«, stieß er hervor. »Unsere Ehe war nicht am Ende. Dora erwartet ein Kind. Unser Kind!«, setzte er mit trotzigem Triumph hinzu.

Lüttgen glotzte ihn ein paar Sekunden lang verständnislos an. Dann lachte er, bis das Lachen in ein Husten überging und er sich auf dem Boden krümmte. »Dora ist nicht schwanger«, jappste er.

»Was weißt du schon?«

»Was wissen *Sie* schon?« Lüttgen starrte ihn herausfordernd an. Wieder der lauernde Blick, den Jung so hasste. »Hat Dora Ihnen nie von Ihren Arztbesuchen erzählt? Nein? Sie war bei mindestens einem halben Dutzend Frauenärzten in Berlin und auch in Hamburg. Sie kann gar nicht …«

Jung schlug zu. »Du Schwein!«, schrie er, und scheiß drauf, dass er so laut wurde, dass ihn halb Aden hören konnte. »Was hast du mit Dora gemacht?«

»Nichts«, rief Lüttgen, »gar nichts habe ich gemacht! Ich habe nicht die geringste Ahnung, was mit ihr geschehen ist. Warum sollte ich ihr etwas antun, ich will sie doch heiraten!«

Jung atmete schwer. Plötzlich wusste er, dass dieser Kerl die Wahrheit sagte. Dora war Lüttgens Schlüssel zur Firma. Jung dachte wieder an die Briefe. Lüttgen erpresste Ernst, damit er aus dem Unternehmen ausschied. Aber Dora musste bleiben. Vielleicht wollte er sie zur Ehe überreden, vielleicht dazu zwingen. So oder so: Nur wenn er die Alleinerbin heiratete, würde Lüttgen das Handelshaus bekommen.

»Warum dann dieses Schauspiel?«, fragte er fassungslos. »Warum spielst du mir vor, dass Dora nie an Bord gewesen ist? Warum diese Scharade mit dem Telegramm nach Berlin?«

»Befehl vom Alten«, flüsterte Lüttgen, er war jetzt am Ende seiner Kräfte. »Er hat mir an dem Tag, an dem Dora verschwunden ist, gesagt, ich soll so tun, als ob sie nie auf der *Champollion* gewesen wäre, und keine Fragen stellen. ›Maul halten und Komödie spielen!‹ Das hat er gesagt.« Lüttgen lachte bitter auf. »Komödie, heh? Ist aber nicht zum Lachen, ist ganz und gar nicht zum Lachen. Aber was hätte ich tun sollen? Sie kennen Rosterg nicht, Sie haben keine Ahnung, wie der Mann wirklich ist, obwohl er Ihr Schwiegervater ist. Sie haben sich wirklich um nichts gekümmert. Der Alte hätte mich beim kleinsten Widerwort in irgendeinem dreckigen arabischen Hafen an Land geworfen, mit der Hilfe von diesem Dorgelès. Wenn mir nicht Schlimmeres gedroht hätte.«

»Sir?«

Jung fuhr herum. Zwei britische Polizisten standen in der Gasse und sahen sie misstrauisch an. Der eine hatte seinen Schlagstock in der Hand, der andere einen Revolver.

Jungs Gedanken überschlugen sich. »Wir sind Passagiere der

Champollion«, erklärte er in seinem besten Schulenglisch. »Wir haben uns ein wenig in Aden umgesehen. Mein Freund musste austreten und …«

»Es waren drei Straßenräuber«, fuhr Lüttgen fort, als Jung nicht weiterwusste. »Drei oder sogar vier. Einheimische. Sie waren plötzlich da und haben mich niedergeschlagen.« Er zog sich mühsam an der Wand hoch, bis er wenigstens wieder kniete, wischte sich das Blut ab. Er sah schrecklich zugerichtet aus.

Der ältere der beiden Polizisten sah Lüttgen an, dann den Krummdolch, den Jung in der Hand hielt.

»Ein Souvenir vom Markt«, stotterte Jung.

Der Beamte nickte und senkte den Schlagstock, sein älterer Kollege steckte den Revolver wieder in das Holster. Es war klar, dass er Zweifel an dieser Geschichte hatte, aber sich den Ärger ersparen wollte, zwei Europäer auf der Wache zu verhören. »Sie können Anzeige erstatten, Sir«, fuhr er fort und half Lüttgen ganz auf die Beine. Er sah die beschmutzte Hose, und nur für einen winzigen Augenblick entgleisten seine Züge zu einer Grimasse, dann war er wieder die tadellose Höflichkeit in Person.

Lüttgen war trotz seines Zustandes klar genug im Kopf, um zu erkennen, dass die Polizisten sich höchst ungern mit diesem Papierkram beschäftigen würden, für einen Fremden, der schon in ein paar Stunden Aden auf Nimmerwiedersehen verlassen würde. Und vermutlich hatte Lüttgen sowieso nicht vor, irgendeinen Polizisten allzu tief in seine Angelegenheiten blicken zu lassen. So schüttelte er bloß den Kopf. »Ich glaube, mir ist nichts gestohlen worden«, murmelte er. »Mein … mein Freund hier war rechtzeitig da und hat die Diebe verscheucht«, fuhr er fort und deutete auf Jung, brachte sogar ein schwaches und deshalb ehrlich wirkendes Lächeln zustande.

»Wir fahren Sie im Jeep zurück zu Ihrem Schiff«, bot der Polizist an.

»Das ist sehr freundlich von Ihnen«, erwiderte Lüttgen erleichtert.

»Ich muss Ihr Angebot leider ablehnen«, meinte Jung. »Ich bin noch mit zwei Mitreisenden verabredet. Die Damen würden sich Sorgen machen und mich suchen, wenn ich nicht erscheine.«

Der Beamte zögerte und nickte dann. »Ganz wie Sie wünschen, Sir. Aber halten Sie sich von dunklen Gassen fern.«

Als Jung endlich an Bord der *Champollion* ging, war es später Nachmittag und Lüttgen längst auf seiner Kabine verschwunden, wo der Schiffsarzt seine Wunden versorgte. Die Geschichte vom »Überfall durch Einheimische« hatte sich unter den Passagieren herumgesprochen. Hugo Rosterg erging sich in einer Schimpfkanonade über die »Hinterlist der semitischen Völker«, die Jung auf eine etwas bizarre Art erleichterte: Offenbar hatte der Prokurist seinem Chef gegenüber die Lüge beibehalten.

Die britischen Polizisten hatten das Schiff wieder verlassen. Für sie war Marinettis Verschwinden ein Unfall auf hoher See. Sie hatten die Aussage des Kapitäns protokolliert, sich die Papiere des Italieners zeigen lassen und einen offenbar sehr flüchtigen Blick in seine Kabine geworfen, jedenfalls hatte dort niemand Marthe Rostergs Schmuck entdeckt. Ein bedauerlicher Zwischenfall, aber doch Routine.

Es war schon dunkel, als der Dampfer die Halbinsel von Aden hinter sich ließ und Kurs aufs offene Meer nahm. Die jemenitische Küste war bald bloß noch ein schwarzer Streifen am Horizont, an dem nur hier und dort Wogen als weiß leuchtende, schaumige Brecher gegen die Felsen schlugen. Schleierwolken verdunkelten die Sterne. Etwas später ging der Mond hinter einer Wolke auf, die er grau erhellte, an ihren Rändern glühte sie orangefarben.

Jung stand an Deck und betrachtete die ruhigen, gleichmäßigen Wellen. Er konnte nicht einschlafen, weil ihm das Trional fehlte. Wann mochte Dora die Tabletten zum ersten Mal gesehen haben? Vor etwa einem Jahr waren ihre Besuche in Hamburg häufiger geworden, und sie hatten länger gedauert. Hatte sie erst zu dieser Zeit seinen Nachttisch durchsucht? Oder hatte sie bei ihren Streifzügen durch Berlins Apotheken doch zufällig einmal jene aufgesucht, in der er regelmäßig einkaufte? War sie tatsächlich bei Ärzten gewesen? Hätte sie wirklich nie ein Kind bekommen können? Aber warum hatte sie ihm dann, mein Gott, das war erst ein paar Tage her, warum hatte sie ihm diese Komödie bloß vorgespielt?

Er sah eine Gestalt, die langsam und irgendwie schwerfällig zur Reling ging.

Ernst Rosterg.

Der Sohn des Patriarchen war betrunken, er schwankte, als würde die *Champollion* nicht durch einen Ozean aus Blei fahren, sondern noch immer durch die aufgewühlte See bei Windstärke zehn. Mit der rechten Hand hielt er sich für einen Augenblick an der Reling fest, in der linken trug er etwas Kleines, Dunkles, das Jung im blassen Mondlicht für eine Tasche hielt, womöglich eine Damenhandtasche. Schließlich hatte Ernst sich wieder so weit unter Kontrolle, dass er die Tasche oder den Beutel, oder was immer es war, öffnete und etwas herausholte. In seiner Hand blitzte etwas auf. Eine Klinge, fuhr es Jung durch den Kopf, der Kerl hat ein Messer! Doch Ernst hielt keine Klinge in der Hand, eher eine Art Schraubenzieher.

Das Einbruchwerkzeug von Marinetti.

Jung hielt die Luft an, rührte sich nicht. Kein Zweifel. Ernst stierte auf das Objekt, schien sich zu konzentrieren und warf es dann mit trunkener Geste ins Meer. Dann wühlte er wieder in der Tasche herum. Er fischte einen Schlüsselbund hervor, oder vielleicht waren das auch mehrere durch einen Ring zusammengehaltene Dietriche. Sie verschwanden ebenfalls im Wasser.

Schließlich hielt er die geöffnete Tasche verkehrt herum über Bord, schwarze kleine Objekte fielen heraus wie verlorene Geister, vielleicht eine Brieftasche, Münzen, ein Kamm, am Ende ließ er die Tasche selbst los. Man hörte nicht mal, wie sie auf die Wellen schlug.

Ernst sagte etwas, nicht sehr laut, er lallte, der Fahrtwind trug die Worte fort, es schien ein Satz zu sein, den er immer und immer wieder sprach wie ein Mantra. Jung war so neugierig, dass er das Risiko einging und sich näher heranschlich, bis er ihn endlich glaubte verstehen zu können.

»Das hast du davon. Das hast du davon. Das hast du davon.«

TOD AN BORD

Die *Champollion* dampfte durch den Golf von Aden Richtung Osten. Jung stand an der Reling und schwankte vor Müdigkeit. Mittwoch, 23. Oktober – nur noch zwei Tage, bis sie in Maskat einlaufen würden. Achtundvierzig Stunden, zweitausendachthundertachtzig Minuten, die ihm Minute für Minute davontickten, und er konnte nicht einmal mehr klar denken, weil ihm das Trional so sehr fehlte, dass Gehirn und Rückenmark schmerzten. Wie war Ernst Rosterg an Marinettis Einbruchwerkzeug gekommen? Was hatte der Sohn mit dem Italiener zu schaffen gehabt? Und hatte dessen Verwicklung in Marinettis Unfall irgendetwas mit dem zu tun, was er über Dora, die Familie und die Firma erfahren hatte? Jung hatte das Gefühl, dass sein Schädel gleich platzen würde.

Aus dem Wintergarten drangen Jazzklänge. Duke Ellington. Ein Passagier musste dort ein Grammophon aufgebaut haben. Die Musik beschwor in Jungs Geist unwillkürlich Erinnerungen herauf: die Jazzrevue Chocolate Kiddies, 1925 im Admiralspalast, Dora an seiner Seite; selten hatte sie so unbeschwert gelacht wie an jenem Abend. Jazz war die Musik für die Nacht und für Berlin – hier war es viel zu hell für Jazz, nicht einmal Mittag, und der Wintergarten der *Champollion* war auch nicht gerade der Admiralspalast. Doch vielleicht wollten sich einige Reisende von Marinettis Tod ablenken, indem sie ihre Sorgen mit lauter Musik betäubten. Denn dieser Vorfall erinnerte jeden daran, dass die Passage, trotz allem Luxus, eben doch gefährlich sein konnte. Wenn ich sterbe, werde ich auf dem Meer sterben. Nur wenige Passagiere ließen sich im Speiseraum blicken. Die Hitze lag wie Blei auf dem Schiff, niemand hatte Appetit. Jung erfuhr von einem Steward, dass sich Lüttgen eine Suppe auf die Kabine hatte bringen lassen. Das Meer war grau und glatt. Der Horizont verschwamm im Dunst, die Sonne war kaum auszumachen, und trotzdem musste man ständig blinzeln, weil das Licht so grell war. Es schien Jung, als würde es in der feuchtigkeitssatten Luft von überall her reflektiert werden und ihn aus jedem Winkel blenden, wohin er auch sah. Nach dem Essen hatten sich die meisten Reisenden auf ihre Kabinen zurückgezogen. Nur drei oder vier unverwüstliche Sonnenanbeter dösten in Liegestühlen auf Deck und fächerten sich träge Luft zu. Außer dem wachhabenden Offizier, der gelegentlich in der Brückennock stand und mit dem Fernglas den Ozean absuchte, sah man fast niemanden von der Besatzung – ein Matrose stand allerdings immer noch neben dem dritten Schornstein.

Jung harrte im Schatten unter der Kommandobrücke aus. Der Schmerz bohrte sich in seine Schläfen. Er tat so, als würde er Fotos schießen, tatsächlich jedoch sah er sich um. Er machte sich in einem unbeobachteten Augenblick auf den Weg zur Dritten Klasse. Ich muss noch mal mit Maxe reden, dachte er. Hugo Rosterg hatte krumme Geschäfte mit Immertreu gemacht, und womöglich war Dora dabei zwischen die Fronten geraten? Vielleicht war Totzke Dora gegenüber längst nicht so desinteressiert, wie er sich gab?

Auf dem Deck der Dritten Klasse war es noch unerträglicher als oben. Die Planken waren so hart und rissig, dass sie wie aus Stein gemeißelt wirkten. Die hoch aufragenden Aufbauten schirmten das Deck vom Fahrtwind ab, sodass die Luft stillstand. Einige Familien, Araber, Armenier, Chinesen, hatten Decken und Mäntel an Leinen aufgespannt und sich in deren Schatten auf dem Boden niedergelassen. Jung blickte ratlos auf die mal hier, mal dort hängenden Stoffe, während er langsam über das Deck ging. Er kam sich vor, als irrte er durch ein Labyrinth. Doch endlich roch er den bitteren Rauch einer billigen Zigarre und sah Totzke schließlich etwa zehn Meter vor ihm. Der Mann bemerkte ihn nicht. Er saß nah am Heck auf dem Boden, den Rücken an einen weiß lackierten Stahlträger gelehnt, der das höher gelegene Deck abstützte. Totzke wurde fast gänzlich von einer blau und rot karierten Decke verborgen, die eine syrische Familie aufgehängt hatte, die neben ihm ihr Lager aufgeschlagen hatte. Der über ihm aufragende Flaggenstock des Dampfers warf einen balkenförmigen Schatten über seinen massigen Körper, die Trikolore flatterte träge. Er hielt die Augen geschlossen, saugte an seinem Stumpen und brummte etwas, das vielleicht eine Schlagermelodie war. Totzke hatte sich Kopfhörer aufgesetzt, die mit einem selbst gebauten Radio verbunden waren, das neben ihm auf den Planken stand. Seine beiden Röhren glühten gelb, ein langes schwarzes Kabel führte vom Gerät quer über das Deck bis zu einer Tür, wo es in den Aufbauten verschwand. Jung fragte sich flüchtig, wo genau Totzke seinen Apparat angeschlossen hatte und ob das überhaupt erlaubt war. Aber wer würde es schon wagen, einen Kerl wie ihn auf ein Verbot hinzuweisen? In diesem Moment nahm Jung aus den Augenwinkeln eine Bewegung wahr. Dorgelès. Er wollte sich nicht vom Ersten Offizier erwischen lassen und blieb hinter einem Stahlträger stehen. Dorgelès kam aus der angelehnten Tür in den Aufbauten, folgte dem Kabel mit energischen Schritten Richtung Heck. Jetzt fängt sich der Maxe mit seinem Radio doch Ärger ein, dachte Jung. Kein Passagier sprach Dorgelès an – falls ihn zwischen all den aufgespannten Tüchern überhaupt jemand sah. Er schritt so entschlossen aus, seine weiße Uniform war so makellos, er war der perfekte Schiffsoffizier. Totzke bemerkte ihn nicht, denn er hielt die Augen weiterhin geschlossen und lauschte Äthermusik, die nur er vernahm. Dorgelès stand schließlich beinahe direkt neben ihm und hielt einen Augenblick inne. Schließlich holte er eine kleine braune Flasche und ein Tuch aus einer Uniformtasche und schien dann auf irgendetwas zu warten.

Jung wusste selbst nicht genau, warum, aber er wurde plötzlich nervös, hielt die Luft an und hob instinktiv die Leica. Da nahm Totzke die Zigarre aus dem Mund – und dann ging alles sehr schnell, denn das war es offenbar, worauf der Erste Offizier gewartet hatte. Dorgelès schüttete Flüssigkeit auf das Tuch, trat hinter Totzke, packte mit der linken Hand seinen Kopf und drückte mit der rechten das Taschentuch auf Mund und Nase. Das alles dauerte kaum zwei Sekunden. Totzke riss die Augen auf. Falls er schrie, so hörte Jung es jedenfalls nicht. Er vermeinte nur, eine Art Gurgeln zu vernehmen. Er schlug mit den mächtigen Fäusten blind um sich und zuckte mit den Beinen, kam aber nicht hoch. Denn auch Dorgelès war ein kräftiger Mann, und er hielt den Kopf seines Opfers eisenhart umklammert. Jung glaubte einen Moment lang, einen süßlichen Geruch in der Nase zu haben. Chloroform. Der will den Schläger betäuben, um ihn zu arretieren, dachte Jung. Vielleicht hatte Totzke auf der *Champollion* noch ganz andere verbotene Dinge getan, als bloß ein selbst gebautes Kabel irgendwo einzustecken. Vielleicht wird Maxe jetzt zur Rechenschaft gezogen, für was auch immer. Er drückte auf den Auslöser der Leica. Spulte hektisch den Film weiter. Und drückte noch einmal auf den Auslöser. Und noch einmal. Währenddessen wurden die Bewegungen Totzkes schwächer, dann zuckte er nur noch, endlich verdrehte er die Augen, Arme und Beine wurden schlaff. Niemand sonst hatte auf die beiden Männer geachtet. Selbst der syrischen Familie auf der anderen Seite der Stoffbahn war offenbar nichts aufgefallen, nicht einmal der Gestank des Betäubungsmittels, oder vielleicht dachten sie auch, dass Dorgelès mit irgendeiner Chemikalie arbeitete, und welcher

Passagier der Dritten Klasse würde es wagen, einen Offizier zu stören? Dorgelès hielt das chloroformgetränkte Tuch noch immer vor Totzkes Gesicht. Der hat doch längst genug, dachte Jung verwundert. Er hatte den Fotoapparat sinken lassen und wollte schon hinter dem Stahlträger hervortreten, um Dorgelès zu fragen, weshalb er Totzke überwältigt hatte.

Endlich ließ der Erste Offizier von ihm ab und richtete sich auf. Sein Gesicht war rot und glänzte vor Schweiß. Er warf das Tuch über die Reling. Totzke schien auf dem Deck zu liegen wie zuvor, ein Mann, der mit geschlossenen Augen und aufgesetzten Ohrhörern dem Radio lauschte. Nur seine Zigarre war ihm aus der Hand geglitten. Dorgelès schob sie mit der Schuhspitze ins Meer. Jung zögerte plötzlich und fragte sich, was Dorgelès mit seinem Opfer nun vorhatte. Wollte er ihn durchsuchen? Oder wollte er den Bewusstlosen fortschaffen? Doch der Erste Offizier kümmerte sich nicht mehr weiter um den Mann. So energisch und zielstrebig, wie er gekommen war, so schritt er nun wieder davon und war nach ein paar Sekunden in den Aufbauten verschwunden.

Jung war verwirrt und ratlos. Er sah sich um, ob auch wirklich sonst keiner den Zwischenfall beobachtet hatte und nun neugierig näher kommen würde. Niemand. Er ging zögerlich Richtung Heck. Und da erst, viel zu spät, begriff er, was für ein Idiot er war.

Totzke atmete nicht mehr.

Jetzt fiel es ihm wieder ein, er hatte es mal irgendwo gelesen: Chloroform war tödlich. Wenn Ärzte Patienten irrtümlich ein paar Sekunden zu lange betäubten, dann starben sie an einer Überdosis. Er betastete hektisch Totzkes Hals. Kein Puls. Der Mann war äußerlich unverletzt. Der süßliche Geruch war längst wieder verdampft. Jung starrte fassungslos auf die Leiche. Sein Kopf war leer, er dachte nicht mal mehr an seine Schmerzen, er dachte endlose Sekunden lang an gar nichts. Dann kam er wieder zur Besinnung. Noch immer war niemand zu sehen. Doch irgendwann würde irgendjemandem der leblose Körper auffallen. Nicht jetzt, ermahnte sich Jung, und nicht mit mir! Er trat rasch zurück hinter den Stahlträger, eilte dann noch einige Schritte weiter, atmete erst durch, als er im Treppenhaus stand. Langsamer jetzt, bloß nicht auffallen. Nicht rennen, ruhig Stufe um Stufe nehmen, ein Passagier, der irgendetwas im Schiffsinnern erledigt hatte, ein Besuch beim Zahlmeister, warum nicht, ein Besuch beim Zahlmeister, falls ihn jemand fragen sollte, was er hier zu suchen hatte. Aber niemand fragte ihn, niemand sprach ihn an, niemand sah ihn, bis er wieder Deck C erreicht hatte.

Vor seinem geistigen Auge war immer noch das Bild von Totzke. Wie friedlich er ausgesehen hatte. War vielleicht das erste Mal überhaupt, dass dieser Kerl friedlich wirkte, ungefährlich, sogar irgendwie unschuldig. Wenn ihn nun endlich jemand fand, würde man einen Herzinfarkt vermuten oder einen Hitzschlag, jedenfalls einen bedauerlichen Unfall, da war jemand unter der Tropensonne eingeschlafen, und sicher gab es in der Dritten Klasse auch genügend Passagiere und Stewards, denen Totzkes haltlose Trinkerei aufgefallen war. Noch ein Toter. Aber diesmal schienen die Umstände klar zu sein, er war ja nicht mysteriöserweise über Bord gegangen, es müsste keine Untersuchungen geben, man würde den Leichnam im nächsten Hafen von Bord tragen, bei irgendeiner Behörde melden und ihn schließlich auf einem Friedhof irgendwo in Arabiens Wüste verscharren.

Der perfekte Mord, dachte Jung grimmig.

Wenn es nicht seine drei Fotos gäbe.

In seiner verdunkelten Kabine brannte die heiße Luft bei jedem Atemzug in Nase und Lunge, es stank nach Chemikalien, ihm taten Arme und Beine weh. Doch schließlich hielt er drei Abzüge in den Händen, scharf, richtig belichtet, so klar, wie man es sich nur wünschen konnte. Sie zeigten die Tat im Abstand weniger Sekunden, auf dem ersten Foto hatte Totzke die Augen noch schreckensweit geöffnet und eine Hand wie zur Abwehr erhoben, auf dem letzten Bild lag er bereits mit geschlossenen Augen und erschlafft in Dorgelès' gnadenlosem Griff.

Während er die Abzüge trocknen ließ und das Bullauge endlich öffnete – die Luft von draußen war kaum frischer als die in der Kabine –, überlegte Jung, wo er die Filmrolle verbergen könnte. Wo gab es auf der *Champollion* einen Ort, der für den Ersten Offizier unerreichbar war? Nicht in dieser Kabine, nicht im Schrankkoffer unten im Frachtraum. Jung dachte einen Augenblick daran, die kleine Rolle irgendwo in der üppigen Dekoration des Restaurants zu verstecken oder im Wintergarten. Aber überall machten täglich Stewards sauber. Stewards, das war es: Er musste sich nicht fragen, *wo* er den Film verbergen sollte – sondern *bei wem*.

Er fand Fanny auf dem Deck vor dem Wintergarten. Inzwischen war es Nachmittag, die Hitze lag noch immer wie eine feuchte Decke auf allem, doch hatten sich einige Unverbesserliche eingefunden, die auch dann noch Mokka oder Tee tranken, wenn das Quecksilber auf weit über vierzig Grad gestiegen war. Fanny eilte, ein Tablett balancierend, zwischen Wintergarten und Liegestühlen hin und her, stets freundlich, stets aufmerksam, und kein Passagier schien zu bemerken, wie erschöpft sie war, vermutlich interessierte sich auch niemand dafür. Jung hatte einen Anflug von schlechtem Gewissen, als er sie unauffällig zu sich winkte. Jetzt bürdete er ihr noch eine zusätzliche Last auf. Doch sie war seine einzige Verbündete an Bord, er hatte keine Wahl. Nein, korrigierte er sich, während er beobachtete, wie sie auf ihn zueilte, vielleicht hätte er eine Wahl gehabt, sicher hätte es andere Menschen gegeben, an die er sich hätte wenden können, Steve Adams etwa, jung, energisch, pragmatisch; oder, warum nicht?,

Lady Westmacott, die als Apothekerin der High Society an der Côte d'Azur vermutlich einige Erfahrung darin hatte, Menschen in verzwickten Situationen zu helfen. Aber er wollte sich nur Fanny anvertrauen, und wahrscheinlich war es besser, wenn er dabei nicht zu genau über die Motive nachdachte, die ihn dazu trieben. Jedenfalls war er froh, als sie neben ihm an der Reling stand.

»Können Sie das verstecken?«, fragte Jung, obwohl das eigentlich schon keine Frage mehr war. Er hatte ihr die Filmrolle bereits auf das Tablett gelegt.

Fanny starrte sie einige Sekunden lang an, dann ihn, dann wieder den Film. Vorsichtig stellte sie das Tablett schließlich auf einem leeren Liegestuhl ab, tat so, als müsste sie eine Tasse auf einer Untertasse ausrichten und ließ dabei den Film unter ihrer weißen Schürze verschwinden. »Was hat das zu bedeuten?«, flüsterte sie.

»Das kann ich Ihnen nicht in einem Satz erklären«, erwiderte Jung genauso leise.

Sie nickte mit dem Kopf in Richtung Wintergarten. »In fünf Minuten.«

Obwohl alle Fenster weit geöffnet worden waren, stand die Luft in diesem Raum. Es roch schwer nach Blumen, eine Überdosis ihres Dufts, als würde die Hitze in diesem Treibhaus die Duftstoffe, die für ein ganzes Pflanzenleben reichen sollten, an diesem einen Tag aus den Blüten pressen. Die Stewardessen und Stewards eilten auf dem Weg zwischen Promenadendeck und Kombüse hindurch, ohne auch nur nach rechts oder links zu blicken, denn kein Passagier hielt sich hier auf. Jung war unauffällig hineingeschlüpft und hatte in einer Ecke rasch zwei Stühle hinter eine hohe Vase mit einem besonders üppigen Blumenbouquet geschoben. Schon diese kleine Anstrengung hatte ihm beinahe den Atem geraubt. Als Fanny endlich auftauchte, gab er ihr ein Zeichen. Als sie sich auf die Stühle setzten, waren sie hinter Blüten und Blättern beinahe unsichtbar für die Stewards.

»Dorgelès ist ein Mörder!«, sagte Jung leise. Dann erzählte er ihr in wenigen Worten, was geschehen war.

Fanny war blass geworden. »Niemand hat einen Toten gemeldet«, flüsterte sie. »Der Mann muss noch immer unten auf dem Deck liegen.« Sie sprach eine Zeit lang nicht weiter. Schließlich schüttelte sie entsetzt den Kopf. »Warum hat er das bloß getan?«

Jung lächelte schwach. »Ich werde Dorgelès fragen.«

»Sie werden … was?!« Nun war Fanny doch laut geworden. »Das ist zu gefährlich. Sie wissen doch besser als jeder andere, wozu dieser Mann fähig ist.«

»Deshalb gebe ich Ihnen ja den Film.« Jung versuchte, zuversichtlicher zu klingen, als er sich fühlte. »Ich werde Dorgelès die Abzüge von diesem Film zeigen, aber er soll nie erfahren, wo das Original ist.«

Sie starrte ihn aus großen Augen an. »Sie müssen die Fotos der Polizei zeigen!«

»Ich habe eine bessere Idee.«

»Sie wollen Dorgelès erpressen?«

Jung hob die Hände in einer halb entschuldigenden, halb ratlosen Geste. »Totzke war nicht gerade ein Chorknabe. Vielleicht war Dorgelès' Anschlag so etwas wie Notwehr? Er tötet Totzke, bevor der seinerseits irgendeine Gewalttat verüben kann? Aber was auch immer sein Motiv ist: Ich brauche Dorgelès. Er war es, der Doras Namen von der Passagierliste entfernt hat. Er hat das angeblich von meiner Frau stammende Telegramm entgegengenommen. Er steckt mit den Rostergs unter einer Decke. Dorgelès ist der Einzige, der mir helfen kann, Doras Verschwinden aufzuklären. Der mir nun helfen *muss*. Ich werde ihn vor die Wahl stellen: Entweder sagt er mir, was mit meiner Frau geschehen ist, dann werde ich die Fotos vergessen. Oder er schweigt, dann gehe ich mit den Bildern in Maskat zur Polizei.«

»Und wenn Dorgelès sich nicht erpressen lässt?« Plötzlich legte Fanny ihre Hand auf seine. »Er könnte wieder zuschlagen.«

»Sie sind meine Lebensversicherung.« Es erschöpfte ihn, sich optimistischer zu geben, als er war, aber, ja doch, es tat ihm auch gut, dass sich Fanny um ihn sorgte. »Solange Dorgelès nicht weiß, wer die Negative hat, wird er mir nichts tun. Was habe ich denn noch zu verlieren? In zwei Tagen wird man mich als Mörder verhaften, wenn ich bis dahin Doras Schicksal nicht aufgeklärt habe.«

Sie erhob sich zögernd. »Ich muss wieder auf Deck, sonst fällt noch jemandem auf, dass ich fehle.«

»Werden Sie den Film der Polizei übergeben, falls, nun ja, falls ich nicht dazu komme?«, drängte Jung.

»Ich werde das Richtige tun«, erwiderte Fanny und eilte aus dem Wintergarten.

Jung blickte ihr nach und fragte sich, was sie damit wohl gemeint haben könnte.

Zum Abendessen hatte sich etwa die Hälfte der Passagiere eingefunden. Jung grüßte im Vorbeigehen Steve Adams, der mit Lady Westmacott und Silwa speiste. Seiner Schulter schien es schon wieder deutlich besser zu gehen. Jung fragte sich flüchtig, ob dieser Anschlag auch Dorgelès' Werk gewesen war, aber warum sollte der Erste Offizier so etwas tun? Ihm lief die Zeit davon. Noch gut sechsunddreißig Stunden.

Anita Berber und ihr Mann hatten sich erstaunlicherweise pünktlich eingefunden. »Du bist ein bisschen blass um die Nase, Kleener«, rief sie ihm spöttisch zu. Dabei war sie selbst noch dicker geschminkt als üblich, nicht mehr blass, sondern weiß, ihr ausgezehrter Leib musste unter der hohen Temperatur leiden.

»Wir haben Ende Oktober, mein ganzer Körper ist schon auf Hut und Schal eingestellt, und jetzt das«, entschuldigte sich Jung. »Da macht der Kreislauf schlapp, Frau Berber. Wir müssen alle auf uns aufpassen.« Er fragte sich, wie sie ihre Tournee quer durch Asien und Arabien durchstehen wollte.

»Du nimmt das falsche Mittelchen, Kleener«, erwiderte sie und tippte an ihren Nasenflügel. »Das hier bringt dich wieder auf Trab.«

Jung fragte sich erschrocken, ob Anita Berber das einfach so dahergesagt hatte oder ob das »falsche Mittelchen« eine Anspielung auf das Trional war, und woher, verdammt, sie das wissen konnte. Doch bevor er sie dazu aushorchen konnte, beugte sie sich vertraulich vor und flüsterte: »Ihr dicker Freund hätte auch besser auf sich aufpassen sollen.«

Lass dir jetzt bloß nichts anmerken, ermahnte sich Jung, der den scharfen Verstand der Berber fürchtete. Er tat verwundert. »Von wem sprechen Sie?«

»Nun tu man nich so naiv, Kleener. Ist ja heutzutage keine Schande mehr, sich mit Verbrechern zu umgeben. Ich habe dich mit Maxe auf dem Deck gesehen, ihr habt euch unterhalten wie zwei alte Freunde.«

»Ich habe ihn vor einiger Zeit mal fotografiert.«

»Ich erinnere mich an die Bilder in der *Illustrirten*. Na, Totzke wäre wohl besser in Moabit geblieben.«

»Was ist denn passiert?«, fragte Jung scheinheilig.

»Hitzschlag – sagt unser Steward zumindest. Maxe hat sich aufs Deck gelegt und ist eingeschlafen, aber diese Sonne haut selbst den stärksten Boxer um.« Einen winzigen Moment lang schien sie traurig zu sein, als sie über den Tod sprach, dann zeigte sie ihm wieder das hochmütige Berber-Lächeln. Sie griff zum Champagnerglas. »Auf Maxe! Wer hätte gedacht, dass ein Kerl wie er im Schlaf sterben würde?«

Jung nickte bloß und murmelte ein paar unverständliche Worte, die als Mitleidsbekundung durchgehen mochten oder als Antwort auf Anita Berbers Toast, auf jeden Fall als Reaktion, die sie von ihm erwartete. Er verabschiedete sich. Niemand an den anderen Tischen schien aufgeregt zu sein; Totzkes Tod schien keinen Mitreisenden zu bewegen. Marinetti war Erste Klasse, Totzke war Dritte – das erklärte das allgemeine Desinteresse.

Er speiste mit den drei Rostergs. Die Temperaturen hatten selbst den Redefluss des Patriarchen verdorren lassen, sodass das Dinner in einer zumindest für Jung recht angenehmen Einsilbigkeit über die Bühne ging. Unauffällig musterte er den Sohn, doch Ernst wirkte so missgelaunt wie bei jedem anderen Essen, seit sie an Bord gekommen waren. Was auch immer ihn dazu getrieben hatte, in der letzten Nacht Marinettis Sachen im Meer zu versenken, es schien weder sein Gewissen zu plagen, noch ihn irgendwie nervös zu machen. Lüttgen war erneut auf seiner Kabine geblieben, Dorgelès hatte sich entschuldigen lassen. Auch das war Jung ganz recht – er würde sich den Ersten Offizier später vornehmen. Unter vier Augen.

»Ich habe gehört, dass Max Totzke heute Nachmittag gestorben ist. Hitzschlag.« Jung warf das beim Dessert beiläufig in die Runde, beobachtete dabei aber seine Tischnachbarn genau. Ernst hörte gar nicht richtig zu.

Seine Mutter sah Jung fragend an. »Mir ist dieser Herr nicht vorgestellt worden.« Womit klar war, dass ein Mann, der ihr nie vorgestellt worden war, von ihr aus zur Hölle fahren konnte.

Hugo Rosterg schwenkte sein Glas und beobachtete das Funkeln im Cognac. »Nicht jedermann ist zum Weltreisenden geboren«, erwiderte er. Er klingt durchaus zufrieden, dachte Jung.

»Du kanntest diesen Mann?«, fragte seine Gattin erstaunt.

»Von früher. Rein geschäftlich.«

»Er ist Dritter Klasse gereist.«

»Seine Geschäfte liefen nicht mehr so gut.« Hugo Rosterg blickte dabei jedoch nicht seine Frau an, sondern seinen Sohn. Jung hatte den Eindruck, dass dieser letzte Satz irgendwie als Warnung gedacht war, vielleicht sogar als Drohung. Doch Ernst schien noch immer nicht zuzuhören. Er trank sein Bier und schwieg.

Jung spürte, dass niemand am Tisch auch nur ein Wort mehr über Totzke reden wollte. Also schob er seinen Stuhl zurück, erhob sich und deutete eine Verbeugung an. »Wenn Sie mich nun bitte entschuldigen wollen, ich werde mich zurückziehen. Diese Hitze macht wirklich müde.«

Eine Lüge. Tatsächlich war er das erste Mal an diesem Tag richtig wach. Seine Kopfschmerzen waren verflogen. Das Adrenalin rauschte durch seine Adern. Er fühlte sich wie damals, wenn Dönitz durchs Periskop starrte und kurze, scharfe Kommandos gab, Kurs, Geschwindigkeit, Torpedorohre bereit, wenn UB 68 ein Schiff angriff, das allein der Kapitän sah, jedoch jeder an Bord wusste, dass sehr bald, dass gleich, in der nächsten Sekunde, dass *jetzt* die Hölle ausbrechen würde. Angriff, sagte sich Jung, aber diesmal war er es, der das Ziel ins Visier nahm.

Er ging zur Kommandobrücke. Ein Matrose stellte sich ihm an der Stahltreppe in den Weg. »Bedaure, Monsieur.«

»Ich muss unbedingt den Ersten Offizier sprechen. Es ist sehr dringend.«

Es waren offenbar nicht diese banalen Worte, die den Seemann aufhorchen ließen, sondern Jungs Tonfall, sein Gesichtsausdruck, seine ganze Haltung. Er musterte ihn jedenfalls einen Augenblick abschätzig, doch dann nickte er. »*Bien sûr*«, murmelte er und ließ ihn passieren.

Jung entdeckte Dorgelès in der Brückennock an Steuerbord: das äußerste Ende der Kommandobrücke, weit weg vom Rudergänger, hoch über den anderen Decks, hoch über dem Ozean.

Die Positionslampe tauchte die Nock in ein geisterhaftes grünes Leuchten.

»Was haben Sie hier zu suchen?«, zischte der Erste Offizier, als er ihn bemerkte.

Jung erwiderte nichts, trat nahe an ihn heran und hielt ihm schweigend die drei Fotos hin. Dorgelès holte eine Taschenlampe aus seiner Uniform und beleuchtete sie. Nach ein paar Sekunden fing der Lichtstrahl an zu zittern. Er schaltete die Taschenlampe wieder aus.

»Sie Dreckskerl!«, presste er hervor.

»Und das aus Ihrem Mund! Sie sind ein Mörder.« Jung war nervös gewesen, als er die Stufen zur Brücke hinaufgestiegen war. Doch nun überkam ihn eine unheimliche Ruhe.

Dorgelès stopfte die Bilder in eine Tasche seiner Uniformjacke. »Und was wollen Sie jetzt tun?«, fragte er gefährlich leise.

»Ich habe den Film. Die Negative werden Sie niemals finden«, erwiderte Jung kalt. »Aber es liegt ganz an Ihnen, ob irgendjemand diese Negative sieht.«

Die Adern an Dorgelès' Schläfen waren angeschwollen, er atmete schwer, seine behaarten Hände waren zu Fäusten geballt. Einen Moment lang fürchtete Jung denn doch, dass der Kerl ihn einfach packen und hoch von der Brücke in die Nacht schleudern würde. Wenn ich sterbe, werde ich auf dem Meer sterben. Doch der Erste Offizier öffnete die Hände wieder und umklammerte das eiserne Geländer. Er starrte zum Halbmond hoch, der über der arabischen Küste glomm. Er atmete tief durch und seufzte. »Sie wollen sicher wissen, was mit Ihrer Frau geschehen ist, richtig?«

»Ich will endlich die Wahrheit hören. Und ich will Beweise.«

»Sie bekommen von mir weder das eine noch das andere.« Dorgelès hob eine Hand, als Jung aufbrausen wollte. »Hören Sie mir zu!«

»Wenn Sie mich hereinlegen wollen, dann …«

»Durch Drohungen bekommen Sie Ihre Frau auch nicht wieder.« Dorgelès klang auf einmal resigniert, in einer einzigen Sekunde schien er zehn Jahre gealtert zu sein. Ein erschöpfter Mann in einer Uniform, die irgendwie falsch wirkte. Er sah krank aus, und das lag nicht allein am grünen Licht. »Wenn überhaupt jemand weiß, was hier gespielt wird, dann ist das Ihr Schwiegervater. Aber darauf würde ich auch kein Geld wetten.«

»So einfach können Sie sich nicht herausreden.«

»So einfach, eh? Nichts hier ist einfach!« Dorgelès schlug mit der flachen Hand auf die Reling, beherrschte sich dann wieder und spuckte über Bord. »Ich mache seit Jahren Geschäfte mit dem alten Rosterg. Was bleibt mir auch anderes übrig? Ich werde niemals Kapitän werden.«

»Davon habe ich gehört.«

»Wer hat Ihnen das gesteckt? Na, ist ja jetzt auch egal. Wissen Sie, wie hoch die Schulden der Reederei sind? Vierunddreißig Millionen Francs. Vierunddreißig Millionen! Und wissen Sie, was unsere Direktoren mit dem Geld, das sie noch aus der Kasse zusammenraffen konnten, gekauft haben?«

Jung schüttelte den Kopf.

»Ein Wasserflugzeug!« Dorgelès lachte bitter auf.

»Ich habe nicht den blassesten Schimmer, was das mit Dora und mir zu tun hat.«

»Das Flugzeug fliegt seit einem Jahr auf der Linie Marseille – Algier. Begreifen Sie nicht? Bald wird niemand mehr Schiffe wie die *Champollion* brauchen. Es wird nur noch Flugzeuge geben. Und man wird *uns* nicht mehr brauchen.« Er tippte sich auf die Brust. »Ich muss vorsorgen, bevor man mich abserviert. Deshalb mache ich ein letztes großes Geschäft mit Rosterg. Das Geschäft für meinen Lebensabend, verstehen Sie? Ich werde alles tun, damit es ungestört über die Bühne geht. Alles!«

Jung wurde wütend. »Und da haben Sie Dora …«

»Unsinn! Ich tue, was Rosterg sagt, und ich stelle keine Fragen, *d'accord*. Rosterg will in Maskat Haschisch kaufen. Er sagt, das wird das nächste große Ding in Europa, größer als Kokain, größer als Morphium. Jedermann raucht doch schon Zigaretten, also wird jedermann auch Haschisch rauchen wollen. Das mag sich für Sie vielleicht wie eine Spinnerei anhören. Aber der Alte hat einen Riecher für lukrative Geschäfte, glauben Sie mir. Also helfe ich ihm, Haschisch von Arabien nach Marseille zu schmuggeln. Er kauft ein und zahlt, ich sorge für den reibungslosen Transport.«

»In der Kammer im dritten Schornstein?«

»Wo Sie am liebsten mal herumschnüffeln würden, ja. Wenn Sie da tatsächlich hineingekommen wären, hätten Sie Augen gemacht. Da stehen Kisten voll mit Dollarnoten, Francs und Reichsmarkbündeln. Und auf der Rückfahrt wird Haschisch in diesen Kisten liegen, der ganze verdammte Schornstein wird voll mit dem Zeug sein. Die Zöllner werden in Marseille durch den Frachtraum kriechen und vielleicht noch die Mannschaftsquartiere inspizieren. Aber wer guckt schon in den Schornstein?« Dorgelès lachte hart auf, wurde dann sofort wieder ernst. »Ihre reizende Gattin hängt auch mit drin. Es wäre ihre Aufgabe gewesen, das Zeug von Marseille nach Berlin zu bringen.«

»Dora?«, fragte Jung traurig, und zugleich keimte in ihm eine böse Ahnung auf. Sie hatte auf der Zugreise bestanden, wollte nicht in eine der winzigen Maschinen der Luft-Hansa einsteigen. Der neue Schrankkoffer. Hundert Kilogramm Freigepäck.

»Rosterg hat mir eines Abends nach ein paar Cognacs gestanden, dass die Idee mit dem Haschisch ursprünglich von ihr stammt«, fuhr Dorgelès fort.

»Das ist«, Jung schluckte und wusste nicht, was er sagen sollte, »schwer zu glauben«, vollendete er schwach.

»Sie haben sich ja nie ums Geschäft gekümmert. Rosterg hat mehr als einmal darüber geflucht, dass er seine Geschäfte so diskret wie möglich abwickeln muss – aber dass seine Tochter ausgerechnet einen Reporter von der Berliner Schmutzpresse heiraten musste, der das in die ganze Welt hinausposaunen würde, wenn er es wüsste. Er liegt Dora schon seit Jahren mit der Scheidung in den Ohren.«

»Damit der illegale Handel in andere Hände kommt«, zischte Jung bitter. »Die seines treuen, gewissenhaften Prokuristen!«

Dorgelès lachte höhnisch auf. »Was sind Sie bloß naiv! Sicher, Lüttgen kriegt den Hals nicht voll, und er stiert Ihrer Frau auf die Beine, aber er glaubt tatsächlich, dass die Rostergs ihr Vermögen mit Pfeffersäcken machen. Der wird in seinen Rechnungsbüchern niemals einen Hinweis auf Kokain oder Haschisch finden. Das läuft nämlich ausschließlich über Doras Filiale, nicht die in Hamburg. Sie verkauft das Zeug in ganz Berlin.«

»Und dabei hat sie irgendwann die Kreise des Ringvereins Immertreu gestört«, vermutete Jung und musste sich an der Reling festhalten, weil seine Knie weich wurden.

»Vielleicht. Vielleicht auch nicht.« Dorgelès zuckte mit den Achseln. »Rosterg spricht mit mir selten über diesen Teil seiner Geschäfte. Den deutschen Teil meine ich. Ich kann es mir nur aus ein paar Andeutungen zusammenreimen. Meiner Meinung nach hat sich der Alte persönlich viel Geld bei Immertreu geliehen, um diesen Handel hier ganz groß aufzuziehen. Und da haben die Berliner ihm diesen Totzke als Aufpasser an Bord geschickt – ohne ihn vorher zu informieren. Rosterg war auf jeden Fall äußerst wütend, als er erfahren hat, dass der Mann an Bord ist. ›Er darf auf keinen Fall Maskat erreichen!‹, hat er mir gesagt. Und Rosterg ist halt der Boss. Den Rest der Geschichte kennen Sie.«

»Den Rest der Geschichte kenne ich *nicht*«, entgegnete Jung wütend. »Was haben Sie mit Dora gemacht?« Er blickte auf die Fäuste des Offiziers. Er dachte an das Chloroform, glaubte einen Moment lang, wieder den süßlichen Geruch in der Nase zu haben, ihm wurde schlecht.

Dorgelès beugte sich zu ihm, bis sein Gesicht ganz nahe an seinem war. Er stank leicht nach Schweiß und Wein. »Ich weiß nicht, was mit Ihrer Frau passiert ist«, fauchte er. »Am dritten Tag der Reise kam Rosterg gegen Mittag zu mir und hat mir befohlen, alle Spuren seiner Tochter zu beseitigen. So hat er das genannt: alle Spuren beseitigen. Es sollte so aussehen, als sei Dora nie an Bord der *Champollion* gewesen.«

»Und Sie tun das einfach so und stellen keine Fragen?«

»Ich denke ans Geschäft.«

»Sie sind ein Schwein!«

»Wenn Sie hier weiter so herumschreien, fallen wir noch jemandem auf. Und vergessen Sie nicht, dass Ihre Frau die gleichen Geschäfte macht wie der Alte und ich. Geschäfte, bei denen man besser keine Fragen stellt.«

Jung atmete tief durch. Er musste sich unter Kontrolle behalten, wenn er dieses Rätsel jemals lösen wollte. »Sie haben also auf Rostergs Wunsch die Passagierliste gefälscht«, stellte er so sachlich wie möglich fest.

»Ja. Und Rosterg hat mir auch den Text für das Telegramm gegeben, das wir angeblich von Dora aus Berlin empfangen haben. Damit die Geschichte glaubwürdiger aussieht – so glaubwürdig, dass Sie gar nicht auf die Idee kämen, lästige Fragen zu stellen. Der alte Rosterg ist verschlagen. Der wusste genau, dass Sie nicht durchs Schiff laufen und alle Welt nach Dora aushorchen könnten, wenn deren eigene Familie behauptete, dass sie in Berlin ist und dabei mit dem Telegramm wedeln konnte.« Dorgelès legte Jung seine Hand auf die Schulter. Seine Züge zeigten auf einmal so etwas wie Mitleid. »Ich weiß, dass das schwer sein muss für

Sie. Ich verstehe es ja selbst nicht. Ich habe keine Ahnung, warum die anderen bei dieser Schmierenkomödie mitmachen, die Mutter, der Bruder, Lüttgen. Ich habe Ihr Gesicht gesehen, als alle Ihnen bei Tisch vorspielten, dass Dora in Berlin geblieben ist. Ich schwöre Ihnen, in gewisser Weise war ich genauso überrascht wie Sie. Warum tun die das? Ich meine: die eigene Familie!«

»Wo ist Dora?«

»Ich weiß nicht, was mit ihr geschehen ist. Ich weiß nicht, wo sie ist.«

»Ich habe sie während des Sturms an Bord gesehen!«

Dorgelès blickte ihn überrascht an. »Sie ist noch auf der *Champollion*? Wo sollte sie sich hier verstecken? So groß ist der Dampfer nicht. Manchmal schafft es ein Blinder Passagier an Bord. Doch nach ein paar Tagen wird jeder entdeckt, wirklich jeder. Wo sollte Dora sich tagsüber verbergen? Wo sollte sie nachts schlafen? Wie sollte sie an Essen kommen?« Dorgelès schüttelte den Kopf. »Ich bedaure das wirklich, aber ich glaube nicht, dass Ihre Frau noch auf dem Schiff ist. Vielleicht ist sie in Ägypten von Bord gegangen. Oder sie ist ...« Er sprach nicht weiter.

Oder Dora hat einen Komplizen an Bord, dachte Jung. Jemanden, der ihr ein Versteck und Nahrung bietet. Er wollte sich nichts anmerken lassen, ging im Geiste die Mitreisenden durch. »Marinetti«, murmelte er. »Warum musste er sterben?«

Dorgelès sah ihn erstaunt an. »Was soll diese Frage? Marinetti ist im Sturm über Bord gegangen. Das ist verdammtes Pech. Tragisch, aber so etwas passiert nun mal.«

»Ich habe zufällig gesehen, wie Ernst Rosterg am Abend nach der Abfahrt aus Aden Marinettis ...«, Jung zögerte, wollte nicht zu viel verraten, »Marinettis Habseligkeiten ins Meer geworfen hat«, vollendete er.

»Dann reden Sie doch mit dem jungen Rosterg. Ich habe nichts damit zu tun.«

»Und was ist mit Adams?«, fuhr Jung fort. »Der Amerikaner wäre beinahe von einem Block erschlagen worden, der sich zufällig von einem Rettungsboot gelöst hat. Ein seltsamer Zufall, oder?«

Dorgelès wurde wieder wütend. »Ich bin kein Heiliger, *d'accord*? Aber Sie können mir auch nicht jeden Vorfall auf dieser verdammten Reise in die Schuhe schieben! Ich mache Geschäfte mit Rosterg, und bei diesen Geschäften war Totzke ein Hindernis, das ich aus dem Weg geräumt habe. Das ist gewissermaßen ein Berufsrisiko, so wie ein Soldat erschossen werden kann. So ist das nun mal. Und seien wir ehrlich: Diese Welt ist ohne Totzke ein besserer Ort. Aber mit Marinetti und Adams habe ich nichts zu tun – und erst recht nicht mit Ihrer Frau!«

Der Kerl sagt die Wahrheit, erkannte Jung. Er fühlte sich vom Schicksal betrogen. Er wusste mehr, aber eigentlich immer noch nichts von der Antwort auf das Rätsel von Doras Verschwinden. »Behalten Sie die verfluchten Fotos«, murmelte er. »Und wenn Sie mir bis Maskat nicht in die Quere kommen, wird auch niemand die Negative zu Gesicht bekommen.«

»Wobei soll ich Ihnen denn nicht in die Quere kommen?«, fragte Dorgelès misstrauisch.

»Bei meiner Unterhaltung mit Rosterg«, erwiderte Jung grimmig und ging Richtung Treppe.

Als er sie schon beinahe erreicht hatte, drehte er sich noch einmal um. Dorgelès stand so starr in der Brückennock, dass man ihn im grünen Licht für einen Teil der Schiffsaufbauten hätte halten können. »Was haben Sie eigentlich mit Doras Sachen gemacht?«, fragte er. »Sie waren doch im Frachtraum am Koffer, nicht wahr? Und Sie haben unsere Kabine leer geräumt.«

Der Erste Offizier ließ sich Zeit mit seiner Antwort. »Die Kleidung aus dem Schrankkoffer habe ich über Bord geworfen«, gestand er endlich. »In Ihrer Kabine war ich auch, aber ich kam zu spät. Da fehlten Doras Sachen nämlich schon.«

Jung glaubte sich verhört zu haben und eilte noch einmal zu Dorgelès zurück. »Die Sachen waren bereits fort?«

»Ja. Rosterg hat mir gesagt, dass ich die Habseligkeiten Ihrer Frau verschwinden lassen muss, während Sie noch durch das Schiff liefen, um Dora zu suchen. Ich bin deshalb mit dem Generalschlüssel in Ihrer Kabine gewesen. Doch da war offenbar jemand schneller als ich. Die Sachen Ihrer Frau waren jedenfalls verschwunden.«

Jung schwindelte. »Das bedeutet …«, stammelte er, kam aber nicht weiter.

»Ganz genau«, sagte Dorgelès mit grimmigem Hohn. »Das bedeutet, dass Rosterg genauso erschrocken darüber war wie ich, dass Doras Sachen bereits weg waren. Und niemand weiß, wer sie genommen hat.«

TIEF UNTER DECK

Donnerstag, 24. Oktober 1929 – am nächsten Tag gegen Mittag würde die *Champollion* im Hafen von Maskat einlaufen. Jung blieben nun noch etwas mehr als vierundzwanzig Stunden. Schon jetzt war die Hitze beinahe unerträglich, weil die Luft schwer war von Feuchtigkeit. Jung hatte sich Arabien immer trocken vorgestellt, Wüste, Karawansereien im Nirgendwo, höchstens einmal eine Oase. Vielleicht war das an Land tatsächlich so, irgendwo etliche Seemeilen entfernt an Backbord, wo die Küste nicht mehr war als eine ausgefranste Linie am dunstigen Horizont, nicht jedoch auf dem Meer. Die Wellen rollten träge heran, hoben und senkten das Schiff, als wäre dies eine Arbeit, die sie nur noch nachlässig erledigten, erschöpft von einer Reise, die an der Küste Südamerikas begonnen und sie durch die beiden größten Ozeane der Erde geführt hatte, Pazifik, Indischer Ozean; bald würden sie an Arabiens Gestaden zur Ruhe kommen. Marinetti hatte vom Monsun gesprochen, den sie im Golf von Aden spüren würden, und da einmal, immerhin, hatte er nicht gelogen. Jung spürte den warmen Wind auf seiner Haut.

Lüttgen und Dorgelès ließen sich im Restaurant nicht blicken, natürlich nicht, beide hatten ja gute Gründe, ihm aus dem Weg zu gehen. Doch auch von den Rostergs kam niemand. Und so frühstückte er allein und kam sich deplatziert vor, der *Boche* am Katzentisch; er redete sich ein, dass die Passagiere an den anderen Tischen ihn verstohlen musterten, dass sie geflüsterte Bemerkungen raunten. Jung wusste selbst, dass das alles Einbildung war, und doch fühlte er sich wie der kleine Junge von einst, dem jemand am ersten Schultag einen Zettel mit einem gekritzelten Eselskopf an den Tornister geheftet hatte, während er schüchtern durch die Grundschule in Wandsbek gestolpert war. Er kämpfte gegen das Bedürfnis an, das Essen hastig zu verschlingen, zwang sich stattdessen, den Mokka Schluck für Schluck zu genießen, den Toast sorgfältig mit Butter zu bestreichen und dann sogar noch ein Croissant zusätzlich zu nehmen, obwohl er eigentlich schon keinen Hunger mehr hatte. Vor allem aber zwang er sich zum Nachdenken. Hugo Rosterg, der Haschischschmuggler. Der ehrbare hanseatische Kaufmann. Die Berliner Filiale, die von der Tochter geleitet wurde. Gewürze und Spezereien. Das klang so grotesk, Jung hätte darüber lachen können, doch irgendwie war es auch genial. Mit welchen harmlosen Waren hätte man den Drogenschmuggel besser tarnen können? Alles Fassade, sicher schon seit Jahren, vielleicht schon immer, und er war mittendrin und hatte nichts geahnt. Hugo Rostergs Verachtung ihm gegenüber: der Fotoreporter, der alles sah, nur nicht das, was sich genau vor seiner Nase zutrug. Und Dora? Auch ihre Distanz war offenbar nicht allein aus der Entfremdung nach Jahren der Ehe gewachsen, es war eine langsam aufkeimende und schließlich unbezwingbare Verachtung für einen Gatten gewesen, der sich so leicht betrügen ließ, zu leicht.

Jung fragte sich, wie er den alten Rosterg zur Rede stellen konnte. Mit den drei Fotos hatte er Dorgelès unter Druck gesetzt, aber Rosterg würden die nicht belasten. Jung hatte keine Beweise, gar nichts. Selbst wenn er in Maskat sofort zur Polizei ging, um von den versteckten Geldkisten im dritten Schornstein zu berichten, dann … tja, was dann? Es war nicht illegal, mit Kisten voller Geld herumzureisen. Niemand würde Rosterg deshalb behelligen. Erst auf der Rückreise könnte man ihn womöglich eines Verbrechens überführen, dann, wenn der dritte Schornstein voller Haschisch war. Nur: Auf der Rückreise wäre Jung nicht mehr an Bord. Bis dahin hätte ihn Doras Verschwinden bereits ins Gefängnis gebracht.

Das ist es!, dachte Jung, und sein Herzschlag setzte einen Moment aus. Wer Dora verschwinden ließ, räumte damit zugleich auch ihn selbst aus dem Weg, zwei Menschen auf einen Schlag, das perfekte Verbrechen. Aber wer hatte ein Interesse daran, sie beide zu beseitigen? Lüttgen? Der wollte ihn fertigmachen, aber weil er Dora heiraten wollte. Wenn also Lüttgen nicht für Doras Verschwinden verantwortlich war – wer dann? Ernst? Ohne Dora und Jung hätte er als letzter Rosterg vielleicht doch noch Chancen, das Handelshaus des Alten zu übernehmen. Aber war er klug genug für eine solche raffinierte Tat? War er überhaupt je nüchtern genug dafür? Außerdem wurde Ernst vom Prokuristen erpresst. Was nützte es ihm, die Firma zu bekommen, wenn Lüttgen ihn jederzeit bei den Sturmtrupplern denunzieren konnte?

Also blieb nur noch eine Person übrig.

Marthe Rosterg.

Dora war die lebende Erinnerung an ihre größte Demütigung. Allein das wäre schon Grund genug für einen tödlichen Hass. Räumte sie neben Dora auch gleich noch Jung aus dem Weg, dann wäre ihr einziges Kind Ernst Alleinerbe. Und zugleich hätte sie Lüttgen, über dessen Affäre mit Dora sie womöglich Bescheid wusste, den Zugriff auf die Firma verwehrt, wenn Dora nicht mehr da war. Und Lüttgen würde nichts dagegen tun können, denn gegen Marthe hatte er nichts in der Hand, gar nichts. Marthe, die ewig gedemütigte, die ewig unterschätzte, die ewig aus allen Geschäften herausgehaltene Ehefrau würde nach und nach die Kontrolle übernehmen, weil sie ihren Sohn kontrollierte. Im Handelshaus wäre sie die Königinmutter, ihr unfähiger Sohn nicht mehr als eine Marionette, deren Fäden sie in Händen hielt.

Jung kam zu dem Schluss, dass Hugo Rosterg an Bord der

Champollion irgendein hinterhältiges, brutales Spiel spielte – aber dass er nicht ahnte, dass auch seine Frau ebenso raffinierte wie brutale Intrigen spann. Und Dora war dabei irgendwie zwischen die Fronten geraten. Nach und nach dämmerte es ihm auch, dass er es in den wenigen Stunden, die ihm noch blieben, niemals mit beiden Rostergs zugleich aufnehmen konnte. Er brauchte einen Verbündeten im Kampf gegen sie.

Lüttgen.

Ihm wurde schlecht, wenn er nur daran dachte, aber da war nichts zu machen: Lüttgen und er wollten beide Dora wiederhaben. Ohne Dora wären sie, jeder auf seine Weise, verloren. Jung wusste nicht, wer Lüttgen gezwungen hatte, so zu tun, als sei sie nie auf dem Schiff gewesen. Aber irgendwie musste er ihn dazu bringen, diese Lüge aufzugeben. Nur wenn Lüttgen und er gemeinsam kämpften, würden sie die alten Rostergs zwingen, endlich die Wahrheit zu bekennen. So schrecklich diese Wahrheit auch sein mochte.

Als Jung sich endlich dazu durchgerungen hatte, zusammen mit seinem schlimmsten Rivalen zu handeln, hielt es ihn nicht länger am Tisch. Er stand auf, eilte durch den Saal, grüßte nur flüchtig Lady Westmacott und Silwa, die plaudernd beim Tee saßen, nahm die Stufen zum Deck C, zwei auf einmal, beinahe hätte er einen Steward umgestoßen, er entschuldigte sich hastig, rannte weiter. Kabine 67. Er klopfte. Keine Antwort. Er klopfte erneut. Stille. Jetzt nahm er die Faust, hämmerte gegen die Tür.

»Lüttgen?! Ich muss Sie sprechen. Sofort!«

Stille.

Jung drückte die Klinke hinunter. Die Tür war unverschlossen. Plötzlich hatte er es nicht mehr eilig, zögerte, öffnete dann doch die Tür, trat einen Schritt in die Kabine, noch einen. Lüttgen lag angekleidet auf dem Bett, heller Anzug, die Schuhe mit dem Monogramm, so als wollte er im nächsten Augenblick über das Deck promenieren. Nur dass es diesen Augenblick nie mehr geben würde.

Jemand hatte Lüttgen eine Kugel durch das Monokel ins Auge geschossen, eine fürchterliche Wunde, Blut und Glassplitter und das Fleisch schwarz von der Hitze, so nah musste der Lauf der Waffe am Gesicht gewesen sein. Am Hinterkopf war das Geschoss wieder ausgetreten, über das Kissen breitete sich eine große rote Lache aus, das Blut war noch nicht ganz eingetrocknet.

Jung stützte sich an der Wand ab, zu spät, nun waren seine Fingerabdrücke in der Kabine, egal, er wollte eigentlich nur fort, nur raus, nur an die Sonne und an die Luft, doch zwang er sich zu bleiben, zu atmen, zwang sich hinzusehen.

Trional.

Ein noch zur Hälfte gefülltes Fläschchen stand auf Lüttgens Nachttisch. Jung schwindelte. Neben dem Medikament sah er ein Glas, in dem noch ein Fingerbreit Wasser im Morgenlicht funkelte. Lüttgen hatte ein Schlafmittel genommen, ausgerechnet dieses Schlafmittel. War es eine Art bittere Ironie des Schicksals, dass auch Lüttgen dasselbe Medikament nahm wie er? Jung hatte keine Spur davon gefunden, als er vor ein paar Tagen die Kabine durchsucht hatte. Dann stutzte er. Es war morgens, Lüttgen war bereits ausgehfertig angekleidet – doch er lag auf dem Bett. Und jemand hatte dem Liegenden, das bewies das Blut auf dem Kissen, in den Kopf geschossen, und zwar aus solcher Nähe, dass die heißen Gase aus dem Lauf der Waffe die Haut des Opfers versengt hatten. Wer lag im Anzug ausgestreckt auf dem Bett und ließ sich aus nächster Nähe eine Kugel ins Auge schießen? Lüttgen musste auf dem Bett gelegen haben, weil er bereits nicht mehr bei Bewusstsein gewesen war. Er hatte das Trional nicht gestern Abend geschluckt, sondern erst kurz vor der Tat, an diesem Morgen, als er eigentlich schon die Kabine verlassen wollte. Aber warum hätte er morgens ein Schlafmittel nehmen sollen? Freiwillig würde das niemand machen. Jemand hatte ihn gezwungen, es zu schlucken. Jemand, der danach dieses Fläschchen absichtlich gut sichtbar auf dem Nachttisch stehen ließ. Jemand, der wusste, dass auch Jung Trional nahm. Jemand, der wollte, dass man das Mittel fand – damit man Jung der Tat verdächtigte. Jung, der ein sehr gutes Motiv hatte: Eifersucht. Jung, der von Lüttgen verhöhnt und bedroht worden war. Jung, der ja schon in Aden mit einer Waffe auf Lüttgen losgegangen war.

Er keuchte und versuchte, die aufkommende Panik niederzukämpfen, zwang sich, weiter methodisch nachzudenken. Eine Falle. Jemand tötete Lüttgen und wollte ihm den Mord in die Schuhe schieben. Jemand, der sie beide loswerden wollte. Jemand, der aber damit gerechnet hatte, dass ein anderer die Leiche und das Trional finden würde, nicht Jung. Er atmete tief durch. So nicht, dachte er grimmig, so nicht! Jung griff nach dem Schlafmittel, einen winzigen Moment lang war die Sucht da, eine Stimme in ihm, die sagte: Behalte es! Dann nahm er ein Taschentuch, legte es über seine Hand und öffnete damit das Bullauge. Wenigstens dort wollte er keine Fingerabdrücke hinterlassen. Er schleuderte das Fläschchen hinaus, dann schloss er das schwere Glas wieder.

Jung dachte an Hugo Rosterg und dessen Browning, die er auf dem Weg nach Kairo gesehen hatte. Er dachte an Ernst und den Erpresserbrief von Lüttgen. Er dachte an Marthe Rosterg, die bedingungslos zu ihrem Sohn stand.

Er wischte mit dem Taschentuch die Stellen ab, von denen er glaubte, dass er sie beim Hineingehen mit den Händen berührt hatte. Er hatte jedoch keine Zeit, gründlich zu sein. Er öffnete die Tür und … Jemand stand direkt vor ihm.

Fanny.

Die Stewardess hatte einen Wagen mit Putzmitteln und Bürsten geschoben. Sie wollte gerade den Schlüssel ins Türschloss stecken und blickte ihn erstaunt an. »Was machen Sie hier?«

»Gehen Sie da nicht hinein!«

»Sie sind blass wie der Tod.«

»Der Tod ist hinter dieser Tür.«

»Was haben Sie mit Monsieur Lüttgen gemacht?« Sie hatte die Hand auf den Mund gelegt und war einen Schritt zurückgewichen.

»Oh nein!« Jung eilte zu ihr und fasste sie an den Schultern. »Ich habe nichts getan«, flüsterte er beschwörend. Er erklärte ihr in raschen Worten, was er drinnen gesehen hatte. Er merkte selbst, dass er sich konfus anhörte, ein Wahnsinniger, ein ertappter Mörder, der sich um Kopf und Kragen redete. »Mein Gott«, unterbrach er sich und erzählte die Geschichte noch einmal von vorne. Langsamer diesmal, klarer, ausführlicher.

Fanny ließ ihn ausreden. Doch als er geendet hatte, sagte sie nichts, schob ihn mit resoluter Geste beiseite und öffnete die Tür.

»Das ist kein schöner Anblick«, protestierte er.

»Ich halte es aus«, erwiderte sie erstaunlich kaltblütig. Sie zog den Reinigungswagen hinter sich her, bedeutete ihm mit der Hand, ihr zu folgen, schloss die Kabinentür, betrachtete endlich den Toten. Sie war blass geworden, doch machte sie sich ohne zu zögern an der Schublade des Nachttisches zu schaffen.

»Was tun Sie da?«, fragte Jung verwirrt.

»Ich durchsuche die Kabine. Sie rühren sich nicht von der Stelle. Es ist egal, ob man meine Fingerabdrücke findet, schließlich bin ich die Stewardess, die hier jeden Tag saubermacht. Das hat nichts zu bedeuten.«

»Wonach suchen Sie?«

»Vielleicht hat der Täter ein paar verräterische Spuren hinterlassen. Oder er hat etwas mitgenommen.« Sie inspizierte anschließend den Schrank, dann schüttelte sie enttäuscht den Kopf. »Das sieht alles genauso aus wie immer.«

Jung fasste sich an die Stirn. »Was machen wir jetzt? Ich glaube, dass es einer der Rostergs getan hat. Aber wie können wir das beweisen?«

»Wir holen uns Hilfe.«

Jung lachte bitter. »Wer sollte uns jetzt noch helfen?«

»Dorgelès.«

Jung sah sie entsetzt an. »An den habe ich gar nicht mehr gedacht. Der könnte doch auch mit einer Pistole ...«

»Nein.« Fanny schüttelte den Kopf. »Der Erste Offizier hatte Nachtwache. Es gab irgendein technisches Problem. Er ist immer noch auf der Brücke, also kann er in den letzten Stunden nicht in dieser Kabine gewesen sein.«

»Aber warum sollte ausgerechnet er uns helfen?«

Sie lächelte erschöpft. »Sie haben drei gute Argumente, schon vergessen? Und ich habe auch eines. Dorgelès hat gar keine andere Wahl. Warten Sie hier. Ich hole ihn.«

Jung verbrachte endlose Minuten neben der Leiche. Er wollte Lüttgens Körper nicht ansehen. Er bildete sich ein, dass die Luft schon nach Verwesung stank. Aber er wollte das Bullauge nicht öffnen, denn wenn der Verwesungsgeruch nach draußen drang ... Er sah einmal auf seine Uhr. Zweimal. Dreimal. Der Minutenzeiger war wie festgeklebt. Er fragte sich, ob es eine gute Idee war, Dorgelès einzuweihen. Nein, er war sicher, dass es *keine* gute Idee war. Nachtwache auf der Brücke, na und? Konnte man da nicht doch mal zwischendurch verschwinden – war Dorgelès nicht schon einmal von der Brücke verschwunden, vor vielen Jahren im Sturm? Von der Kommandobrücke bis zur Kabine auf dem C-Deck, mein Gott, da brauchte man nicht lange. Dem Rudergänger würde es doch kaum auffallen, wenn der Erste Offizier mal ein paar Minuten nicht da war, oder? Mach dich nicht verrückt. Jung fragte sich, was das für ein Argument sein mochte, mit dem Fanny Dorgelès zur Mithilfe überreden wollte. Wieder die Uhr. Der Minutenzeiger immer noch wie festgeklebt. Mein Gott.

Schließlich hörte er Schritte auf dem Gang. Er öffnete die Tür einen Spalt breit, spähte hinaus. Fanny und Dorgelès. »Kommen sie herein!«, flüsterte er, zog den Offizier am Arm zu sich, war plötzlich erleichtert, ihn zu sehen. Absurd, das war alles ein schreckliches Spiel. Wenn ich sterbe, werde ich auf dem Meer sterben.

»*Mon Dieu.*« Dorgelès schwitzte und löste seinen Blick vom Toten, wandte sich Jung zu. »Sie haben ihn entdeckt?«

Er nickte. Offenbar hatte die Stewardess ihn schon über einiges aufgeklärt. »Ich wollte ihn sprechen. Die Tür war nicht abgeschlossen.«

»Schon gut.« Dorgelès schwankte. Vor Müdigkeit, erkannte Jung, der Kerl ist wirklich erschöpft. Er war die ganze Nacht auf der Brücke, er war tatsächlich dort gewesen. Vielleicht würde er wirklich helfen.

»Wir können das nicht geheimhalten«, fuhr Dorgelès fort. Er hatte sich nun Fanny zugewandt.

»Nur ein paar Stunden«, erklärte sie. »Wir brauchen nicht lange. Wir müssen mit den Rostergs reden, müssen sie irgendwie unter Druck setzen. Das geht nicht, wenn alle an Bord wegen eines Mordes aufgeschreckt sind. Jeder wird jeden verdächtigen, es wird ein fürchterliches Durcheinander geben.«

»Warum sollte ich Ihnen dabei helfen? Das«, nun sah er wieder Jung an, »können Sie nicht von mir verlangen. Das hat nichts mit Totzke zu tun.«

»Ganz sicher doch«, erwiderte Jung.

»Denken Sie mal nach.« Fanny war nicht länger die unauffällige, höfliche Stewardess. Jung sah eine nach jahrelanger Suche erfahrene Frau – erfahren und hart. »Sie könnten der Nächste sein«, fuhr sie fort und klang nüchtern dabei, beinahe kaltherzig.

Dorgelès wich zurück, als hätte sie ihm eine Ohrfeige versetzt. »Das ist doch … Unsinn!«

»Lüttgen war ein enger Mitarbeiter von Monsieur Rosterg«, erklärte sie ungerührt. »Und Sie sind in gewisser Weise auch ein enger Mitarbeiter von ihm. Vielleicht hat Rosterg Lüttgen getötet. Es ist in Ihrem eigenen Interesse, das herauszufinden. Warum sollte Rosterg so etwas tun? Vielleicht, weil er einen Mitwisser zum Schweigen bringen will, bevor wir Maskat erreichen? Und vielleicht wird er noch mehr Mitwisser beseitigen – zum Beispiel Sie.«

»Das ist …«, setzte Dorgelès wieder an, doch Jung merkte, dass er Fannys Argument keineswegs für so unsinnig hielt. Und auch Jung selbst erkannte die Logik dahinter.

»Rosterg wird in Maskat das größte Geschäft seines Lebens machen«, sagte Jung. »Wer weiß davon? Dora. Totzke. Vielleicht doch auch Lüttgen, der mehr ahnt, als Sie glauben. Und Sie. Vier Menschen an Bord der *Champollion,* die von diesem Schmuggel wussten. Drei davon sind jetzt verschwunden oder tot. Nur Sie sind noch übrig. Und morgen laufen wir in Maskat ein.«

Dorgelès wischte sich mit der Hand über den Mund. »Ich kenne Rosterg seit fünfundzwanzig Jahren«, murmelte er.

»Dann kennen Sie ihn gut genug, um ihm ein paar Fragen zu stellen«, meinte Fanny.

Dorgelès nickte langsam. Er hatte einen Entschluss gefasst. »Also gut. Schließen Sie die Kabine ab. Wir gehen zu den Rostergs.«

Doch die Luxuskabine war leer, genauso wie die des Sohnes. Die drei Rostergs waren spurlos verschwunden.

Dorgelès wurde kurz darauf von einem Matrosen auf die Brücke zurückgebeten; wie es schien, war das technische Problem erneut aufgetreten. Er wollte nicht gehen, aber ein Offizier, der schon einmal in seiner Karriere die Brücke im falschen Augenblick verlassen hatte, konnte sich diesen Fehler kein zweites Mal leisten. »Sie haben ein paar Stunden, mehr nicht«, flüsterte er Jung noch zu, bevor er dem Matrosen folgte. Er sagte das auf Deutsch, damit ihn der Seemann nicht verstand.

Fanny hatte ihren Putzwagen in eine Kammer geschoben und ging mit Jung durch das Schiff, und zur Hölle mit den erstaunten Blicken, die ihnen manche Mitreisende zuwarfen. Sie standen schließlich im Restaurant und sahen sich um.

»Hier sind sie auch nicht«, flüsterte Jung. »Möchte wissen, was das zu bedeuten hat.«

»Vielleicht nichts. Sie können irgendwo auf dem Schiff sein.«

Tatsächlich behielt Fanny recht, zumindest in gewisser Weise. Sie entdeckten Ernst in der Bordbar, wo er vor einem Bier hockte und eindringlich auf einen jungen algerischen Steward einredete, dem das sichtlich unangenehm war. Marthe Rosterg fanden sie etwas später auf dem Promenadendeck. Sie hatte sich einen Liegestuhl unter den Schatten eines Rettungsbootes stellen lassen und lag mit geschlossenen Augen dort, der Monsun verwirbelte ihre blonden Haare, es war nicht ganz klar, ob sie schlief oder bloß aus Überdruss nicht in die Welt hinaussehen wollte.

»Die beiden wirken nicht gerade so, als hätten sie Lüttgen heute Morgen eine Kugel ins Auge geschossen«, meinte Jung.

»Aber Monsieur Rosterg ist tatsächlich verschwunden«, erwiderte Fanny.

Jung nickte und seufzte. »Fragen wir meine Schwiegermutter.« Er bedeutete Fanny, sich unauffällig im Hintergrund zu halten, dann ging er auf den Liegestuhl zu. »Guten Morgen«, sagte er und zwang sich zu einem leichten Tonfall.

Marthe Rosterg öffnete die Augen, musterte ihn und bemühte sich nicht einmal, so zu tun, als sei sie erfreut. »Es ist zu spät für einen ›Guten Morgen‹. Gleich wird das Mittagessen serviert.«

Nur nicht provozieren lassen, sagte sich Jung. »Ich möchte gerne mit Ihrem Mann sprechen«, erklärte er. »Wissen Sie, wo ich ihn finden kann?«

»Du bist doch Reporter, Theodor, kannst du nicht einmal *das* selbst herausfinden?«

»Sie wissen es also nicht?«

»Frag doch mal die Berber«, zischte Marthe Rosterg und schloss die Augen.

Doch Anita Berber und Henri Hofmann schlenderten Arm in Arm achtern über das Promenadendeck, die Tänzerin trug das Äffchen auf der Schulter. Hätte Marthe Rosterg sich die Mühe gemacht, ihre Augen länger offen zu halten, dann hätte sie das auch gewusst. Jung seufzte. Es war klar, dass sie keine Ahnung hatte, wo ihr Mann war.

Er ging zu Fanny zurück, die im Wintergarten auf ihn wartete. Er schüttelte unauffällig den Kopf. »Ich gehe in die Bar«, sagte er leise.

Ein paar Augenblicke später unterbrach er den Monolog von Ernst Rosterg, was einem sehr erleichterten Steward die Möglichkeit gab, sich zu verziehen. Der Sohn grunzte zuerst nur, als Jung ihn nach dem Patriarchen fragte. »Woher soll ich wissen, was der Alte gerade macht?«, erwiderte er schließlich mürrisch. »Der sagt mir doch nie was. Und jetzt kann ich mir auch kein Bier mehr bestellen, weil du den Steward verjagt hast.« Ernst sah ihn mit verquollenen Augen an. »Was willst du überhaupt von meinem Vater?«

»Es ist geschäftlich.«

Der Sohn lachte höhnisch. »Hat Dora dir eine Anweisung aus Berlin telegraphiert?« Er musterte ihn plötzlich lauernd.

Jung ignorierte die Frage. »Ich könnte das auch mit Lüttgen besprechen«, erklärte er. »Hast du ihn vielleicht gesehen?«

Ernst verzog den Mund. »Bei dem Kerl fällt mir nur das Götz-Zitat ein. Der liegt auf seinem Bett und leckt seine Wunden, wo soll der sonst sein? Der hat keinen Schneid. Lässt sich im Bazar vom erstbesten Araber ausrauben, und dann tut er so leidend, als wäre er in Verdun dabei gewesen. Von mir aus kann der in seiner Kabine bleiben, bis er verreckt.«

»Bis er verreckt …«, murmelte Jung.

»Ich weiß nicht, warum der Alte den überhaupt mitgenommen hat. Der gehört nicht zur Familie.«

»Lüttgen kennt halt das Geschäft.«

»Der Kerl kennt das Geschäft viel zu gut für meinen Geschmack. Lass dich von dem bloß nicht einseifen.«

»Ich passe schon auf mich auf«, versicherte Jung, winkte einen anderen Steward heran und bestellte bei ihm noch ein Bier für Ernst. Je länger der Sohn an der Bar hockte, desto besser. So konnten Fanny und er ungestört nach Hugo Rosterg suchen.

Er fand die Stewardess auf dem Promenadendeck neben den Aufbauten. Sie öffnete die unauffällige Tür zu einem engen Gang, in dem Jung noch nie gewesen war. Sie zog ihn hinein und schloss wieder ab. »Der ist nur für uns, wenn wir zu den Luxuskabinen gerufen werden. Um diese Zeit kommt hier normalerweise kein Kollege vorbei. Wir können ungestört reden.«

»Wo könnte sich der alte Rosterg verstecken?«, fragte Jung.

»Warum sollte er das überhaupt tun?«, erwiderte Fanny und schüttelte skeptisch den Kopf. »Wenn Rosterg Lüttgen ermordet hat und es Ihnen in die Schuhe schieben will – müsste er sich dann nicht vor möglichst vielen Menschen zeigen? Im Restaurant, auf dem Promenadendeck, wo auch immer. Irgendwann wird unweigerlich jemand den Toten entdecken – und da wäre es doch besser, wenn sich die Leute daran erinnern, dass sie Monsieur Rosterg gesehen haben. Wenn Rosterg sich jedoch versteckt, dann macht ihn das doch gerade verdächtig. Die Leute werden vielleicht glauben, er verbirgt sich, *weil* er die Tat begangen hat.«

Jung dachte nach. »Womöglich«, sagte er zögernd, »ist Rosterg auch etwas zugestoßen.«

»Oder er fürchtet, dass ihm etwas zustoßen wird. Rosterg weiß vielleicht schon, dass Lüttgen tot ist. Und er fürchtet, dass der Mörder auch ihn umbringen will. *Deshalb* versteckt er sich.« Fanny nickte, als müsste sie sich das selbst bestätigen. »Je länger ich darüber nachdenke, desto eher glaube ich daran: Rosterg versteckt sich, bis wir Maskat erreichen. Erst wenn er an Land geht, ist er in Sicherheit.«

»Er ist in Maskat nur in Sicherheit, wenn er Geld hat«, meinte Jung trocken. »Vielleicht hockt er auf seinen Geldkisten.« Er schlug sich die Hand vor die Stirn. »Ich bin ein Idiot! Natürlich hockt er auf den Geldkisten, wo sollte er sonst sein?!«

Fanny öffnete die Tür und blickte vorsichtig hinaus. »Die Luft ist rein.« Sie traten auf das Promenadendeck und blickten nach achtern. Die Kammer im dritten Schornstein war wie immer verschlossen. Aber irgendjemand hatte den Matrosen fortgeschickt.

Fanny sah ihn an. »Meinen Sie wirklich, Rosterg könnte im Schornstein sein?«

»Lebendig oder tot«, erwiderte Jung.

Sie gingen hinüber. Niemand beobachtete sie. Jung drückte behutsam die Klinke der Stahltür herunter. Unverschlossen. »Dann wollen wir mal«, flüsterte er.

Er riss die Tür auf und trat rasch ein, beide Fäuste vor dem Gesicht, um sich vor einem Schlag zu schützen oder vor dem, was auch immer ihn hier erwarten würde. Es war so dunkel, dass er einen Moment lang nichts sah. Fanny drängte hinter ihm hinein. Er hörte Atemzüge, die nicht ihre waren.

»Mach die verdammte Tür zu, Theodor!«

Jung blinzelte. Die Kammer war winzig, der Boden nur so breit und so lang, dass ein Mann dort gerade eben ausgestreckt liegen konnte, die Decke so niedrig, dass er spürte, wie seine Haare gegen die Stahlplatte strichen. Eine Luft wie Motorabgase, fünfzig, sechzig Grad heiß. Wände und Boden waren kahl, an der gegenüberliegenden Seite der Tür waren einige koffergroße Holzkisten gestapelt, jede war mit einem massiven Vorhängeschloss gesichert. Hugo Rosterg hockte auf dem glühend heißen Boden, mit nicht mehr als einer schmutzigen Hose und einem durchgeschwitzten Unterhemd bekleidet, Jackett, Schuhe, Socken lagen neben ihm, er lehnte mit dem Rücken gegen die Geldkisten. Seine Haare waren wirr, sein Gesicht leuchtete in schreckenerregendem Rot, seine Hände zitterten, als er sich mühsam in die Höhe stemmte, vielleicht vor Schwäche oder Angst, vermutete Jung, oder einfach nur, weil ihm der Cognac fehlte.

»Schließ um Gottes Willen diese Tür«, wiederholte er mit krächzender Stimme.

Fanny holte eine kleine viereckige Taschenlampe aus ihrer Uniform, schaltete sie ein und zog erst dann das eiserne Schapp zu. Die Geräusche von Wind und Wellen verstummten, sie hörten nur noch das leise Stampfen der Maschine irgendwo ein paar Decks unter ihren Füßen.

»Es nützt nichts, sich in diesem Rattenloch zu verkriechen«, sagte Jung. »Sie werden das hier nicht durchhalten. Sie werden bei lebendigem Leibe gekocht, bevor wir in Maskat sind.«

»Dann zeig mir doch ein besseres Versteck, du Schlauberger!«, keuchte Rosterg. »Du hast nicht zufällig Wasser dabei?«

Jung schüttelte bloß den Kopf. Vielleicht sollte er Mitleid mit seinem Schwiegervater empfinden, doch dieses Gefühl wollte sich nicht einstellen. Er dachte an Dora und daran, welche Rolle dieser Mann – ihr eigener Vater, mein Gott! – dabei wohl spielte. Er hatte tausend Fragen und zugleich fürchtete er sich vor der Antwort auf jede einzelne von ihnen. Er wusste auf einmal nicht mehr, womit er anfangen, ja was er überhaupt sagen sollte. Es war Fanny, die einen klaren Kopf behielt – und die ahnte, wie sie diesen Kerl am Ende seiner Kräfte am besten dazu brachte, ihnen alles zu verraten, was er wusste.

»Wir haben Monsieur Lüttgen gefunden«, sagte sie.

»So eine verdammte Schweinerei!«, fluchte Rosterg. »Wenn ich den Kerl erwische, der das getan hat!«

»Wer sagt uns, dass es nicht Sie selbst waren?«, fragte Jung.

Rosterg lachte hart auf. »Würde ich mich dann hier verkriechen?!«

»Sie haben Angst vor Lüttgens Mörder«, stellte Fanny fest. Auch sie zeigte nicht gerade viel Mitgefühl für Rosterg. »Wer ist es?«

»Das weiß ich nicht!« Rosterg brüllte das heraus mit der Wut und der Angst eines Verzweifelten. Dann beruhigte er sich wieder etwas. »Ich habe zuerst gedacht, dass du es bist«, sagte er und deutete auf Jung. »Wegen des Trionals.«

»Wann waren Sie in Lüttgens Kabine?«, unterbrach ihn Fanny.

»Heute Morgen. Die Sonne war noch nicht richtig aufgegangen, Marthe schlief noch. Sie hat nicht mal bemerkt, dass ich ging. Ich musste mit Lüttgen reden. Doch als ich bei ihm eintrat, da …« Er stockte. »Na, ich nehme an, du hast es ja selbst gesehen, Theodor, sonst wärst du jetzt nicht hier.« Er stierte Fanny an, die er erst jetzt wirklich zu bemerken schien, dann wanderte sein Blick wieder zu Jung. »Was macht die denn hier?«

»Fragen Sie mich doch, Monsieur«, erwiderte Fanny spitz.

Rosterg grunzte. »Wollen Sie Geld?«

Die Stewardess atmete vor Empörung scharf ein, doch Jung beruhigte sie mit einer raschen Geste. »Ohne Fräulein Philip wäre ich schon längst erledigt. Sie hilft mir, diese«, er wählte seine Worte sorgfältig, »mysteriöse Geschichte aufzuklären.«

»Aufklären, ja?« Rosterg lachte. »Na denn viel Vergnügen, Fräulein, wenn Sie glauben, dass Sie klüger sind als ich. Ich weiß nämlich nicht, was hier gespielt wird.«

»Das bezweifle ich«, erwiderte Fanny und deutete auf die Kisten hinter Rostergs Rücken. »Das ist Ihr Geld. Wir wissen, wofür Sie es in Maskat ausgeben wollen. Also geben Sie hier nicht den Ahnungslosen.«

Rosterg starrte sie an. Offenbar wusste er nicht, ob er empört darüber sein sollte, dass eine Bedienstete wagte, so mit ihm zu sprechen. Oder ob er nicht eher Angst vor ihren Enthüllungen haben musste. »Das geht Sie einen feuchten Kehricht an«, murmelte er schließlich.

»Doras Verschwinden ist kein feuchter Kehricht!« Jung musste sich jetzt beherrschen, diesem Kerl nicht die Faust ins feiste Gesicht zu schlagen. Er spürte Fannys Hand auf seinem Unterarm.

»Wenn Sie die *Champollion* lebend verlassen wollen, dann müssen Sie uns jetzt sagen, was Sie wissen«, erklärte sie.

Jung blickte sie erstaunt an. Er bewunderte ihre eiskalte Gelassenheit und fragte sich flüchtig, ob sie wohl von Natur aus so nervenstark war oder ob die Jahre ihrer Suche sie abgehärtet hatten. »Fräulein Philip hat recht«, pflichtete er ihr bei. »Sie können nicht noch länger als ein, zwei Stunden in dieser Kammer aushalten. Doch sobald Sie sich auf Deck sehen lassen, wird der Mörder Sie erwischen. Wir sind die Einzigen, die den Täter noch stoppen könnten. Also, worauf warten Sie?«

Rosterg stierte ihn endlose Sekunden mit leerem Blick an, dann lehnte er sich gegen die gestapelten Geldkisten und rutschte langsam wieder zu Boden. »Ich wollte Lüttgen heute Morgen zur Rede stellen«, flüsterte er. »Der Kerl war zu gierig geworden. Er wollte alles haben.«

»Alles?«, fragte Jung.

»Meine Firma. Meine … Geschäfte. Ich will in Maskat auch Gewürze kaufen, einige Hundert Kilo, ein Riesending. Ganz legal natürlich. Dafür habe ich Lüttgen mitgenommen. Er sollte den Handel überwachen, die Bücher führen, die Rechnungen bezahlen, die Fracht- und Zollpapiere ausfüllen. In solchen Sachen ist Lüttgen unschlagbar. Ich habe keine Ahnung, wie der Kerl vom Haschisch erfahren hat.« Er deutete mit müder Geste auf die Kisten hinter seinem Rücken. »Er wusste alles über das Zeug, verdammt, er hat mir sogar grinsend erklärt, zu welchem Händler ich im Suk von Maskat gehen werde, um die Ware abzuholen, dabei war Lüttgen noch nie in Arabien! Woher wusste der das alles?!« Rosterg sah abwechselnd Jung und Fanny an, als erhoffte er sich wirklich eine Antwort darauf. Doch die beiden erwiderten nichts und warteten.

Er atmete schwer. »Lüttgen hat mir schon während der ganzen Reise zugesetzt«, fuhr er fort, nun hörte er sich resigniert an. »Sobald wir in Marseille abgelegt haben und ich ihn nicht mehr von Bord schicken konnte, hat er mich beiseitegenommen. Zuerst hat er noch angedeutet, dass es für Dora, für das Geschäft und«, er lachte freudlos auf, »dass es auch für mich doch viel besser sei, wenn ich eine ›rechte Hand‹ in die Geschäftsführung hole. ›Rechte Hand‹, so hat er das wirklich genannt. Doch je länger die Reise gedauert hat, desto unverschämter wurde sein Anliegen. Aus Bitten wurden Forderungen, und schließlich war keine Rede mehr von ›rechter Hand‹, Lüttgen wollte den Direktorenposten. Er hat mich gestern Abend schließlich«, Rosterg zögerte, »nun ja, nicht direkt bedroht, das nicht. Aber er hat mich so seltsam angesehen und gesagt, dass ich es bereuen würde, wenn ich ihn nicht zum Direktor mache. Bereuen! So eine Unverschämtheit! Ich hätte ihn auf der Stelle feuern sollen. Aber es war schon spät und, also schön, ich hatte vielleicht ein Gläschen mehr getrunken, als ich sollte, ich war jedenfalls nicht in allerbester Form. Deshalb bin ich heute Morgen zu ihm gegangen. Ich war die halbe Nacht wach, ich konnte vor Wut nicht schlafen. Aber ich hatte keinen Brummschädel, oh nein, ich war ganz klar im Kopf. Der hätte was zu hören gekriegt! Doch als ich in seine Kabine gestürmt bin …« Er legte die massige Hand vor die Augen.

»Sie haben keinen Schuss gehört? Sie haben niemanden gesehen, als Sie zu Lüttgens Kabine gegangen sind?«, wollte Jung wissen.

»Nein, es war doch noch so früh. Das heißt, vielleicht schon. Am Ende des Gangs, etliche Meter hinter Lüttgens Kabinentür, habe ich kurz eine Gestalt gesehen, aber nicht sonderlich darauf geachtet. Ich habe nicht viel erkannt, aber ich bin sicher, dass es eine Frau war. Deshalb habe ich mich ja nicht weiter darum gekümmert. Ich dachte, das ist eine Stewardess, die zu dieser Stunde bereits Dienst hat. Es hätten Sie sein können, Fräulein.«

Fanny war blass geworden. »Wagen Sie bloß nicht, mir etwas zu unterstellen! Ich mache meine Runde erst, wenn die Passagiere beim Frühstück sind«, erklärte sie, »dann kann ich die Kabinen in Ordnung bringen.«

Rosterg hob die massigen Schultern. »Ist ja auch egal. Eine Kugel direkt ins Auge, das kann nur ein Mann getan haben.« Er blickte Jung an. »Ich habe das Fläschchen gesehen. Dora hat mir mal von deiner Schwäche für Trional erzählt, ist schon eine Zeit lang her. Hat sogar gefragt, ob ich es dir nicht günstiger besorgen kann, hat gesagt, ihr wollt euch einen Opel leisten, und dafür müsstet ihr jeden Groschen zweimal umdrehen, und da wäre es doch gut, wenn du dein Schlafmittelchen ein bisschen billiger einkaufen könntest. Ich habe Dora gesagt, dass eine Scheidung billiger wäre.« Er schüttelte den Kopf. »Na, jedenfalls habe ich das Trional neben dem toten Lüttgen gesehen und sofort an dich gedacht. Das hätte ich dem Theodor gar nicht zugetraut, das war mein erster Gedanke. Ich weiß ja, dass meine Dora und Lüttgen, na ja. Außerdem habe ich gesehen, dass Lüttgen dir im Tal der Könige einen Stein auf dein Oberstübchen werfen wollte. Aber der Kerl hat zwei linke Hände.«

»Ich wäre beinahe gestorben. Und Lady Westmacott auch.«

»Ja. Und als ich den toten Lüttgen gesehen habe, da habe ich für einen Augenblick gedacht, dass du ihn im Tal der Könige erkannt hast und dich rächen wolltest. Aber dann habe ich mir gesagt, das sieht dir doch nicht ähnlich. Also, ich meine, dass du den Lüttgen kaltmachen möchtest, das kann ich noch irgendwie glauben, immerhin hast du gedient. Aber dass du so dämlich bist, einen Kerl kaltzumachen und danach eine halbe Flasche von deinem Schlafmittel auf dem Nachttisch stehen zu lassen, nein«, er deutete mit dem Zeigefinger auf sein Auge, »du bist ein Augenmensch. Du hättest das nicht übersehen.«

»Jemand hat das Trional dorthin gestellt, damit der Verdacht auf mich fällt«, erklärte Jung grimmig. Er sah aus den Augenwinkeln Fannys verwirrten Blick. Von dem Medikament hatte er ihr nichts erzählt, nicht von dem Fläschchen bei Lüttgen und nicht von den zahllosen Fläschchen, die im Laufe der Jahre in seinem Nachttisch gestanden hatten.

Rosterg nickte. »Auf diese Idee bin ich auch gekommen. Die Frage ist nur: Wer war so durchtrieben, dir diese Falle zu stellen? Ernst? Mein Sohn ist nicht gerade ein Genie. Trotzdem habe ich zuerst an ihn gedacht. Ich bin aus Lüttgens Kabine direkt zu seiner gestürmt. Ernst lag aber noch schlafend im Bett. War übrigens nicht allein. Ein junger Steward. Dieser Sohn ist eine Schande, einfach nur eine Schande.«

»Aber wenn er nicht allein war, dann wissen Sie immerhin, was Ernst die ganze Nacht gemacht hat. Er kann es also nicht gewesen sein«, meinte Fanny.

»Ihr Franzosen seid so verdorben, euch schockiert nichts mehr.« Rosterg schüttelte wütend den Kopf. »Wer also dann?« Er deutete mit der Hand ungefähr in die Richtung, wo die Kommandobrücke sein musste. »Mein alter Freund Dorgelès? Roland ist ein harter Kerl, und wenn man mal darüber nachdenkt, der würde wohl einem Mann eine Kugel in den Kopf schießen, wenn er müsste. So ganz generell, meine ich. Aber warum sollte er ausgerechnet Lüttgen das Lebenslicht ausblasen? Vielleicht hat Lüttgen auch ihn unter Druck gesetzt? Wenn der Mistkerl mich aus dem Geschäft gedrängt hätte, dann hätte der vielleicht auch Roland hinausgedrängt, kann doch sein, oder? Na, jedenfalls bin ich zur Brücke gegangen, weil ich mir dachte, möglicherweise hat es Roland doch getan. Wäre ja sogar gewissermaßen zu meinem Besten gewesen, oder nicht? Ich wäre ihm auf jeden Fall nicht böse gewesen. Aber Dorgelès war tatsächlich die ganze verdammte Nacht auf der Brücke! Sogar als er ein dringendes Bedürfnis verspürte, hat er über die Reling gepisst, meinte Roland, weil sie da oben irgendetwas repariert haben und er keine Zeit verlieren wollte. Der hatte also keine freie Sekunde, unmöglich, dass Roland in dieser Nacht in Lüttgens Kabine gewesen wäre. Da habe ich es wirklich mit der Angst bekommen. Wenn du es nicht warst, Theodor, wenn Ernst es nicht war und Dorgelès auch nicht – wer hat Lüttgen dann erwischt? Und warum, zur Hölle? Und da habe ich mir gedacht: Vielleicht bin ich der Nächste auf der Abschussliste. Keine Ahnung, wer da schießt, aber ehrlich gesagt: Ich will es auch gar nicht wissen. Ich habe den Matrosen vor dem Schornstein weggeschickt, der kannte mich schon. Und seither hocke ich in diesem Loch. Hier bin ich sicher, hier findet mich niemand.«

»Wir haben Sie gefunden«, erinnerte ihn Fanny.

»Aber Sie schießen mir nicht mit einer Pistole ins Auge, junges Fräulein. Ich werde es in dieser Kammer bis Maskat aushalten, glaubt mir. Und dann nichts wie runter von diesem verfluchten Schiff!«

Jung dachte nach. Wer hatte Lüttgen auf dem Gewissen? Und warum? Augenmensch, dachte er mit bitterer Ironie, so ein Kompliment ausgerechnet vom alten Rosterg, und dann stimmte es nicht mal: Jung spürte, dass er die ganze Zeit etwas Entscheidendes übersah. Etwas, das gewissermaßen direkt vor seiner Nase war und er doch nicht bemerkte. Er könnte wahnsinnig werden.

Fanny schien weniger verwirrt zu sein als er. Einen Moment lang stellte er sich vor, dass sie gar keine Stewardess sei, sondern eine Polizistin, die an Bord eingeschleust worden war, um genau solche Schmuggler wie Hugo Rosterg zu stellen. Absurd. »Dorgelès hat diesen Passagier der Dritten Klasse – wie hieß er?«

»Max Totzke.«

»Totzke, genau. Er hat ihn in Ihrem Auftrag getötet. Vielleicht will nun jemand Totzke rächen?«

»Aber nicht, indem man Lüttgen eine Kugel in den Kopf schießt. Der Mann hatte mit Totzke nichts zu tun, der wusste nicht mal, wer er ist.«

»Lüttgen war Ihr Prokurist«, meinte Jung. »Immertreu hat Ihnen Geld für Ihr schmutziges Geschäft geliehen. Es wäre ein Wunder, wenn das ausgerechnet Ihrem obersten Buchhalter nicht aufgefallen wäre. Zumal Lüttgen ja offenbar auch sonst ziemlich gut über den Schmuggel informiert war. Vielleicht stand er längst auf der Gehaltsliste von Immertreu.«

Rosterg blickte ihn verblüfft an, dann lachte er. »Lüttgen?! Der doch nicht! Können Sie sich Lüttgen vorstellen, wie er in der Mulackritze mit Muskel-Adolf bei Bier und Dornkaat sitzt, um zu schachern? Der Lüttgen, der wollte immer nach ganz oben. Der hat sich nicht mit Gesocks die Hände schmutzig gemacht.«

»Sie haben sich auch nicht die Hände schmutzig gemacht. Das hat Dorgelès für Sie erledigt«, kommentierte Jung sarkastisch.

Rosterg zuckte mit den Achseln. »Das war Maxes Geschäftsrisiko. Immertreu hat mir Geld geliehen, und sie werden das Geld mit fetten Zinsen zurückbekommen, ich bin ein Ehrenmann. Aber als wir den Handel abgeschlossen haben, war nie die Rede davon, dass sie einen Aufpasser mitschicken. Totzke wirkt nicht gerade wie ein Professor an der Charité, aber der ist ganz schön helle. Der hätte in Maskat nicht nur auf das Geld von Immertreu achtgegeben – der hätte auch erfahren, mit wem ich dort Geschäfte mache, welche Preise ich zahle, auf welchem Weg ich die Ware transportiere.«

Jung schüttelte ungläubig den Kopf. »Maxe ist in seinem Leben noch nie weiter aus Berlin rausgekommen als bis zum Grunewald.«

»Na und? Maskat ist nicht viel größer als ein Dorf. Totzke wäre mir auf die Schliche gekommen. Und dann? Dann wäre er zurückgefahren und hätte alles seinem Boss erzählt. Und dann hätten die Kerle von Immertreu die nächste Ladung Haschisch selbst in Arabien eingekauft, und ich wäre draußen gewesen aus dem Geschäft!« Er schien ehrlich empört zu sein. »Maxe durfte Maskat gar nicht erst erreichen, so einfach war das. Es musste allerdings wie ein Unfall aussehen, damit seine Kumpane in Berlin später nicht misstrauisch werden. Ein Hitzschlag in Arabien, das kann schon mal passieren. Dorgelès hatte die Idee mit dem Chloroform, es kommt aus der Bordapotheke. Es war nicht schwer, ihn dazu zu überreden. Er wäre ja auch nicht mehr im Geschäft gewesen, wenn sich Immertreu breitgemacht hätte.«

Jung wurden langsam ein paar Dinge klar. »Und Sie beide wären auch nicht mehr im Geschäft gewesen, wenn die Amerikaner in Arabien nach Öl bohren. Wenn die sich erst einmal dort eingerichtet hätten, dann könnten Sie und Dorgelès niemals mehr unauffällig in irgendeinem Suk Hunderte Kilo Haschisch kaufen. Deshalb sollte Adams sterben.«

»Unsinn! Wenn wir ihn hätten töten wollen, dann hätten wir das auch geschafft. Wir wollten ihn bloß zum Nachdenken bringen. Er sollte ein bisschen Angst vor Land und Leuten bekommen, verstehst du? Hätten wir ihm das Licht ausgeblasen, dann hätten die Amis doch bloß einen neuen Mann geschickt, und die Sache wäre von vorne losgegangen. Aber wenn Adams in Ägypten, an Bord der *Champollion* und auch noch in Oman ein paar Blessuren abgekriegt hätte, denn wir hatten auch schon in Maskat einige Überraschungen für ihn vorbereitet, na, dann wäre er jedenfalls mit einem negativen Bericht zurückgekehrt, so etwas wie ›Attentate, Barbaren, man kann den Arabern nicht trauen‹. Und dann hätten die Amis zumindest für ein paar Jahre Ruhe gegeben und unseren kleinen Handel nicht gestört. Nach seinem Unfall wollte ich mit ihm reden, von Mann zu Mann. Wollte ihm noch ein paar gruselige Geschichten von Arabien auftischen, verstehst du? Aber er hat mich nicht einmal in die Kabine gelassen. Und dann ist diese englische Schachtel aufgetaucht und, na ja.«

»Dieser kleine Unfall hätte Adams beinahe den Schädel zerschmettert«, erwiderte Jung wütend. »Oder mir.«

»Dein Pech, dass du dich ausgerechnet mit diesem Mann abgibst, Theodor. Ist aber eigentlich eine gerechte Strafe, oder? Immerhin haben wir wegen der Amerikaner den Krieg verloren, und ein ehemaliger U-Boot-Fahrer wie du paktiert jetzt mit dem Feind! Selber schuld, sage ich.«

»War Marinetti auch selber schuld? Warum musste er sterben?«

»Damit habe ich nichts zu tun.«

»Ich habe Ernst gesehen, wie er am Abend danach Marinettis Habseligkeiten über Bord geworfen hat.«

Rosterg schwieg lange, dann atmete er durch. »Das war die erste männliche Tat, die mein Sohn je vollbracht hat«, flüsterte er schließlich. Dann sah er Jung herausfordernd an. »Als wir uns *Metropolis* angeguckt haben, ist Ernst aus dem Wintergarten gegangen, um, na, wahrscheinlich hat er einem Kabinensteward nachgestellt. Jedenfalls ist er zufällig an unserer Kabine vorbeigegangen. Und wen sieht er da? Diesen dreckigen Italiener, wie er sich an der Tür zu schaffen macht! Ernst wusste so gut wie ich, dass Marthe diesem Marinetti schöne Augen gemacht hat. Der Kerl hat doch tatsächlich einen Nachschlüssel ausprobiert, um zu passender Zeit zu meiner Frau in die Kabine zu schlüpfen!«

Rosterg ahnt nicht, dass Marinetti bei ihnen eingebrochen ist, fuhr es Jung durch den Kopf. Und wenn er das nicht wusste, dann ahnte er auch nicht, dass Fanny und er der Kabine einen ungebetenen Besuch abgestattet hatten.

»Einmal in seinem Leben hat Ernst nachgedacht, bevor er den Mund aufgemacht hat«, fuhr Rosterg fort. »Er hat sich nur geräuspert, Marinetti murmelte irgendeine Entschuldigung, dann hat er sich verzogen. Ernst ist ganz höflich geblieben – aber kaum war der Italiener fort, ist er dann in unsere Kabine gegangen und hat sich meine Pistole geschnappt. Dann ist er mit der Miene eines Unschuldslamms zur Filmvorführung zurückgekehrt. Er hat mir nichts davon erzählt, kein Sterbenswörtchen! Und erst, als der Sturm aufgezogen ist, hat er diesen Kerl aus seiner Kabine gezerrt. Als Marinetti nicht spurte, hat er ihm in den Arm geschossen. Er hat ihn dann mit vorgehaltenem Revolver bis zum Deck der Dritten Klasse hinuntergeführt, Arm in Arm, wie allerbeste Freunde, aber die ganze Zeit hat er ihm den Lauf der Browning in die Rippen gerammt. Und im passenden Moment, als niemand hinsah, hat er ihn gezwungen, über die Reling zu springen. Das war schon kaltblütig. Ernst hat mir das alles erst erzählt, als er mir die Pistole zurückgebracht hat. Ich habe einen Moment lang mit dem Gedanken gespielt, Marthe zu berichten, dass unser Sohn ihre Ehre mit der Waffe in der Hand verteidigt hat. Aber meine Frau wird so leicht hysterisch, wer weiß, was dann passiert wäre. Na, jedenfalls überlege ich seitdem zum ersten Mal, ob ich Ernst nicht doch ins Geschäft einsteigen lasse. Der Junge hat seine Qualitäten.«

Jung schwindelte, als er diese Geschichte hörte, und das lag nicht an der stickigen Luft. Auch Fanny zitterte am ganzen Leib.

»Und Dora?«, fragte er schließlich, obwohl er sich besonders vor dieser Antwort fürchtete, wie auch immer diese Antwort ausfallen mochte. »Was haben Sie mit ihr gemacht?«

»Nichts!« Hugo Rosterg blickte ihn seltsam zwiespältig an, arrogant und flehentlich zugleich, so als würde er ihn verachten und dabei doch um Vergebung bitten. »Alles, was ich tue, tue ich doch für sie! Das Geschäft und dies alles hier!« Er deutete mit einer Geste durch die Kammer, wobei es nicht klar war, ob er das Geld meinte oder das ganze Schiff. »Das ist alles für Dora. Sie wird das mal übernehmen.«

Sie wird das mal übernehmen … Diesmal war Jung so schnell, dass Fanny ihm nicht mehr die Hand beruhigend auf den Arm legen konnte. Er schlug Rosterg die Faust ins Gesicht. Sie wird das mal übernehmen. Der nächste Schlag. Sie wird das mal übernehmen. Der nächste Schlag. Plötzlich stand Fanny zwischen ihm und Rosterg. Jung starrte sie an, starrte dann auf seine Fäuste. Er hatte Blut auf den Fingerknochen. Nicht sein Blut. Rosterg lag auf dem Boden, hielt die Hände vor das Gesicht und wimmerte leise.

»Ich … es tut mir leid«, stammelte Jung. »Es tut mir leid, dass ich Sie schockiert habe. Es tut mir nicht leid für ihn.«

Sie blickte ihn noch immer fassungslos an, sagte aber nichts.

Jung beruhigte sich ein wenig. Wenn er in dieser Ofenhitze doch wenigstens durchatmen könnte. »Verstehen Sie denn nicht?«, beschwor er Fanny. Es war ihm plötzlich ungeheuer wichtig, dass sie Verständnis für ihn hatte. »Rosterg spricht von seiner Tochter in der Gegenwart: *Sie wird das mal übernehmen*. Das bedeutet, Dora lebt! Und dieser Mistkerl weiß das auch! Er hat das alles inszeniert! Doras Verschwinden. Die gefälschte Passagierliste. Die Komödie bei Tisch und alles andere. Der hat mir das alles ins Gesicht gesagt, hat mich mit den schrecklichsten Dingen angelogen, hat gesehen, wie ich vor Sorge bald gestorben bin – und dabei wusste er die ganze Zeit, dass Dora irgendwo auf diesem Schiff versteckt ist, nur ein paar Meter von mir entfernt!«

»Du Idiot!« Rosterg hatte sich mühsam aufgerichtet, er hielt ein Taschentuch vor seine geplatzte Oberlippe, Blut strömte aus seiner Nase, sein rechtes Auge war schon halb zugeschwollen. »Ich habe gar nichts inszeniert. Das war alles Doras Idee!«

Wenn ich sterbe, werde ich auf dem Meer sterben. Jung dachte plötzlich an nichts anderes mehr. Es gab keine Geräusche mehr.

Er sah Fanny, sah ihre Lippen, sie redete auf ihn ein, aber er vernahm kein Wort. Wenn ich sterbe, werde ich auf dem Meer sterben. Er spürte, wie sie ihn an den Schultern packte, ihn schüttelte, endlich fluteten die Geräusche zurück, fernes Motorenstampfen, das Summen zitternder Stahlplatten, Rostergs keuchender Atem, Fannys Stimme: »Monsieur, Monsieur!«

»Es ist gut«, flüsterte er, »es ist gut.« Aber selbstverständlich war gar nichts gut. Er schloss für einen Moment die Augen. Doras Idee. Er spürte, dass es die Wahrheit war.

»Dora ist am zweiten Tag der Fahrt zu mir gekommen«, sagte Rosterg. Er spuckte Blut aus, seine Oberlippe war dick, er war nur noch schwer zu verstehen. »Sie hat mir gesagt, sie will ›etwas ganz Großes durchziehen‹, genau so hat sie das gesagt. Was soll das sein, habe ich gefragt. Ich war misstrauisch. Sie war doch schon in alles eingeweiht, Maskat, das Geld, das Haschisch, alles. Alles, bis auf das Geld von Immertreu. Ich wusste, dass Totzke an Bord war. Lüttgen fing an diesem Tag an, mich unter Druck zu setzen. Dorgelès hatte mir gesagt, dass Adams nur bis Maskat fahren wollte, obwohl er aller Welt von Yokohama erzählte. Ich hatte also schon genug Sorgen um das Geschäft, aber statt dass ich mich auf Dora verlassen konnte, setzte die mir plötzlich damit zu: etwas Großes! Ich war wütend, wir haben uns gestritten. Aber Dora ist so eigensinnig, sie kam zwei Tage lang immer wieder zu mir. Sie hat mir aber nicht mehr verraten wollen, es war zum Verrücktwerden. Hat mir kein Wort gesagt, was sie vorhatte, nur, dass es uns viel Geld einbringen würde, sehr viel Geld.« Rosterg wischte sich wieder Blut aus dem Gesicht. »Dora versteht wirklich was vom Geschäft. Es ist eine Schande, dass sie einen Träumer wie dich geheiratet hat, Theodor. Deshalb habe ich schließlich nachgegeben, nicht wegen des Geldes, von dem Dora geredet hat. Auch wenn ich keinen Augenblick daran zweifle, dass ihr Plan uns viel Geld einbringen wird. Aber ich habe erkannt, dass sie sich auch aus den Ketten ihrer Ehe befreien würde. Deshalb war ich schließlich dafür.«

»Sie sind ein Schwein«, flüsterte Jung.

»Schweine sind keine naiven Tiere.«

Jung wollte erneut auf ihn losgehen, doch Fanny hielt noch immer seine Schultern umklammert. Sie war zierlich, doch ihr Griff war so fest, dass er ihre Hände nur mit Gewalt hätte abschütteln können, und ihr würde er niemals Gewalt antun. Also entspannte er sich, wich sogar einen Schritt von Rosterg zurück, damit sie weniger nervös war. Er hatte wieder ein Bild vor Augen. Die Frau auf dem Deck der *Champollion*, wie sie zusammengezuckt war, als er Doras Namen gerufen hatte, wie sie davongeeilt war und nicht mehr von ihr zurückgeblieben war als eine Wasserspur in der Kabine. Selbstverständlich passte alles zusammen. Selbstverständlich hätte er das erkennen müssen.

»Sie waren bei allem bloß so eine Art Handlanger?«, fragte er.

Rosterg blickte ihn zuerst beleidigt an, nickte dann jedoch. »Ich weiß wirklich nicht, was meine Tochter plant. Sie wollte verschwinden, das ist alles, was ich weiß. Sie hat die Sachen aus ihrer Kabine selbst mitgenommen, vermute ich, bevor Dorgelès sich darum kümmern konnte. Keine Ahnung, wohin sie gegangen ist. Ich habe mich nur zusammen mit Dorgelès um die Passagierliste und das Telegramm gekümmert. Das war übrigens auch Doras Idee: Sie hat mir den Text diktiert, bevor sie, nun ja. Marthe und Ernst habe ich beiseitegenommen und ihnen erzählt, dass ich Dora nirgendwo finden kann. Und …«, er zögerte, zuckte dann mit den Achseln. »Was soll's? Ich habe den beiden weisgemacht, dass ich dich verdächtige, Theodor. Dass du meine Tochter hast verschwinden lassen, ich es aber nicht beweisen kann. Noch nicht. Um dich zu überführen, habe ich den beiden erzählt, müssten wir alle so tun, als wäre Dora in Berlin geblieben.«

»Marthe hat nur zu gerne dabei mitgespielt, weil sie Dora schon immer gehasst hat«, vermutete Jung bitter. »Hauptsache, Dora war fort, nicht wahr? Und Ernst tut sowieso immer das, was ihm seine Mutter sagt, also hat er auch keine Schwierigkeiten gemacht, obwohl Dora seine Schwester ist.«

»Halbschwester. Er war im Bilde, seit er ein kleiner Junge war. Dafür hat Marthe gesorgt. Lüttgen war nicht so leicht zu überzeugen, er hat Dora geliebt, zumindest auf seine Art. Du hättest wirklich mehr auf deine Frau achtgeben sollen. Ich habe Lüttgen viel Geld geboten. Und Lüttgen hat dieses Spiel auch wirklich mitgespielt – aber nur für eine kurze Zeit. Nach ein paar Tagen wurden seine Forderungen unverschämter.«

»Direktorenposten statt rechte Hand«, sagte Fanny.

»Genau.« Rosterg grunzte empört. »Lüttgen hat mitgemacht, weil er darin die Gelegenheit erkannte, mich aus meiner eigenen Firma zu jagen, wenn er schon meine Tochter nicht haben konnte. Das war sein Handel: Sein Schweigen zu Doras Verschwinden gegen das ganze Geschäft in Maskat.«

»Wo ist Dora?« Jung fühlte sich geschlagen, leer, erschöpft. Er wusste nicht einmal, ob er darauf überhaupt noch eine Antwort hören wollte. Seine Frau. Ketten dieser Ehe. Er wusste gar nichts über sie – nur dass sie ein schäbiges Spiel mit ihm gespielt hatte.

»Ich weiß es nicht.«

Das war die eine Antwort, mit der Jung nicht gerechnet hatte. Er starrte Rosterg an. »Wenn das ein weiterer Ihrer schmutzigen Tricks ist, dann …« Er vollendete den Satz nicht. Er sah Rostergs Gesicht. Kein schmutziger Trick. »Sie wissen nicht, wo Dora sich versteckt?«, flüsterte er fassungslos.

»So war die Abmachung.« Rosterg richtete sich auf, stützte sich mit einer Hand gegen die Geldkisten und sank dann wieder langsam zu Boden. »Doch verdammt heiß hier«, murmelte er.

»Heiß wie die Hölle. Gewöhnen Sie sich schon mal daran«, erwiderte Fanny.

Er warf ihr einen bösen Blick zu, dann richtete er das eine unverletzte Auge wieder auf Jung. »Dora hat mir gesagt, was ich tun soll. Sie muss das sehr lange geplant haben. Sie hat einen Helfer an Bord der *Champollion*. Jemanden, bei dem sie sich seit ihrem Verschwinden versteckt. Jemanden, der in ihr großes Geschäft eingeweiht ist. Aber«, plötzlich klang auch er besiegt, »ich habe seit ihrem Verschwinden nichts mehr von ihr gehört. Ich weiß nicht, wer der Helfer ist. Ich weiß nicht, wo Dora in diesem Augenblick ist. Genau genommen weiß ich nicht mal, ob meine Tochter überhaupt noch lebt.«

Jung musterte Rosterg und schwieg. Er verachtete diesen Mann – aber er hasste ihn nicht mehr, spürte nicht länger jene Wut, die ihn die Fäuste ballen ließ. Er sah Fanny an und versuchte zu lächeln. Er wollte ihre Hand nehmen und sie aus dieser Kammer führen. Heiß wie die Hölle. Er wollte ihr etwas sagen. Warum nur war Dora überhaupt verschwunden? Warum versteckte sie sich auf der *Champollion*? Warum hatte sie ihm zu Beginn der Reise sogar noch diese Komödie vorgespielt, die Versöhnung, alles wird gut? Und die Schwangerschaft? Auch das alles Täuschung? Nichts ergab einen Sinn.

Und dann hielt er plötzlich inne.

Selbstverständlich ergab alles einen Sinn. Er hatte eine Erleuchtung, dafür gab es kein anderes Wort, auch wenn das nichts mit Religion zu tun hatte, wahrhaftig nicht. Aber es war, als würden sich alle Teile eines komplizierten Puzzles binnen eines Augenblicks wie von selbst zu einem perfekten Bild zusammenfügen. Als schimmerte hinter dem Chaos und den Rätseln und den Widersprüchen plötzlich ein Muster auf, nein, nicht bloß ein Muster, ein ganzer Text, und jedes Wort war klar zu lesen.

»Dora lebt«, flüsterte er, nicht an ihren Vater gewandt, nicht einmal an Fanny, er sagte das zu sich selbst wie eine Beschwörung. »Und ich weiß auch, wo sie sich versteckt.«

DORA

Jung zog Fanny aus der stickigen Kammer. Sollte Rosterg doch neben seinen Geldkisten verrecken; er ertrug den Kerl nicht länger, er ertrug die ganze Familie nicht länger.

»Ihre Frau ist wirklich noch auf dem Schiff?«, flüsterte Fanny. Sie war erstaunt, verwirrt, skeptisch und, ja doch, sogar ein wenig traurig.

Jung hatte plötzlich ein schlechtes Gewissen. »Wir bringen diese Sache gemeinsam zu Ende!«, rief er. Sie liefen Hand in Hand über das Promenadendeck, und er gab einen Dreck auf die erstaunten Blicke einiger Passagiere.

»Wohin?«, fragte Fanny atemlos.

»*Cabines de luxe*«, erwiderte Jung grimmig und stieß die Tür zum Treppenhaus auf. Er wandte sich nach Backbord. »Nummer 55 und 57.«

Sie eilten den Gang bis weit nach vorne. Jung rüttelte an der Tür der Nummer 55 – doch Lady Westmacotts Kabine war verschlossen. Er hämmerte mit der Faust dagegen, rief auf Englisch: »Machen Sie auf, verdammt noch mal!« Nichts. Fanny ging nebenan zur Nummer 57.

»Offen«, flüsterte sie.

Jung drängte sich an ihr vorbei, öffnete die Tür. Leer. Was hatte er erwartet? Er blickte sich verwirrt um. Dieselbe Luxuskabine wie die der Rostergs, die Betten, die Tische, die Schränke, das private Bad. Ein Kleid undefinierbarer Form, dunkel, mit Pailletten, das achtlos über eine Stuhllehne geworfen worden war, eine

Haarbürste auf dem Nachttisch, daneben eine zusammengerollte Goldkette, ein Streichholzheft, ein Glockenhut und ein Paar Glacéhandschuhe auf einem perfekt gemachten Bett, Damenschuhe, halb unter das andere, zerwühlte Bett geschoben. Und in der Luft der Hauch eines Parfums. Vogue. Jung nahm sich zusammen. Er konnte doch jetzt nicht anfangen zu heulen. Mit zitternden Händen faltete er das Kleid auseinander. Dora hatte es am ersten Abend auf der *Champollion* getragen. Er nahm die Kette in die Hand, sah den Anhänger, eine Perle in Gold gefasst, er hatte ihr das Schmuckstück, das viel zu teuer war für ihre bescheidenen Verhältnisse, zum zehnten Hochzeitstag geschenkt. In der Schreibtischschublade fand er ihre Damenuhr und eine halb volle Packung Königin von Saba. Er hob die Matratzen beider Betten an, durchsuchte dann rasch Schränke, Bad, den Handkoffer: Die alte Ledertasche für Notfälle war nirgendwo zu finden.

Fanny war im Türrahmen stehen geblieben und hatte ihn beobachtet, während er die Kabine durchsucht hatte. Erst als er ratlos mitten im Raum innehielt, sagte sie: »Das war also das Versteck Ihrer Frau.« Keine Frage, eine Feststellung.

Jung nickte langsam. »Silwas Kabine. Dora war die ganze Zeit nur ein paar Meter von mir entfernt.« Er lachte hart auf. »Sie hat mich wirklich hereingelegt.«

»Aber jetzt ist sie fort. Wieder einmal.«

»Sie ist vorbereitet.« Jung erzählte ihr von der alten Ledertasche und ihrem Inhalt. »Dora konnte sich während der Reise hier verbergen. Aber sie muss in Maskat an Land gehen und kann nicht einfach von dieser Luxuskabine bis zur Gangway spazieren, ohne dabei gesehen zu werden. Sie versteckt sich die letzten Stunden auf See garantiert irgendwo anders, damit sie heimlich von Bord schlüpfen kann, sobald wir im Hafen angelegt haben.«

»Wie sind Sie überhaupt auf die Idee gekommen, dass Dora hier ist? Dass Silwa ihre Komplizin ist?«

»Nicht Silwa, zumindest nicht sie allein, sondern vor allem ihre Chefin. Suchen wir Lady Westmacott. Ich bin gespannt auf diese Unterhaltung.«

Sie gingen zum Restaurant. Mittagszeit, viele Tische waren besetzt. Doch bevor sie eintreten konnten, stellte sich ihnen ein älterer Steward in den Weg. »Pardon Monsieur«, sagte er, »wenn ich kurz mit Mademoiselle Philip sprechen dürfte?« Sein Tonfall war höflich genug, doch durchbohrte er Fanny geradezu mit seinem Blick.

Jung hatte gar nicht mehr daran gedacht, dass er nicht einfach mit einer Stewardess im Erste-Klasse-Restaurant aufkreuzen durfte. »Es ist …«, ihm wollte partout kein anderer Vorwand einfallen, »… wichtig«, endete er lahm. Dann straffte er sich und sah dem Steward in die Augen. »Es handelt sich um eine Familienangelegenheit. Es *muss* sein. Ich bestehe darauf.«

»Nun, Monsieur«, der Steward hüstelte, »dann ist Mademoiselle Philip selbstverständlich Ihr Gast. Wenn Sie nur bitte …«

»Wir werden diskret sein«, unterbrach ihn Jung und zog Fanny hinter sich her ins Restaurant. Sie eilten die Treppe hinunter, vorbei an den ägyptischen Statuen, und das war alles andere als ein diskreter Auftritt. Er gab einen Dreck darauf. Lady Westmacott und Silwa saßen allein am Tisch. Jung atmete auf, dass Steve Adams nicht dabei war.

»Mister Jung! Welche Freude, setzen Sie sich doch bitte.« Lady Westmacott verstummte, blickte Fanny an, sah dann wieder Jung ins Gesicht. Innerhalb von einer Sekunde hatte sie alles verstanden. »Machen Sie keine Szene«, sagte sie ruhig.

»Genau darum hat mich der Steward auch gerade gebeten.«

»Eine Szene würde niemandem nützen.«

»Und um den Nutzen geht es doch, nicht wahr?«, erwiderte Jung höhnisch, während er für Fanny und sich Stühle zurechtrückte. »Um den größtmöglichen Nutzen für Sie. Und für Dora.«

Er lehnte sich zurück und musterte die englische Lady. »Wo ist meine Frau?«

Sie vollführte eine nonchalante Geste. »An Bord der *Champollion*.«

Jung starrte sie an und erinnerte sich an das, was Fanny ihm über die Suche nach ihrem Liebsten gesagt hatte: Sieh dich selbst von außen, analysiere kalt die Lage, gerade dann, wenn deine Gefühle hochkochen. Also versuchte er, ganz klar zu bleiben, sich nicht vom Zorn überwältigen zu lassen. Je länger er das durchhielt, desto ruhiger wurde er tatsächlich. Er nahm seinen Blick einfach nicht von ihrem Gesicht, blinzelte nicht einmal mehr, schwieg.

Schließlich rutschte Lady Westmacott unruhig auf ihrem Stuhl hin und her. »Ihre reizende Gattin ist sehr komfortabel gereist. In Silwas Kabine.«

»Da ist sie nicht mehr.«

»Oh, Sie haben schon nachgesehen?«

»Das dürfen Sie nicht!«, fiel Silwa ein. Ihre Wangen waren gerötet, ihre Augen blitzten.

»Beschweren Sie sich doch beim Kapitän«, erwiderte Jung sarkastisch. »Oder soll ich zum Kapitän gehen und ihn nach Dora suchen lassen?«

Lady Westmacott hob rasch die Hand. »Damit würden Sie bloß große Aufmerksamkeit erzeugen, für ein sehr mageres Resultat. Ich glaube nicht, dass man Dora finden würde. Zumindest nicht innerhalb der wenigen Stunden, die uns noch von Maskat trennen. Ihre Gattin ist außerordentlich, sagen wir: fantasievoll in der Nutzung ihrer Ressourcen. Selbst ich weiß nicht, wo sie sich gerade verbirgt.«

»Das glaube ich Ihnen nicht.«

»Das ist Ihre Sache. Dora hat Silwas Kabine im Morgengrauen verlassen. Seither habe ich sie nicht mehr gesehen, doch ich bin sicher, dass sie sich gut versteckt. Wir haben uns für den nächsten Nachmittag in Maskat verabredet.«

»Sie haben bis Shanghai gebucht«, fiel Fanny ein. »Ist das nicht ein bisschen auffällig, wenn Sie schon in Arabien von Bord gehen?«

»Mademoiselle, Engländerinnen in meinem Alter haben das Recht, exzentrisch zu sein. Wenn ich nicht exzentrisch wäre – *das* würde auffallen. Niemand wird sich wundern, wenn Silwa und ich in Maskat unsere Reise spontan unterbrechen, um auf Arabiens Märkten einzukaufen.«

»Einkaufen, ja. Und wer könnte anschließend besser Drogen verkaufen als eine Apothekerin an der Côte d'Azur?«, sagte Jung kalt. »Kein Schieber Berlins hätte so viele solvente Kunden wie Sie. *Das* ist das große Geschäft, das Dora aufziehen will: Wozu ein paar Gramm Kokain oder Haschisch auf der Friedrichstraße verticken, wenn man es kiloweise an der französischen Riviera verhökern kann? Wozu sich mit den Gaunern der Immertreu abgeben, wenn man doch Bankiers, Industrielle und Barone versorgen kann? Warum sollte man das Risiko eingehen, von der Polizei erwischt zu werden, wenn man doch in höchsten Kreisen der Politik verkehren kann?«

Lady Westmacott lächelte nachsichtig. »Seien Sie doch nicht so bitter, junger Mann. Am Ende sind es doch Waren wie alle anderen auch. Kokain ist ein Medikament, das ich ganz legal in meiner Apotheke verkaufen darf. Und Haschisch ist in Arabien seit Jahrhunderten das, was bei uns ein gutes Glas Wein ist. Es ist ein ganz normaler Handel, wir liefern, was unsere Kunden haben wollen. Das sind die modernen Zeiten, Mister Jung. Wozu einen Weltkrieg führen, wenn man stattdessen die Welt kaufen kann? Dora und ich steigen ins Import-Export-Geschäft ein.«

»Auf dieser Reise sind Menschen Ihretwegen gestorben«, zischte Fanny wütend.

»Das bedaure ich sehr, Mademoiselle. Aber glauben Sie wirklich, dass beim Handel mit Kohle und Stahl noch niemand gestorben ist? Ich bitte Sie: Um diese Waren sind Kriege geführt worden, der schrecklichste liegt erst wenige Jahre zurück.«

»Ich habe diesen Krieg nicht vergessen.« Fanny hatte Tränen in den Augen. Jung drückte ihre Hand.

Lady Westmacott hob tadelnd die Augenbraue. »So etwas ziemt sich in der Öffentlichkeit nicht, auch wenn ich persönlich durchaus Verständnis habe für vertrauliche Beziehungen zwischen Herren und Dienern.« Sie warf Silwa einen Blick zu.

»Von Ihnen brauche ich keine Benimmregeln!«, erwiderte Jung.

»Das ist keine Benimmregel, sondern eine Vorsichtsmaßnahme. Brechen Sie die Gesetze, aber nicht die Regeln der Moral. Lassen Sie sich zumindest niemals dabei erwischen, Mister Jung. Das ist das wichtigste Geschäftsgeheimnis.«

»Die Regeln der Moral sind mir egal, aber ich habe Sie beim Gesetzesbruch erwischt.«

Sie nahm ihre Tasse und nippte am Tee. »*Indeed*. Wie sind Sie mir und Ihrer Frau auf die Spur gekommen?«

»Dank der Königin von Saba«, erklärte Jung. »Rauchen ist ungesund, Silwa. Die Zigaretten werden Sie noch ins Gefängnis bringen.«

Die Gesellschaftsdame schnaubte wütend, zog mit heftiger Geste eine Packung Zigaretten – arabische, wie Jung sah – aus ihrer Handtasche und steckte sich demonstrativ eine an. Sie blies ihm den Rauch ins Gesicht.

»Ich habe sogar ein Foto gemacht, auf dem Sie Doras Zigaretten in der Hand halten«, fuhr Jung fort.

»Ihre Leica war mir von Anfang an unheimlich«, gestand Lady Westmacott. »Sie hat etwas von einer Waffe. Allein dieser Satz: ›Ein Foto schießen.‹ Schießen! Ich hätte vorsichtiger sein sollen.«

»Und ich misstrauischer.« Jung schüttelte den Kopf, noch immer verärgert über seine eigene Blindheit in diesen Dingen. »Erinnern Sie sich an die Pyramiden? Als der *Graf Zeppelin* über ihnen flog, haben Sie selbst gesagt, dass Sie das Luftschiff letzten Juni in Berlin gesehen haben. Und später, als Sie für uns *Metropolis* vorgeführt haben, da haben Sie es noch mal bestätigt: Juni in Berlin. Der Monat, in dem ich in Paris war, um die Konferenz für den Young-Plan zu fotografieren. Sie haben damals Dora in Berlin kennengelernt, stimmt's? Vor oder nach Doras Familienausflug nach Hamburg? Davor? In der Apotheke, wo meine Frau sich das Kokain besorgte, das Mitbringsel für Marthe?«

»Ist es nicht gleichgültig, wo und wann Dora und ich uns kennengelernt haben?«, erwiderte Lady Westmacott gelassen. »Jedenfalls haben wir gemerkt, dass wir einander vertrauen können. Wir sind uns handelseinig geworden. Seit Juni plant Dora dieses Geschäft. Ihre Gattin ist sehr vorausschauend – im Gegensatz zu Ihnen, wenn ich mir diese Anmerkung gestatten darf. Versuchen Sie erst gar nicht, uns jetzt noch aufzuhalten.«

»Ich könnte Sie jederzeit auffliegen lassen.«

»*Well*, wie denn?«

»Wir müssen nur zum Kapitän gehen«, erklärte Fanny zornig, »und wir erzählen ihm, dass …«

»Sie erzählen ihm was genau, Mademoiselle?« Lady Westmacott nippte wieder an ihrem Tee. Dann winkte sie einen Steward herbei. »Bitte bringen Sie uns doch noch zwei Tassen. Für unsere Gäste.« Sie lächelte huldvoll. Jung hätte sie erschlagen können.

»Vergessen Sie nicht, dass Dora offiziell gar nicht existiert«, fuhr sie ruhig fort. »Zumindest nicht als Passagierin auf der *Champollion*. Oh, vielen Dank.« Sie schwieg, während der Steward die Tassen abstellte und Tee einschenkte. Dann ließ sie es sich nicht nehmen, ihren Gästen die Tassen persönlich zu reichen. »Kosten Sie! Ich glaube, der Earl Grey schmeckt immer besser, je näher wir Indien kommen. Er spürt seine Heimat. Ist das nicht bizarr?«

Der Steward, der ihre auf Französisch gesprochenen Worte gehört hatte, nickte nachsichtig und zog sich zurück.

Jung wartete, bis er sich weit genug entfernt hatte, um ihrer Konversation nicht länger zu lauschen, dann sagte er: »Sie halten sich wohl für unverwundbar, was?«

»Ich bin unverwundbar, Mister Jung. So wie der Siegfried aus der deutschen Sage.«

»Ein einziges Blatt hat ausgereicht, um Siegfried ins Verhängnis zu stürzen«, erinnerte sie Jung.

»Weil er ein Mann war. Wir Frauen achten sorgfältiger auf unsere Haut.« Sie lächelte nicht länger. »Mister Jung, eine Dora Jung gibt es an Bord nicht. Silwa und ich sind ganz normale Passagiere. Was also wollen Sie und Ihre kleine Freundin dem Kapitän denn erzählen? Oder irgendjemandem sonst, der Polizei in Oman vielleicht? Dora hat ein paar Andeutungen über ihre Ehe gemacht, über ihre Eltern, den Bruder, Mister Lüttgen, die Firma. Amüsante Andeutungen, gebe ich zu, manche sind geradezu pikant. Aber was hat das alles mit der *Champollion* und unserer Reise zu tun? Nichts. Nichts davon würde den Kapitän oder die Polizei interessieren.«

»Es sei denn, Dora taucht wieder auf«, erwiderte Jung drohend.

»Dafür müssten Sie sie erst einmal finden. Sie haben Ihren Tee ja noch gar nicht angerührt, Mister Jung.«

»Sieht leider so aus, als hätten Ihre Frau und diese feine englische Lady gewonnen«, stellte Fanny niedergeschlagen fest, als sie wieder auf dem Promenadendeck standen. Die *Champollion* dampfte inzwischen näher an der arabischen Küste entlang. Jung sah schroffe Berge, die seltsam farblos wirkten, so als hätte Gott am sechsten Tag keine Kraft mehr gehabt, diesen Teil seiner Schöpfung zu vollenden, und die Landschaft in einer Art Rohzustand sich selbst überlassen. Selbst das Meer wirkte unfertig: grau und so unbewegt, dass sich die Wellen an der Felsküste nicht einmal schaumig brachen, sondern wie nasse Lappen gegen die Steine klatschten. Der Himmel leuchtete hellblau, nur dort, wo die Sonne stand, schien die Farbe zu zerfließen. Sie passierten einen ankernden Frachter, einen uralten Kahn, dessen Rumpf von Rostschlieren wie mit blutigen Strichen gezeichnet war, einen jener Seelenverkäufer aus einer Epoche, in der Dampfschiffe noch große Masten auf Vor- und Achterdeck trugen, an denen man im Fall eines Motorschadens Rahsegel aufziehen konnte. Jung blickte hinüber. Niemand war auf dem Deck drüben zu sehen. Er wünschte sich trotzdem, er wäre jetzt dort.

»Ein Gutes hat die Geschichte doch«, fuhr Fanny zögernd fort. »Niemand wird Sie mehr für einen Mörder halten.«

Er blickte sie erstaunt an.

»*Eh bien*«, sie lächelte schüchtern, »Ihre Frau kann ja schlecht als Tote Drogen verkaufen, nicht wahr? Ob sie nun in Berlin bleibt, oder ob sie mit Lady Westmacott an der Côte d'Azur Geschäfte macht, sie wird zur Tarnung auf jeden Fall eine ehrenwerte Existenz führen müssen, sie kann ja nicht ewig illegal leben. Ihre Frau muss also früher oder später wieder irgendwo in Deutschland oder Frankreich auftauchen – und niemand wird Sie wegen irgendeines vermeintlichen Verbrechens verdächtigen.«

»Da wäre ich mir nicht so sicher«, erwiderte er düster. »Dora wird nicht wieder auftauchen, sie *will* nicht wieder auftauchen. Es geht nicht nur um Haschisch, es geht hier um ihr Verschwinden. Sie wird unter irgendeinem anderen Namen nach Europa zurückkehren und dort ein neues Leben beginnen.« Ohne mich, dachte er, ohne den cholerischen Vater, ohne die verhasste Stiefmutter, ohne den stumpfsinnigen Halbbruder – und ohne den Liebhaber, den sie nun nicht mehr brauchte. Lady Westmacott hatte gesagt, dass Dora Silwas Kabine sehr früh am Morgen verlassen hatte. Jung konnte sich denken, wohin sie zuerst gegangen war. Eine

Kugel ins Auge. Trional. Mein Gott, Dora würde nicht nur ihren Geliebten, sondern auch ihren Ehemann kalten Herzens über die Klinge springen lassen.

»Dora wird unauffindbar bleiben. Und irgendwann wird mir die Kripo in Berlin Fragen stellen. Dafür wird schon der alte Rosterg sorgen.«

Fanny nahm seine Hand. »Nur Mut! Ich habe Ihren Film! Mit den Bildern von Dorgelès und Totzke ... Wenn Monsieur Rosterg Sie bei der Polizei anzeigen würde, dann könnten Sie sich dafür rächen, indem Sie den Gaunern von Immertreu sagen, wer Totzke auf dem Gewissen hat. Monsieur Rosterg wäre ein toter Mann, und das weiß er auch. Also wird er Sie nicht anzeigen.«

Jung wollte skeptisch zuerst den Kopf schütteln, doch je länger er darüber nachdachte, desto mehr glaubte er, dass Fanny recht hatte. »Die Fotos sind meine Lebensversicherung«, flüsterte er.

Sie nickte. »Genau. Sie gehen in Berlin zur Polizei und sagen die Wahrheit, zumindest einen Teil davon: dass Ihre Frau verschwunden ist und sie nicht wissen, was mit ihr geschehen ist. Die Polizisten werden den Fall untersuchen und ihn schnell zu den Akten legen. Eine Seereise, plötzlich fehlt eine Frau, jeder wird an einen Unfall denken. Niemand wird sich besondere Mühe mit den Ermittlungen geben, schon gar kein deutscher Polizist bei einem Vorfall auf einem französischen Schiff irgendwo zwischen den Küsten Italiens und Ägyptens. Es sind so viele Menschen verschwunden, wen kümmert da noch ein Schicksal mehr?«, schloss sie traurig.

Jung nahm sie in den Arm. »Fanny, Ihr Schicksal kümmert mich.« Er fragte sich, wie ihre Zukunft aussah – und wie sein Leben jetzt weitergehen sollte. Er konnte ja nicht einfach aus Arabien nach Berlin in die Hölderlinstraße zurückkehren, die Blumen gießen und so tun, als wäre nichts geschehen. »Ich will doch noch versuchen, Dora zu finden«, verkündete er. »Ich will, dass sie mir ins Gesicht sagt, warum sie das alles getan hat.«

Fanny seufzte. »Und dann?«

Er blickte sie verwirrt an. »Was meinen Sie damit?«

»Und was geschieht dann? Selbst wenn Sie Ihre Frau finden: Was wollen Sie tun? Einen Skandal heraufbeschwören? Ihre Frau aus dem Versteck zerren und rufen: ›Seht her, sie ist doch an Bord!‹«

Jung zuckte mit den Achseln. »Ich weiß es nicht. Mit ihr reden. Das ist alles, schätze ich. Dann werde ich in Maskat das nächste Schiff nehmen, das nach Europa fährt. Und ich werde sie nie wiedersehen.« Und falls Dora doch schwanger war, und falls das Kind doch von ihm war, dann würde er es nie sehen.

»*D'accord*«, erklärte Fanny, »was sollen wir Ihrer Meinung nach nun tun? Sollen wir uns die Räume der Zweiten und Dritten Klasse vornehmen?«

Jung schüttelte den Kopf. »Dora ist eine Rosterg. Selbst in größter Not würde sie sich nie dort verstecken. Dort nicht …« Er sah Fanny an und lächelte plötzlich. »Vor wem versteckt Dora sich? Doch vor allem vor mir, oder? Ich bin derjenige, der sie sucht. Den meisten anderen Passagieren oder Seeleuten ist sie unbekannt oder gleichgültig. Die könnten sie ruhig sehen. Sie muss sich nur *vor mir* verbergen. Deshalb wird sie dort sein, wo ich unter normalen Umständen auf keinen Fall hingehen würde.« Er atmete tief durch. »Unter Wasser.«

Das Treppenhaus. E-Deck. D-Deck. C-Deck. B-Deck. A-Deck. Die Luft im Gang war feucht und verbraucht. Kondenswasser lief die Schotts hinunter. Eine Lampe flackerte. Der Lärm der Maschine war stark, Jung spürte das Stampfen, die Stahlplatten des Bodens zitterten, er hörte schwere, rhythmische Stöße, als wäre der Motor in der Hitze lauter geworden als je zuvor. Auf dem Gang war niemand zu sehen. Jung stieß eine schwere Tür auf, atmete den Gestank nach heißem Öl und Schmierfett ein, der ihm aus dunkler Tiefe entgegenwaberte. Wenn ich sterbe, werde ich auf dem Meer sterben. Er stieg langsam hinunter, klammerte sich dabei mit der rechten Hand an das Geländer, zwang sich, tief durchzuatmen. Schweiß auf seinem Rückgrat. Er dachte an UB 68. Er hörte wieder, wie Spanten unter dem Druck des Meeres ächzten. Hundert Meter Tiefe. Nasses Grab.

Wenigstens war Fanny dabei. Sie hatte ihre Taschenlampe wieder eingeschaltet und leuchtete in den Frachtraum hinunter. »Es scheint niemand hier zu sein«, sagte sie so leise, dass er sie kaum verstehen konnte.

»Dora ist hier«, versicherte er und nahm die nächste Stufe. Er hatte nie mit seiner Frau über seine Ängste gesprochen, nie über jenen letzten, fatalen Angriff, über Dönitz' hektische Kommandos, über die Rufe der Kameraden, die Flucht aus dem Stahlrumpf, nur raus, raus, raus! Aber wenn Dora vom Trional wusste, dann konnte sie sich womöglich auch den Rest der Geschichte denken. Oder, wer weiß?, vielleicht hatte er ihr doch die Geschichte tausendmal erzählt: in der Nacht, wenn er redete und schrie? Was wusste er schon? Das Trional betäubte seine Seele, aber womöglich hatte ihn die stille Schwärze, die ihm das Medikament Nacht für Nacht geschenkt hatte, bloß darüber hinweggetäuscht, dass er ihr in Wahrheit seine Geschichte auf dem Kopfkissen gebeichtet hatte, immer und immer wieder. *Deshalb* hatte Dora darauf bestanden, dass er in Marseille die Verladung des Koffers überwachte: Sie wollte, dass er in den Frachtraum hinunterging, wollte, dass er sich dort fürchtete – damit er danach nie wieder freiwillig dorthin zurückkehren würde. Aber ich war noch mehr als einmal hier, dachte er grimmig, auf der Suche nach dir. Du selbst hast mich hierhergeführt.

Sie waren am Fuß der Treppe angelangt. Auf dem Boden stand hier und da Wasser, bloß ein paar Pfützen, nur ein, zwei Finger tief. Kein Leck, redete er sich Mut zu, während er die Schlieren betrachtete, die im Lichtstrahl von Fannys Taschenlampe leuchteten, nur Schwitzwasser, das ist normal, verdammt. Das Meer strömte draußen am Rumpf vorbei, ein leises Gurgeln und Rauschen. Die Stahlplatten zitterten unter den Vibrationen der Maschine. Die Luft schmeckte abgestanden, sie kam ihm kühl und heiß zugleich vor. Nimm dich zusammen. Links und rechts waren Koffer gestapelt, vier, fünf Meter hohe Mauern aus Leder und Stoff, jeder Koffer wie ein übergroßer Stein.

»Dora!«, rief er über den Maschinenlärm hinweg. »Ich weiß, dass du hier bist!«

Keine Antwort.

Jung dachte plötzlich an Lüttgen und erschauderte. Eine Kugel direkt ins Auge, das kann nur ein Mann getan haben. Irrtum. Weiter vorn im Frachtraum, jenseits der Koffer, waren Säcke und Kisten gestapelt. Das ideale Versteck. Der ideale Hinterhalt. Jung versuchte im Halbdunkel mehr zu erkennen, vergebens. Nur ein einziges Licht erhellte neben Fannys Taschenlampe den Frachtraum, eine kleine, durch ein Drahtgitter geschützte Glühbirne hoch an der Decke, die den hallenartigen Raum in gräuliches Zwielicht tauchte. Nur da, wohin der Strahl der Taschenlampe gerichtet war, konnte man wirklich Formen erkennen, der Rest lag im Dämmer. Er durfte Fanny nicht in Gefahr bringen, dachte er plötzlich. Er sah wieder Lüttgens schrecklich zugerichtetes Gesicht vor sich. Nicht sie, sagte er sich, nicht Fanny, niemals.

»Lassen Sie mich bitte allein mit meiner Frau sprechen.«

»Sie wissen doch gar nicht, ob sie hier ist.«

»Sie ist hier. Warten Sie auf dem A-Deck auf mich.« Wo Passagiere und Seeleute sind, Zeugen, Helfer. Wo man Fanny nicht einfach niederschießen könnte.

Sie zögerte. »Selbstverständlich geht es mich nichts an, was Sie mit Ihrer Frau bereden wollen. Aber …« Sie schwieg ratlos.

»Lassen Sie mir die Taschenlampe hier?« Er streckte die Hand aus.

Sie zauderte immer noch.

»Ich bringe Sie Ihnen in ein paar Minuten zurück. Oben auf dem Deck. Versprochen.« Er versuchte sich an einem Lächeln, obwohl er ihr etwas zugesagt hatte, das er womöglich nicht einhalten konnte.

Fanny reichte ihm schweren Herzens die Lampe. »Seien Sie vorsichtig«, bat sie.

»Machen Sie sich keine Sorgen. In ein paar Minuten bin ich wieder bei Ihnen.« Er zögerte, dann beugte er sich zu ihr und küsste sie auf die Wange. Wenn ich sterbe, werde ich auf dem Meer sterben. Aber das durfte er ihr nicht sagen.

Jung wartete, bis Fanny über die Treppe nach oben verschwunden war. Dann nahm er sich zusammen und ging die langen Reihen der Koffer entlang nach vorn. Je näher er zum Bug kam, desto lauter wurden die Wellengeräusche. Jetzt hörte er, wie die Wogen gegen den Rumpf schlugen, spürte, wie sich der Boden unter ihm mit jeder Welle hob und senkte. Atem des Meeres. Er leuchtete mit der Taschenlampe mal hierhin, mal dorthin, der Boden schwankte so sehr, dass er das Licht kaum einmal länger als zwei, drei Sekunden auf einen Punkt richten konnte. Er erinnerte sich wieder daran, wie er während der Nacht auf dem Bittersee hier hinuntergestiegen war, um die Fotos der Rechnungen und des Briefes aus dem Ministerium im Koffer zu verstecken – und wie er die ganze Zeit gespürt hatte, dass ihn jemand dabei beobachtete. Augenmensch, dass ich nicht lache.

»Dora!«, rief er wieder. »Hör mit der Komödie auf! Es ist vorbei.«

Ein Geräusch.

»Dora?!«

Das Gurgeln der Wellen. Motorenstampfen. Jung war nicht sicher, ob er sich das Geräusch nicht bloß eingebildet hatte. Oder vielleicht war es einfach nur ein Stück Treibholz gewesen, das außen am Rumpf entlanggeschabt war. Der Lichtstrahl fiel auf eine Lücke zwischen zwei Holzkisten. Gerade breit genug, dass sich ein Mensch dazwischen hindurchzwängen könnte.

»Dora?!«

Er trat an die Spalte, leuchtete hinein. Niemand. Nach zwei, drei Metern schien sich die Spalte zu verbreitern, als wäre dort eine Höhle. Er machte einen Schritt hinein. Noch einen. Das raue Holz der Kisten scheuerte an seinen Schultern. Schweiß, der das Rückgrat hinunterfloss, eklig kalt. Noch ein Schritt. Noch einer. Dann stand er tatsächlich in einem toten Raum zwischen den Kisten und der zum Bug hin gewölbten Außenwand der *Champollion*. Fast überall war die Fracht nicht ganz bis zu den Stahlplatten hin gestaut worden, es gab zwischen den Kisten, Ballen, Säcken und dem Rumpf eine schmale Lücke, die einer Schlucht glich: nur wenige Zentimeter breit, aber viele Meter hoch. Das Schwitzwasser, dachte Jung, natürlich. Im Strahl der Taschenlampe glitzerten die Stahlplatten vor Nässe; hätten die Matrosen die Fracht bis dorthin gestaut, die Waren wären von der Feuchtigkeit ruiniert worden. Die Spalte war dunkel, die Luft so abgestanden, dass ihn schwindelte. Er leuchtete in die eine Richtung, dann in die andere, dann … Er ließ die Taschenlampe zurückwandern. Eine Stelle, kaum zwei Meter näher zum Bug, war etwas breiter als anderswo. Drei Decken lagen auf dem Boden, so sauber, die konnten noch nicht lange hier sein. Eine Blechflasche. Eine leere Brotdose. Ein verschlossener Handkoffer. Eine kaum gerauchte Zigarette, sie wirkte, als habe sie jemand in größter Hast auf dem Boden ausgedrückt. In der Luft hing noch der Geruch nach Tabak. Königin von Saba. Auf den Decken lag ein ledernes Pistolenholster.

Das Holster war leer.

Jung leuchte in den Spalt hinein. Niemand.

»Dora?!«

Er stellte sich vor, wie sie ihn beobachtete, wie sie sich in irgendeine Lücke zwischen zwei Ballen gezwängt hatte, wie sie hinter einer Kiste in Deckung gegangen war, in der Hand die Pistole, mit der sie Lüttgen ins Auge geschossen hatte.

»Dora?!«

Das Rauschen der Wogen, das Stampfen der Maschinen. Vielleicht bildete er sich das alles ein? Zu viel Trional in den letzten Jahren? Oder zu wenig Trional in den letzten Tagen? Aber die Decken, der Koffer, die Zigarette, das Holster, das war real.

»Dora?«

Nichts.

Er hatte eine Eingebung und zwängte sich durch den Spalt zurück bis in die Mitte des Frachtraums. Dort ging er die Reihe der Koffer entlang und zog seinen hervor. Eine dritte Schramme im hellen Leder. Er klappte den Schrankkoffer auf und durchwühlte die Sachen. Die Fotos von Brief und Rechnungen, die er beim alten Rosterg gemacht hatte, waren verschwunden.

»Dora!«

Er schrie ihren Namen mit aller Kraft, ein Schrei der Wut und Verzweiflung.

Nichts.

Da richtete Jung das Licht der Taschenlampe auf seinen eigenen Kopf. Er stand ganz still. Er schloss die Augen. Wenn ich sterbe, werde ich auf dem Meer sterben.

Aber er starb nicht. Er sah Dora nicht, er hörte sie nicht, er spürte nur, dass sie da war – und er wusste schließlich, dass sie nicht schießen würde. Nicht so. Nicht jetzt. Aber wenn er sich noch tiefer in die Dunkelheit hineinwagte – dann würde sie auf ihn schießen. Wenn er sie zwischen Kisten, Ballen und Stahlplatten in die Enge trieb. Wenn das Meer zu übermächtig wurde, sogar für eine Frau, die niemals zuvor auf dem Meer gewesen war. Also ließ Jung die Taschenlampe sinken. Er war so erschöpft, dass ihr Lichtstrahl taumelte, während er die Stahlplatten ausleuchtete, auf denen er Richtung Ausgang wankte.

Jung schleppte sich die Treppe hoch. Er hatte es nicht mehr eilig, wieder die Sonne zu sehen. Er versuchte sich vorzustellen, wie Dora ihn beobachtet hatte, während er in den vergangenen Tagen immer verzweifelter durch die *Champollion* geirrt war. Versuchte sich vorzustellen, wie sie einem Mann eine Kugel in den Kopf geschossen hatte. Versuchte sich vorzustellen, wie sie ein Kind unter dem Herzen trug, *sein* Kind. Nichts davon gelang ihm. Er konnte sich nichts mehr vorstellen, gar nichts. Jung ging weiter nach oben. Endlich erreichte er die Tür. Ein Gang. Noch eine Tür. Das A-Deck.

»*Mon Dieu!*« Fanny eilte ihm entgegen. Sie hielt inne, dann umarmte sie ihn. »Ich habe befürchtet, ich würde Sie nie wiedersehen.«

»Das habe ich auch«, gestand Jung. Es tat gut, sie in den Armen zu halten.

»Sie sind so blass, als wären Sie dem Tod begegnet.«

»Ich bin dem Tod begegnet.«

Er führte sie bis auf das Promenadendeck. Dunst stand über dem Meer und schimmerte in zartem Rosa. Eine Dhau teilte die ruhige See. Ihr hölzerner Rumpf war weiß und blau gestrichen, das dreieckige Segel war eine geometrische Figur, die über den Ozean zog. Die kargen Bergrücken an Backbord waren dunkelgrau. War das noch die Küste des Jemens oder schon die von Oman? Wer wollte in der Wüste schon eine Grenze ziehen? Die Sonne stand dicht über den Gipfeln wie ein gigantischer roter Feuerball, der alles an Bord mit einem Schimmer glühenden Eisens überzog. Jung wollte Fanny nicht mehr loslassen, er hielt ihre Hand, während sie sich gegen die Reling lehnten. Er berichtete ihr nicht allein, was im Frachtraum vorgefallen war, er erzählte ihr seine ganze Geschichte, von den nun so irreal sorglos wirkenden Vorkriegstagen bis zum jetzt auch schon irreal weit entfernt wirkenden Tag im Oktober, als er in Marseille das Deck der *Champollion* betreten hatte. Er verschwieg ihr nicht den Untergang von UB 68 und seine Angst vor dem Meer, und sogar das Trional gestand er ihr und zeigte ihr schließlich die Narbe auf seinem Handgelenk.

Die Sonne stürzte hinter den Bergen ab wie ein aufgeschlitzer Ballon. Das rote Licht erlosch, der Himmel aber leuchtete noch blau. Der Halbmond stand dicht über den Wellen und warf einen silbrigen Streifen vom Horizont bis auf das Deck der *Champollion*.

»Es ist ein Wunder, dass Sie die letzten elf Jahre überlebt haben«, sagte sie schließlich.

»Ich bin nicht der einzige Überlebende hier.« Er versuchte sich an einem Lächeln.

Fanny blickte ihm in die Augen. »Das ist Ihre letzte Nacht an Bord. Was wollen Sie jetzt noch tun?«

Jung zögerte, ob er selbst jetzt noch ehrlich sein sollte. Verdammt, ermahnte er sich, was hatte er denn noch zu verlieren?

»Ich will diese Nacht nicht allein verbringen«, antwortete er.

MASKAT

Der Lärm der Ankerkette weckte Jung. Ein fernes Rasseln, Metall auf Metall, das den Rumpf erbeben ließ, er meinte sogar, dass er im Schlaf zuvor noch gehört hatte, wie der Anker auf das Wasser geklatscht war. Er hielt Fanny in den Armen. Ihre Haut war wunderbar weich, er atmete ihren Duft ein, und ihn schwindelte. Er hatte nicht geglaubt, dass er noch einmal im Leben so glücklich sein konnte wie in dieser Nacht. Er wusste nicht, wie sein Leben weitergehen sollte, wusste nicht einmal, was die nächste Stunde für ihn bereithalten würde, aber zum ersten Mal seit Jahren hatte er keine Angst mehr vor der Zukunft. Der eiserne Ring, der seit dem Untergang von UB 68 vor elf Jahren um seiner Brust gelegen hatte, war endlich zersprengt worden. Er konnte atmen, und das fühlte sich fantastisch an. Jung löste sich behutsam aus Fannys Umarmung, sie murmelte im Schlaf ein paar Worte auf Französisch, die er nicht verstand. Er setzte sich seine Brille auf und blickte aus dem Bullauge.

Maskat.

Eine Uferpromenade in einem weit geschwungenen Bogen, am Straßenrand niedrige weiß verputzte Häuser, ihre Fenster und Balkons hinter grün lackierten Gittern verborgen. Über einer Moschee stand ein Minarett wie eine filigrane, mit blau und golden glasierten Kacheln verkleidete Säule, die den Himmel trug. Jenseits der Stadt warfen sich Berge auf, deren kahle Flanken im Morgenlicht zart blau leuchteten. Auf einem Felsrücken thronte eine uralte Burg mit gewaltigen Mauern und zinnenbekrönten Türmen. Das Wasser in dem kleinen, von einer Mole umschlossenen Hafen war wie Blei. Eine Dhau segelte an der *Champollion* vorbei, sehr langsam, als sei das Wasser hier zäher als auf dem Ozean, ihr scharfer Bug warf nur winzige Wellen auf, die die Oberfläche kaum riffelten. Ein zweiter Segler hatte bereits am Kai festgemacht. Ein, zwei Dutzend Männer schleppten Säcke und Kisten von Bord und stapelten sie auf Eselskarren. Sie hatten wohl schon die gesamte Fracht auf der Steuerbordseite, an der die Dhau festgemacht hatte, ausgeladen, die auf der Backbordseite jedoch noch nicht – das Schiff krängte jedenfalls in einem wahnwitzigen Winkel nach Backbord und wirkte auf Jung so, als könnte es jeden Moment kentern. Die Männer jedoch balancierten ihre Fracht über das absurd schräg stehende Deck und lachten. Jung öffnete das Bullauge. Die hereinwehende Luft duftete nach Gewürzen. Er nahm seine Leica vom Nachttisch und schoss ein Foto dieser Szene. Das leise Klicken weckte Fanny.

»Tut mir leid. Ich wollte dich noch schlafen lassen«, flüsterte er.

»Küss mich«, erwiderte sie nur.

Später strich sie ihm behutsam über die Brust. »Ich kann dich lieben«, flüsterte sie, »aber ich kann nicht mit dir leben. Zumindest nicht in Deutschland. Ich kann nicht nach Berlin gehen, nach … nach all den Jahren und allem, was geschehen ist.«

Jung nickte. »Ich möchte auch nicht zurück nach Berlin.«

Fanny blickte ihn an und lächelte. »Wir könnten in Oman bleiben und im Suk Pfeffer verkaufen.«

»Wir könnten mit der *Champollion* nach Marseille zurückfahren und dort leben.«

»Was wir gerade tun, ist verboten.«

»Weil ich Deutscher bin?«

»Weil du ein Passagier bist.« Sie küsste ihn. »Niemand aus der Besatzung darf sich mit einem Passagier einlassen. Diese Regel ist von der Reederei eigentlich erlassen worden, damit sich die

Herren Offiziere nicht allzu galant gegenüber den reisenden Damen benehmen. Aber sie gilt selbstverständlich auch im umgekehrten Fall.«

Jung zuckte mit den Achseln. »Wer weiß schon, dass du hier bist?«

»Ich teile mir eine Kabine mit drei Kolleginnen. Sie werden mir Fragen stellen.«

»Du hast Angst, dass man dich entlässt?«

Sie seufzte. »Ich bin schon so gut wie entlassen. Das wird sich an Bord herumsprechen, glaub mir.«

Jung starrte an die Decke. »Fotos haben keine Landessprache«, sagte er. »Die kann ich überall machen – und ich kann sie überall verkaufen. Ich könnte wirklich mit dir nach Frankreich gehen.«

»Es liegen ein paar Tausend Seemeilen zwischen uns und Frankreich. Wenn man mich zum Abmustern zwingt, dann stehe ich ohne einen Franc in Arabien.«

»Aber nicht allein!«, rief Jung und fasste sie an den Schultern. »Wir gehen in Oman von Bord. Sobald ein Schiff einläuft, das nach Europa dampft, buchen wir eine Passage. Dafür reicht mein Geld allemal. Sind wir erst einmal in Frankreich, dann sehen wir weiter. Was haben wir schon zu verlieren?«

Im Bordrestaurant war Jung einer der ersten Gäste. Er saß allein an seinem Tisch, schlang ein paar Toasts hinunter und trank einen Kaffee. Außerdem ließ er unauffällig zwei Croissants in seiner Jackettasche verschwinden, er konnte sich ja nicht schon wieder mit Fanny hier sehen lassen. Als er fertig war, war noch immer kein Rosterg aufgekreuzt. Er fragte sich, ob Hugo Rosterg es immer noch in seinem Versteck aushielt und ob Marthe und Ernst wohl den Patriarchen vermissten – oder ob sich der Alte nicht doch irgendwann heimlich in seine Kabine geschlichen hatte. Über Lüttgen redete niemand an den anderen Tischen, soweit er das überhören konnte. Ob der Tote noch immer unentdeckt in seiner Kabine lag? Oder ob es Dorgelès gelungen war, ihn letzte Nacht heimlich über Bord zu werfen? Ob womöglich irgendwann sein Körper an Arabiens Küste treiben würde? Doch wer mochte ihn in dieser Einöde je finden? Ihn schauderte. Und falls Fanny bereits von ihren Kollegen vermisst wurde, so war davon nichts zu bemerken, die Stewards waren so höflich und aufmerksam wie immer.

Er war schon auf der Treppe, hatte beinahe schon die beiden ägyptischen Statuen passiert – zum letzten Mal, dachte er –, als ihm Steve Adams in Begleitung von Lady Westmacott und Silwa entgegenkam. Die beiden Frauen nickten zur Begrüßung freundlich, die perfekten harmlosen Reisenden – nur wenn man genau hinsah, merkte man, dass die Engländerin sich gestrafft hatte, als sie ihn sah. Und sie musterte Jung, als er Adams herzlich die Hand schüttelte, lauschte vielleicht auf eine Warnung, eine Andeutung, ein verräterisches Wort. Doch Jung wollte Adams nicht in die Affären der Rostergs hineinziehen, schließlich hätte ihn das beinahe schon einmal das Leben gekostet.

»Sehen wir uns gleich in Maskat wieder, alter Junge?«, fragte der Amerikaner.

»Meine Schwiegerfamilie hat sich ein Haus in der Stadt reservieren lassen«, erwiderte Jung, »wir können uns gerne verabreden.«

»Auf einen Whiskey!«

»Eher auf einen Kaffee, wir sind in einem muslimischen Land«, erinnerte ihn Jung. »Wo sind Sie untergekommen?«

»Im Britischen Konsulat, direkt an der Promenade. In Oman gibt es keine Hotels, aber die Engländer haben immer ein paar Gästezimmer für Europäer und Amerikaner frei. Und es würde mich wundern, wenn die nicht doch eine Bar haben, an der Ungläubige sich stärken können.«

Britisches Konsulat, dachte Jung und lächelte. Adams würde ihn – und Fanny – schneller wiedersehen, als er sich das vorstellte.

Er nahm schon die nächsten Stufen, als sich Lady Westmacott räusperte. »Besuchen Sie uns doch mal an der Côte d'Azur!«

Jung fragte sich, ob das ein Scherz gewesen war. Doch die Engländerin war so exzentrisch, dass sie es möglicherweise ernst meinte. »Ich werde mich an Ihr Angebot erinnern«, erwiderte er, und es gelang ihm, dass zugleich außerordentlich freundlich und doch irgendwie bedrohlich klingen zu lassen. Als er die Blicke von Lady Westmacott und Silwa sah, wusste er, dass er sich mit Fanny überall in Südfrankreich niederlassen konnte – nur nicht in Nizza.

Er wartete, bis die beiden Frauen und Adams sich an ihren Tisch gesetzt hatten und ihn nicht mehr sehen konnten, dann eilte er den Gang durch den Rumpf Richtung Vorschiff, und dort stieg er über ein schmales Treppenhaus hinunter in den Frachtraum. Er hatte sich Fannys Taschenlampe ausgeborgt, doch das war nicht nötig, denn diesmal brannten alle Lichter. Einige Stewards und ein paar der ungeduldigeren Reisenden persönlich machten sich an den Schrankkoffern zu schaffen, die den Passagieren gehörten, die in Maskat aussteigen wollten. Außerdem bauten einige omanische Zollbeamte in hellen, exotisch wirkenden Uniformen mitten im Raum einen Tisch auf und holten umständlich Stempel, Stempelkissen und Stapel von Papieren aus einem Aktenkoffer. Niemand achtete sonderlich auf Jung, er aber sah den freundlichen senegalesischen Matrosen wieder. Er schlenderte möglichst unauffällig zu ihm.

»Monsieur, geht es Ihnen besser?« Der Seemann hatte ihn auch wiedererkannt.

»Sehr viel besser, danke. Wird das lange dauern?« Er deutete mit der Kinnspitze auf die Zollbeamten.

Der Matrose hob entschuldigend die Hände. »Die Männer des Sultans sind sehr genau. Sie lassen sich die Papiere eines jeden Koffers zeigen und stempeln sie ab.«

»Und danach werden sie auf den Kai getragen?«

»Es ist Freitag, Monsieur. Der Muezzin wird mittags zum Gebet rufen, niemand arbeitet dann mehr. Die Omanis werden erst nachmittags einige afrikanische Träger schicken, um die Sachen zu entladen. Sie werden sich also bis zum Sonnenuntergang gedulden müssen. Aber Sie können sich vorher schon in der Stadt umsehen. Sie müssen dann nur noch mal zurückkehren, um den Papierkram zu erledigen.«

Jung bedankte und verabschiedete sich. Er blickte sich danach unauffällig um. Keine Spur von Dora. Ob sie im ersten Morgengrauen, womöglich mit Hilfe von Lady Westmacott, bereits von Bord geschlüpft war? Oder ob er sich das alles gestern eingebildet hatte, die Decken, das Holster, die nicht einmal halb gerauchte Zigarette? Der helle Schrankkoffer war jedenfalls noch da. Jung zerrte ihn hervor und schleppte ihn zum Stapel der Gepäckstücke, die die Zollbeamten abfertigen sollten. Dann hatte er eine Idee. Er zog auf gut Glück noch einen Schrankkoffer hervor, so selbstverständlich, als wäre auch das seiner. Er öffnete ihn und unterdrückte ein triumphierendes Grinsen. Frauenkleidung. Er durchsuchte sie rasch und nahm ein helles Sommerkleid, das Fanny wenigstens ungefähr passen sollte. Dazu einen breitkrempigen Sonnenhut, das musste reichen. Er schob den Koffer zurück und nahm den Weg nach oben.

»Ich muss mich verkleiden?!«, rief Fanny, als er die Kleidung in der Kabine auf das Bett legte.

»Ich bin ein Experte darin, mich unsichtbar zu machen«, versicherte Jung. »Wenn du dich heimlich von Bord schleichen wolltest, würde man dich garantiert erwischen. Deshalb wirst du dich in Schale werfen und an meinem Arm promenieren, vor aller Leute Augen. Keiner der Mitreisenden wird auf dich achten, weil alle viel zu aufgeregt sind, dass es endlich an Land geht. Und von deinen Kollegen wird dich niemand erkennen, selbst wenn du auf drei Schritte Entfernung an ihnen vorbeigehst, denn man sieht nur, was man erwartet zu sehen. Niemand wird dich in diesem Kleid vermuten, niemand wird dein Gesicht unter dem breitkrempigen Hut sehen, also wird dich auch niemand erkennen.«

»Ich habe meinen Pass dabei, aber kein Visum.«

»Die Passagiere dürfen heute Morgen nur zum Landgang von Bord. Die Papiere werden erst abends zusammen mit den Koffern kontrolliert. Bis dahin sind wir längst in Maskat untergetaucht.«

»Und wie sollen wir an unser Gepäck kommen, wenn wir nicht mehr auf die *Champollion* zurückkehren können?«

Jung grinste. »Wir werden uns auf irgendeinem Basar neue Sachen kaufen.«

Während sich Fanny umzog, raffte er Bargeld und seine wenigen Wertsachen zusammen, stopfte die Filme in eine Jackettasche und hängte sich die Leica um den Hals. Sein kleines Fotolabor musste er wohl oder übel zurücklassen. »Bist du bereit?«

Sie nickte. »Ich fühle mich, als würde ich in einem Abenteuerfilm mitspielen.«

»Es gibt immer ein Happy End.« Er reichte ihr seinen Arm.

Sie schritten über den Gang und das Deck bis nach achtern. Fanny wollte ihn ungeduldig mit sich ziehen, doch Jung flanierte durch die *Champollion,* als hätte er alle Zeit der Welt. Vom Heck aus führte eine Rampe hinunter auf den Kai. Etliche Passagiere standen bereits Schlange und gingen dann mit vorsichtigen Schritten hinunter. Ein älterer Steward und zwei Matrosen hielten sich bereit, um denjenigen die Hand zu reichen, die sich auf der Planke unsicher fühlten. Jung sah sich ein letztes Mal um. Ein Stück weiter klopften vier Seeleute Rost vom Rumpf und überstrichen die Stelle mit schwarzer Farbe. Ihr Hämmern übertönte das Gemurmel der Reisenden, der Geruch der Farbe mischte sich mit dem Duft der Gewürze, der ihnen von Land aus entgegenwehte. Die *Champollion* war ein gutes Schiff. Wenn ich sterbe, werde ich auf dem Meer sterben.

»Aber nicht heute«, flüsterte er.

»Was hast du gesagt?«, fragte Fanny nervös.

»Eine Belanglosigkeit.« Er lächelte und führte sie am Arm zur Gangway.

Der Steward blickte sie einen winzigen Moment lang verwirrt an, sagte aber nichts, sondern verbeugte sich bloß leicht. Ein paar Schritte über die wackelige Planke, dann standen sie auf der Uferpromenade von Maskat.

Fanny atmete tief durch. »Ich hatte gefürchtet, der Steward würde sich uns in den Weg stellen.«

»Niemand wird sich uns mehr in den Weg stellen.« Jung wies auf die nächste Gasse. Die Häuser waren kalkweiß verputzt, die Fenster orientalisch geschwungen, vor manche Fassaden waren hölzerne Balkons gebaut. Alles war auffallend sauber, sogar der Boden aus gestampfter Erde wirkte, als sei er gerade erst gefegt worden. Es waren viele Menschen unterwegs, aber niemand war laut, niemand schien es eilig zu haben, Jung war, als würde er in eine außerordentlich höfliche Gesellschaft eintauchen. Die Frauen trugen Kopftücher und lange schwarze Gewänder. Die Augenöffnungen ihrer Schleier waren mit geschwungenen Stoffbahnen verziert, die ihn an Vogelschwingen erinnerten. Statt die Gesichter zu verbergen, schienen sie ihm die Züge besonders hervorzuheben und zugleich mysteriös zu verhüllen. Die Männer trugen lange weiße Gewänder und dazu Kappen aus Stoff oder Leder, die wie Hüte aussahen, denen man die Krempen abgeschnitten hatte. Keine Bettler im Staub, keine aufdringlichen Händler, keine neugierigen Blicke. Sie traten in eine Gasse, die so schmal war, dass Jung die Hauswände zu beiden Seiten hätte berühren können. Sie sahen die *Champollion* nicht mehr. Er drückte unauffällig Fannys Hand.

Sie ließen sich ziellos treiben, genossen für kurze Zeit die Freiheit, ein Paar zu sein, das gehen konnte, wohin es ihm gefiel. Sie sahen Straßenschilder, die die Engländer aufgestellt hatten, rätselhafte arabische Zeichen und darunter: »Hillat ad Dakah«. »Wadi Khalfan Street«. Laubengänge beschatteten die größeren Straßen, Palmen wuchsen aus ummauerten Innenhöfen. Maskat war klein, nur ein paar Häuserzeilen zwischen Meer und Bergen. Jenseits der Stadt wachten alte, aus braunen Brocken gemauerte Festungen, hier und da standen Minarette wie mahnende Riesenfinger über den Dächern. Jung fragte sich, wo in diesem Gassengewirr sich Dora nun verbarg. Bezahlte sie bereits mit Lady Westmacott und Silwa hinter den Mauern irgendeines dieser eleganten Häuser gerade eine halbe Tonne Haschisch mit Kisten voller Geld? Geldkisten, die ihr Vater an Land gebracht hatte, denn der Patriarch und seine Familie waren ja auch irgendwo hier. Und gleichgültig, was der Alte nun über seine Tochter denken mochte, er war dazu verdammt, das Geschäft mit ihr durchzuziehen. Denn er hatte sich ja bei den Verbrechern Berlins Geld geliehen, er konnte nicht ohne Rauschgift zurückkehren. Oder war das alles nur eine weitere Täuschung gewesen? Vielleicht versteckte sich Dora ja immer noch auf der *Champollion*. Womöglich würde sie weiterfahren, nach Shanghai oder Yokohama. War doch möglich, dass sie sich für ein Schicksal entschieden hatte, von dem weder Lady Westmacott noch ihr Vater etwas ahnten, und er, Theodor Jung, sowieso nicht. Ihr Leben ist nicht mehr mein Leben, ermahnte er sich, er sollte sich solche Fragen nicht mehr stellen. Sein Leben, sein neues Leben, begann heute – es begann in dieser orientalischen Stadt, es begann mit dieser Frau, die ihren Arm auf seinen gelegt hatte.

Sie kamen an einem Tor vorbei, hinter dem sich ein dunkler,

fensterloser Gang erstreckte, aus dem es so betörend duftete, dass Jung seinen Sinnen nicht mehr trauen mochte. Hier drängten sich viele Menschen, Öllampen illuminierten kleine Läden zu beiden Seiten des Gangs, die wirkten wie in den Fels geschlagene Nischen. Der Suk. Sie tauchten ins Halbdunkel und sahen Kisten voller Weihrauchharz, das fest und hellgelb war und Jung an Bernstein erinnerte. Fanny betastete bunte Kissenbezüge aus einer Seide, die so dick war, dass sie sich beinahe hart anfühlte. Ein Händler bot Lampen aus getriebenem Blech und buntem Glas feil, schön und geheimnisvoll wie aus einem Märchen von Tausendundeiner Nacht. Sie schnupperten an Parfums, hielten glockenförmige Weihrauchbehälter in den Händen und schließlich eine kleine Phiole aus massivem Silber, in die man einen Brief einrollen konnte, den man der Liebsten schickte.

»Du bist verrückt«, sagte Fanny, als er das kleine Silberstück kaufte.

»Ich bin so klar im Kopf wie seit Jahren nicht mehr.« Jung legte es ihr in die Hand. »Den Brief dazu werde ich dir heute Abend schreiben.«

Sie hörten den Ruf eines Muezzins. Jung erinnerte sich an die Worte des senegalesischen Seemanns. »Das ist der Ruf zum Freitagsgebet«, erklärte er Fanny. »Die Menschen werden in die Moscheen strömen. Bald ist die Stadt leer.«

Tatsächlich begannen die Händler schon, ihre Läden mit eisernen Gittern zu versperren. Sie begleiteten die letzten Kunden hinaus. Die Menschen, die sich noch Minuten zuvor scheinbar ohne Ordnung mal hier, mal dort gedrängt hatten, strebten nun alle zum Tor, ohne Hast zwar, aber doch sehr bestimmten Schrittes.

»Wir müssen zum Britischen Konsulat, vielleicht schließen die auch«, drängte Fanny.

»Engländer lassen sich von einem Muezzin nicht sonderlich beeindrucken«, erwiderte Jung, gestattete ihr diesmal jedoch gern, ihn mitzuziehen. Das Konsulat war ein wuchtiger, palastartiger Bau am Ende der Uferpromenade, einige Hundert Meter vom Kai entfernt, an dem die *Champollion* festgemacht hatte. Ob jemand sie von deren Decks aus beobachtete? Und wenn schon, dachte Jung. Dann hielt er auf einmal inne. Direkt neben dem Konsulat war das Postamt von Oman. Es war noch geöffnet, er sah durch ein Fenster: Es waren vor allem Europäer, die sich in der Schalterhalle drängten.

Jung blickte Fanny an. »Wir könnten ein Telegramm an das Zollamt von Marseille aufgeben«, schlug er vor.

»Das Versteck im dritten Schornstein …«, murmelte sie.

»Wir warnen die Zollbeamten. So fliegt zumindest der alte Rosterg auf.«

»Aber nicht seine Tochter. Du kannst nicht eine halbe Tonne Haschisch in dieser kleinen Kammer unterbringen. Das Zeug wird irgendwo anders versteckt sein.«

»Und wenn schon. Es wird auch so einen Skandal geben, es wird in der Zeitung stehen. Es geht um Haschisch, es geht um das in Hamburg angesehene Handelshaus Rosterg. Man wird das ganze Schiff auf den Kopf stellen. Eine halbe Tonne, die muss doch jemand finden!«

»Und wenn man Haschisch auf der *Champollion* entdeckt, dann fängt die Polizei vielleicht auch an, sich auch für die seltsamen Todesfälle an Bord zu interessieren«, ergänzte Fanny nachdenklich und lächelte schließlich. »Wer weiß schon, ob es je Ermittlungen geben wird? Es ist aber auf jeden Fall einen Versuch wert.«

Sie traten ins Postamt und waren erstaunt, wie laut es dort war. Etliche Kunden standen vor der einzigen Telefonzelle Schlange, andere starrten auf Telegramme oder Zeitungen, ziemlich viele Menschen redeten erregt durcheinander.

»Was ist passiert?«, fragte Jung den nächststehenden Mann auf Englisch. Krieg, Revolution – mein Gott, dachte er, so aufgeregt hatte er die Leute zuletzt 1914 und 1918 erlebt. Es war ein älterer, rotgesichtiger Herr, der ein Telegramm in seiner verschwitzten Hand knetete.

»Leben Sie denn hinter dem Mond?« Seinem Akzent nach musste er Flame oder Niederländer sein.

»Wir waren bis heute Morgen auf See«, erklärte Jung.

Der Mann wedelte mit dem Telegramm vor seiner Nase. »Gestern sind die Kurse in New York abgestürzt! Es war ein schwarzer Donnerstag. Und heute fallen sie weiter und weiter!« Er schwenkte das Telegramm schon wieder, so, als könnte er die schlechten Nachrichten herausschütteln.

Jung hätte beinahe erleichtert aufgelacht. Lady Westmacott hatte recht gehabt: keine Kriege mehr, nur noch Geschäfte, überall auf der Welt. Ein Kurssturz an der Wall Street brachte einen Holländer im Oman an den Rand eines Herzinfarktes. Schwarzer Donnerstag. Die Welt war verrückt geworden.

»Keine Panik, die Armut ist besiegt«, erwiderte er, klopfte dem Mann ermunternd auf die Schulter und ging mit Fanny zum Schalter.

Sie diktierte einen kurzen Text auf Französisch, er zahlte die Gebühr. Sie sandten das Telegramm unter falschem Namen ab. Was immer nun geschehen mochte, es lag nicht mehr in ihren Händen, sondern in denen von ein paar Zollbeamten, Tausende Kilometer entfernt, die in einigen Wochen die *Champollion* durchsuchen würden – oder auch nicht.

Als sie wieder hinaustraten, waren die Gassen von Maskat verlassen. Der Himmel über ihnen leuchtete tiefblau, zum Horizont hin fast durchsichtig, nicht ein Vogel durchmaß das weite Gewölbe. Die Felsenberge der geschwungenen Küstenlinie wurden vom Sonnenlicht so scharf gezeichnet, dass Jung jeden Riss und jede Falte im Gestein zu erkennen meinte. Die Luft fühlte sich seidensanft auf seinen Wangen an und duftete nach Weihrauch. Ein

Dampfer fuhr langsam auf den Hafen zu, zwei Rauchsäulen stiegen beinahe senkrecht aus seinen Schornsteinen, die Bugwelle glitzerte weiß.

Fanny beschirmte mit der Linken ihre Augen. »Das ist das nächste Schiff nach Europa«, sagte sie.

Jung nahm ihre rechte Hand. Er freute sich auf die Seereise.

NACHWORT

Dies ist ein Roman, ein reiner Roman und nichts als ein Roman. Doch selbstverständlich jongliert ein historischer Roman mit historischen Fakten. Deshalb ist es der Leserin, dem Leser gegenüber nur fair, wenn man sich als Autor nach der letzten Seite ein wenig in die Karten sehen lässt. Also, und ohne Anspruch auf Vollständigkeit:

Die Messageries Maritimes war eine der großen französischen Reedereien, deren Schiffe über Jahrzehnte hinweg vor allem (aber nicht nur) Marseille mit der Levante, dem Nahen, Mittleren und Fernen Osten verbanden. In den Zwanzigerjahren war die *Champollion* einer ihrer wichtigsten Dampfer, sie sah seinerzeit ungefähr so aus wie hier beschrieben. (Sie wurde später umgebaut und sank 1952 vor Beirut.) Aber der Ozeanliner ist im Oktober 1929 nicht exakt auf der Route gefahren, die ich hier für ihn ausgewählt habe – und, selbstverständlich, auch nicht mit den Protagonisten des Romans an Bord, von denen die meisten erfundene Gestalten sind, wenn auch nicht alle.

Die skandalumwehte Nackttänzerin Anita Berber beispielsweise hat zwar tatsächlich das Berlin der wilden Zwanziger noch etwas wilder gemacht, und sie hat tatsächlich kurz vor ihrem allzu frühen Tod eine große Tournee geplant, aber sie und ihr dritter Ehemann haben nie den Luxus der *Champollion* genossen.

In Ägypten sind die Überlandfahrten vom Suezkanal oder den Häfen zu den Ausgrabungsstätten leider nicht ganz so rasch zu bewältigen, wie hier geschildert, es dauert, heute wie damals, ein paar Stunden länger. Howard Carter hat tatsächlich 1929 noch immer am Grab des Tutanchamun gearbeitet, und, ja, er ist tatsächlich von einer Gruppe angetrunkener französischer Touristen belästigt worden, doch, nein, er hat nie, zumindest nicht länger, an der Côte d'Azur geweilt. Anders als Scott und Zelda Fitzgerald, die sehr wohl in Südfrankreich gelebt haben. Allerdings ist der diese Zeit beschreibende wunderbare Roman *Tender is the Night* erst 1934 erschienen.

Wer die Quellen kennt, der darf sich einen Spaß daraus machen, das eine oder andere Zitat der einen oder anderen historischen Persönlichkeit im Text aufzuspüren. (Auch das Schreiben des Ministeriums, in dem ein hoher Beamter Deutschlands Drogenexporte verteidigt, ist authentisch. Und der Berliner Apotheker Horst Hahn, der die Kripo betrog und es damit eine Zeit lang zum erfolgreichen Rauschgifthändler brachte, ist echt, wie überhaupt die meisten Details des damaligen Drogenhandels nicht erfunden werden mussten.)

Ich habe eine Leica IIIa und damit wenigstens ungefähr eine Idee davon, wie schön und schwierig es ist, mit diesem technischen und optischen Meisterwerk umzugehen. Puristen mögen mir bitte verzeihen, dass mein Held schon mit Wechselobjektiven fotografiert, obwohl diese eigentlich erst einige Jahre später auf den Markt gekommen sind. Und diese Puristen wissen ebenfalls längst, welcher echte, großartige und später von den Nationalsozialisten ermordete Fotograf die Inspiration für den fiktiven Theodor Jung gewesen ist: Dr. Erich Salomon. Er hat auch einige heute vergleichsweise wenig bekannte Aufnahmen der Ozeanliner *Europa* und *Bremen* gemacht. An Bord der *Champollion* war er aber leider nie.

FSC
www.fsc.org
MIX
Papier | Fördert gute Waldnutzung
FSC® C083411

Das bei der Produktion dieses Buches entstandene CO_2 wurde durch die Finanzierung von Klimaschutzprojekten kompensiert: climate-id.com/17531-2110-1001/de

3. Auflage 2024
DuMont Buchverlag, Köln

Umschlaggestaltung: Lübbeke Naumann Thoben, Köln
Umschlagabbildung: Illustration from The Folio Society edition of Agatha Christie's *Death on Nile* © Andrew Davidson 2014 www.foliosociety.com
Karte: © Rüdiger Trebels
Satz: Angelika Kudella, Köln
Gesetzt aus der Albertina
Druck und Verarbeitung: CPI books GmbH, Leck
Gedruckt auf säurefreiem und chlorfrei gebleichtem Papier
Printed in Germany
ISBN 978-3-8321-6699-1

www.dumont-buchverlag.de

Cay Rademachers Provence-Krimireihe bei DuMont

MÖRDERISCHER MISTRAL

272 Seiten / Auch als eBook

»Cay Rademacher verwandelt wieder einen echten Fall in echt gute Spannungsliteratur. Dabei ist er bestens informiert.« BRIGITTE

TÖDLICHE CAMARGUE

304 Seiten / Auch als eBook

»Voller französischem Charme und spannend bis zum Schluss« WAZ

BRENNENDER MIDI

304 Seiten / Auch als eBook

»Wer der Schönheit der Provence verfallen ist, muss unbedingt dem smarten wie ortskundigen Capitäine Roger Blanc in den Olivenhain folgen.« BRIGITTE

GEFÄHRLICHE CÔTE BLEUE

320 Seiten / Auch als eBook

»Ein geschickt konstruierter, engagiert geschriebener Krimi mit Tiefgang« MÜNCHNER MERKUR

DUNKLES ARLES

352 Seiten / Auch als eBook

»Starke Figuren, raffinierte Geschichte« HAMBURGER ABENDBLATT

VERHÄNGNISVOLLES CALÈS

448 Seiten / Auch als eBook

»Schwitzpotenzial hat die Provence seit jeher – und Suchtpotenzial, seit Cay Rademacher dort seine Krimis um Capitaine Roger Blanc ansiedelt.« WIENER ZEITUNG

VERLORENES VERNÈGUES

384 Seiten / Auch als eBook

»Einfach großartig: ›Verlorenes Vernègues‹ ist hochspannend und nebenbei auch noch ein packender Führer durch die eher unbekannte Provence.« SR3 KRIMIGESPRÄCH

SCHWEIGENDES LES BAUX

416 Seiten / Auch als eBook

»Perfekte Strandlektüre« GRAZIA

GEHEIMNISVOLLE GARRIGUE

432 Seiten / Auch als eBook und digitales Hörbuch

»Die Geschichte ist spannend und fesselnd bis zur letzten Seite.« ESCHBORNER STADTMAGAZIN

STILLE SAINTE-VICTOIRE

384 Seiten / Auch als eBook und digitales Hörbuch

Der Jubiläumsband der SPIEGEL-Bestseller-Reihe!